파워

**MANAGING
WITH
POWER**

MANAGING WITH POWER: Politics and Influence in Organizations

파워

리더십의 위기를 타개하고
기업을 혁신하는
가장 강력한 에너지

MANAGING
WITH
POWER

제프리 페퍼 지음 | **안세민** 옮김
스탠퍼드대 경영대학원 석좌교수

차례

MANAGING
WITH
POWER

차례

MANAGING
WITH
POWER

3부   권력을 어떻게 행사할 것인가

4부 권력의 역학, 어떻게 조직은 변화하는가

1부

조직 내에서
권력이 왜 중요한가

MANAGING
WITH
POWER

MANAGING
WITH
POWER

1장

●

의사결정을 실행하는 힘

1989년 10월 17일 오후 5시 4분, 대규모 지진이 캘리포니아 북부 지역을 강타했다. 이 지진으로 샌프란시스코 베이 브리지를 포함하여 고속도로 일부 구간과 출구로가 파괴되거나 심각한 손상을 입었다. 베이 브리지가 주저앉고 이스트 베이 지역의 고속도로가 무너진 모습을 생생하게 담은 사진이 전 세계로 전송되어 이번 재해가 남긴 상처를 고스란히 보여주었다. 당장 교각 복구 작업이 시작되었는데 이 작업은 밤낮으로 쉬지 않고 진행되어 6주 뒤에 다리가 다시 개통됐다.

많은 사람이 이러한 사실을 기억한다. 그러나 샌프란시스코 지역 주민조차도 깨닫지 못한 사실은 이후로 18개월이 지나도록 베이 브리지 개통이 유일하게 제대로 된 복구 사례였다는 것이다. 손상된 고속도로 구조물과 출구로 고속도로 구간은 지진이 발생한 지 1년 반이 지나도록 전혀 복구되지 않았다. 실제로 지진 때문에 폐쇄된 도로 중에는 사이프러스 스트럭처(Cypress Structure)라고 불리는 오클랜드의 고가도로와 샌프란시스코의 엠바카데로 프리웨이(Embarcadero Freeway)가 있었는데 이들에 대해서는 정확하게 어디를 어떻게 복구할 것인가, 심지어는 복구 자체를 해야 할 것인가에 대하여 아무런 결정을 내리지 못하고 있었다.

기술적으로나 공학적으로 복잡한 측면 때문에 복구 작업이 계속 지체되었다고 보기는 어려웠다. 또한 이런 복잡한 측면이 다른 곳은 제쳐두고 베이 브리지만 복구된 사실을 뒷받침하지도 않는다. 샌프란시스코와 캘리포니아의 지진 대응 사례는 공공 부문과 민간 부문의 조직에서 반복적으로 나타나는 상황, 즉 적절한 조치를 취할 수 있도록 정치적 지원과 자원을 충분히 동원하지 못하는 일종의 기능 마비 상태를 여실히 보여준다.

조직이(이 경우에는) 문제(혹은 다른 경우에는 기회)에 직면했을 때 때로는 일을 시의적절하게 처리하지 못할 수도 있다. 그러나 이러한 무능함은 심각한 결과를 초래하기도 한다. 고속도로의 오클랜드 구간이 계속 폐쇄되면서 해마다 운송비와 연료비로 2300만 달러가 추가로 발생했고, 샌프란시스코의 고속도로와 출구로 보수에 대한 의사결정이 계속 미루어지면서 이 도시는 비즈니스 측면에서 훨씬 더 많은 대가를 치러야 했다.

어쩌면 도로의 위치와 복구처럼 쟁점 자체가 본질적으로 모호한 경우에는 의사결정이 지연되거나 이뤄지지 않는 것이 그다지 놀랍지 않을 수도 있다. 그러나 생사가 걸려 있는 경우에도 정치적 지원을 효과

파워

적으로 동원하지 못하고, 심각한 결과를 초래할 수도 있는 일을 제대로 처리하지 못하는 사례가 있다는 것이 문제다.

한 가지 예로, 수혈을 통해 에이즈가 전염된다는 사례를 발견했지만 이후로 이에 대한 조치를 뒤늦게 취하게 된 속사정을 시기 순으로 살펴보자.

1981년 3월, 샌프란시스코의 어윈 메모리얼 혈액은행(Irwin Memorial Blood Bank)에서는 Rh 혈액형을 가진 아기에게 47세 혈액 기증자가 제공한 혈액을 수혈했다. 그해 7월, 의료계가 역학적 증거를 통해 이른바 동성애 암(Gay Cancer)이 성관계를 통해서뿐만 아니라 혈액을 통해서도 전염된다는 결론을 내렸다. 9월이 되자 지난 3월에 혈액을 수혈받았던 아기에게 면역 기능 장애 증세가 나타났다. 거의 같은 시기에 혈액 기증자도 건강이 안 좋아져 의사를 찾아와서는 자신이 정기적으로 혈액을 기증해온 사실을 밝혔다.

1981년 12월, 질병통제예방센터(Center for Disease Control/CDC)의 전염병학자 돈 프랜시스(Don Francis)는 혈액은행에 경종을 울리고자 했다. 에이즈가 간염처럼 전염되는 병이라면 수혈을 통해서도 전염될 것이라고 말한 것이다. 1982년 1월, 질병통제예방센터는 혈우병 환자들이 남성 동성애자 사회에서 확산되는 것과 비슷한 증세를 지닌 질병으로 죽어가고 있다는 사실을 확인하고는 이 질병이 수혈을 통해 전염되는 것으로 추정했다.

1982년 11월, 샌프란시스코 보건부 전염병통제국 부국장 셀마 드리츠(Selma Dritz) 박사는 혈액 공급에 아무런 문제가 없다는 주장에 우려를 표명했다. 그녀는 적어도 자신의 양심을 지키기 위해 수혈을 통해

감염된 에이즈 환자의 첫 번째 사례를 기록으로 남겼다.[1]

혈액은행 업계는 부정적인 반응을 보였다.

"동부의 혈액은행 업계는 공급 혈액에 에이즈 바이러스가 있을지도 모른다는 최초의 공식 발표에 격앙된 반응을 보였다. 미국 혈액은행협회(American Association of Blood Banks) 임원으로 재직 중인 조셉 보브(Joseph Bove) 박사 역시 지상파 방송에 출연하여 지금까지 에이즈가 수혈을 통해 감염된다는 어떠한 증거도 찾지 못했다고 단호하게 주장했다. 개인적으로 일부 혈액은행 업자들은 질병통제예방센터가 대중의 관심을 끌어 자금을 더 많이 유치하기 위해 수혈을 통한 감염의 가능성을 지나치게 부풀리고 있다고 생각했다."[2]

에이즈가 수혈을 통해 감염될 수 있다는 주장이 처음 제기되고 나서 1년이 넘게 지난 1983년 1월 4일, 미국 공중위생국(National Sanitation Foundation / NSF) 임시자문위원회 회의에서 질병통제예방센터의 돈 프랜시스는 잔뜩 화가 난 목소리로 이렇게 외쳤다.

"도대체 얼마나 많은 사람이 죽어나가야 정신을 차리시겠습니까?"

그러고는 주먹으로 탁자를 내리치며 말을 이어갔다.

"앞으로 얼마나 많은 목숨이 필요하단 말입니까? 앞으로 몇 명이나 죽어나가야 이런 사실을 믿을 것인지 말해보십시오. 지금 돌아가는 꼴을 보아하니 그때서야 우리가 다시 모여 무엇인가를 시작할 수 있을 것 같습니다."[3]

1983년 3월, 질병통제예방센터가 추진하기로 했던 간염 항체 검사가 혈액은행 업계의 반대로 무산됐다. 혈맹기증자 선별 검사가 고위험군 기증자들을 추려내기 위해 도입된 것이었는데도 말이다.

1983년 5월, 미국 내 주요 의료 기관으로는 유일하게 스탠퍼드대학교 부속병원이 에이즈 감염의 증거를 찾기 위해 혈액 검사를 시작하기로 결정했다.

"혈액은행 업계는 망연자실했다. 스탠퍼드대학교 부속병원이 샌프란시스코 지역의 병원들로부터 에이즈에 과민반응을 보이는 환자들을 끌어들이기 위한 술책에 불과하다고 주장하는 이들도 있었다."[4]

1984년 1월, 혈액은행 업계는 계속해서 방해 공작을 펼치고 있었다. 이제 에이즈 검사를 위한 비용 부담이 발생할 것이었다. 게다가 혈액은행 업계는 헌혈을 통한 혈액 공급과 비영리 혈액은행의 혈액 수요를 어떻게 충족시킬지 걱정했다.

"1월 초 에드 브랜트(Ed Brandt) 보건부 차관보가 에이즈 문제를 논의하기 위해 혈액은행 업계 관계자와 질병통제예방센터 공직자들이 참여하는 회의를 소집했다. 이 자리에서 많은 이야기가 오갔지만 새로운 식품의약국(Food and Drug Administration/FDA) 정책이 나오지는 않았다. 대신 혈액은행 업자들은 이 문제를 연구하기 위한 대책 본부를 결성하기로 합의했다."[5]

아마도 주의 깊은 독자라면 수혈을 통한 에이즈 감염이 진단된 지 2년이 지났고, 돈 프랜시스가 "얼마나 많은 사람이 죽어나가야 정신을 차리시겠습니까?"라고 소리친 지 1년이 지났음을 눈치챘을 것이다.

1984년이 지나갈 무렵, 수혈을 통한 에이즈 감염의 가능성에 대한 실질적인 논쟁이 더 이상 벌어지지 않았음에도 간염 혹은 그 밖의 혈액 이상 증세에 대한 광범위한 검사는 아직 시작되지 않았다.

"질병통제예방센터가 혈액은행 업계에 에이즈 확산을 방지하기 위한 조치를 취해줄 것을 요청했지만 아무런 성과가 없었다. 이후로 주로 환자에게 처방하는 수혈을 통해 에이즈에 감염된 미국인들이 약 1만 2000명 정도로 추산됐다. 1983년 초 돈 프랜시스가 혈액은행 업자들에게 '도대체 얼마나 많은 사람이 죽어나가야 합니까?'라고 물은 적이 있다. 이제 그 답이 분명해졌다. 앞으로 수천 명이 죽어나가야 할 것이다."[6]

이러한 주장에도 과학자들은 혈액은행 업자들과의 싸움에서 처음부터 상대가 되지 못했다. 혈액은행 업자들은 언어, 상징적 행위를 비롯하여 대인 영향력에 관한 온갖 기법들을 정교하게 구사할 줄 알았다. 당시 혈액은행 업계의 존재 자체가 미국 적십자사와 같은 기관의 활동을 지원하도록 자원봉사자들에게 동기부여를 하는 데 달려 있었다. 혈액은행들과 관련 기관들은 오랜 세월에 걸쳐서 언론을 다뤄 본 경험이 있었다. 또한 그들은 워싱턴 정가의 권력을 가진 사람들, 특히 보건 행정 당국과 함께 일해 본 경험도 있었다.

과학자들과 전염병 학자들은 데이터가 강력하게 뒷받침된다면 진실이 승리할 것이라고 믿었다. 그러나 처음부터 그들에게는 에이즈에 관한 정책을 바꾸기 위한 싸움에서 주도권을 쥘 만한 영향력이 없었다. 반면 혈액은행 업계는 동맹자를 포섭했고, 수혈을 통한 에이즈 감염의 가능성이 무시해도 좋은 것처럼 보이도록 언어를 현란하게 구사했다. 또한 업계에 해로울 만한 정책들을 방해하고 지연하기 위해 그들이 가진 자원을 총동원했다.

물론 이러한 투쟁의 초기에 관련된 사람들, 특히 남성 동성애자 사회로부터 정치적 교훈을 얻었다. 지금은 에이즈에 대한 방대한 연구가 진행되고 있고, 공공 정책에 대한 관심이 커졌을 뿐아니라 에이즈에 맞서 싸우는 사람들이 정치 수완과 전술에 숙달되어 있는 상태다. 실제로 에이즈 연구 기금을 확보하기 위한 그들의 노력은 최근에서야 결실을 맺었다(이것이 미흡하다고 주장하는 사람도 더러 있겠지만 말이다).

이러한 사실은 보건 행정 당국이 조기에 조치를 취하지 않은 것이 에이즈가 남성 동성애자들의 질병이기 때문(비록 이것이 전체 그림의 한 부분이기는 하겠지만)이라기보다는 의학계의 전통적인 기득권층에 맞서 싸우는 사람들의 정치적 의지와 전문성이 결여됐기 때문이라는 것을 시사한다.

그들이 변화를 이끌어내기 위한 결의를 가다듬고 이를 위한 방법론을 개발하면서 정치 투쟁의 결과도 변했다. 이것을 두고 논점에서 벗어난 이야기라고 말하는 사람도 있을 것이다. '도대체 이윤 동기를 가진 민간 부문의 이야기가 조직의 현명하고 합리적이고 시의적절한 의사결정을 확고히 하기 위한 것과 무슨 상관이 있는가?' 하고 말이다.

몇몇 기업의 사례를 들어보겠다. 오늘날 우리가 아는 형태의 PC와 마우스를 발명하고, 출판에 적용되는 워드프로세싱 프로그램을 최초로 개발한 기업은 어디일까? 컴퓨터를 작동시키기 위해 컴퓨터 화면에 윈도우 개념을 적용하고, 명령어 대신 아이콘을 사용하며, PC를 텔레비전에서 처음 광고한 기업은 어디일까?

당신이 애플컴퓨터라고 대답했다면 일부만 맞힌 셈이다. 애플이 만들어서 판매한 매킨토시가 이러한 사양들을 갖추고 상업적으로 크게 성공한 최초의 컴퓨터이기는 하지만 실제로는 애플이 1983년에 리사를, 1984년 1월에 매킨토시를 소개하기 수년 전인 1970년대 중반에 제록스 코퍼레이션(Xerox Corporation)의 팔로알토연구소(Palo Alto Research Center/PARC)에서 이 모든 것을 개발해냈다.[7]

우리 모두 어떤 기술을 최초로 발명하거나 개발한 기업이 반드시 그 기술로부터 경제적 열매를 거두어들이는 것은 아니라는 사실을 잘 안다(또 다른 사례로는 암펙스 코퍼레이션이 개발한 VCR 기술이 흔히 인용된다). 때로 우리는 혁신을 활용하는 데 실패한 것이 실제로는 혁신을 실행하는 데 실패한 것이라는 사실을 제대로 인식하지 못한다. 실제로 우리는 후자와 같은 종류의 실패를 샌프란시스코에서 도로를 복구하거나 혈액 공급의 신뢰성을 유지하는 것에서 경험했다. 혁신과 변화를 성취하려는 조직은 기술적 혹은 분석적 문제해결 능력 이상의 것을 갖추어야 한다. 혁신은 현상을 유지하려는 세력에 끊임없이 위협을 가하는 행위이며, 따라서 본질적으로 정치 행위다.

오늘날 실행에 옮기지 못하는, 즉 아이디어와 결정된 일을 실천하지 못하는 무능함이 조직 내에 만연해 있다. 더구나 이 문제는 공공 부문과 민간 부문 모두에서 점점 더 악화되고 있다. 그 결과, 더욱 바람직한 리더십이 요구되고 많은 분야에서 리더십의 부재를 아쉬워한다.

나는 실행의 문제 대부분이 정치적 의지와 전문성을 개발하는 문제라고 생각한다. 다시 말해, 반대 세력에 맞서 자기가 뜻한 바를 꼭 이루고야 말겠다는 의지와 욕구, 이를 가능하게 하는 지식과 역량을 갖추어야 한다는 의미다.

이제는 권력을 연구하고 이것을 능숙하게 활용하는 방법을 배우는 것이 그 어느 때보다 절실해졌다. 그렇게 하지 않으면 조직 내에서 개인의 성공 혹은 조직 자체의 성공을 기대할 수 없기 때문이다. 이와 관련하여 리처드 닉슨(Richard Nixon)은 다음과 같이 말했다.

리더는 무엇이 올바른 일인가를 아는 것만으로는 부족하다. 리더는
올바른 일을 할 수 있어야 한다. 올바른 의사결정을 하기 위한 판단
력 혹은 통찰력을 갖추지 못한 리더는 비전을 제시하지 못하여 실패
한다. 올바른 일이 무엇인지 알지만 그것을 달성하지 못하는 리더도
무능하기 때문에 실패한다. 위대한 리더라면 올바른 일을 달성하기
위한 역량을 갖추어야 한다.[8]

조직에서의 권력

정치학자 노튼 롱(Norton Long)은 이렇게 주장했다.

"사람들은 정부가 조직이라는 데 기꺼이 동의할 것이다. 그러나 이
명제의 역, 즉 조직이 정부라는 것도 마찬가지로 옳은 진술이지만 좀
처럼 받아들여지고 있지 않다."[9]

조직, 특히 규모가 큰 조직은 기본적으로 정치적 실체라는 점에서 정
부와도 같다. 정부를 이해하려면 '정부의 정치(governmental politics)'를 알
아야 하는 것처럼 이러한 조직을 이해하려면 '조직의 정치(organizational
politics)'를 알아야 한다.

이 시대 사람들은 이러한 과제에 무관심한 경향이 있다. 서점에 들
를 때마다 '뉴에이지(New Age)' 사고방식이 비즈니스 분야에까지 유입
되고 있다는 사실에 놀라곤 한다. 물론 뉴에이지는 다양한 방식으로

정의될 수 있다.

그러나 나를 놀라게 한 것은 그것이 갖는 두 가지 요소 때문이다. 하나는 개인을 분리된 존재로 바라보는 자기몰두와 자기중심적 관점이고, 또 다른 하나는 갈등은 주로 오해에서 비롯되는 것으로 사람들이 소통하고 관용과 인내를 발휘한다면 사회 문제가 대부분(혹은 모두) 사라질 것이라는 믿음이다.

이러한 사고방식은 결혼 생활을 다룬 책에서부터 조직 생활을 다룬 책에 이르기까지 광범위하게 등장한다. 개인이 자아실현에 몰두하는 것은 분명히 유익한 일이다. 그러나 순전히 자립에만 몰두하는 것이 다른 사람들을 통해서나 그들과 함께 일을 성취하는 것(관리자 혹은 리더의 역할을 하는 것)에는 도움이 될 것 같지 않다.

"어느 한 분야에만 국한한다면 리더십을 발휘하지 않고도 뛰어난 능력자가 될 수 있다."10

이런 의미에서 보자면 보건교육복지부 장관을 지내고 커먼코즈(Common Cause)를 설립했던 존 가드너(John Gardner)가 공동체에 대해 가졌던 우려는 조직과 조직 내에서 일의 성취에 대한 일련의 우려에서 본질적인 부분에 해당한다.11 조직 내에서 은둔자로 상당히 만족하고 지내면서 성취감을 누리는 사람도 있겠지만 이들의 영향력에는 한계가 있을 것이고, 이들에게서 상호의존적인 활동을 요구하는 중요한 일을 성취하기 위한 잠재력은 좀처럼 찾아볼 수 없을 것이다.

규모가 큰 조직에서의 정치에 거부감이 든다면 규모가 작은 조직이 더 나은 대안이 될 수도 있다. 실제로 미국에서 조직의 규모가 점점 축소되고 있다는 증거가 있다. 이러한 현상이 나타나는 것은 경제 전체에서 서비스 부문이 확대되고 제조업 부문이 축소되고 있기 때문만은 아니다. 제조업 부문에서도 조직의 규모는 점점 축소되고 있다.

대기업들은 인원을 수천 명이나 감축했다. 수많은 직원(중간 관리자와 생산직 노동자를 포함한 온갖 부류의 직원들)이 지금은 외부 업체에 위탁하는 과제들을 수행하던 사람들이었다. 상호의존성과 관점의 다양성에서 발생하는 권력과 영향력을 둘러싼 싸움에서 좌절한 관리자와 직원들은 좀 더 작고 단순한 조직으로 옮겨갔다. 이러한 조직들은 내부적으로 상호의존성과 관점의 다양성이 적기 때문에 다분히 덜 정치적이다. 물론 이러한 구조적 변화가 조직들 간의 상호의존성을 확대시킨다. 비록 이러한 변화 때문에 이들 조직 내의 상호의존성과 갈등은 축소되더라도 말이다.

이런 추세는 인적 자원 관리에서 내가 보아왔던 사실과 상당히 부합된다. 요즘 많은 기업이 직원을 감축하는 식으로 인력 문제를 해결한다. 이렇게 하는 것은 직원들을 효율적으로 관리하지 못하고, 그들에게 동기부여를 제대로 하지 못하면 해당 과제를 다른 조직에 넘겨버리자는 생각에서 비롯된 듯하다. 이제 우리는 직원을 임대하여 쓸 수 있고, 계약직 노동자 및 외부 용역업체 직원도 쓸 수 있다. 그리하여 이러한 조직에 직원 재배치, 보상, 채용, 교육과 같은 우리의 문제들을 해결하도록 맡길 수 있다.

이것은 미국 문화에서 항상 두드러지게 나타났고, 최근에 더욱 관심을 끄는 개인을 강조하는 현상과도 잘 맞아떨어지는 매력적인 해결 방법이다. 하지만 만약 규모가 큰 조직들이 장기 고용 계약을 이행하지 않는다면 우리가 그들을 어떻게 신뢰할 수 있을까? 차라리 자기 자신에게서, 다시 말하자면 자신의 경쟁력과 능력에서 그리고 자신의 활동에 대한 관리에서 안정과 확실성을 찾는 것이 더 나을 수 있다.

그러나 조직에서의 권력과 영향력을 다루는 이러한 접근 방식에는 한 가지 문제가 있다. 권력과 영향력이라는 사회 현실을 무시한다고 해서 우리가 이러한 현실을 불식시킬 수 있을 것인지는 분명하지 않다는 것이다. 또한 좀 더 단순하고 덜 상호의존적인 사회 구조를 만들기 위해 노력한다고 해서 우리가 더욱 효율적으로 작동하고 생존가(Survival Value, 생체의 특질이 생존과 번식에 기여하는 유용성을 말한다 - 옮긴이)가 더 높은 조직을 만드는 데 성공할 것인지도 분명하지 않다.

때로 규모가 큰 조직들이 사라지고 있다는 것은 분명한 사실이지만[12] 규모가 작은 조직들이 훨씬 더 빠른 속도로 사라지고 있고, 이들의 생존 특성이 훨씬 더 열악하다는 것도 분명한 사실이다. 조직에서의 권력과 영향력이라는 쟁점을 무시하면 이처럼 중요한 사회적 과정을 이해하고 여기에 대처할 관리자들을 교육시킬 기회를 잃게 된다.

사람들은 권력과 영향력이 존재하지 않는다고 혹은 적어도 존재해서는 안 된다고 주장함으로써 나를 포함한 존 가드너와 같은 학자들이 오늘날 특히 미국에서 많은 기업이 직면한 중요 문제라고 인식하는 것의 원인을 제공한다. 그것은 행동에 옮기고 일을 성취하는 데 있어서 최고경영진을 제외한 사람들에게 나타나는 길들여지거나 만들어진 무능함을 의미한다.

나는 기업 관리자 과정에서 강의하면서, 그리고 이 과정에서 강의했던 동료 교수들과 경험을 공유하면서 다음과 같은 이야기를 여러 번 들었다. 이 과정에서는 기업 관리자들에게 여러 아이디어를 제시하고,

이러한 아이디어가 그들 기업에 어떤 의미를 갖는지에 대하여 집단 토론을 하게 만든다. 그들이 가진 경험과 지식에는 대단한 강점이 있기 때문에 그들이 자기 조직의 발전을 위해 통찰이 가득한 의견이나 아이디어를 내놓을 때가 자주 있다.

그들은 다양한 부서별로 효율성의 차이가 크게 나타나는 것을 발견하고는 실적을 개선하기 위한 방법에 관하여 생각을 공유하기도 한다. 또한 그들은 그들의 조직이 직면한 시장과 기술을 더욱 심도 있게 이해하고, 효율성을 증진하기 위해 대내적으로나 대외적으로 변화를 꾀하기 위한 전략을 개발하기도 한다.

그러나 이러한 노력들이 실제로는 중요하지 않다. 이런 회의에서 가장 흔히 들을 수 있는 말이 "윗분들도 이 자리에 계셔야 하는데…"였다. 그들은 일주일 동안 자극을 받고서 자기 회사로 돌아갔지만 아쉽게도 그들 중 통찰력을 발휘하여 논의했던 변화를 꾀하기 위한 능력이나 결단력을 가진 사람은 거의 없었다.

나는 캘리포니아 북부 식료품 업계에서 시장 점유율이 상당히 높은 대형 슈퍼마켓 체인의 매장 관리자와 이야기를 나눈 적이 있다. 그는 연간 매출 실적이 2000만 달러가 넘는 매장을 관리하고 있었다. 따라서 평균적인 조직의 기준에서 보자면 그에게 막중한 책임이 부여됐다고 볼 수 있었다. 그런데 다른 곳에서와 마찬가지로 이곳에서도 중간 관리자들에게는 지극히 제한된 책임만 부여됐다.

문제는 이 매장이 위치한 쇼핑센터의 입간판에 슈퍼마켓 체인의 이름을 새겨 넣을 것인가를 결정해야 하는 순간에 발생했다. 이렇게 하는 데 대략 8000달러의 비용이 들었는데 이것은 이 매장의 반나절 매출에도 약간 못 미치는 금액이었다.

매장 관리자는 이처럼 소액의 투자금을 회수하기 위해 추가적으로 끌어들여야 할 쇼핑객 수와 이러한 쇼핑객 수가 쇼핑센터를 지나가는 통행자 수에서 얼마만큼의 비율을 차지하는가에 대한 분석을 마치고는 계약서에 서명하는 것이 바람직하다고 생각했다. 물론 상사의 승인을 얻지 않고서는 이 정도의 금액조차도 그는 지출할 수 없었다. 장시간에 걸친 회의 끝에 이런 지출은 불필요하다고 결정한 사람은 바로 캘리포니아 북부 지사의 지사장이었다.

이러한 사례는 우리에게 많은 교훈을 남긴다. 이것이 지나친 중앙집권화에 따른 폐해 혹은 상향식이라기보다는 하향식에 입각한 인사관리 정책의 사례로 볼 수 있다. 그런데 더욱 흥미로운 것은 매장의 수익을 책임지고 있지만 이를 위하여 자기가 할 수 있는 재량권이 거의 없는 매장 관리자의 반응이었다. 당시의 결정에 대해 어떻게 생각하는지를 묻자 그는 이렇게 대답했다.

"글쎄요, 그건 본사 사람들이 큰돈을 취급하고 있기 때문이라고 생각해요. 우리가 알지 못하는 뭔가가 있겠죠."

그가 그리 대단하지 않은 자기 생각을 밀어붙일 수도 있지 않았을까? 물론 그에게 돌아온 대답은 "그럴 생각이 없었다"는 것이었다. 그는 그저 기다리며 경영진으로부터 내려오는 지침을 따를 뿐이었다.

나는 이런 상황이 다양한 형태로 반복되는 것을 보았다. 자신의 조직이 굳이 앞장설 필요가 없다고 말하는 관리자도 보았다. 그리고 스스로 회사를 변화시키기 위한 노력을 할 수 없거나 할 생각이 없다고 말하는 관리자도 보았다. 그들이 이러한 변화가 조직의 성공과 생존에 (꼭 필요하지는 않더라도) 중요하다는 사실을 인식하더라도 말이다.

혁신과 변화에는 정치가 개입한다. 우리가 조직에서의 권력과 영향력을 기꺼이 인정하지 않는다면, 그리고 일을 성취하기 위한 수완이 무엇을 해야 할 것인가를 파악하는 수완만큼 중요하다는 사실을 인정하지 않는다면 우리가 속한 조직은 계속 뒤처질 수밖에 없다. 대부분의 경우 문제는 통찰력 혹은 조직의 지적 능력 결여가 아닌 '수동성'에 있다. 존 가드너는 이 같은 현상을 다음과 같이 분석했다.

미국뿐만 아니라 대부분의 민주국가에서 권력은 좋지 않은 뜻으로 받아들여진다. 따라서 선량한 많은 사람이 자신은 권력과 상관없는 사람이 되길 바란다. 윤리적, 영적인 측면에서 권력을 염려하는 데 공감하는 것이다. 그러나 어느 누구도 권력을 버리지는 못한다. 우리가 논의하는 바와 같이 권력이란 단순히 타인의 행위에서 자신이 의도했던 특정한 결과를 초래하는 능력을 말한다. 민주사회에서는 구체적인 목적을 위해 사람들이 권력을 행사하도록 허용한다. 그들이 자신의 이념 혹은 기질 때문에 허용된 권력을 행사하기를 거부한다면 우리는 그 권력을 다른 사람에게 넘겨야 한다.

리더가 권력에 집착하는 것은 테니스 선수가 상대방이 공을 넘기지 못하도록 공격을 가하는 데 집착하는 것과 같다. 이렇듯 리더가 권력에 집착하는 것은 당연한 일이다. 중요한 문제는 바로 이런 것이다. '리더는 권력을 획득하기 위해 어떤 수단을 사용하는가?' '그들은 권력을 어떻게 행사하는가?' '그들은 어떤 목적을 위해 권력을 행사하는가?'[13]

리더십이 권력과 영향력을 확립하고 행사하려는 의지뿐만 아니라 이를 위한 수완도 요구한다면 미국의 조직에서 나타나는 이른바 '리더십 위기'라는 것이 어쩌면 권력이라는 쟁점을 회피하려는 시도에서 비롯된 것인지도 모른다. 이러한 진단은 리더를 연구하고 리더십에 관하여 저술했던 워런 베니스(Warren Bennis)와 그의 동료 연구자들의 주장과도 일치한다.

예를 들어, 베니스와 버트 나누스(Bert Nanus)는 오늘날 조직들이 직면한 주요 문제 중 하나는 너무 많은 사람이 너무 많은 권력을 행사해서가 아니라 오히려 그 반대라고 지적한다.

최근 권력은 그것의 부재로 인하여 눈길을 끈다. 위기에 직면했을 때 권력의 부재. 복잡한 상황에 직면했을 때 권력의 부재. 권력은 방해 공작에 시달려왔다. 조직은 경직되거나 나태해지거나 변덕스러워졌다.[14]

베니스와 나누스는 리더십을 이해하기 위한 핵심 개념이자 조직이 생산적이고 효율적으로 작동하기 위한 도구로서 권력이 중요하다고 주장한다.

그러나 여기서 우리가 놓친 것이 한 가지 있다. 그것은 바로 권력이다. 권력은 의도를 현실로 옮기기 위한 행동을 개시하고 지속하는 기본적인 에너지다. 이러한 것이 없다면 리더들이 조직을 이끌어갈 수 없을 것이다. 이와 동시에 권력은 인류의 발전에 긴급하고도 가장 필요하지만 불신을 가장 많이 낳는 요소다. 권력은 행동을 개시하고 지속하는 데 필요한 기본적인 에너지다. 다시 말하자면, 의도를 현실로 옮기고 이것을 지속하기 위한 역량이다.[15]

권력에 관한 이러한 주장은 단지 이론의 영역에만 국한되지 않는다. 정치 지도자들도 권력을 확립하고 행사하려는 의지가 공직 생활에서 성공하기 위한 전제 조건임을 인정한다. 리처드 닉슨은 이러한 관점에서 권력과 리더십을 바라보고 이 책의 주제와 부합하는 견해를 내놓았다.

권력은 역사를 새로운 방향에서 세우고, 만들고, 이끌어가기 위한 기회다.

이러한 것에 관심을 갖는 사람들에게 권력만큼 만족감을 주는 것도 없을 것이다. 그러나 권력은 행복이 아니다. 행복을 추구하는 사람들은 권력을 얻지 않으려 할 것이고, 혹시 권력을 얻게 되더라도 그것을 제대로 사용하지 않을 것이다.

어떤 기발한 작가가 법률과 소시지를 사랑한다면 이들이 만들어지는 과정을 절대로 봐서는 안 된다고 말한 적이 있다.
마찬가지로, 우리는 리더들에게 그들의 업적에 대해 존경의 뜻을 표하지만 그들이 그것을 이루는 방식에 대해서는 외면하려 든다.

현실 세계에서 정치는 타협이고, 민주주의가 곧 정치다. 훌륭한 정치 지도자가 되고 싶다면 우선 정치 수완에 능해야 한다. 또한 정치 지도자는 국민과 국가를 있는 그대로 다루어야지 어떠해야 한다는 방식으로 다루어서는 안 된다. 따라서 우리는 자녀들이 정치 지도자가 되기를 바라지 않는다면 그들에게 리더십에 요구되는 자질을 반드시 갖추도록 요구할 필요는 없다.

정치 지도자를 평가하면서 그의 행동 특성에 관해 물어야 할 중요한 질문은 '그는 매력적인 사람인가 혹은 그렇지 않은가'가 아니라 '그는 쓸모 있는 사람인가 혹은 그렇지 않은가'이다.[16]

권력을 바라보는 이중적인 태도

우리가 권력에 대해 이중적인 태도를 갖는다는 것은 부정할 수 없는 사실이다. 로자베스 캔터(Rosabeth Kanter)는 권력이 효율적인 경영 행위에 중요하게 작용한다는 점을 지적하면서도 이렇게 적었다.

"미국에서 권력은 사람들이 입에 담기를 가장 꺼리는 주제다. 권력을 논할 바에야 차라리 돈을, 아니 섹스를 논하는 것이 훨씬 더 편하다."[17]

간즈(Gandz)와 머레이(Murray)가 428명의 관리자들을 대상으로 실시한 설문조사에서는 조직에서 권력을 바라보는 이중적인 태도가 잘 드러난다.[18]

[표 1 - 1]에는 이 조사에서 제시된 몇 가지 진술에 대해 강력하게 혹은 온건하게 동의한 응답자의 비율이 나와 있다.

조직 내에서 권력과 정치의 개념은 서로 연관되어 있다. 나를 포함한 대부분의 저자들은 조직 내 정치를 권력의 행사 혹은 사용으로 정의하고, 여기서 권력은 잠재적 힘으로 정의된다.

이 설문조사에서 응답자의 90퍼센트 이상이 대부분의 조직에서 사내 정치를 흔하게 경험한다고 대답했고, 89퍼센트는 성공한 경영자는 정치 수완에도 능하다고 대답했다. 그리고 76퍼센트는 조직에서 지위가 높아질수록 더욱더 정치적이게 된다고 대답했다. 그러나 응답자의

[표 1-1] 사내 정치에 대한 관리자들의 생각

진술	강력하게 혹은 온건하게 동의한 응답자의 비율(퍼센트)
대부분의 조직에서 사내 정치는 흔하게 존재한다.	93.2
성공한 경영자는 정치 수완에도 능하다.	89.0
조직에서 당신의 지위가 높아질수록 주변 분위기가 훨씬 더 정치적이다.	76.2
강력한 경영자는 정치적으로 행동하지 않는다.	15.7
조직에서 승진하려면 정치적으로 행동해야 한다.	69.8
최고경영진은 조직 내 정치 행위를 근절하기 위해 노력해야 한다.	48.6
정치 행위는 조직이 효율적으로 작동하는 데 도움이 된다.	42.1
정치 행위가 없는 조직은 정치 행위가 왕성한 조직에 비해 행복한 곳이다.	59.1
조직 내 정치 행위는 효율성을 저해한다.	55.1

*출처: 간즈와 머레이(1980), 244쪽

55퍼센트는 조직 내 정치 행위가 효율성을 저해한다고 대답했고, 절반에 아까운 응답자가 최고경영진이 조직 내 정치 행위를 근절하기 위해 노력해야 한다고 대답했다.

우리는 권력과 사내 정치가 존재한다는 것을 알고 있고, 심지어 이러한 것들이 개인의 성공에 필수적이라는 것을 마지못해 인정하면서도 이러한 것들을 좋게 여기지는 않는다. 조직 내에서 권력을 확립하고 행사하는 것에 대하여 노골적으로 경멸하지는 않더라도 이처럼 이중적인 태도를 보이는 데는 몇 가지 원인이 작용한다.

첫째, 목적과 수단이라는 쟁점이 있다. 앞서 인용한 리처드 닉슨이 말했던 것처럼 때로는 우리가 일을 성취하는 데 필요한 수단을 생각하지 않으려는 경향이 있다. 또한 바람직한 결과를 낳는 데 사용할 수 있는 전략이나 과정이 바람직하지 않은 결과를 낳는 것에도 똑같이 사용할 수 있기 때문에 목적과 수단에 대해 우리는 이중적인 태도를 취한다. 둘째, 우리가 학교에서 배우는 몇 가지 기본적인 가르침이 실제로는 권력과 영향력을 이해하는 데 방해가 된다. 마지막으로, 이와 관련하여 우리가 조직의 의사결정을 판단하는 관점을 따르다 보면 때로는 사회 현실을 제대로 평가하지 못할 수도 있다.

● 목적과 수단

1976년 9월 25일 토요일, 샌프란시스코에서는 샌프란시스코 주택관리위원회의 어느 위원에게 감사의 뜻을 표하기 위한 만찬회가 성대하게 열렸다. 그에게는 이 자리가 유일한 공직이었다.

이 만찬회에는 조지 모스콘(George Moscone) 시장, 당시 흑인으로는 최고위 선출직 공직자였던 머빈 다이말리(Mervyn Dymally) 부지사, 조 프레이타스(Joe Freitas) 지방검찰청장, 아마도 당시 캘리포니아 정계에서 가장 막강한 위세를 떨쳤던 민주당 주 의회 하원의원 윌리 브라운(Willie Brown), 공화당 주 의회 상원의원 밀턴 막스(Milton Marks), 샌프란시스코 행정집행관 로버트 멘델손(Robert Mendelsohn), 샌프란시스코 조간신문의 사회부장, 저명 변호사를 포함하여 이 지역에서 이름깨나 떨치는 사람들이 초대됐다. 간단히 말하자면, 민주당과 공화당을 막론하고 캘리포니아 북부 지역에서 활동하는 유력 인사들을 한데 모아놓은 셈이었다.

이 자리의 주인공은 만찬회가 있기 얼마 전 당시 대통령 영부인이던 로잘린 카터(Rosalynn Carter) 여사를 개인적으로 만난 적도 있었다. 그러나 그로부터 2년이 지나 세상 사람들은 그에 관한 소식, 즉 가이아나의 정글에서 벌어진 사건을 접하고서 충격과 공포에 휩싸였다.

만찬회의 주인공은 바로 이 책에서 서술하는 것과 똑같은 전략과 전술을 구사하여 샌프란시스코에서 권력의 중심부로 진출했던 짐 존스(Jim Jones, 미국 사이비 종교 인민사원의 교주로 수백 명의 추종자들을 이끌고 가이아나로 이민하여 존스타운이라고 불리는 농업 공동체를 세웠고, 추종자들에게 남아메리카 밀림에 이상향을 세워주겠다고 설득해 여권과 재산을 몰수했다. 1978년 11월 18일 900명이 넘는 신도들이 집단으로 자살하는 '존스타운 대학살' 사건이 발생하면서 짐 존스의 실체가 드러났다 – 옮긴이)였다.[19]

사악한 의도를 가지고 권력과 영향력을 확립하고 행사할 수 있다는 사실에는 의심의 여지가 없다. 물론 의약품도 과다하게 복용하면 죽음을 초래하고, 교통사고로도 매년 수천 명이 사망한다. 또한 원자력으로 전력을 생산할 수 있지만 이것으로 대량 살상 무기를 만들 수도 있다. 그러나 이러한 위험 때문에 의약품, 자동차, 원자력 발전소를 폐기하지는 않는다. 그 대신 이러한 위험을 문명의 이기들을 건설적으로 사용할 수 있도록 교육을 받고 정보를 얻기 위한 동기로 인식한다. 그럼에도 권력에 잠재된 위험과 편익에 대해서는 이처럼 실용주의적인 접근 태도를 갖는 사람이 별로 없다.

사람들은 권력에 대해 논의하는 것을 싫어한다. 여기에는 '우리가 권력에 대하여 생각하지 않으면 권력이라는 것은 존재하지 않는다'라는 전제가 분명히 깔려 있다. 그러나 내 생각은 다르다. 짐 존스에 관한 책을 공동 저술하여 1985년에 그 책을 나한테 한 부 증정했고, 지금은 〈샌프란시스코 이그재미너(San Francisco Examiner)〉의 정치부장으로 재직 중인 존 제이콥스(John Jacobs)는 존스타운 대학살과 같은 비극은 예방할 수 있었다는 점에서 나와 생각이 일치했다. 다만 이를 위해서는 권력과 영향력을 행사하는 과정을 무시하지 말아야 하고, 오히려 이 두 가지가 갖는 유용성을 인식해야 한다. 또한 필요한 경우에는 대응책을 마련할 수 있도록 권력과 영향력에 대해 훌륭한 교육을 제공해야 하고, 일련의 도덕적 가치도 정교하게 확립해야 한다.

목적을 위한 수단은 무엇인가를 성취하기 위한 메커니즘에 불과하다. 그 무엇인가는 원대한 것일 수도 있고, 터무니없는 것일 수도 있다. 그러나 대부분의 사람들에게는 그 무엇인가가 이 양끝단의 사이 어딘가에 있을 것이다. 목적이 수단을 항상 정당화하는 것은 아니지만 그렇다고 수단을 불신하는 데 무심코 동원되어서도 안 된다. 조직 내에서 권력과 정치 과정은 훌륭한 일을 성취하는 데 동원될 수 있다. 물론 이 두 가지가 항상 이런 식으로 동원되는 것은 아니다.

그러나 이러한 사실이 우리가 권력과 정치 과정을 즉각 거부해야 한다는 것을 의미하지는 않는다. 흥미롭게도 우리 스스로 권력을 행사할 때는 이것을 바람직한 힘으로 여기고 권력을 더 많이 갖길 바란다. 다른 사람이 우리를 상대로 권력을 행사할 때 특히 우리의 목표나 야망에 방해가 되도록 행사할 때 우리는 이러한 권력을 사악한 것으로 여긴다. 권력에 대한 더욱 세련되고도 현실적인 관점은 이것을 있는 그대로 보는 것이다. 다시 말하자면, 권력은 상호의존적인 체계에서 일을 성취하는 데 자주 요구되는 중요한 사회적 과정이다.

많은 사람이 아브라함 링컨(Abraham Lincoln)을 위대한 대통령이라고 생각한다. 따라서 우리는 그의 업적을 이상화하는 경향이 있다. 그가 남북전쟁 당시 북부 연합의 승리를 이끌어냈고, 노예제도를 종식시켰으며, 역사에 길이 남을 게티즈버그 연설(Gettysburg Address)을 했다는 식으로 말이다. 하지만 그가 정치 수완에 능하고 실용주의자였다는 사실은 간과하는 편이다.

예를 들어, 노예 해방 선언(Emancipation Proclamation)으로 남부 연합의 노예들을 해방시켰지만 경계 주(border states, 노예제도를 채택한 남부의 여러 주들 중 연방 탈퇴보다는 북부와의 타협으로 기운 주로 델라웨어, 메릴랜드, 웨스트버지니아, 켄터키, 미주리가 여기에 해당된다 – 옮긴이)를 대상으로는 그렇게 하지 않았다. 링컨으로서는 이러한 주들의 지원이 필요했던 것이다. 또한 링컨은 헌법이 허용하는 권력을 훨씬 뛰어넘는 조치들을 여러 번 취했다. 실제로 링컨의 후임 대통령 앤드루 존슨(Andrew Johnson)이 탄핵 심판대에 오른 것은 링컨이 시작했던 조치들 중 상당 부분을 계속 유지했기 때문이었다. 링컨은 자신이 수호하기로 맹세했던 헌법을 위반한 것에 대해 이렇게 말하면서 정당성을 부여했다.

> 헌법 수호를 맹세함으로써 나에게는 필요한 수단을 총동원하여 헌법을 기본법으로 하는 정부와 국가를 수호해야 할 의무가 주어졌다. 그러나 나라를 잃고서 헌법을 수호하는 것이 어떻게 가능하겠는가? 나는 어떤 수단이 다른 상황에서는 위헌이라 할지라도 국가를 수호하는 데 반드시 필요한 것이라면 그것이 합법적일 수 있다고 생각한다.[20]

● 떨쳐버려야 할 가르침

권력을 바라보는 이중적인 태도는 우리가 학창 시절에 배운 것에서 비롯된다.

첫째, 우리는 인생이 개인의 노력, 능력, 성취에 의해 결정된다고 배웠다. 학교에서는 당신이 원가 회계, 미적분학, 전기공학에서 다루는 복잡한 내용을 모두 이해했는데 주변 학생들이 그렇지 못했다고 해서 그들의 낙제 점수가 당신의 성적에 영향을 미치지 않는다. 당신이 그들의 답안지를 베끼기로 작정하지 않는다면 말이다. 교실에서는 상호작용이 좀처럼 나타나지 않는다. 상호작용이라고 해봐야 당신이 교재와

씨름하는 것이며, 당신이 교재에 나온 내용을 모두 이해한다면 목표했던 성적을 거두게 된다. 여기서 협력은 부정행위로 간주된다.

그러나 조직에서는 상황이 다르다. 당신이 조직의 전략을 잘 알고 있다 해도 당신의 동료가 그렇지 않다면 어떤 일이든 성취하는 데 어려움이 따를 것이다. 개인의 지식이나 역량이 교실에서는 유용하게 쓰일지 몰라도 조직에서는 이것만으로 충분치 않다. 조직에서 개인의 성공은 다른 사람과 함께 그리고 그들을 통해 일을 성취할 수 있는가에 달려 있는 경우가 상당히 많다.

조직의 성공도 구성원들의 활동을 어떻게 하면 성공적으로 조화시킬 수 있는가에 달려 있는 경우가 많다. 조직에서는 대부분의 상황이 골프보다는 축구 경기와 비슷하다. 바로 이런 이유 때문이다. 기업은 지원자의 이력서를 살펴보면서 개인의 업적뿐 아니라 팀의 구성원으로서 일을 수행하기 위한 자질을 보여주는 증거를 찾으려 한다. 조직에서 성공을 거두는 데 있어 "권력은 개인의 관심을 가치 있는 목표를 달성하기 위한 조화로운 행위로 전환시킨다."[21]

둘째, 우리는 학교에서 정답과 오답이 있다고 배웠다. 이것은 우리가 떨쳐버리기 훨씬 더 어려운 것인지도 모른다. 우리는 문제를 푸는 방법을 배웠고, 각각의 문제에 대해 정답이 있다고 혹은 적어도 다른 것에 비하여 옳은 접근 방법이 있다고 배웠다. 물론 교사가 정답을 가르쳐줄 때도 있다. 이것은 교과서 뒷부분의 해답 편이나 교사용 지침서에 나와 있다. 인생은 이른바 '유레카(eureka, 질문에 대한 답을 알아냈을 때 기쁨을 나타내는 말 – 옮긴이)'와 같은 문제들로 점철되어 있는 것으로 보인다. 일단 정답 혹은 옳은 접근 방법이 주어지고 나면 그 즉시 이것이 실제로 옳다는 것이 자명해지기 때문이다.

정답(자명한 이치)을 제시하기 위한 지적 분석의 잠재력을 이처럼 강조하는 것이 비록 항상 그런 것은 아니지만 때로는 적절하지 못할 수도 있다. 헨리 키신저(Henry Kissinger)는 자신이 정치학에서 배운 것을 언급하면서 이렇게 적었다.

"케네디의 컨설턴트로 일하기 전까지 나는 대부분의 학자들과 마찬가지로 의사결정이 주로 지적인 과정으로 이루어지고, 대통령 집무실에 들어가서 대통령을 상대로 자기 생각이 옳다는 것을 설득하기만 하면 되는 것으로 생각했다. 그러나 나는 이런 생각이 널리 퍼져 있는 만큼이나 위험할 정도로 미숙한 것임을 곧 깨달았다."[22]

또한 키신저는 쉬운 결정, 즉 분석을 통해 정답과 오답을 쉽게 확인할 수 있는 결정은 대통령에게까지 가지 않고 비서진 선에서 처리된다는 사실도 지적했다.

우리가 살고 있는 이 세상에는 분명하거나 명쾌한 것들이 별로 없다. 또한 우리에게는 우리가 가진 접근 방법이 바람직한 것인지에 대해 신속하게 피드백을 줄 만한 교과서나 교사도 없다. 뿐만 아니라 우리가 직면한 문제들이 때로는 다차원적인 것이어서 이에 대한 분석도 다차원적인 방법으로 진행되어야 한다. 한편으로는 우리가 내리는 의사결정의 결과가 오랜 시간이 지나서야 나타나고 그때조차도 상당히 애매하게 나타난다.

의사결정을 바라보는 또 다른 관점

의사결정 과정에 관한 또 다른 사고방식을 제시하려 한다. 의사결정에 대해서는 명심해야 할 세 가지 중요한 점이 있다.

첫째, 의사결정 그 자체로는 아무것도 바꾸지 못한다. 우리는 신제품 출시, 직원 채용, 공장 신설, 실적 평가 시스템의 변경 등을 결정할 수 있다. 그러나 이러한 결정을 한다고 해서 효과가 저절로 나타나지는 않는다. 우리 주변에서 흔히 나타나는 개인적인 사례들을 살펴보자. 당신이나 당신 친구들이 담배를 끊거나, 운동을 하거나, 여유 있는 삶을 살거나, 건강 식단을 준수하거나, 체중을 줄이겠다는 '결정'을 평소에 얼마나 자주 하는지를 생각해보라. 이러한 결심은 때로는 결실을 맺기 전에 흐지부지되고 만다. 따라서 우리는 의사결정에 관한 이론뿐만 아니라 실행에 관한 이론도 알아야 한다.

둘째, 의사결정을 하는 순간에는 그것이 좋은 것인지 나쁜 것인지 알 수 없다. 의사결정이 과연 훌륭했는가는 그 결과를 가지고 평가할 수 있다. 따라서 이것은 의사결정의 결과가 나타나야만 알 수 있다. 우리는 의사결정이 실행에 옮겨지고 그 결과가 뚜렷하게 나타날 때까지 기다려야 한다.

셋째, 어쩌면 가장 중요하게는 거의 예외 없이 우리가 의사결정을 하는 시간보다 그 결과와 함께 살아가는 시간이 더 길다. 기업을 인수할 것인가, 보상 체계를 변경할 것인가, 노동조합의 파업에 강경하게 대처할 것인가는 조직의 의사결정이다. 어느 학교에 갈 것인가, 어떤 직업 혹은 전공을 선택할 것인가, 누구와 결혼할 것인가는 개인의 의사결정이다. 어떤 경우에서든 의사결정의 결과는 우리가 (얼마나 많은 시간과 노력을 기울였는가와는 무관하게) 그 결정을 내리는 데 걸린 시간보다 더 오랜 시간 동안 우리와 함께할 것이다. 실제로 몇몇 사회심리학자들은 이처럼 단순한 사실 때문에 인간을 합리적 동물에 대비하여 자신을 합리화하는 동물이라고 설명한다.[23]

예를 들어, 우리의 생각과 행동 사이의 조화는 때로는 우리가 과거의 행동과 그 결과에 순응하기 위해 우리의 생각을 사후적으로 조정하는 데서 나온다.[24]

의사결정 그 자체로는 아무것도 바꾸지 못한다면, 의사결정을 하는 시점에 그 결과에 대해 아무것도 알 수 없다면, 의사결정을 하는 시간보다 그 결과와 함께 살아가는 시간이 더 길다면 경영 교육과 실습에서 강조하는 것들이 잘못되었음이 분명하다. 의사결정 과정에 지나치게 많은 시간과 노력을 기울이기보다는 결정된 사항을 실행하고 여기서 나오는 문제들을 처리하는 데 시간을 쓰는 것이 더 유익할 것이다. 이런 의미에서 훌륭한 관리자가 되려면 분석에 뛰어난 의사결정자가 되어야 할 뿐만 아니라 더 중요하게는 의사결정의 결과를 능숙하게 관리하는 사람이 되어야 한다.

"성공한 리더는 이미 지나간 의사결정을 가지고 애태우지 않는다. 미래에 해야 할 의사결정에 충분한 관심을 쏟으려면 과거의 의사결정 따위는 철저하게 잊어버려야 한다."[25]

이러한 점을 실제로 보여주는 사례는 상당히 많다.

예를 들어, 석유탐사 기업 슐룸버거(Schlumberger)가 페어차일드 반도체(Fairchild Semiconductor)를 인수한 것을 살펴보자.[26] 슐룸버거가 인수를 결정할 때 밑바탕에 가지고 있던 생각은 타당했다. 유전 서비스 사업에 페어차일드의 전자 기술을 활용하겠다는 것이었다. 슐룸버거는 훨씬 더 정교한 탐사 장비를 개발해 유전 서비스와 굴착 장비에 전자 기술을 접목시키고 싶었다. 그러나 안타깝게도 인수는 기대했던 시너지 효과를 전혀 일으키지 못했다.

> 슐룸버거가 자기 계열사를 경영하던 것과 똑같은 방식으로 페어차일드를 경영하려고 하면서 많은 문제가 발생했다. 연구개발에 자원이 투입되지 않자 한때 페어차일드가 보유하고 있던 기술적 우위는 사라지고 말았다. 창의력이 뛰어난 기술 인력이 조직을 떠나면서 이 회사는 신기술 개발을 추진할 팀을 꾸려갈 수 없었다.[27]

31건의 인수 사례를 분석한 연구 결과에 따르면 다음과 같은 사실을 확인할 수 있다.

"인수 작업이 끝나고 나면 예상치 못했던 문제들이 나타나기 마련이다. 시너지 효과와 문제들을 모두 적극적으로 관리해야 한다."[28]

더구나 인수를 빠른 시일 내에 재정적으로 상당한 이익을 얻기 위한 수단으로 생각하는 기업들은 인수를 실행한 뒤 우월한 성과를 내는 데 엄청난 시간과 노력을 기울여야 한다는 사실에는 둔감하다. 인수 대상 기업의 선정과 인수 조건에만 역점을 두다 보면 인수 이후에 발생하는 활동의 중요성을 간과할 수도 있다.

신제품 출시 여부에 관해 의사결정해야 하는 경우를 생각해보자. 이러한 결정이 이익을 발생시킬 것인가 혹은 손실을 발생시킬 것인가를 단순히 출시 시점에서 하는 선택의 문제로만 봐서는 안 된다. 이것은 이러한 선택의 실행뿐만 아니라 제품의 재설계, 유통 경로의 변경, 가격 조정 등과 같은 후속적인 의사결정에도 달려 있다. 그럼에도 조직에서 우리가 자주 보게 되는 것은 일단 결정이 내려지고 나면 이러한 결정에 따른 결과를 개선하기보다는 공과를 따지는 데 시간과 노력을 더 많이 기울이는 모습이다.

처음에는 오토바이로, 물론 나중에는 자동차와 제초기로 미국 시장 진입에 성공한 혼다의 사례만큼 내 주장을 확실하게 뒷받침하는 경우는 없을 것이다. 혼다는 1959년에 미국 법인을 설립했는데 1960년부터 1965년까지 미국에서의 매출이 50만 달러에서 7700만 달러로 증가했다. 1966년에는 미국에서의 오토바이 시장 점유율이 63퍼센트에 달했는데[29] 이것은 0퍼센트에서 시작한 지 불과 7년 만의 일이었다. 혼다의 시장 점유율은 가장 근접한 경쟁 기업인 야마하, 스즈키에 비해 대략 여섯 배에 달했고, 그동안 할리데이비슨의 시장 점유율은 4퍼센트로 추락했다.

리처드 파스칼(Richard Pascale)은 이처럼 놀라운 성공이 주로 시행착오, 우연한 발견, 조직 학습에서 나온 결과이지 성공을 위한 노력에서 흔히 강조되는 계획 수립과 미래 전망과 같은 합리적인 과정에서 나온 결과는 아니라는 것을 보여주었다.[30]

혼다 창업자인 혼다 소이치로는 원래 창업보다는 경주와 엔진 설계에 관심이 있었다. 하지만 그의 사업 파트너인 후지사와 다케오가 혼다를 설득해 일본에서 배달 서비스를 위해 손쉽게 운전할 수 있는 안전하고도 값싼 오토바이를 설계하는 데 재능을 발휘하도록 했다. 일본에서 이 오토바이는 출시되자마자 성공을 거두었다. 혼다는 어떻게 그리고 왜 미국 시장에 뛰어들겠다는 결심을 했을까? 나중에 혼다 미국 법인 회장에 오른 가와시마 기하치로는 파스칼에게 이렇게 말했다.

솔직히 말해서 우리는 미국에서 무엇을 판매할 수 있는지 확인해보 자는 것 말고는 특별한 전략을 갖고 있지 않았습니다. 미국은 신천 지였으니까요. 그리고 이것은 창업자 혼다가 일궈낸 혼다 특유의 조 직 문화라고 할 수 있는 '모든 역경을 무릅쓰고 성공을 이루어낸다' 라는 캐치프레이즈와도 잘 맞아떨어집니다. 저는 미국 수입품 시장 의 10퍼센트를 점유하기 위해 몇 년에 걸쳐서 노력하는 것 등을 포 함해 직감에 따른 목표를 보고했습니다. 우리는 수익이나 손익분기 점에 이르는 최종 기한에 대해서는 논의하지 않았습니다.[31]

혼다는 이런 모험에 자금을 투입하기로 결정했지만 일본 재무성은 겨우 25만 달러만을 승인했다. 이 중 절반에 못 미치는 금액은 현금으 로 보유하고 나머지는 부품을 구매하거나 오토바이 재고를 비축하는 데 써야 했다. 로스앤젤레스에서 처음으로 오토바이를 판매하기 시작 했지만 그 결과는 비참하기 짝이 없었다. 미국은 이동 거리가 일본에 비해 엄청나게 길었기 때문에 오토바이를 타고 더 멀리 그리고 더 빨 리 주행할 수 있도록 설계했어야 했다. 엔진이 자주 고장을 일으켰고 이런 현상은 배기량이 커질수록 더욱 빈번하게 발생했다.

혼다는 처음에 250cc와 350cc급 오토바이를 판매하는 데 중점을 두 었고, 50cc급의 슈퍼컵을 판매할 생각은 전혀 없었다. 너무 소형이라

소비자들이 관심을 갖지 않을 것이라고 생각했기 때문이다.

우리는 로스앤젤레스에서 혼다50 시리즈를 타고서 간단한 용무를
처리했습니다. 그런데 이 모델이 사람들의 관심을 사로잡았죠. 어
느 날 시어스 백화점 구매 담당자에게 전화가 왔습니다. 우리가 시
어스의 관심을 끈 것이었죠. 하지만 우리는 마초들이 득실대는 오토
바이 시장에 50cc급 오토바이를 내놓으면 회사 이미지가 크게 손상
될지도 모른다는 생각에 여전히 주저했습니다. 하지만 중대형 쪽에
서 고전하고 있던 상황이라 우리에게는 달리 대안이 없었습니다. 우
리는 50cc급 오토바이를 시장에 내놓기로 했습니다. 그런데 놀랍게
도 이 제품을 판매하길 원하는 사람들은 오토바이 딜러가 아닌 스포
츠용품점 점주들이었습니다.[32]

'혼다를 타면 좋은 사람을 만난다'는 혼다의 캐치프레이즈는 UCLA
학생의 광고 수업 과제물에서 나온 것인데 처음에는 혼다 측에서 이것
을 마뜩잖게 여겼다. 혼다의 판매 전략, 즉 오토바이 딜러가 아닌 스포
츠용품점과 자전거 매장을 통해 판매한다는 전략은 혼다를 위해 존재
하는 것이지 혼다에 의해 만들어진 것은 아니었기 때문이다. 소형 오
토바이가 성공을 거둔 것은 전혀 예상치 못한 일이었다. 성공은 여러
가지 상황들이 합쳐져 일어났다. 멋진 오토바이를 살 형편이 되지 않
던 혼다 직원들이 혼다의 소형 오토바이를 타고 다녔고, 이것을 본 사
람들에게서 호의적인 반응이 나왔다는 것과 혼다의 중대형 오토바이
가 미국 시장에서 실패한 상황들이 모여서 말이다.

혼다는 의사결정을 위한 분석이나 전략 기획 같은 것을 사용하지 않았다. 실제로 적어도 대안을 찾거나 목표와 시장 상황에 대한 평가에 근거하여 여러 선택지를 두고 판단하는 측면에서 혼다가 의사결정을 내렸다고 보기는 어려웠다. 혼다는 유연한 자세를 견지한 채 학습하고 상황에 적응하면서 일단 의사결정을 하고 나면 이것이 옳은 결정이 되도록 노력함으로써 성공을 이루어냈다. 혼다는 잘못 알고 있던 시장에 잘못된 제품을 가지고 진입했지만 이러한 곤경에 대한 희생양을 찾으려 하지 않았다. 오히려 혼다 임직원들은 이 상황을 회사에 유리하게 만들기 위해 열심히 노력했고, 그들이 창의력을 발휘하는 과정에서 우연히 기회가 찾아온 것이었다.

여기서 강조하고 싶은 것은 조직 세계의 의사결정은 교실에서의 의사결정과는 다르다는 것이다. 교실에서는 시험 시간에 답을 적어 내고 나면 상황은 종료된다. 그러나 조직 생활에서는 그렇지 않다. 중요한 활동이 처음에 했던 선택이 아닐 수도 있고, 오히려 나중에 발생하는 것일 수도 있으며, 문제를 해결하기 위해 취하는 조치일 수도 있다. 이것은 상당히 중요하다. 이것이 우리가 의사결정을 하는 시점에서 그 결정이 잘된 것인지 그렇지 않은 것인지(결국 이에 대해서 우리는 정확히 알 수 없다)에 대해 조금은 덜 고민해도 되고, 상황이 전개되면서 우리가 알게 되는 정보를 바탕으로 의사결정과 활동을 새롭게 적용해가는 문제에 대해 더 많이 고민해야 한다는 것을 의미하기 때문이다.

혼다가 계획에 의해서가 아니라 우연과 시행착오를 통한 학습에 의해 미국 시장의 주도자로 등장한 것에서도 알 수 있듯이, 조직 구성원들이 역경을 맞이하더라도 불굴의 의지를 갖고 상황을 반전시킬 수 있는 통찰력을 개발하는 것이 중요하다. 어쩌면 가장 중요한 역량은 의사결정의 결과를 관리하는 것인지도 모른다. 그리고 어떠한 조치를 취하는 데 어려움을 자주 겪는 조직이라면 실행에 옮길 수 있는 능력이 가장 중요한 역량일 것이다.

일을 성취하기 위한 방법

그렇다면 왜 많은 조직에서 실행하는 것이 어려울까? 그리고 결정된 것을 실행하는 능력이 점점 약화되는 것으로 나타날까? 이 문제에 관해 생각하고, 실행 과정에서 권력과 영향력의 역할을 살펴보기 위한 한 가지 방법은 일을 성취하기 위해 동원 가능한 몇 가지 방법들을 검토하는 것이다.

일을 성취하기 위한 한 가지 방법은 위계적 권위를 동원하는 것이다. 많은 사람이 권력을 단순히 공식적인 권한의 행사로만 생각한다. 그러나 앞으로 알게 되겠지만, 권력은 이보다 훨씬 더 많은 것을 내포한다. 어느 조직에서든 우리는 위계적 권위를 행사하는 모습을 볼 수 있다. 지위가 높은 사람들은 자신의 직원을 채용하고, 해고하고, 평가하고, 보상하며, 그들에게 지시할 수 있는 권력을 갖는다. 위계적 지시는 보통 정당한 것으로 여겨진다. 이것이 공식적인 권한의 변형이 되어 조직 생활의 한 부분으로 당연하게 받아들여지기 때문이다.

따라서 "상사가 ~를 원한다" 혹은 "회장이 ~를 바란다"는 말에 대해서는 문제를 제기하는 경우가 거의 없다. 올리버 노스(Oliver North) 해

병대 중령이 이란 – 콘트라 사건(Iran – Contra affair, 1987년 미국의 레이건 정부가 스스로 적성 국가라 부르던 이란을 상대로 무기를 불법 판매하고, 그 이익으로 니카라과의 산디니스타 정부에 대한 반군인 콘트라 반군을 지원한 정치 스캔들이다 – 옮긴이) 청문회에서 했던 말을 누가 잊을 수 있을까? 이 자리에서 그는 최고사령관의 지시라면 구석에서 물구나무서기를 할 수도 있다며 여태껏 상사의 지시를 단 한 번도 거역해본 적이 없다고 말했다.

일을 성취하기 위한 방법으로써 위계적 지시에는 세 가지 문제점이 있다.

첫 번째 문제는 어쩌면 이것이 별로 중요하지 않을 수도 있겠지만 이러한 위계적 지시가 시대에 너무 뒤떨어진 방법이라는 것이다. 교육 수준이 높아지고, 의사결정 과정이 민주화되고, 많은 곳에서 경영 참여를 도입하고 있는 시대에[33] 특히 베트남 전쟁과 워터게이트 스캔들(Watergate Scandal, 1972년 리처드 닉슨 대통령의 재선을 위해 닉슨 재선 기구가 워싱턴 D.C.의 워터게이트 빌딩에 들어 있는 민주당 본부에 침입하여 불법으로 도청함으로써 생긴 스캔들을 말한다. 사건 은폐 의혹을 받던 닉슨 대통령이 1974년 사임함으로써 일단락됐다 – 옮긴이)로 권력 기관에 대한 불신이 팽배해 있는 미국과 같은 국가에서 명령이나 지시에 의한 실행에는 문제가 많다. 자녀가 있는 독자라면 지금 시대와 1950년대 사이에 부모의 권위가 얼마나 많이 달라졌는지를 생각해보면 내가 하는 말의 의미를 쉽게 이해할 것이다. 당신이 단순히 부모의 권위만을 내세워 자녀에게 무엇인가를 하도록 지시할 수 있었던 적이 과연 몇 번이나 되는가?

두 번째 문제는 훨씬 더 심각하다. 이것은 우리가 일이나 목표를 성취하기 위해 정해진 위치에서 일을 한다는 사실에서 나온다. 이때 우리는 우리의 지휘 계통에 속하지 않는 사람과 협력해야 한다. 다시 말하자면, 우리는 자신이 원하더라도 지휘를 할 수 없거나 보상을 줄 수 없거나 처벌을 할 수 없는 사람, 즉 자신의 권위가 미치는 범위 밖에 있는 사람에게 의존해야 한다.

예를 들어, 특정 제품 사업부의 일선 관리자의 경우를 생각해보자. 이 사람이 인력을 채용하기 위해서는 인사 담당자, 신제품 출시 가능성을 평가하기 위해서는 재무 담당자, 제품을 유통하고 판매하기 위해서는 판매 유통 담당자, 제품의 특징과 마케팅 그리고 가격 전략을 결정하기 위해서는 시장 조사 담당자와 협력해야 한다. 최고경영자의 권위마저도 절대적이지 않다. 조직의 외부에는 조직의 목표 달성에 통제를 가하는 집단이 있기 때문이다.

다른 국내 항공사에 국제 항공 노선을 매각하려면 교통부와 법무부의 협조뿐만 아니라 외국 정부의 승인을 받아야 한다. 또한 의약품이나 의료기기를 판매하려면 식품의약국의 승인을 받아야 한다. 제품을 수출하려면 금융거래 허가와 수출 허가를 모두 받아야 한다. 따라서 모든 경영자와 관리자는 위계적 권위를 제한적으로 행사할 수 있고, 맡은 일을 효율적으로 수행하기 위해 필요한 범위와 비교하면 우리 대다수가 이것을 상당히 제한적으로 행사할 수 있다.

세 번째 문제는 오로지 혹은 주로 위계적 권위를 통해서만 일을 실행하는 것과 관련이 있다. 조직의 피라미드 정상에 있는 사람, 즉 다른 모든 구성원에게 지시를 내릴 수 있는 사람이 잘못된 판단을 할 경우에는 어떤 일이 벌어질까? 조직에서 권한이 오직 한 사람에게만 부여되고 이 사람의 판단력이나 리더십에 문제가 생기면 이 조직은 심각한 어려움에 직면할 수 있다. 이것은 로버트 포먼(Robert Fomon)이 허튼 증권(E.F.Hutton)의 최고경영자로 재직하면서 중앙집권적, 위계적 권위를 통해 회사를 지배했을 때 나타난 상황과 정확하게 맞아떨어진다.

리더로서 포먼이 갖는 강점은 그의 약점이 되기도 했다. 그는 회사를 자기 마음대로 좌지우지하면서 최고경영자라기보다는 절대 군주처럼 처신했다. 포먼 주변에는 아첨꾼들이 득실득실했는데 이들이 허튼증권의 임원들이 되어서 포먼이 현실 세계를 제대로 인식하지 못하게 만들었다.[34]

포먼이 자기만의 위계적 권위를 어찌나 잘 세워놓았던지 이 회사의 어느 누구도 그에게 1980년대에 허튼증권과 다른 모든 증권사가 직면한 새로운 현실을 인식하도록 건의할 엄두를 내지 못했다.[35] 결과적으로 증권 중개 산업이 변화를 맞이할 때 허튼증권은 이러한 변화를 따라가지 못했고, 결국에는 독립 법인으로서의 명맥을 유지하지 못했다.

일을 성취하기 위한 또 다른 방법은 조직 구성원들이 전적으로 공유할 수 있는 비전 혹은 조직 문화를 개발하는 것이다. 그들이 공동의 목표, 그것을 성취하기 위해 무엇을 어떻게 할 것인가에 대한 공동의 비전, 서로 협력할 수 있도록 공동의 언어를 가진다면 위계적 지시 혹은 권위가 훨씬 덜 중요해질 것이다. 또한 그들은 윗사람의 지시를 기다리지 않고 서로 협력하여 일을 해낼 수 있을 것이다.

오늘날 공동의 비전 그리고 강력한 조직 문화를 통한 경영이 널리 보급되고 있다.[36] 조직 구성원들이 조직을 위해 헌신하고 공동의 비전을 가지고 다른 구성원들과 교류하는 방법을 제시하는 논문과 저서는 상당히 많다. 따라서 특히 신입사원들에게 이러한 방법을 교육함으로써 그들이 일을 성취하기 위해서는 무엇을 어떻게 해야 하는가에 대해 공동의 언어, 가치, 전제를 가질 수 있도록 해야 한다.[37]

우리가 비전 또는 조직 문화의 유효성과 중요성을 부정하지 않으면서 이를 통한 실행에는 문제가 있을 수 있다는 점을 인식하는 것도 중요하다.

첫째, 세상을 바라보는 생각을 공유하기까지는 상당한 시간과 노력이 필요하다. 예를 들어, 조직이 위기에 처할 수도 있고, 어떻게 반응할 것인가에 대해 전제를 확립하여 공유하기까지 시간이 충분치 않은 상황에 직면할 수도 있다. 바로 이런 이유 때문에 군대는 충성심을 함양하고 군기를 확립하기 위한 방법[38]뿐만 아니라 위계적 지휘 계통과 명령에 복종하는 전통에 의존한다.

둘째, 강력한 조직 문화는 거기에 맞지 않는 새로운 아이디어가 과연 어떻게 스며들 수 있을 것인가라는 문제를 안고 있다. 강력한 조직 문화는 실제로 하나의 조직적 패러다임을 확립하게 되는데 이것이 사물을 어떻게 바라볼 것인가, 문제를 해결하기에 적절한 방법이나 기법은 무엇인가, 중요한 쟁점이나 문제는 무엇인가 등을 규정한다.[39] 과학 분야에서는 잘 확립된 패러다임이 무엇을 어떤 순서대로 가르쳐야 하는가, 연구를 어떻게 진행해야 하는가, 적절한 연구 방법론은 무엇인가, 가장 시급한 연구 주제는 무엇인가, 새로운 학생들을 어떻게 훈련시켜야 하는가에 대한 지침을 제공한다.[40] 잘 확립된 패러다임 혹은 강력한 조직 문화를 뒤집기는 상당히 어렵다. 이것을 가지고 데이터를 해

석하는 것이나 새로운 발견에 도달하는 것에 실패하더라도 말이다.[41]

마찬가지로, 조직적 패러다임은 세상을 탐구하기 위한 방법을 제공하여 불확실성을 줄이고 조직이 효율적으로 행동하게 만드는 장점이 있지만 검토해야 할 몇 가지 방법을 간과하거나 무시하는 단점도 있다. 강력한 조직 문화는 집단 순응 사고를 낳고 지배적인 견해를 따르도록 압박을 가하기 쉽다.[42] 비전은 조직 구성원들의 관심을 한데 모으지만 이러한 과정에서 우리는 중요한 것들을 놓치기도 한다.

강력하며 종교와도 같은 조직 문화 때문에 대단한 성공을 거두었지만 또한 이 때문에 어려움을 겪었던 대표적인 조직이 바로 애플컴퓨터다. 애플은 지배 문화에 대항하는 컴퓨터 해커들에 의해 설립되었고, 초기에는 주로 해커들이 이곳에서 근무했다. 그들의 비전은 모든 사람에게 컴퓨터를 한 대씩 갖게 하여 컴퓨터에 기반을 둔 '민중에게 권력을(power to the people)!'이라는 캐치프레이즈를 구현하는 것이었다.

IBM은 조직의 중앙 집중 데이터 처리 부서와의 긴밀한 관계를 유지하는 방식으로 시장 점유율을 유지했다. IBM은 안전한 선택으로 여겨져 IBM 컴퓨터를 구매했다는 이유로 조직에서 해고당한 사람은 아무도 없다는 말이 떠돌 정도였다.

반면, 애플 II는 기업의 데이터 처리 담당자를 찾아 헤매는 대신 최종 사용자에게 직접 판매하는 방식으로 성공을 거두었다. 그러나 "1982년 후반이 되어 PC에 관해 단일한 기업 전략을 수립하는 것이 타당하게 여겨지기 시작했고, 이러한 전략을 관장할 사람은 누가 보더라도 데이터 처리 담당자였다."[43] 더구나 컴퓨터는 점점 네트워크와 결합되고 있었다. 다시 말하자면, PC를 수천 대씩 구매할 계획이 있는 조직에서는 데이터 공유와 호환성이 중요한 문제였다. 기업들은 소프트웨어 구매 및 교육과 프로그래밍에 소요되는 비용을 절약하기 위해 범용 소프트웨어를 구동할 수 있는 컴퓨터를 원했다. 애플이 초기에 품었던 '1인당 컴퓨터 한 대(one person-one machine)'라는 비전은 호환성에 대한 요구를 파악하기 어렵게 만들었고, 결과적으로 애플은 다음과 같은 상황을 맞이했다.

애플 II는 IBM PC용 소프트웨어를 구동하지 못했다. 애플 II는 리사 모델용 소프트웨어를 구동하지 못했고, 리사는 애플 II용 소프트웨어를 구동하지 못했다. 두 모델 모두 매킨토시용 소프트웨어를 구동하지 못했다. 결국 스티브 잡스 덕분에 애플이 개발한 컴퓨터 모델들은 모두 서로 호환되지 않게 됐다.[44]

애플의 강력한 조직 문화와 공동의 비전은 새로 나온 애플 III가 실패하는 데 있어서도 원인을 제공했다. 이 비전은 '1인당 컴퓨터 한 대'라는 구호와 함께 누구라도 설계하고 변형하고 개선할 수 있는 컴퓨터를 목표로 했다. 사용자와 컴퓨터 사이에는 운영체제가 자리를 잡고 있었지만 애플의 조직 문화는 이것을 하찮게 여기도록 했다.

컴퓨터 애호가들은 운영체제 문제 때문에 컴퓨터 속 깊숙한 곳으로 들어가 자신의 기량을 한껏 뽐내기 어렵게 됐다. 운영체제가 사용자와 컴퓨터 사이에 존재하는 걸림돌이 되고 만 것이다. PC는 '민중에게 권력을!'을 의미했지만 운영체제가 이 권력의 일부를 빼앗아갔다. 이것은 단지 설계상의 문제에만 국한되지 않았다. 이것은 자유로운 민중의 양도할 수 없는 권리에 위협이 됐다.[45]

애플 III는 정교한 운영체제(Sophisticated Operating System)를 의미하는 SOS라는 운영체제에 의해 구동되었는데 이것은 마이크로소프트사가 IBM PC를 위해 개발한 MS DOS(Microsoft Disk Operating System)와 비교하여 몇 가지 점에서 훨씬 더 뛰어나다는 것을 제외하고는 실제로 상당히 비슷했다. 그런데도 애플은 운영체제에 대해 너무나도 신중한 자세를 취한 나머지 PC의 사용에서 자사의 운영체제를 유일한 표준으로 만들거나 심지어는 표준들 중 하나로 만들려는 시도를 하지 않았다. 그 결과, 애플이 상업적으로 소중한 기회를 놓친 적이 셀 수 없을 정도로 많았다. 애플 직원들을 경건한 십자군처럼 일하게 했고, 엄청난 수준으로 헌신하게 했던 바로 그 열정이 애플로 하여금 PC 시장에서의 변화를 깨닫고 이에 대처하는 것을 어렵게 만든 것이다.

조직에서 일을 성취하기 위한 세 번째 방법은 권력이나 영향력을 사용하는 것이다. 권력과 영향력 때문에 구조보다는 방법에 주안점을 두게 된다. 반드시 공식적인 권한을 가지거나 사용하지 않고도 권력과 영향력을 행사하는 것은 얼마든지 가능하다. 또한 강력한 조직 문화와 때로는 이것이 의미하는 동질성에 의존할 필요도 없다. 물론 권력과 영향력을 통한 실행 과정 그 자체에 문제가 없는 것은 아니다. 이 책의 마지막 부에서는 이러한 문제들 중 일부를 다루고, 이것을 완화할 수 있는 몇 가지 방법들을 제시할 것이다. 지금 중요한 것은 권력과 영향력을 행사하는 것이 일을 성취하기 위한 유일하지는 않지만 중요한 방법 중 하나라는 점을 인식하는 것이다.

지금까지 우리는 실행이 다음과 같은 이유로 점점 더 어려워지고 있음을 살펴보았다.

첫째, 사회 규범이 변하고 조직 내에서 상호의존성이 커지면서 전통적이고 공식적인 권한은 과거에 비해 효력이 떨어졌다.

둘째, 인종과 민족, 성별, 심지어 언어와 문화의 측면에서 이질적인 구성원들로 이루어진 조직 내에서 공동의 비전을 확립하는 것이 점점 어려워지고 있다. 이와 동시에 우리가 권력에 대해 이중적 태도를 지니고 있고, 권력의 행사에 관한 교육이 광범위하게 보급되지 않았기 때문에 조직의 구성원들이 때로는 권력과 영향력의 '비공식적인' 행사 과정을 통해 자신의 공식적인 권한을 보완할 수 없다. 결과적으로, 조직이 어려움을 겪고 성공 가능성이 있는 프로젝트들이 순조롭게 진행되지 않는다. 바로 이러한 사실 때문에 권력을 경영하는 법을 배워야 하는 것이 매우 중요해졌다.

권력은 경영의 과정이다

권력과 영향력의 관점에서 볼 때 실행 과정은 다음과 같은 일련의 단계를 거치게 된다. 앞으로 이러한 단계들을 자세히 다룰 예정이지만 지금은 이러한 과정의 개요를 설명하는 것만으로도 충분하다.

1. 당신의 목표가 무엇인지, 즉 당신이 성취하고자 하는 것이 무엇

인지를 결정한다.

2. 의존성과 상호의존성의 패턴을 진단한다. 당신이 목표를 성취하는 데 어떤 사람이 영향력이 있거나 중요한 역할을 하는가?

3. 그들이 어떤 생각을 하는 것으로 보이는가? 그들이 당신이 성취하고자 하는 것에 대해 어떻게 생각할 것인가?

4. 그들의 권력 기반은 어디에 있는가? 이러한 기반들 중에서 어떤 것이 의사결정에 더 많은 영향을 미치는가?

5. 당신의 권력과 영향력의 기반은 어디에 있는가? 당신이 상황을 더욱 확실하게 장악하기 위해 어떠한 영향력의 기반을 개발할 수 있는가?

6. 권력을 행사하기 위한 다양한 전략과 전술 중에서 당신이 직면한 상황에 가장 적합하고 효과적인 것은 무엇인가?

7. 위의 질문에 대한 대답에 근거하여 일을 성취하기 위한 일련의 행동을 결정한다.

첫 번째 단계는 당신의 목표를 결정하는 것이다. 예를 들어, 당신이 뉴욕 주 올버니에서 텍사스 주 오스틴으로 차를 몰고 갈 때의 여정을 알고 있다면 올버니에서 무턱대고 운전대를 잡고 우왕좌왕하는 것보다 훨씬 더 쉬울 것이다. 이것은 명백한 사실인데도 기업 경영에서 간과되는 경우가 많다. 지금까지 당신이 성취하고자 하는 것에 대해 분명한 생각도 없이 회의나 총회에 참석하거나 누군가와 전화 통화를 한 적이 얼마나 많았던가? 달력에는 이런저런 일정들로 가득하지만 다른 예상치 못한 일들이 매일같이 일어나기 마련이다. 분명한 목표를 갖고 있지 않다면, 그리고 주요 목표가 무엇인지 모르고 있다면 그것을 성취할 가능성은 거의 없다.

톰 피터스(Tom Peters)가 저술 활동 초기에 다루었던 주제 중 하나가 바로 일관적인 목표의 중요성이었다. 다시 말하자면, 일정표에 나오는 것과 사용하는 언어, 평가의 대상, 대화의 주제는 모두 조직이 성취하려는 것에 집중되어 있어야 한다.[46] 개인도 마찬가지다. 다른 사람들과의 상호작용이나 회의 또는 총회에서의 활동은 같은 목표를 지향해야 하고 이럴 때 그것을 성취할 가능성이 더욱 높아진다.

일단 목표를 정하고 나면 목표를 성취하는 데 있어서 어떤 사람이 중요한 역할을 하는지 판단해야 한다. 당신은 이러한 사람들 간의 의존성과 상호의존성의 패턴을 진단하고, 그들이 당신이 성취하고자 하는 것에 대하여 어떻게 생각하는지를 알아야 한다. 이러한 진단의 일환으로 당신은 사건이 어떻게 전개될 것인가를 알아야 하고, 이 과정에서 권력과 영향력이 어떤 역할을 할 것인가를 판단해야 한다.

목표를 성취하기 위해서는 현재 경기가 어떻게 진행되고 있는가, 선수들은 누구인가, 그들이 어떤 포지션에서 뛰고 있는가를 숙지해야 한다. 농구 유니폼을 입고 미식축구를 하거나 공격과 수비를 분간하지 못한다면 부상당하기 쉽다. 평소에는 똑똑하고 일처리에 뛰어난 관리자들이 상황이 지닌 정치적 성격을 알아차리지 못해 혹은 어떤 선수의 포지션이나 강점을 예상하지 못해 그에게서 불의의 일격을 당해 어려운 일을 겪는 경우를 나는 너무도 자주 보아왔다.

경기에 대해 확실히 알고 나면 자신의 잠재력과 권력의 실제 원천뿐만 아니라 다른 선수들의 권력 기반을 확인해야 한다. 이런 식으로 당

파워

신은 다른 선수들의 강점과 함께 자신의 상대적인 강점을 알 수 있다. 권력의 원천을 이해하는 것은 당신 스스로 행동을 취할 준비를 하는 것뿐만 아니라 조직에서 어떤 일이 발생할 것인가를 진단하는 데 있어서도 상당히 중요하다.

마지막으로, 당신은 이용할 수 있는 다양한 전략 혹은 (이보다는 범위를 덜 원대하게 잡아서) 전술 그리고 이 과정에 참여하는 다른 사람이 사용할 전략 혹은 전술에 대해 신중히 고민할 것이다. 이러한 전술들은 권력과 영향력을 효과적으로 행사하는 것뿐만 아니라 다른 사람이 행사하는 권력에 대응하는 데도 도움이 될 수 있다.

여기서 권력은 행동에 영향을 미치고, 사건의 전개 과정을 변화시키고, 저항을 극복하고, 사람들이 다른 경우라면 하지 않았을 일들을 하게 만드는 잠재적인 능력을 말한다.[47] 정치와 영향력은 이처럼 잠재적인 권력을 행사하고 실현하게 하는 과정, 조치, 행동을 의미한다.

이 책의 1부에 나오는 다음 두 장은 어느 정도의 상황에서 권력이 개입하게 될 것인가를 진단하고, 주요 정치 행위자가 누구이며, 그들이 어떤 관점을 갖는가를 파악하는 데 상당한 도움을 줄 것이다. 2부는 권력이 어디에서 나오는가, 왜 어떤 부서와 그 구성원들이 다른 부서와 그 구성원들보다 더 많은 권력을 갖는가의 문제에 대한 답을 제시하는 장들로 구성되어 있다. 2부의 내용은 권력을 원하고 이것을 더 많이 가질 수 있는 방법을 알고 싶어 하는 독자에게 절대적으로 도움이 될 것이다. 3부에서는 권력과 영향력을 사용하기 위한 전략과 전술을 살펴볼 것이다. 우리는 권력이 어디에서 나오는가에 대해서뿐만 아니라 권력을 어떻게 사용하는가에 대해서도 알아야 한다. 4부에서는 권력 역학과 관련된 쟁점을 다룰 것이다. 특히 권력을 얻고 나서 어떻게 하면 권력을 잃게 되는가를 설명할 것이다. 또한 권력에서 나오는 결과물이 조직에서 갖는 긍정적 측면과 부정적 측면, 실행과 변화의 과정에서 권력의 필수불가결한 역할을 살펴볼 것이다. 마지막 결론 부분에서는 권력을 성공적으로 활용한 사람들과 그렇지 못한 사람들의 사례를 제시하면서 이 책의 내용을 전체적으로 요약할 것이다.

2장

·

언제 권력을 사용하는가

권력은 조직 활동에서 중요한 역할을 하지만 조직 내 모든 의사결정과 행동이 같은 정도로 권력과 연관되어 있는 것도 아니고, 모든 조직에서 권력을 둘러싼 갈등이 같은 정도로 흔하게 일어나는 것도 아니다. 계획을 효율적으로 실행하려면 상황을 인식하고 진단하는 것이 무엇보다 중요하다. 상황이 정치화되는 정도를 이해하지 못하면 불필요한 순간에도 권력과 영향력을 휘두를 수 있고, 그리하여 자원을 낭비할 뿐만 아니라 행동 규범을 위반할 수 있으며, 권력을 행사해야 하는 범위를 너무 좁게 잡아 실행 과정에서 실패할 수도 있다.

조직 내의 정치를 관리하고 권력을 능숙하게 행사하는 데 실패한 사례로 제록스를 들 수 있다. 제록스는 자사가 발명한 PC 기술을 활용할 기회를 놓쳤음을 깨달았다. 또한 자사의 팔로알토연구소(PARC)가 아이디어의 진정한 보고이며, 훌륭한 연구와 시장성이 있는 상품의 개발에는 차이가 있다는 사실도 알게 됐다. 제록스는 PARC가 개발한 기술을 좀 더 효율적으로 상품화하기 위해 제약회사 신텍스(Syntex)와의 공동 개발 프로젝트인 '익스프레스(Express)'를 출범시켰다. 제록스 연구진은 마케팅팀과 제품개발팀의 인력뿐 아니라 고객사인 신텍스와 협력하여 제약 산업의 수요를 충족시키기 위한 시스템을 개발하기로 하고 이 작업을 신속하게 추진했다.

이 프로젝트는 주로 기술적인 협력을 이끌어내는 것으로 여겨졌다. 주요 과제는 적합한 조직 구조를 찾아내고, 개발을 위한 활동에서 공동의 비전을 창출하는 것 정도로만 인식됐다. 그러나 이 활동은 이 프로젝트가 어느 정도 크게 주목받고 있다는 사실 때문에 상당히 정치화됐다. 각 팀 사람들은 저마다 유리한 입지를 차지하기 위해 공작을 펼쳤고, 이러한 정치 공작은 제대로 인식되지도 관리되지도 않았다.

마케팅팀은 처음에는 프로젝트에 참여하지 않았다. 인원이 부족하기 때문이기도 했고, 공동 생산을 위한 활동을 그다지 중요하게 여기지 않았기 때문이다. 이 활동을 단지 실험에 불과한 것으로 생각했던 것이다. 그러나 프로젝트가 크게 주목받고 경영진이 그 결과에 많은 관심을 갖고 있다는 사실이 분명해지자 마케팅팀도 참여하기로 결정했다.

마케팅팀은 나중에 참여했기 때문에 자신의 존재 가치를 입증하기 위해 무엇인가를 해야만 했다. 그렇지 않으면 이 프로젝트에서 향후 입지를 보장받지 못할 수도 있었다. 따라서 프로젝트가 이미 순조롭게 진행되고 있는데도 불구하고 제품을 제약 산업 전체로 더욱 광범위하게 판매할 수 있는 가능성을 연구하고는 이 제품의 재무적 매력을 평가한 사업 계획을 따로 준비했다. 이러한 작업들은 공동 생산 그룹이 이미 했던 것이었다. 그러나 마케팅팀은 (공동 생산 그룹이 마케팅팀에서 원래 제공한 추정치를 사용했음에도 불구하고) 시장 침투와 수익에 관하여 그들과는 다른 가정을 적용했고, 따라서 당연히 다른 결론에 이르렀다.

마케팅팀은 이런 소모전에 뒤늦게 뛰어들었지만 그 자체의 정당성과 당연시되는 전문성에 근거한 권력을 가지고 있었다. 그 어느 팀이 마케팅팀보다 시장에 대해 더 많이 알겠는가? 마케팅팀은 (고객사와 함께 제품을 공동 개발하기 위해 여러 팀이 참여하는) 이 프로젝트가 갖는 독특한 성질 때문에 이미 초조한 시간을 보내고 있던 경영진에게 더 많은 지출이 발생하기 전에 프로젝트를 중단하도록 설득했다.

이 사건은 제록스가 신제품 개발과 혁신 과정의 정치적 성격을 제대로 이해하지도, 성공적으로 관리하지도 못했다는 사실을 여실히 보여주었다. 프로젝트를 지지하던 사람들은 권력의 중요성과 이것을 상황에 맞게 행사해야 한다는 사실을 깨닫지 못하고 결과적으로 프로젝트를 포기하고 말았다.

이번 장에서는 권력이 조직 생활에서 더 중요해지거나 덜 중요해지는 조건은 무엇이고, 이것이 자신의 경력 관리에서 어떤 의미를 갖는지 살펴볼 것이다. 권력을 행사하기 위한 조건이 우리의 관심과 능력에 잘 부합하는 자리를 찾아내는 것이야말로 개인적 성공과 우리가 추진하는 프로젝트의 성공에 결정적인 역할을 할 것이다.[1]

권력과 영향력의 행사

권력을 행사할 수 있는 조건을 논의하기 위한 사고의 틀을 설정하는 데 도움이 될 만한 경험적 증거는 그다지 많지 않다. 이러한 증거는 주로 다음 두 가지 유형의 연구에서 나온다. 첫 번째 유형의 연구는 의사결정이 실제로 어떻게 이루어지고 있는가에 관한 것이고, 두 번째 유형의 연구는 관리자와 경영자가 조직 내에서 권력과 영향력을 행사하는 것에 대하여 어떻게 인식하고 있는가에 관한 것이다.

11개 회사에서 이루어진 33건의 구매 결정에 대한 연구는 이러한 종류의 의사결정에서 영향력이 얼마나 중요하게 작용하는가에 대해 유용한 배경 정보를 제공한다.[2] 우선 의사결정을 해야 하는 33건 중 27건은 그 과정에 있어서 약간의 의견 차이가 발생해 이를 해결해야 했다. 또한 의사결정이 중요할수록 많은 사람이 그 과정에 관여한 것으로 나타났다. 중요도가 보통이거나 매우 큰 의사결정에는 평균적으로 20명 정도의 사람들이 관여했다. 반면, 중요도가 떨어지는 의사결정에는 평균적으로 8명 정도만이 관여했다. 중요한 의사결정에는 비교적 많은 사람이 그 과정에 관여했기 때문에 의견 차이가 나타나는 것은 전혀 놀랍지 않다. 그러나 이러한 수치가 갖는 진정한 의미는 다음과 같다.

20명 정도의 사람들이 관여하는 의사결정에 영향을 미치려는 작업에 대해 생각해보라. 정치 지형을 신중하게 살펴보고, 여러 가지 관점을 이해하며, 이 과정에서 시간과 노력을 기울이는 것이 확실히 중요할 것이다. 의사결정에 관여하는 사람들이 많지 않은 경우에는 영향력을 행사하려는 시도가 주먹구구식이지만 그럼에도 이런 시도가 성공할 가능성은 상당히 높을 것이다.

캐나다의 어느 경영대학원에서 졸업생 428명을 대상으로 설문조사를 실시한 결과 권력과 영향력이 가장 많이 개입되기 쉬운 의사결정의 종류를 알 수 있었다.[3] [표 2-1]에서 알 수 있듯이 응답자들은 부서 간 협력, 승진과 전출의 결정, 설비와 장비의 할당과 같은 의사결정에 권력이 많이 개입하는 것으로 생각했다. 이에 반해 업무 평가, 채용 결정, 인사 정책, 고충 처리와 같은 영역에는 권력이 그리 많이 개입하지는 않는 것으로 생각했다.

설문조사를 통해 상이한 위계적 지위에서 권력과 영향력의 행사가 얼마나 자주 요구되는가에 관한 흥미로운 사실을 전해준다. 이러한 내용 역시 [표 2-1]에 잘 나와 있다. 당연한 사실이지만 이 표에 따르면 조직에서 지위가 높아질수록 권력을 더욱 빈번하게 사용하는 정치적 분위기가 조성되는 것을 보여준다.

한편으로는 30개의 조직에서 인사 담당 임원, 최고경영자, 이보다 한 단계 아래의 관리자 각각 1명씩을 포함하여 3명을 대상으로 설문조사한 결과도 있다.[4] 이 연구 데이터는 권력과 영향력을 행사하는 빈도의 측면에서 업무 영역과 상황별로 순위를 매길 수 있게 해준다. [표 2-2]에는 이러한 순위가 나와 있다.

[표 2-2]를 보면 마케팅, 영업, 이사회가 권력을 가장 많이 행사하는 세 가지 업무 영역이라는 것을 알 수 있다. 이에 반해 생산, 회계, 재무는 권력이 덜 중요한 업무 영역이다. 다양한 상황들을 대상으로 권력의 중요성이라는 측면에서 살펴보면 조직 개편, 인사이동, 예산 할당에서는 권력을 많이 행사하지만 개인별 성과 지표 확정, 규정과

[표 2-1] '조직 내 지위와 의사결정의 종류가 권력 행사와 어느 정도로 연관되는가'
에 대한 설문조사 결과

상황	권력이 항상 혹은 빈번하게 개입되는 상황이라고 대답한 응답자의 비율
부서 간 협력	68.4
승진과 전출	59.5
설비와 장비의 할당	49.2
고충 처리	31.6
인사 정책	28.0
채용	22.5
업무 평가	21.5

상이한 지위에서 행하는 정치 행위의 빈도

지위	권력 사용 빈도의 평균
	(3=항상 사용·2=빈번하게 사용· 1=드물게 사용 0=전혀 사용하지 않음)
최고경영진	1.22
중간 관리직	1.07
하위 관리직	0.73

*출처: 간즈와 머레이(1980), 242, 243쪽

절차의 변경에서는 권력을 덜 행사하고 정치 행위 역시 덜 하는 것으로 나타난다.

이 모든 결과를 종합하면 고위직에서 내리는 의사결정이나 조직 개편, 예산 할당과 같은 중요한 쟁점이 걸려 있는 의사결정에서는 권력이 중요하게 작용한다는 것을 알 수 있다. 또한 생산직이 아니라 사무직처럼 성과를 측정하기가 어려운 영역, 불확실성이 존재하거나 의견

[표 2-2] 권력이 가장 많이 개입되는 업무 영역과 의사결정

업무 영역	조직 내 정치 행위의 빈도
마케팅 직원	4.27
이사회	3.88
영업	3.74
제조 직원	3.05
인사	3.01
구매	2.67
연구개발	2.62
회계 재무	2.40
생산	2.01

의사결정의 유형	조직 내 정치 행위의 빈도
조직 개편	4.44
인사이동	3.74
예산 할당	3.56
주요 물품 구매	2.63
개인별 성과 지표 확정	2.39
규정과 절차의 변경	2.31

Note: 이 설문조사에서는 다음과 같은 질문을 던졌다. "조직 내 정치 행위가 얼마나 빈번하게 발생하는가?" 점수 범위는 1에서 5까지이고 1=매우 낮음, 5=매우 높음이다.

* 출처: 매디슨(Madison) 외, 88, 90쪽

차이가 발생할 가능성이 있는 경우도 여기에 해당한다. 이제 우리는 왜 이러한 조건들이 권력과 영향력 행사와 연관되는지를 알아야 한다. 이러한 주제를 살펴보면서 조직 내에서 권력과 영향력을 행사하는 과정들의 미묘한 차이도 알게 될 것이다.

상호의존성의 역설

권력은 상호의존성이 적당하게 있는 조건에서 더욱 빈번하게 사용된다. 상호의존성이 거의 혹은 전혀 없다면 권력을 확립하고 영향력을 행사할 필요 역시 거의 혹은 전혀 없다. 같은 이유로 상호의존성이 아주 크다면 사람들은 서로 협력하고, 공동의 목표를 설정하고, 그들의 활동을 조정할 동기를 가질 것이다. 이러한 동기를 무시한다면 그 조직이나 집단은 실패할 가능성이 높다.

동료 연구자인 제리 샐런식(Jerry Salancik)과 나는 상호의존성을 다음과 같이 정의했다.

상호의존성이야말로 자기가 원하는 대로 되는 것이 아무것도 없는 결과를 낳는 원인이다. 한 가지가 넘는 원인에 의존하는 사건은 그 결과가 상호의존적인 인자(因子)에 달려 있다. 상호의존성은 어떤 행위자가 행위를 실행하는 데 혹은 그 행위로부터 원하는 결과를 얻는 데 필요한 모든 조건을 완전히 통제할 수 없을 때 존재한다.[5]

조직의 본질은 상호의존성에 있다. 그리고 일을 성취하기 위해서는 다른 사람에게 도움을 받아야 한다는 것은 당연한 사실이다. 여기서 새로운 사실은 상호의존성이 존재할 때 일을 성취하려면 우리가 의존하는 사람들에게 권력을 행사하고 영향력을 미칠 수 있는 능력이 있어야 한다는 것이다. 우리가 이러한 능력을 갖추지 못한다면 (그 이유가 필요성을 인식하지 못했기 때문일 수도 있고, 방법을 몰랐기 때문일 수도 있다) 목표를 달성하는 데 실패할 것이다.

1장에서 제록스의 팔로알토연구소(PARC)가 최초로 PC를 발명했다고 말했다. 이 연구소는 '그래픽 기반 모니터, 어린이도 사용할 수 있을 만큼 단순한 입력 장치로서의 손바닥 크기만한 마우스, 초보 사용자용 워드프로세스 프로그램, LAN 통신망, 객체지향 프로그래밍 언어, 레이저 프린터'도 최초로 발명했다.[6]

제록스가 자신이 발명한 기술을 상업화하지 못한 데는 여러 가지 원인이 있지만 그중에서도 특히 PARC 인력과 그 밖의 제록스 직원들과의 관계가 문제였다. 신제품을 출시하려면 조직의 여러 부서 직원들이 상호의존적인 활동을 해야 한다. PARC는 이러한 상호의존성을 인식하지 못했고, 혹시 인식했다 하더라도 관련 당사자들이 권력과 영향력을 확립해야 할 필요성을 인식하지 못했다. PARC가 발명한 기술은 그 자체로도 탁월하여 당연히 성공적인 제품을 개발하여 발표하게 될 것으로 생각됐다.

PARC는 물리적으로도 뉴욕 주 로체스터, 코네티컷 주 스탬퍼드에 위치한 제록스 부서들과 떨어져 있었다. PARC 연구원들은 대단한 자만에 빠진 나머지 자신들과 제록스의 다른 부서 사람들을 우리와 그들로 나누어서 바라보는 태도를 가지고 있었다. 이러한 태도는 제록스가 컴퓨터 사업에 뛰어들기 위해 인수했던 컴퓨터 기업 사이언티픽 데이터 시스템즈(Scientific Data System / SDS)에 대해서도 마찬가지였다.

PARC의 시스템과학연구실(Systems Science Laboratory)에서 근무하는 관리자들 중 한 사람인 버트 서덜랜드(Bert Sutherland)는 이렇게 말했다.

"PARC 사람들은 대단한 자만심에 빠져 있습니다. 그들의 말을 당신이 금방 이해하지 못하면 바보 취급을 받습니다. 이런 식으로는 좋은 의견을 들을 수 없습니다."[7]

PARC 연구원들은 신제품 출시에는 상호의존성이 수반되고, 이러한 상호의존성을 관리하는 데는 능숙한 수완이 요구된다는 사실을 인식하지 못해 컴퓨터로 세상을 바꾸려던 꿈을 이루지 못했다. 그리고 제록스도 상업적으로 소중한 기회를 놓치고 말았다.

당신과 상호의존 관계에 있는 사람이 당신과 다른 생각을 하고 있어서 당신이 원하는 것을 하기 위해 그 사람에게 의존할 수 없을 때 권력과 영향력을 키우는 것은 특히 중요하다.

예를 들어, 규모가 큰 주립대학교의 단과대학 40곳에서 학장을 선출하는 과정을 연구한 바에 따르면 상호의존성이 커질수록 교수들의 정치 행위가 더 많이 나타났다.[8] 그러나 상호의존적인 교수들이 같은 생각을 하고 있을 때는 정치 행위가 덜 나타나는 것으로 드러났다. 이번 연구는 상호의존성이 영향력 행사의 필요성을 증대시키지만 이러한 영향력 행사는 당신과 상호의존 관계에 있는 사람이 당신이 원하는 것을 하려고 하지 않을 때 특히 중요하다는 사실을 보여준다.

[표 2 - 1]과 [표 2 - 2]는 조직에서 권력을 가장 많이 행사하는 곳이 어디인지를 보여주는데 상호의존성은 그 근거를 이해하는 데 도움이 된다. 조직에서 지위가 높을수록 상호의존성이 더 많이 나타나고, 그 업무가 단순하지도 독립적이지도 않다.[9] 사원 직위에서는 일을 성취하

파워

기 위해 반드시 일선 관리직 사람들의 협조를 얻어야 하기 때문에 상호의존성이 나타날 가능성이 높다. 부서 간 협력은 극단적으로 상호의존적인 상황에 해당하며, 조직 개편에 관한 의사결정에는 여러 부서가 관련되기 마련이다. 업무 영역을 살펴보면 다른 영역과의 상호의존성이 각기 다르게 나타나지만 영업과 마케팅이 한쪽으로는 엔지니어링 혹은 제품 개발, 다른 한쪽으로는 제조 혹은 생산 사이에 놓이는 경우가 많다.

● 자원의 희소성

상호의존성은 업무를 편성하는 방식을 포함하여 여러 가지 이유로 발생한다. 상호의존성의 성질과 정도에 영향을 미치는 한 가지 중요한 요인은 자원의 희소성이다. 자원이 많으면 상호의존성이 작아지지만 자원이 적으면 반대로 상호의존성이 커진다.

승진의 경우를 예로 들어보자. 조직이 빠르게 성장하고 있으면 승진 기회가 많아지고 승진 경쟁은 그다지 치열하지 않을 것이다. 조직 구성원들은 승진 기회가 동료 직원들의 업무 성과보다는 주로 자기 자신의 업무 성과에 달려 있다고 생각할 것이다. 그러나 조직이 성장을 멈추고 승진 기회가 제한된다면 승진 후보자들은 자신이 '누군가의 이익은 다른 누군가의 손실이 되는 이른바 제로섬 게임(zero sum game)'을 하고 있다고 생각할 것이다. 이제는 승진 경쟁에서 승진 여부가 자신의 결과보다 경쟁자들의 결과에 훨씬 더 많이 달려 있고, 따라서 상호의존성의 정도는 더욱 커진다.

이러한 예는 많은 사람이 왜 자원이 많은 상황을 선호하는지 보여준다. 이런 상황에서는 자신이 원하는 것을 얻을 수 있는 기회가 많아질 뿐만 아니라 상호의존성이 작아지고, 따라서 권력과 영향력을 확립할 필요성이 줄어든다. 모두는 아니더라도 많은 사람이 권력과 영향력을 확립하고 행사하는 것을 어렵거나 불편하게 생각하기 때문에 가능하다면 상호의존성이 작은 상황을 더 선호한다.

일리노이대학교의 연구자들은 희소성과 중요성의 측면에서 상이한 네 가지 종류의 자원을 각 학과에 할당하는 데 있어서 권력이 미치는 영향을 살펴보았다.[10] 이 연구에서 각 학과가 행사했던 권력을 평가한 모든 지표에 의하면 학과의 권력 행사는 가장 희소한 자원의 배분과 가장 많이 관련되어 있고, 가장 풍부한 자원의 배분과는 가장 적게 관련되어 있었다. 실제로 객관적 조건들을 통계적으로 통제했을 때 학과의 권력 행사는 가장 풍부한 자원의 할당과는 반비례할 것으로 예상됐다. 이러한 결과를 간단하게 설명하자면, 권력이 있는 학과는 가장 희소한 자원을 지나칠 정도로 많이 차지했고, 권력 투쟁에서 밀려난 학과는 이에 대한 부분적인 보상으로 경쟁이 치열하지 않은 자원을 지나칠 정도로 많이 갖게 되었다는 사실이다.

희소성이 조직의 의사결정에서 권력 행사를 확대시킨다는 주장과 부합하는 증거는 또 있다. 미네소타대학교의 연구자들은 학과별로 다년간에 걸친 예산 할당에 대해 살펴보았다.[11] 이 연구에서는 자원이 희소해지는 시기일수록 학과들이 자원을 얻기 위해 권력을 더 많이 행사하는 것으로 나타났다.

또 다른 연구에서는 캘리포니아대학교 캠퍼스 두 곳을 대상으로 학과별 예산 할당을 조사했다.[12] 어느 한 캠퍼스에서는 1967년부터 1975년까지 총예산이 52퍼센트 증가했고, 교수 수는 11.9퍼센트 감소했다. 반면, 다른 캠퍼스에서는 총예산이 거의 80퍼센트 증가했고, 교수 수는 실제로 미세하게나마 0.4퍼센트 증가했다. 이 연구는 상대적으로 자원이 희소한 캠퍼스에서 예산을 할당할 때 학과의 권력이 더 강하게 작용한다는 사실을 보여준다.[13]

[표 2 - 2]의 설문조사 결과에 따르면 예산 할당이 가장 정치적인 의사결정에 속하는 것으로 나타난다. 자원이 풍부하기보다는 희소한 조직이 대다수이므로 이러한 자원을 할당할 때 권력과 영향력이 개입된다는 사실은 전혀 놀랍지 않다.

관점의 차이

사람들이 상호의존적이라는 사실 그 자체만으로는 조직에서 권력과 영향력을 행사하게 만드는 충분조건이 되지 않는다. 실제로 스포츠팀의 경우 모든 선수가 상호의존적이지만 경기가 진행되는 동안 서로 협의하기 위해 한곳에 모이는 경우는 거의 없다.

모두 같은 목표를 가지고 있고 그 목표를 성취하는 방법에 대해 생각을 공유한다면 갈등은 최소화될 것이다. 또한 성취해야 할 목표와 그것을 달성하는 방법에 대해 합의에 이른다면 다른 사람의 마음을 움직이기 위해 영향력을 행사하거나 권력을 확립할 필요가 없다. 이런 경

우라면 그들도 당연히 당신이 원하는 대로 행동할 것이기 때문이다.[14]

중요한 것은 목표를 어떻게 달성할 것인가에 관한 합의에 있다. 목표 그 자체는 주어진 상황에서 벌어지는 정치 행위에 있어서 신뢰할 만한 지표는 아니다. 언뜻 보기에는 목표가 모든 행위의 근본이고, 이에 대한 생각의 차이가 필연적으로 권력과 영향력을 행사하게 만드는 것으로 생각할 수 있다. 그러나 이런 생각이 반드시 옳은 것은 아니라는 의견도 있다. 비록 이 의견을 광범위하게 뒷받침하는 증거는 없지만 말이다.

이윤 추구라는 목표에 대해 공동의 합의가 있는 곳으로 여겨지는 기업에서도 때로는 정치 행위가 치열하게 전개된다. 그리고 정치권에서도 목표는 다르지만 몇 가지 특정한 결과를 얻기 위해 같은 수단이 동원되어 거래가 성사될 수 있는 지점에서 우호적인 타협이 자주 일어난다.

조직에서 업무의 전문화가 심화될수록 의견 차이가 발생할 가능성은 커진다. 그 이유는 단순한데 업무를 다양한 전문 분야와 사업 단위로 나눌 때 교육과 배경이 서로 다른 조직 구성원들이 상황을 서로 다른 관점에서 바라보기 때문이다. 변호사, 엔지니어, 회계사는 각자 서로 다른 관점에서 세상을 바라본다. 더구나 조직에서 특정 자리에 있는 사람은 그 자리로 들어오는 정보를 통해 세상을 바라본다. 마케팅 전문가에게는 매출과 시장 점유율 데이터가 들어오고, 생산 전문가에게는 제조비용과 재고량 데이터가 들어온다. 또한 있는 자리가 다르면 매출 극대화, 비용 극소화, 혁신, 예산 충족 등과 같은 서로 다른 동기를 갖게 된다. 그리고 이처럼 서로 다른 동기가 세상을 다르게 바라보게 만

파워

든다. 이러한 상황을 설명하기 위해 내가 자주 인용하는 경구가 있다.

"당신이 지금 어디에 서 있는가는 당신이 지금 어디에 앉아 있는가에 달려 있다."

데이비드 핼버스탬(David Halberstam)은 포드자동차의 역사를 기록하면서 교육과 업무 영역에 따른 배경이 어떻게 하여 직원들이 그들이 처한 상황을 바라보는 방식을 규정하는가를 생생하게 보여주었다.[15]

(다른 자동차 회사뿐만 아니라) 포드자동차의 재무부서와 생산기술부서 사이에 나타난 갈등은 본질적으로는 세상을 바라보는 방식에서 비롯된 것이었다. 기본적으로 엔지니어들은 자동차와 엔진을 기술적 과제, 즉 만들어야 하는 대상으로 바라본다. 그들은 경쟁 기업에 대하여 기술적 우위를 확보하고 새로운 기능을 최초로 도입하는 데 관심이 있다. 그들은 공학적으로 뛰어난 요소들을 지닌 자동차를 설계하고 제작하길 원한다. 재무부서는 자동차의 미학적 가치 혹은 공학적 탁월성보다는 원금 회수 기간, 투자수익률, 신차 모델을 출시하거나 엔진 혹은 변속기에 신기술을 도입할 때 소요되는 자본총액과 같은 재무적 관점에서 자동차를 분석한다. 두 집단은 같은 프로젝트를 다른 관점에서 바라보기 때문에 상당히 다른 결론에 도달하는 경우가 많다.

포드자동차는 전륜구동 방식을 개발했고, 그밖에도 수많은 공학적 혁신을 이루어냈지만 이러한 혁신을 실제로 자동차에 적용하는 측면에서 보자면 다른 기업보다 뒤처지는 경우가 많았다. 새로운 변속기를 도입하고 이에 따라 자동차를 재설계하는 데는 많은 비용이 소요됐지만 이러한 지출이 충분한 수익을 보장하는지 입증하기는 어려웠다. 따라서 적어도 1960년대와 1970년대에는 생산기술부서가 재무부서에 밀릴 때가 많았다.

서로 다른 관점을 가진 사람들 사이의 극심한 의견 차이는 분명한 목표가 없거나 각 부서가 협력하게 만들 만큼 심각한 외부적 위협 또는 경쟁이 없을 때 발생하기가 쉽다.

1960년대와 1970년대에는 제너럴모터스(General Motors, GM)가 자동차 시장을 지배했다. 지금은 믿기 힘들겠지만 1950년대 말에 GM의 가장 큰 관심사는 독점금지법이었다. 당시 GM은 '독점금지법을 위반하게 될 것인가'를 고민했지, '경쟁을 견뎌낼 수 있을 것인가'를 고민하지는 않았다. 외부로부터 경쟁 압박을 받지 않았을 뿐만 아니라 회사 규모가 크고 사업 구조가 세분화되어 조직 내에서의 정치가 발생하기 쉬운 여건이 조성됐다.

당시 GM 부사장이던 존 드로리언(John De Lorean)은 이렇게 말했다.

"임원들의 성과를 평가할 때 객관적인 기준이 항상 적용되는 것은 아니었다."[16]

GM이 중시하던 것은 너무 튀지 않으면서 상사에게 충성하는 그냥 좋은 팀원이 되는 것이었다. 또한 드로리언은 직원들이 상사에게 충성하기 위해 극단적으로 행동하는 사례들도 구체적으로 제시했다. 평소 야식을 즐기던 상사의 눈에 들기 위해 크레인을 빌려서 그가 묵고 있는 호텔 방의 창문을 떼어내고 방문으로 들어갈 수 없는 대형 냉장고를 들여놓기도 했고, 공항으로 마중을 나가기도 했으며, 수행원들을 모집하여 상사의 여행에 동행시키기도 했다. 또한 상사가 좋아하는 음식이나 싫어하는 음식을 알아내기 위해 노력했고, 상사가 원하는 것이라면 무엇이든 챙기려 했다.

실질적인 경쟁 압박이 없을 때 나타나는 정치 행위는 조직의 성공에 도움되는 경우가 거의 없다. 따라서 국가든 조직이든 리더가 조직의 구성원들이 생각의 차이를 잠시 제쳐두고 효과적으로 협력하도록 공동의 적 혹은 외부의 위협을 찾아내려고 하는 것은 당연한 일이다. 애플컴퓨터의 경우에는 이것이 오랫동안 IBM이었고, 초창기 일본 복사기 업체의 경우에는 제록스였다. 오늘날 미국 자동차 회사의 경우에는 일본 자동차 회사들이다. 따라서 일본 자동차 회사들과의 경쟁이 심화되면서 미국 자동차 회사에서 부서 간 소통과 협력이 강화된 것은 결코 우연이 아니다.

쟁점을 직면하라

권력은 그 자체로 소중한 자원이다. 이것은 그냥 해보는 말이 아니다. 보통의 경우 권력을 가진 사람은 중요한 쟁점에 대비해 그것을 계속 유지하려고 한다. 자원의 희소성이 자원 할당에 대한 권력 행사에 미치는 영향을 보여주기 위해 앞서 소개한 연구에서는 의사결정의 중요성이 권력 행사에 미치는 영향을 따로 떼어내어 추정하는 것이 불가능했다.[17] 놀라울 것도 없이 희소성과 중요성은 서로 연관되어 있다. 중요한 것이라면 많은 사람이 찾게 되어 희소해질 것이기 때문이다.

중요성에는 실질적인 요소와 상징적인 요소가 함께 존재한다. 우리는 때로 사무실의 위치나 크기와 같은 언뜻 보기에 중요하지 않은 의사결정을 두고 사람들이 왜 그렇게도 많은 시간과 노력을 기울이는지 이해하기 힘들 때가 있다. 퍼시픽 텔레폰(Pacific Telephone)이 샌프란시스코 외곽에 사무실을 건립하면서 시내에 있던 건물들 중 일부를 폐쇄했을 때 많은 임원이 외곽으로 쫓겨나지 않고 본사 건물에 남기 위해 많은 노력을 기울였다. 앞으로 살펴보겠지만 권력의 겉모습이 실제로 권력을 제공할 수 있다. 따라서 권력의 상징을 유지하려는 이러한 노력들은 중요한 의미를 갖는다.

중요한 의사결정이 권력과 영향력을 행사하는 과정을 작동시키고 적어도 몇몇 사람이 이러한 권력과 영향력을 탐탁지 않게 바라보기 때문에 조직 전체 혹은 각 부서에서 중요한 쟁점을 기피하려는 경우가 흔히 나타난다.

예를 들어, 크리스 아지리스(Chris Argyris)의 〈뉴욕 타임스(New York Times)〉 연구를 살펴보면 새로운 특집 기사에 관한 의사결정이 어떻게 하여 거의 4년 동안 지연되었는지를 알 수 있다.[18] 〈뉴욕 타임스〉 경영진은 누가 신문사를 지배할 것인가, 누가 지면을 차지할 것인가 혹은 상실할 것인가와 같은 특정한 정치적 쟁점 드러내기를 꺼려했다. 그들은 이러한 대립 국면을 피하려고 새로운 특집 기사를 게재하려는 의사결정을 계속 미뤄왔던 것이다.

〈로스앤젤레스 타임스(Los Angeles Times)〉의 정치 기사를 다룬 연구에서도 이와 비슷한 현상을 보여준다.[19] 이 신문사는 전국 편집부와 로스앤젤레스 지역 편집부 간의 알력 때문에 특히 총선 보도와 같은 정치 기사를 조정하는 데 어려움을 겪고 있었다. 총선 보도를 전체적으로 맡아줄 정치 편집부를 신설하자는 제안은 이 부서가 차지할 신문 지면과 입지를 두고 벌어질 갈등 때문에 이에 대한 논의는 계속 지연

되기만 했다. 결국 정치 편집부가 만들어졌지만 그해 총선이 끝나고는 곧 해체됐다. 〈로스앤젤레스 타임스〉는 신문 지면과 입지와 같은 쟁점에 직면하기를 꺼렸고 이는 곧 정치 보도의 질을 높이고 협력을 강화할 수 있는 혁신 기회를 기피한 셈이었다.

왜 경력을 관리해야 하는가

1976년 9월 1일은 존스맨빌 코퍼레이션(Johns - Manville Corporation)의 회장 겸 최고경영자 리처드 굿윈(W. Richard Goodwin)이 사퇴 압박을 받은 날이다. 그는 뉴욕에서 열리는 이사회에 참석할 준비를 하던 중 사외이사 9명이 자신이 사퇴하길 바란다는 말을 다른 사외이사 3명에게 전해 듣고는 놀라움을 금치 못했다. 존스맨빌이 앞으로 맞이하게 될 석면 소송과 이에 따른 파산과 함께 이번 일은 굿윈을 포함해 많은 사람을 깜짝 놀라게 한 사건이었다.

굿윈이 회장으로 재직 중이던 1970년부터 1975년까지 존스맨빌의 매출은 91퍼센트 증가했고, 1970년부터 1974년까지 순이익도 115퍼센트나 증가했다. 특히 1976년 상반기에는 창사 이래 최고의 수익을 기록했다.[20] 사내이사 2명은 이번 조치에 크게 놀랐다. 굿윈은 분명히 최고경영진에게 믿음을 주었고, 존스맨빌의 본사를 덴버로 옮기는 것을 포함하여 이 회사가 새롭게 변신하도록 많은 일을 해왔기 때문이다.

굿윈이 최고경영자 자리에 오른 과정을 살펴보면 그가 왜 더 이상 그 자리를 유지하지 못했는가에 대한 몇 가지 단서를 얻을 수 있다. 그는 스탠퍼드대학교에서 실험 심리학(이 분야는 학습의 원리를 밝히기 위해 동물 실험에 의존하기 때문에 가끔은 생쥐 심리학이라고 불린다)을 전공하여 박사학위를 받았다. 이후로 10년 동안 랜드코퍼레이션(Rand Corporation)과 여기서 떨어져 나온 시스템 디벨롭먼트 코퍼레이션(System Development Corporation)에서 근무했다. 그는 자기 소유의 컨설팅 기업을 운영하면서 뉴욕대학교 경영대학원 야간 강좌를 맡던 중 존스맨빌에 입사해 전략 기획 업무를 지원했다. 여기서 능력을 인정받아 기획 담당 부회장에 취임했고 이렇게 취임한 지 20개월이 지나 회장 자리에까지 올랐다.

굿윈의 경력을 살펴보면 아주 똑똑하고 교육 수준이 높지만 혼자 또는 자기 자신만을 위해 일하는 분야에서, 그리고 고도의 지적 능력을 요구하는(미군 전략공군사령부 지휘 통제 시스템의 소프트웨어 설계 및 개발과 같은) 분야에서 자기 경력의 대부분을 보낸 사람이라는 것을 알 수 있다. 우리는 굿윈의 경력이나 학력을 통해 그가 이사회와의 관계를 관리하는 일이나 난투가 난무하는 대기업의 정치 세계에 대한 준비가 전혀 되어 있지 않은 사람이라는 것을 알 수 있다. 당시 모건 개런티 트러스트 컴퍼니(Morgan Guaranty Trust Company)의 부회장이자 굿윈을 만나 사퇴 압박을 했던 존스맨빌 사외이사 중 한 사람인 존 슈뢰더(John Schroeder)도 바로 그러한 점을 지적했다.

우리는 회사를 위해 최종적인 책임을 지는 집단과 함께 일해 본 경험이 전혀 없는 사람에게 그 자리를 맡겼습니다. 존스맨빌에 들어오기 전까지 그분은 개인으로서만 일했습니다. 그분은 이사회와 함께 일하는 데 문제가 많았습니다.[21]

벤딕스(Bendix)의 윌리엄 아지(William Agee)는 존스맨빌의 굿윈과는 아주 다르게 처신했다. 1981년에 아지도 재무적으로 대단한 성과를 올렸지만 이사회와는 대립각을 세우고 있었다. 그러나 그 결과는 사뭇 다르게 나타났다.

"아지는 퍼셀(Purcell) 이사가 8월에 사임하기 전 벤딕스의 사외이사 3명이 사임하도록 손을 썼다. 미시건 주 사우스필드 본사의 수다쟁이들은 이를 두고 '한밤중의 대학살'이라고 불렀다."[22]

하버드대학교 경영대학원을 졸업한 아지는 벤딕스에 입사하기 전 보이스 캐스케이드(Boise Cascade)의 재무부서에서 능력을 인정받아 빠르게 승진했다. 학력이나 경력으로 보면 아지가 조직 내의 권력 투쟁에 능숙하게 대처할 준비가 되어 있다는 것을 알 수 있다.

고위 관리자가 어느 한 조직에서 다른 조직으로 옮길 수 있는 능력의 측면에서 본다면 총괄 관리자의 총괄 능력이 부족한 이유 중 하나는 권력 역학이 조직마다, 특히 조직의 유형마다 다르다는 데 있다. 누군가가 어느 한 조직에서 개발한 능력이 완전히 다른 조직에서도 성공적으로 적용된다는 보장은 없다.

예를 들어, 기업의 고위 관리자가 경영대학원 원장직을 맡기도 한다. 두 가지 잘 알려진 사례에서 그 결과는 정말 참담했다. 첫 번째 사례에서는 콘레일(Conrail)의 대표가 코넬대학교 경영대학원 원장직을 맡았다. 그리고 두 번째 사례에서는 효율 경영의 모범으로 널리 알려진 어느 대기업 제조업체의 최고경영자가 또 다른 명문 경영대학원 원장직을 맡았다. 두 가지 사례 모두 원장직을 맡은 사람은 위계적 권위가 만연한 조직 출신이었다. 두 사람 모두 대학교 혹은 이와 비슷한 형태의 조직을 관리해본 경험이 전혀 없었다. 첫 번째 사례에서는 원장직을 맡은 사람이 강경하게 행동하다가 교수들과 마찰을 빚고는 자리에서 쫓겨났다. 두 번째 사례에서는 원장직을 맡은 사람이 행정적으로나 정치적으로 골치 아픈 일을 감당하지 못해 일을 효율적으로 추진하지 못했다. 두 가지 사례 모두 신임 원장들이 상황이 요구하는 특정 형태의 권력을 능숙하게 행사해본 경험이 없었기 때문에 일을 성취하기 위한 능력이 부족했던 것이다.

이러한 사례들을 일반화하면 다음과 같이 설명할 수 있다. 당신이 조직에서 성공하려면 지적 능력, 성실, 행운이 필요하지만 당신의 정치 수완과 당신의 자리가 요구하는 것이 잘 맞아떨어져야 한다. 사람들은 각자 다양한 능력을 가지고 있는데 여기에는 권력을 확립하고 행사하는 성향도 포함된다. 이러한 성향이 자연스럽게 나타나는 사람들은 권력을 즐기고 능숙하게 행사한다.

반면, 비공식적으로 영향력을 행사하거나 권력의 원천과 이를 모색하기 위해 고민하는 것 자체를 아주 싫어하는 사람도 있다. 그들의 능력이나 성향이 상황이 요구하는 조건과 잘 맞아떨어지지 않을 때 자신이 맡은 일에서 두각을 나타내는 경우가 드물다는 것은 그다지 놀라운 사실이 아니다.[23]

내가 경험하기로는 대부분의 사람들이 일과 사람의 조화라는 이처럼 특별한 측면을 진지하게 고민하지 않고, 현실적으로 이러한 측면에 기초하여 자기 행동의 지침을 이끌어내려고도 하지 않는다. 사람들은 자신의 특별한 지적 능력이나 관심이 유용하고도 중요하게 여겨질 만한 자리를 찾는다. 그러나 그 자리를 좀처럼 권력이나 영향력의 관점에서 따져보지는 않는다.

더구나 정치적 성향을 많이 요구하는 직업의 연봉이 반드시 더 높은 것도 아니다. 주로 컨설팅, 세무, 투자은행 업무처럼 독자적인 분석을 요구하는 직업의 연봉이 훨씬 더 높다. 따라서 이번 쟁점은 불편한 상황을 높은 연봉으로 보상받는 데 있지 않고 단지 자신이 가장 잘할 수 있는 자리를 찾는 데 있다.

3장

●

권력에 의존하는 이유

조직에서 일을 성취하는 데 성공하려면 다양한 관계자들의 상대적 권력을 진단하고 상호의존성의 패턴을 이해하는 것이 중요하다. 즉 우리는 경기뿐만 아니라 경기에서 뛰는 선수들에 대해서도 잘 알고 있어야 한다. 앤드루 페티그루(Andrew Pettigrew)는 컴퓨터를 구매하는 영국계 조직에서의 권력과 영향력을 연구하고는 이렇게 말했다.

"자신이 살고 있는 사회 무대에서 권력 분포를 정확하게 인식하는 것은 자신이 원하는 것에 대한 강력한 지원을 얻고자 하는 사람에게 반드시 필요한 전제 조건이다."[1]

2부에서 권력의 원천을 다루면서 보다 자세히 살펴보겠지만 권력 분포에 대한 이해 그 자체가 권력의 중요한 원천이다. 어느 중소기업을 대상으로 권력을 연구한 결과에 따르면, 조언을 제공하고 영향력을 행

파워

사하는 사람들의 실제 네트워크에 대해 정확한 정보를 가진 사람들이 회사에서 강력한 권한을 행사하는 것으로 나타났다.[2] 일리노이대학교의 학과별 예산 할당에 대한 연구에서도 같은 결론에 이르렀다. 다시 말하자면, 대학 내의 권력 분포에 대해 정확하게 인식하는 학과장이 자기 학과를 위한 예산을 더 많이 얻어낼 수 있었다. 힘없는 학과의 학과장에게는 이처럼 예산을 얻어내는 능력에 대한 이해 자체가 특히 중요했다. 바로 이런 사람들이 누군가와 연대를 결성하고, 자신이 가진 영향력을 효과적으로 발휘하기 위해 권력 분포를 인식해야 할 필요성이 가장 절실한 사람들이었다.[3]

조직 내 권력 분포를 측정하는 데 요구되는 세 가지 과제가 있다.

첫째, 하위 단위 혹은 분파를 적절하게 구분해야 한다. 둘째, 권력을 나타내는 지표를 제시하고 이것을 앞에서 구분했던 하위 단위의 권력 순위를 측정하는 데 적용한다. 이 두 가지 과제에서는 판단력과 경험뿐만 아니라 개별적인 상황에 대한 인식도 요구되지만 일반적인 아이디어가 도움이 되기도 한다. 마지막으로, 하위 단위와 이들의 상대적 권력을 파악하고 나서 효과적인 행동 방침을 결정하기 위해 이들 간의 의존성과 상호의존성의 패턴을 진단해야 한다. 이번 장에서는 이 세 가지 과제를 모두 다룰 것이다.

정치적 하위 단위를 구분하라

당신이 1980년대 초반의 허튼증권에서 일한다고 가정해보자. 아마 당신은 이 조직의 정치 구조에 대해 알고 싶을 것이다. 그러기 위해 먼저 해야 할 과제는 (당신이 조직 내에서 무슨 일이 벌어지고 있는지 알 수 있도록 해준다는 측면에서) 가장 중요한 정치적 하위 단위 혹은 분파를 구분하는 작업이다.

다른 조직에서와 마찬가지로 허튼증권에서도 이를 위한 여러 가지 방법이 있다. 한 가지 방법은 사무소와 지점이 어디에 위치하는가에 따라 지리적으로 분파를 나누는 것이다. 또 다른 방법은 나이 혹은 재직 기간에 따라 분파를 나누는 것이다. 이렇게 하면 직원들을 나이가 많고 재직 기간이 긴 사람과 젊고 비교적 최근에 입사한 사람으로 구분하게 된다.

이 밖에도 사업 부문에 따라 분파를 나눌 수 있다. 이에 따라 조직을 증권 중개 부문, 투자은행 부문, 여러 종류의 기업 관리 부문과 같은 정치 집단으로 구분할 수 있다. 애초에 조직을 두 개의 하위 단위로만 구분하는 방법도 있다. 즉 본사의 행정 조직과 수익을 창출하는 일선 조직으로 나누는 것이다. 정치적 하위 단위를 임원, 관리자, 일반 사원과 같은 직위별로 구분할 수도 있다. 그리고 예전의 허튼증권보다 인구통계학적으로 다양하게 구성된 조직이라면 분파를 성별, 인종별, 교육 수준별로 나눌 수도 있다.

허튼증권의 경우 시기와 쟁점에 따라 조직을 나누는 몇 가지 적절한 방법이 있었다. 최고경영진으로의 승진 관점에서 보자면 한때는 적어도 1차 후보자 선발에서 종교적 분파가 중요하게 작용했다.

기업 역사 전반에 걸쳐서 유대인을 최고경영진에서 배제하는 불문율이 존재했다. 실번 콜먼(Sylvan Coleman)은 가명을 사용하고 성공회 신자가 되어 유대인 신분을 감추고 이 불문율을 피해갔다. 지금은 누버거 버먼(Neuberger Berman) 증권사의 파트너로 있는 골드버그(Goldberg)는 이렇게 말했다.

"그곳에서는 반유대주의 성향을 무시할 수 없었다."[4]

한편으로는 지리적 요소에 따른 분파로도 허튼증권의 구성원을 구분할 수 있었다.

웰린(Wellin) 회장 체제에서 영업 지점을 급격하게 확대하자 오랫동안 표면에 떠오르지 않았던 동부와 서부의 갈등이 더욱 뚜렷해졌다. 허튼증권의 이른바 '캘리포니아 마피아'들은 영업망 확대를 항상 반겼지만 이번에는 그럴 상황이 아니었다. 지도에서 서부보다는 동부에 찍힌 점들이 더 많았기 때문이다. 그들은 이번 일이 앞으로 자신들의 권력 기반을 약화시키지는 않을까 우려했다.[5]

허튼증권에서는 이러한 종교적, 민족적, 지리적 분파가 가장 중요했다. 예전부터 강점을 보이던 증권 중개 부문이 이 회사에서 확고한 지배력을 행사할 때까지는 말이다. 1980년대가 되면서 증권 중개 부문이 투자은행, 공공 재정, 자본 시장 부문에서의 신규 사업을 두고 갈등을 빚었다. 이러한 갈등 중 일부는 이처럼 새로운 영역에 인력을 보강하기 위해 지급하는 임금을 둘러싸고 빚어진 것이었다.

어느 부서가 더 중요한가를 두고 발동한 부서 간 경쟁의식도 이러한 갈등의 또 다른 원인이 됐다. 자본 시장 부문장은 이렇게 말하기도 했다.

"그쪽에서 일정한 대가를 치르지 않는다면 증권 중개 시스템을 수용하는 데 있어서 어떠한 입장도 취하지 않을 것입니다."[6]

결국 허튼증권은 쇠퇴기를 맞이했다. 현장의 많은 사람이 회사가 본사의 신사옥을 근사하게 꾸미고 경영진에게 업무추진비를 과도하게 지급하여 자원을 낭비하고 있다고 생각했다. 또한 이 시기의 정치 분파는 현장과 본사로도 갈렸다.

정치 지형도를 그리는 다양한 방법 중 어떻게 하면 가장 적합한 것을 골라낼 수 있을까? 첫 번째 단계는 다양한 조직들이 걸쳐 있는 경우는 물론이고 단일 조직에서도 이 질문에 최종적인 답이 없다는 사실을 인식하는 것이다. 두 번째 단계는 사회적 행위를 이해하기 위해 범주와 이에 따른 꼬리표의 중요성을 인식하는 것이다. 우리는 모두 각자가 처한 상황에서 적어도 어느 정도는 범주에 기초하여 다른 사람과 상호작용을 한다. 범주화의 주요 기능은 상황을 체계적으로 이해하고 이에 따라 행동을 촉진하는 데 있다.

범주화는 집단 간의 상호작용에서 중대한 결과를 초래한다. 가령, 어느 한 범주에 속한 사람들은 이러한 범주를 인식하지 못했을 때보다 서로를 더욱 비슷하게 판단할 것이고, 다른 범주에 속한 사람들에 대해서는 더욱 다르게 판단할 것이다.[7]

또한 범주화는 개인의 자기 이미지에도 영향을 미친다. 브루어(Brewer)와 크래머(Kramer)는 집단 간의 행동에 관한 연구 문헌을 검토하고는 다음과 같은 결론을 내렸다.

"집단 소속감은 우리 자신 및 타인의 행동, 의도, 가치에 관하여 우리가 갖는 귀속성에 영향을 미친다."[8]

범주화에 대한 기존 연구에서 완전한 답을 제시하지 못한 문제는 바로 이런 것이다. 다양한 범주 중에서 어떤 것이 우위를 점하게 되는가. 어떤 범주가 중요한 의미를 갖는가는 쟁점이 되는 정치 문제에 달려 있다.

예를 들어, 프로 스포츠 세계에서 선수협회와 에이전트가 대리하는 선수와 구단주 간의 연봉 협상을 생각해보자. 이런 세계에서는 프로선수의 나이와 능력이 범주를 정의한다. 나이가 많은 선수는 나이와 관련이 있는 부상이나 기량 감소에 대비한 일종의 보험으로 연봉 삭감이 없는 장기 계약을 원한다. 젊은 선수들은 최저 연봉 수준을 높이고, 최대한 빠른 시일 내에 자유계약선수가 되어 연봉을 더 많이 받을 자격을 얻는 데 관심이 있다. 스타급 선수들은 최저 연봉보다는 팀을 옮길 수 있는 자유에 관심이 더 많고, 일반 선수들은 연금과 각종 혜택 등 연봉 이외의 보상에 관심이 더 많다.

주어진 쟁점에 대해 중요한 정치적 범주들을 확인하기 위한 최선의 방법은 가능한 한 포괄적이고 해당 쟁점에 대해 내부적으로 동질적인 범주를 선택하는 것이다. 정치적 범주들을 확인하는 작업은 다시 말하자면, 무리 짓기의 문제다. 여기서 기준은 사람들을 한 무리로 묶을 때 쟁점과 관련이 있는 견해와 선호에 있어서 동질성을 최대화하는 것이다. 이때 일정한 사람들의 무리 사이에 존재하는 차이점이 이들을 별개의 정치 집단으로 보는 것이 충분히 타당할 만큼 중요하게 작용하는가를 판단해야 한다.

이와 함께 정치적 범주들을 확인하기 위한 좀 더 공식적인 방법으로는 사회적 네트워크 분석을 활용하는 것이다. 그리하여 이용 가능한 네트워크 분석 알고리즘을 활용하여 사회적 행위자들의 관계를 분명하게 살펴보고, 이러한 관계의 구조를 밝혀낼 수 있다. 정치 집단의 형성과 이에 대한 분석 모두에서 이해관계만이 유일하게 중요한 것은 아니다(사회적 관계도 중요하다). 때로는 정치적 이해관계가 교우 관계의 형태와 일치할 수도 있다. 그러나 교우 관계 혹은 사회적 관계가 자신의 이해관계와 상충될 경우 때로는 교우 관계 혹은 사회적 관계가 행동에 대한 더 나은 지표가 될 수도 있다.

범주들은 우연히 발생할 뿐만 아니라 의도적으로도 창출된다. 예를 들어, 일부 조직에서는 개인들 간의 수직적이고 수평적인 차별이 덜 나타나지만 또 다른 일부 조직에서는 이러한 차별이 더 심하게 나타난다. 이러한 차별은 개인에게 서열 혹은 특정 직무를 암시하는 직함을 부여하거나 개개의 하위 조직들을 구분하여 명칭을 부여, 하위 조직들을 별도의 장소에 구분하여 배치, 직원들에게 임금을 차별적으로 지급하기 때문에 나타난다.

뉴 유나이티드 모터스(New United Motors) 경영진이 GM의 프리몬트(Fremont) 공장을 인수하면서 가장 먼저 한 일은 아주 심하게 갈라놓은 업무 분류 방식을 없애기 위해 전미자동차노동조합(United Automobile Workers)과 협상하는 것이었다. 또한 공장 관리자들은 그들만의 전용 식당을 없애고 종업원들과 함께 식사했고, 관리자들의 계층 구분을 없앴다. 직원들을 차별적인 범주로 구분하게 만드는 갖가지 표현이나 상징을 없앤 것은 그들에게 동기를 부여하고 조직에 헌신하게 만드는 데

확실히 도움이 됐다. 이로 인해 직원들은 서로 단결하고 협력하려 했고, 따라서 갈등과 정치 공작이 점차 사라졌다.

범주는 사람들이 정치적 전략의 일환으로 취하는 행동에 따라 더욱 두드러지게 나타날 수도 있고, 잘 나타나지 않을 수도 있다. 마르크스주의자들이 성공을 거두려면 사람들이 자신을 계급적 지위의 관점에서 바라보아야 한다. 성 정치학이 뿌리를 내리려면 여성들이 일터 혹은 그 밖의 사회 무대에서 그들에게 일어나는 일들이 그들이 공유하는 성 역할의 결과라는 확신을 가져야 한다. 부서 간의 경쟁이 치열한 조직에서는 직원들이 구조적 범주(허튼증권의 증권 중개 부문, 애플컴퓨터의 애플 II 사업부 등)에 따라 자기 자신을 바라보고 직위, 성별, 교육 수준에 따른 차별을 최소화하게 만든다.

때로는 정치적 전략이 차별화와 분열을 낳기도 한다. 프로 스포츠 세계에서 구단주가 선수들과 협상을 할 때 선수들을 연봉 수준에 따라 분열시키기 위해 모든 선수가 파업하면 일부 선수는 다른 선수보다 훨씬 더 많은 것을 잃게 될 것이라는 점을 상기시킨다. 따라서 집단 혹은 부서가 갖는 정치 의식의 문제 그 자체가 때로는 정치 투쟁에서 사용하는 영향력 확보 전략의 대상이 되기도 한다.

분파들의 권력 구조를 파악하라

관점의 차이가 없을 때 혹은 갈등이 존재하지 않을 때는 권력이 동원되지 않는다. 따라서 상호의존적인 활동을 수반하고 의견 차이가 드러나는 중요한 의사결정들을 살펴봄으로써 권력을 가장 손쉽게 진단할 수 있다. 이러한 의사결정으로는 예산, 지위, 업무와 같은 희소한 자원의 할당, 전략의 방향 설정, 조직의 역점 사업 지정 등을 꼽을 수 있다.

조직 내 행위자들의 권력을 진단할 때 명심해야 할 또 하나의 일반적인 교훈은 권력과 예지력은 반드시 구별해야 할 대상이라는 것이다. 앞으로 일어나게 될 일을 미리 알고 그 상황을 내가 원하는 것으로 받아들인다면 나에게는 대단한 예지력이 있지만 그렇다고 해서 권력이 있는 것은 아니다. 권력은 반대에 맞서 자기가 원하는 것을 성취할 수 있는 능력을 의미하지, 앞으로 일어나게 될 일을 예상하고 그 결과를 지지하는 것을 의미하지 않는다.

조직의 구성원이 갖는 권력을 평가하려면 앞으로 설명하게 될 여러 가지 지표나 기준을 사용해야 한다. 단 하나의 사례나 지표만을 사용한다면 어떤 식으로든 결함이 있기 마련이다. 그러나 여러 사례와 다양한 권력 지표를 살펴보면 자기가 확인한 분파의 권력을 상당히 정확하게 평가할 수 있다.

● 권력 지표: 평판

조직에서 누가 권력을 쥐고 있는지 조사하기 위한 한 가지 방법은 사람들에게 물어보는 것이다. 제조업 분야의 기업 12곳을 대상으로 마케팅, 생산, 재무/회계, 연구개발 부서의 권력을 조사한 연구에서는 조사 대상자들에게 이 4개의 부서가 조직 내에서 권력을 얼마나 많이 갖고 있는지 그 순위를 적도록 했다.[9] 캐나다의 맥주 양조업체들을 대상으로 여러 부서의 권력을 조사한 연구에서는 이와는 비슷하지만 좀 더 정교한 면담과 설문 절차를 진행했다.[10] 일리노이대학교와 캘리포니아대학교의 학과별 권력에 관한 연구에서는 학과장들에게 다양한 학과들이 권력을 각각 어느 정도 가지고 있다고 생각하는지를 물어보았다.[11] 패첸(Patchen)은 기업 11곳을 대상으로 구매 결정에 미치는 영향력을 조사하면서 특정 제품의 구매 결정에 가장 커다란 영향력을 가진 사람들을 면담했다.[12]

면담을 통한 권력 평가의 과정에서 중요한 쟁점은 이러한 과정이 신뢰할 만하고 타당한 정보를 생산하는가에 있다. 구체적으로 말하자면, 질문을 받는 사람들 모두 같은 방식으로 권력을 정의하고 평가할 것인가, 또한 생산된 정보의 질에 관한 한 가지 지표로는 정보 제공자들 사이에 일정한 의견 일치가 존재하는가를 들 수 있다.

일리노이대학교를 대상으로 한 연구에서는 학과장들에게 연구 대상인 모든 학과의 권력을 7점 척도에 따라 평가해줄 것을 요청했다. 여기서 권력의 개념에 따른 정의를 묻는 학과장은 단 1명에 불과했다. 비록 모든 학과장이 모든 학과에 대해 잘 아는 것은 아니라서 그들이 잘 알지 못하는 학과에 대한 대답은 하지 않았지만, 평가를 받은 학과들에 대해서는 그 응답에서 엄청난 일관성이 나타났다. 전체적으로 보면 권력 순위에서 상위 3등 이내에 있는 학과들에 대해서는 어느 누구도 상위 3등보다 낮은 순위를 부여하지 않았다. 마찬가지로 권력 순위에서 하위 3등 이내에 있는 학과들에 대해서도 어느 누구도 하위 3등보다 높은 순위를 부여하지 않았다. 이러한 의견 일치는 적어도 권력에 대한 평가에서뿐만 아니라 그 의미에서 사회적으로 공유되는 정의가 분명 존재한다는 증거를 제공한다.

또한 우리는 생산된 정보가 과연 신뢰할 만한 것인가를 판단할 때 질문 과정에서의 반응도를 반드시 고려해야 한다. '혹시 질문 행위 그 자체가 연구 대상이 되는 바로 그 현상을 만들어내는 것은 아닐까?' 공동체 권력을 연구하는 폴스비(Polsby)가 이와 같이 지적했듯이 개인들에게 다양한 사회적 행위자들의 권력에 관하여 질문할 때 "응답자들이 대답하길 매우 주저하는 반응을 보이지 않는다면 연구자들은 이것이 계층 이론(stratification theory)에서 말하는 '파워 엘리트(power elite)'의 존재를 뒷받침한다고 생각할 수 있다."[13] 실제로는 일리노이대학교에 차별적인 권력이 존재하지 않을 수도 있다. 그러나 차별적인 권력의 겉모습이 그것을 질문하는 과정에서 만들어질 수도 있다.

권력에 관한 질문에서 발생할 수 있는 또 다른 문제는 질문하는 사람이 응답자가 조직 내 권력 분포에 대해 많은 것을 알고 있고, 이러한 지식을 기꺼이 공유할 생각이 있다고 가정한다는 것이다. 이러한 가정들 중 어느 것도 반드시 옳은 것은 아니다. 정치에 능한 사람들은 자신이 가진 권력의 범위를 감추려고 하는 경우가 많다. 이것은 권력에 가장 정통한 사람들이 때로는 권력을 가장 많이 가진 사람이고, 바로 그들이 조직 내 권력 분포에 대해 자신이 알고 있는 것을 드러내길 가장 꺼리는 사람들이라는 것을 의미한다.

특히 합리성에 관한 사회적 규범을 감안했을 때 권력에 관하여 질문하면 공연히 분란만 일으키는 사람 혹은 권모술수에 능한 사람이라는 꼬리표를 달 수도 있다. 따라서 평판에 입각한 권력 지표는 권력이 쉽게 눈에 띄고 권력을 주제로 대화하는 것을 꺼리지 않는 상당히 정치화된 곳에서 가장 쉽게 사용될 수 있다.

● 권력 지표: 대표성

평판에 입각한 권력 지표가 권력 관계에 관한 정보를 얻기 위해 유일한 수단으로 사용할 만큼 항상 신뢰할 수 있는 것은 아니다. 앞서 지적했듯이 권력에 관한 질문들은 의심을 받을 수도 있고, 응답자들이 조직 내의 권력에 관하여 정확한 정보를 줄 수 없거나 주려고 하지 않을 수도 있다. 또한 평판에 입각한 권력과 영향력 지표는 그 정확도와 상관없이 특정 시점의 것만을 반영한다. 이것은 조직 내의 권력과 영향력이 시간이 흐르면서 어떻게 이동해왔는지를 알고 싶다면 다른 방법을 찾아봐야 한다는 것을 의미한다.

대표성에 입각한 권력 지표는 어떤 정치 분파가 영향력이 있는 이사회나 위원회의 구성원 혹은 핵심 경영관리부서의 임원처럼 조직 내에서 중요한 역할을 하는 사람들을 많이 배출하여 상대적으로 대표성을 더 많이 띠고 있는지를 보여준다. 조직이 보유한 개인 신상 기록을 통하여 구성원들의 배경이나 소속 등을 알 수 있다면 이러한 정보를 사용해 조직 내 권력이 어느 집단에 있는가, 시간이 흐르면서 이것은 어떻게 이동해왔는가를 평가할 수 있다.

대표성 지표는 특정한 자리가 그 자리에 앉은 사람에게 자원 통제권이든, 정보 통제권이든, 공식적인 의사결정권이든 특정한 권력을 부여하기 때문에 권력에 대한 유용한 지표라고 할 수 있다. 다시 말하자면, 특정한 자리를 차지한 사람에게는 자신의 권력을 승인받고 세상을 향해 자유롭게 나타낼 수 있는 능력을 부여한다. 조직에서 중요한 역할을 확인할 수 있다면 누가 그러한 역할을 하고 있는지 확인하여 이러한 정보를 권력 분포를 이해하는 데 이용할 수 있는 것이다.

허튼증권에서 증권 중개 부문이 권력을 잃었을 때 이러한 변화가 고위 관리직에서 두드러지게 나타났다. 최고경영자가 더 이상 증권 중개 부문에서 나오지 않았고, 이 부문 사람들이 이사회 이사뿐만 아니라 그밖의 고위 관리직에서도 수적으로 열세에 놓였다.

주요 공기업 내에서 권력이 엔지니어링 분야에서 재무와 법무 분야로 이동하면서 이러한 변화가 고위 관리직에 있는 사람들의 출신 배경에서뿐만 아니라 이사회와 주요 위원회의 구성에서도 나타났다.

병원에서는 사업 수완이 중요하게 여겨지면서 의료인이 아니거나 의료인이지만 경영 혹은 병원 행정 교육을 받은 사람이 병원의 고위 관리직에 오르는 현상이 자주 나타났다. 그리고 병원 이사회는 경영과 행정 능력을 갖춘 사람들로 채워지면서 이에 따라 그렇지 않은 집단의 사람들이 차지하던 자리가 줄어들었다.

또한 대학교에서 학과별 권력을 평가하려면 예산, 승진, 임용을 처리하는 주요 위원회에서 학과별 대표성을 살펴보면 된다.[14] 이런 방식으로 권력을 진단할 수 있는 정치 분파가 학과만이 유일한 것은 아니다. 대표성 지표는 나이, 직위, 학력에 관한 유용한 정보를 제공한다. 1970년대 초반 일리노이대학교 경상대학에 소속된 네 개 학과의 선출직 집행위원회를 살펴보면 조교수들이 단 한 자리만 제외하고 모든 자리를 차지한 것으로 나타났다. 이에 반해, 당시 캘리포니아대학교 버클리캠퍼스에서는 집행위원을 선거로 뽑지 않고 학장이 임명했는데 조교수에게는 단 한 자리도 돌아가지 않았다. 이러한 데이터는 두 대학교에서 직위별, 연령별로 여러 집단이 갖는 상대적 권력에 관한 정보를 제공한다.

애플컴퓨터는 젊은 회사이거나 (적어도 예전에는) 젊은 회사였다. 이러한 주장은 이 회사 최고경영진의 나이에서 경험적으로 입증된다.

특정 대학 출신이 지배하는 기업이 있을까? 학벌과 교육 수준의 중요성을 평가하기 위한 한 가지 방법은 핵심적인 자리를 차지하고 있는 사람들의 배경을 살펴보는 것이다.

자세한 예를 살펴보면. 당신이 최근 전기가스 업계에서 변호사 출신이 권력을 잡고 있다는 직감을 갖고 이를 입증하려 한다고 가정해보자. 이러한 전기가스 업체의 예로 북부 캘리포니아 지역에서 영업을 하는 퍼시픽 가스 앤 일렉트릭(Pacific Gas and Electric/PG&E)이 있다. 당신은 어느 누구에게도 부탁하지 않고 이 회사의 연례 보고서를 쉽게 입수하여 임원과 관리자 직위에서의 변호사 수를 집계하고, 시간이 지나면서 변호사 수가 어떻게 변해왔는지를 살펴보면 된다.

[표 3-1]은 PG&E를 대상으로 집계한 데이터이다. 이 데이터는 1950년부터 1960년까지는 누가 기업을 지배하는가의 측면에서 크게 달라진 것이 없다는 것을 보여준다. 그러나 1960년부터 1970년까지 변호사들이 사내에서 상당한 권력을 얻게 됐다. 1970년대에는 변호사들이 그들이 보유한 권력을 조금 더 확대했다. 변호사들은 두 가지 방식으로 권력을 얻었는데, 첫 번째 방식은 예전에 엔지니어 혹은 운영

[표 3-1] PG&E 임원 및 관리자 직위에서의 변호사 수(1950~1980년)

연도	최고 경영자	회장	이사회 이사	전무	부사장	법무 담당	법률 고문	총계
1950	0	0	0	0	1	1	1	3
1955	0	0	0	1	0	1	2	4
1960	0	0	0	1	0	1	2	4
1965	1	0	0	1	1	1	9	13
1970	0	0	1	1	2	0	9	13
1975	0	0	2	0	4	0	8	14
1980	1	0	0	5	3	0	9	18

*출처: 해당 연도의 연례 보고서

인력이 맡았던 자리를 차지하는 것이었고, 두 번째 방식은 법률 고문처럼 그들이 당연히 차지하는 자리를 늘리는 것이었다. 다른 전기가스 업체의 비교 데이터가 있다면 PG&E에서 일어났던 과정이 그곳에서는 어느 정도로 비슷하게 전개되었는지 알 수 있을 것이다. 그리고 물론 이런 데이터가 있다면 다른 어떠한 조직에 대해서도 이와 비슷한 분석을 해볼 수 있을 것이다.

● 결과를 관찰하여 권력 진단하기

권력은 특정한 조치를 취하는 데 사용된다. 그리고 누가 권력을 쥐고 있는가를 밝히기 위한 한 가지 방법은 조직의 조치, 특히 의견 대립이 있는 의사결정 또는 조치를 통하여 누가, 얼마만큼 혜택을 보는가를 관찰하는 것이다.

물론 조직 내 권력 투쟁에서 승리하든 패배하든 자신의 승리나 패배가 알려지는 것이 자신에게 도움이 되는 경우는 별로 없다. 영향력을 발휘하기 위한 경쟁에서 밀린 사람이 자신의 패배를 공식적으로 선언하면 자신의 입지가 위축되는 것을 스스로 인정하는 것이 되고, 결과적으로 이러한 위축을 더욱 공고히 하게 된다. 투쟁에서 패배하는 것은 체면이 깎이는 일이다. 그리고 이러한 패배를 널리 알리는 것이 지지층을 결집시키기 위한 목적이 아니라면 그렇게 한다고 해서 얻을 것은 거의 없다.

영향력이 있고 자원을 얻기 위한 경쟁에서 승리한 사람조차도 자신의 승리를 널리 알린다고 해서 얻을 것이 별로 없다. 이런 식으로 자랑하면 볼썽사나운 짓으로 여겨지고, 더욱 중요하게는 다른 사람들이 당신이 얼마나 성공하고 있는지를 알게 되면 당신과 맞서기 위해 단합하거나 적어도 전리품 중 일부를 요구할 수도 있다.

이러한 이유들로 조직 내에서 영향력을 얻기 위한 투쟁의 결과는 대체로 남들에게 알려지지 않게 되고, 따라서 이런 방법으로 권력을 진단하는 것이 더욱 어려워진다. 물론 그렇다 하더라도 조직 내 권력 투쟁과 정치 투쟁의 결과들 중 상당 부분은 관찰이 가능하다. 흥미롭게도 특히 연봉이 사업 부문 간에 서로 다르게 지급되면서 조직 내에 알려질 수 있다. 소비재를 생산하는 대기업에 취업한 제자가 있는데 3개의 부서에서 그를 서로 데려가려고 했다. 그들이 제시하는 연봉 수준은 상당한 차이가 있어서 최고 금액과 최저 금액을 비교하면 약 50퍼센트나 차이가 났다. 이 같은 일이 인사팀 직원들에게는 달갑지 않은 일이겠지만 이 제자에게 있어서는 사업 부문 간의 권력 차이를 여실히 보여주는 좋은 사례가 됐다. 1980년대 허튼증권에서 투자은행 부문이 전통적인 증권 중개 부문을 제치고 권력을 차지했을 때도 이러한 변화가 연봉에 고스란히 반영됐다.

허튼증권의 금융 부문이 월스트리트에서 거의 두각을 나타내지 못했는데도 이 부서의 임원들은 연봉을 엄청나게 많이 받고 있었다. 예를 들어, 1984년 법인 금융 부문을 총괄하는 짐 롭(Jim Lopp)은 기본 연봉 26만 2461달러에 성과급으로 80만 달러를 받아 총 106만 2461달러를 챙겼다. 이에 반해, 증권 중개 부문을 총괄하는 제리 밀러(Jerry Miller)는 66만 5000달러를 받았다.[15]

연봉은 조직 내 위계질서에서 다양한 수준별로 보유하고 있는 상대적 권력을 진단하는 데도 도움이 된다. 휘슬러(Whisler)와 그의 동료 연구자들은 조직 내 연봉 집중도가 권력 집중도를 대신할 만한 훌륭한 지표라고 주장했다.[16] 대학에서는 권력과 권한의 집중도가 낮아서 같은 학과 교수들이 받는 최고 연봉과 최저 연봉의 차이가 기껏해야 2~3배 정도에 불과하다. 그러나 기업에서는 이러한 차이가 거의 100배에 이른다. 휘슬러와 그의 동료 연구자들의 통찰은 과연 훌륭했다. 연봉 데이터를 구할 수만 있다면 이 정보는 우리가 여러 정치 분파에 걸친 권력 분포를 이해하는 데 도움을 줄 수 있다.

마찬가지로 연봉 격차는 조직 내 권력의 비공식적인 분포를 이해하는 데 도움을 줄 수 있다. PG&E에서는 영향력의 중심이 엔지니어에서 변호사로 넘어가면서 이러한 변화가 연봉에도 반영됐다.

예를 들어, 캘리포니아 공공전력위원회(California Public Utilities Commission) 자료에 따르면 1982년에 부사장 직함을 가진 변호사들의 평균 연봉은 148만 755달러였지만 같은 직함을 가진 엔지니어들의 평균 연봉은 110만 18달러에 불과했다. 또한 1982년에는 PG&E 임직원 2만 5000명 중 변호사는 90명에 불과했지만 고액 연봉자 가운데 변호사가 차지하는 수는 엔지니어 출신의 임원과 관리자가 차지하는 수를 능가했을 뿐만 아니라 다른 배경을 가진 사람들이 차지하는 수도 능가했다.

'연봉은 시장의 움직임을 반영하는데 어떻게 연봉을 가지고 한 조직의 권력 분포에 대해 많은 것을 알 수 있는가'라고 의문을 품을 수도 있다. 중요한 열쇠는 다양한 집단이 갖는 상대적 권력을 파악하기 위해 여러 조직에 걸쳐서 연봉을 비교하는 것이다. MBA과정을 졸업한 신입 직원은 경영학 학부 과정을 졸업한 신입 직원보다 평균적으로 연봉을 더 많이 받는다. 이러한 차이가 여러 조직에 걸쳐서 일관되게 나타나지는 않지만 MBA 학위를 가진 사람들이 상대적으로 연봉을 더 많이 받는 곳에서는 그들이 영향력과 권력도 상대적으로 더 많이 가질 가능성이 높다.

경영학 교수들은 상대적인 희소성 덕분에 인문학 교수들보다 연봉을 더 많이 받는다. 그러나 다시 한 번 말하지만, 이러한 차이가 여러 대학교에 걸쳐서 일관되게 나타나는 것은 아니다. 캘리포니아대학교 버클리캠퍼스의 경우에는 경영학 교수들이 다른 사회과학 교수들보다 연봉을 조금 더 많이 받는다. 반면, 다른 대학교(특히 하버드대학교와 스탠퍼드대학교와 같은 사립대학교)에서는 이러한 차이가 더 커진다.

만약 누군가가 이들 사립대학교에서 경영대학이 상대적으로 더 많은 권력을 갖는다는 추론을 하면 나는 그 사람의 추론이 옳다고 주장할 것이다. 미식축구 코치가 총장보다 연봉을 더 많이 받는 대학교도 있다. 이러한 사실은 그 사람이 총장보다 권력을 반드시 더 많이 갖는다는 것을 의미하지는 않겠지만 다른 대학교에서 적정한 연봉을 받는 미식축구 코치들과 비교하여 그의 상대적 권력을 반영한다.

동료 교수 중에 전미대학경기협회(National Collegiate Athletic Association / NCAA) 스탠퍼드대학교 교수 대표를 맡으면서 미식축구 코치 채용에 참여했던 사람이 있는데 그는 스탠퍼드대학교가 연봉을 상대적으로 낮게 책정해놓은 탓에 훌륭한 코치를 영입하기가 힘들다고 말했다. 그때 내가 이렇게 물었다.

"코치들은 텔레비전 쇼와 광고 출연, 스포츠용품 선전, 강연 등을 통해 부수입을 올릴 수 있고 때로는 이런 수입이 공식적으로 알려진 연봉보다 훨씬 더 많지 않습니까?"

동료 교수에게 돌아온 대답은 이러했다.

"그건 지원자들도 다 알고 있지요. 그런데 그 사람들은 스탠퍼드대학교에서 코치의 상대적인 연봉이 자기가 누릴 수 있는 권력이나 재량권을 반영한다는 사실도 잘 알고 있습니다."

물론 연봉이 다양한 정치 분파의 권력을 보여주는 유일한 요소는 아니다. 확장을 위한 자본 할당, 자본 예산, 운영 예산을 포함하여 심지어 직함까지도 어느 집단의 영향력이 더 큰가를 평가하는 데 도움이 된다.

● 권력의 상징

때로는 사람들이 권력과 영향력이 조직의 의사결정과 행동에 어느 정도로 영향을 미치는가를 숨기고 싶어 하지만 권력의 상징을 숨기는 것이 항상 쉽지만은 않다. 이러한 상징들이 조직 내 권력 분포를 판단하는 데 유용하게 쓰일 수 있다.

예를 들어, 예전에 나는 샌프란시스코에 본사를 둔 캘리포니아의 어느 대형 은행에서 경영진 교육부서의 책임자로 근무하는 제자를 만나기로 한 적이 있다. 당연히 나는 제자가 잘 알려진 본사 건물에서 일하는 줄로만 알았다. 하지만 그는 내게 다른 주소를 알려줬고 그곳은 본사 건물과는 여러 블록이 떨어진 오래된 건물이었다. 적어도 바로 그 순간에 교육부서가 이 은행에서 차지하는 입지가 보잘것없다는 생각이 들었다.

물리적 공간은 당장 눈에 들어오는 권력의 상징이다. 전문 서비스 기업들은 적어도 전문직 직원들에게 사무실을 평등하게 배치한다. 이것은 그들 간의 교류 관계가 분위기를 규정하기 때문이다. 그러나 많은 조직에서는 사무실의 크기, 위치, 비품 등이 다양한 집단의 상대적 권력에 대하여 무엇인가를 말해준다.

살로몬 브라더스(Salomon Brothers)에서는 "증권부서가 주요 객장이 있는 41층이 아닌 그 아래층에 있었다. 40층은 천장이 낮았고, 창문도 없었으며, 마치 기관실 같았다."[17] 게다가 증권부서 직원들은 40층까지 별도의 엘리베이터를 타고 올라가야 했다.

샌프란시스코에서 가장 높은 트랜스아메리카 피라미드(Transamerica

Pyramid) 빌딩은 고층으로 올라갈수록 좁아지는데 최고경영진이 이 고층을 차지하여 기업의 위계 구조를 물리적으로 훨씬 더 적나라하게 보여준다.

권력에 대한 물리적 지표에는 건물 내의 고도, 전망, 사무실 크기와 내부 장식 등이 포함된다. 실제로 일부 기업에서는 직위에 따른 사무실 장식을 두고 잡음이 끊이지 않는 것을 원천적으로 없애기 위해 규정을 정해두기도 한다. 샌프란시스코의 어느 조직에서는 특정 직위 이상의 관리자들에게만 사무실 바닥에 카펫을 깔아주었고, 그 아래 직위의 관리자들에게는 리놀륨을 깔아주었다.

관리자들이 사무실을 공유하는 경우도 있다. 특히 카펫 자격이 있는 관리자가 사무실을 떠나고 이런 자격이 없는 관리자가 들어오는 경우 사무실의 절반을 차지하고 있던 카펫을 제거하고 그 자리를 리놀륨으로 대체한다. 이렇게 하여 사무실에서 근무하는 관리자들에게 각자 직위에 해당하는 바닥 덮개가 제공되는 셈이다. 내가 여러 모임에서 이런 이야기를 하면 바로 자기가 일하는 곳이 그렇다고 말하는 사람들이 적지 않았다. 따라서 분명히 말하지만 이런 형태의 관행이 드물지는 않다.

PG&E에서는 최근 조직개발부서로 발령받아 새로운 사무실에서 일하게 된 관리자가 있었는데 몇 주가 지나 그곳에 있던 고급 사무용 가구들이 사라지고 작고 볼품없는 책상이 놓였다고 한다. 새로 부임한 이 관리자가 전임자보다 직위가 낮았고 바로 이런 사실 때문에 전임자에게 제공되던 사무용 가구를 제공받을 자격이 되지 않았던 것이다.

앞서 우리는 PG&E에서 1960년대와 1970년대에 변호사들이 권력을 얻으면서 엔지니어와 운영 인력이 권력을 잃었던 사실을 살펴보았다. 권력 분포에서 나타나는 이러한 변화는 물리적 형태로도 나타난다. 1971년에 준공된 PG&E 본사 건물에서 법무부서가 최고경영진 집무실 바로 아래층에 자리를 잡았다. 1983년까지 이 회사의 설계 엔지니어링과 제도 인력 전체가 샌프란시스코 외곽에 위치한 새로운 공간으로 옮겨갔다. 재무와 규제 관련 인력의 중요성이 날로 증대되면서 이들이 본사 건물에서 더 많은 공간을 요구하게 되었고, 결과적으로 엔지니어링 인력의 위상은 계속 떨어진 것이다.

물론 위계적 권력의 상징으로 군대나 항공사에서 사용하는 휘장도 있다. 권력을 상징하는 또 다른 것으로는 회사 리무진, 전용기, 골프장 회원권도 있다. 어떤 부서 혹은 지위의 사람들에게 이러한 권력의 상징을 부여하는지 살펴보면 조직 내 다양한 집단의 상대적 권력에 대하여 많은 정보를 얻을 수 있다.

● 다중 지표의 사용

단 하나의 권력 지표만을 적용하면 특정한 경우에는 상황을 잘못 인식할 수도 있다. 연봉이 조직 내 정치 역학이 아니라 시장의 움직임을 반영할 수도 있고, 사무실이 별다른 의미 없이 바뀌거나 지나간 시대가 남긴 모습일 수도 있다. 따라서 조직 내 권력을 진단하는 최선의 방법은 다중 지표를 사용하는 것이다.

예를 들어, 조직 내 여러 부서가 갖는 상대적 권력 순위를 평가하기 위해 다음과 같은 지표를 고려할 수 있다.

- 총괄 경영자 직위에서 나타나는 부서별 대표성: 최고경영진에서 해당 부서 출신이 차지하는 비율.
- 이사회 이사진에서 나타나는 부서별 대표성.
- 각 부서를 책임지는 임원의 연봉.
- 각 부서 직원에게 지급되는 초임 연봉 수준.
- 각 부서마다 공통적인 직위(예: 비서직)에서 경력이 비슷한 사람이 받는 연봉.
- 부서가 본사 건물에 위치하고 있는지의 여부.
- 건물에서 부서의 위치와 부서 임직원이 근무하는 사무실의 평균 면적.
- 최근 각 부서의 인원 증가 추이.
- 공식 행사에서 해당 부서가 보고하는 순서.
- 신제품 개발, 자본 예산, 전략 기획 등과 관련되고 여러 부서가 참여하는 주요 대책 본부, 팀, 위원회에서 나타나는 부서별 대표성.
- 타 부서와 비교하여 해당 부서 임직원들의 승진률.
- 사내 영향력에 대한 평판.
- 해당 부서에 책정된 예산.

당신의 조직에 이러한 지표들을 적용해보면 몇 가지 흥미로운 패턴을 발견할 수 있을 것이다. 아마도 다양한 지표들이 비록 완벽하게 관련되어 있지는 않더라도 밀접하게 관련되어 있다는 사실을 확인할 수 있을 것이다. 또한 가장 영향력 있는 부서들에게서 뚜렷한 패턴이 나타나고 있다는 사실도 확인할 수 있을 것이다.

● 다른 문화권에서 권력 진단하기

다른 문화권에서 권력을 진단할 때 미국에서 사용하는 지표를 무턱대고 적용해서는 안 된다. 어쩔 수 없이 적용해야 하는 경우라면 적어도 이러한 지표를 똑같은 방식으로 해석해서는 안 될 것이다. 일본에 있는 동료 고타로 구와다가 전하는 이야기는 이러한 사실을 잘 보여준다.

일본 대기업은 규모가 비슷한 미국 대기업과 비교하여 권력이 널리 분포되어 있지만 임직원 간의 연봉 차이가 많이 나지 않는 것으로 알려져 있다. 그러나 연봉 차이가 많이 나지 않는다고 해서 이것이 반드시 권력이 덜 집중되어 있다는 것을 의미하지는 않는다.

일본 사회 그리고 일본 기업에서 평등을 드러내는 것은 중요한 가치이고 권력과 영향력을 언급하는 것은 금기시된다. 미국 사회에서 권력과 연봉은 개인의 지위와 능력을 반영한다. 프렌치(French)와 라벤(Raven)은 전문 지식이 권력의 한 가지 원천이라는 점을 지적했다(그들은 11개 기업을 대상으로 33건의 구매 결정을 바탕으로 영향력을 연구한 결과, 전문성이 영향력에서 두 번째로 중요한 원천인 것을 확인했다).[18] 그러나 일본 기업에서는 권력과 연봉 분포가 조금은 다른 기준에 바탕을 두기 때문에 미국 기업과 비교했을 때 이 두 가지의 관계가 그다지 밀접하지 않다. 연봉은 주로 연령, 근속 기간, 개인이 맡은 업무에 의해서 결정되고 업무에 따른 연봉 차이가 상당히 작다.

일본 기업에서 권력은 미국 기업에서와 마찬가지로 개인의 전문성에 바탕을 둔다. 따라서 직위가 높고 나이가 많지만 권력이나 전문성이 별로 없는 관리자가 능력 있고 실질적인 권력을 가진 젊은 관리자보다 연봉을 더 많이 받는 경우도 흔하게 나타난다. 여기서 주목해야 할 사실은 이런 상황에서도 직위가 높고 나이 많은 관리자가 마땅히 가져야할 권력을 갖지 못하더라도 체면은 유지할 수 있기 때문에 자신의 연봉과 직위에 만족하면서 지낸다는 것이다.

반면, 젊은 관리자는 연봉은 덜 받지만 실질적인 권력을 갖는다. 권력과 연봉이 서로 밀접하게 관련되어 있기보다는 구성원 각자가 서로 평등하다고 느낄 수 있도록 균형을 맞추기 위해 교환된다. 비록 이러한 평등을 다른 방식으로 달성할 수도 있겠지만 말이다.

일본 기업의 경우 물리적 공간의 분포 역시 상당히 평등하며 이것은 연봉 분포와도 어느 정도 비슷한 모습을 띤다. 또한 이것이 실질적인 권력 분포를 숨길 수도 있다. 일본 기업에서 물리적 공간은 다른 의미를 갖는다. 일본에서는 어느 한 사람의 정체성이 특정한 관계, 특히그 사람과 다른 사람들과의 관계에 달려 있다. 따라서 다른 사람들과 공간을 공유하는 것이 자기 자신의 정체성을 규정하는 한 가지 방법이다. 비록 다른 사람들과 공간을 공유하기 때문에 그들과 정보도 공유할 수 있지만 이것이 실제로는 열린 사무 공간에서 비롯되는 결과이지의도했던 목적은 아니다.

이러한 사실을 뒷받침하는 근거를 제시하자면 일본 기업에서 열린 사무 공간은 첫째로는 비싼 토지 가격과 사무실 임대료에서 비롯되었고, 둘째로는 다른 사람들과의 관계에서 개인의 역할과 정체성을 규정해야 할 필요성에서 비롯되었다는 것이다. 평등을 기반으로 공간을 공유하면 실질적인 권력 분포를 숨기고 구성원들이 스스로 평등한 기분을 느끼게 된다. 이러한 평등이 실질적이지는 않더라도 말이다. 또한 공간을 공유함으로써 정보에 손쉽게 접근할 수 있어 권력을 가진 사람들이 공식적인 권한에 의존하지 않고도 더 많은 정보를 얻을 수 있게 됐다.

따라서 일본 기업에서는 연봉, 직위, 사무 공간에서 나타나는 형식적인 차이를 살펴보는 것이 권력을 진단하기 위한 최선의 방법은 아니다. 이러한 차이는 주로 나이 혹은 연공서열에 바탕을 둔 상당히 평등한 것이고, 많은 경우가 실질적인 권력 분포를 숨기기 위해 의도적으로 만들어진 것이다. 오히려 일본 기업에서는 의사결정 과정에서의 협의를 중요하게 여기기 때문에 권력을 진단하기 위한 최선의 도구는 의사결정에 관여하는 사람들 간의 상호작용 패턴이다. '어느 시점에서 누구와 협의하여 어떤 결과가 발생하는가'가 '권력이 누구에게 있는가'에 대한 정보를 알려준다.

여기서 나타난 일본과 미국의 문화적 차이는 권력을 진단하기 위한 다중 지표 사용의 중요성을 강조한다. 또한 이러한 차이는 조직 내 권력을 진단하기에 앞서 지위와 권력을 둘러싼 사회적, 조직 문화적 특징을 이해하는 것이 반드시 필요하다는 사실을 말해준다.

● 의존성과 상호의존성 패턴 진단하기

조직의 다양한 구성원과 하위 조직이 갖는 권력을 파악하는 것이 중요하지만 목표를 달성하기 위해 누구에게 도움을 받아야 하는지 파악하는 것 또한 중요하다. 상호의존성의 패턴을 제대로 알지 못하면 당신과 당신이 속한 조직 모두 심각한 어려움에 빠질 수 있다.

다른 조직을 고객으로 하는 영업 사원들이 성공하려면 자신이 판매하려는 조직 내 정치 구조를 제대로 알아야 한다. 또한 구매 과정에서의 주요 의사결정자를 겨냥하려면 먼저 그가 누구인지 알아야 한다.

예를 들어, 제록스는 영업 사원들을 대상으로 '고객사에서 누가 기술적 조언을 하는가' '누가 자본 예산 책정에 영향력을 발휘하는가'를 파악하도록 가르쳤다. 영업 사원들은 고객사에서 기술 혁신에 앞장서는 사람 혹은 부서가 특정 장비를 구매하길 원할 수도 있지만 그들이 설득해야 할 대상은 해당 장비에 대한 예산을 책정하는 사람 혹은 부서라는 사실을 깨닫는다. 성공한 영업 사원들은 이를 위해 예산을 책정하는 사람이 누구에게서 조언을 구하는지 파악하고, 이처럼 영향력이 있는 조언자들을 설득하여 그들이 제록스의 편에 서서 의사결정을 하도록 만든다.

의존성의 패턴과 권력의 네트워크를 효과적으로 진단하는 것이 중요하다는 사실은 익스프레스 프로젝트에서도 여실히 드러났다. 제록스는 신텍스와 함께 '공동 생산' 혁신 프로젝트를 진행하면서 기술 변화의 도입을 고객사 전체로 확산시킬 방법을 찾기 위해 상호의존성의 패턴을 진단할 필요가 있었다. 이것은 누구를 대상으로 이 프로젝트의 가치를 설득해야 하는지 확인하고, 신텍스 측으로부터 필요한 예산과 지원을 얻어내는 데 있어서도 상당히 중요한 작업이었다.

프로젝트에 참여하는 사람들도 영업 사원들과 마찬가지로 주요 의사결정자가 누구인지, 고객사 내부 사람들의 의존 관계가 어떻게 형성되고 있는지에 신경을 써야 했다. 적절치 않은 수준에서 작업을 하거나, 프로젝트의 예산을 책정하는 사람이 중요하지 않게 생각하는 문제를 다루거나, 프로젝트가 권력 역학에 미치는 효과에 신경을 쓰지 않으면 이 프로젝트는 실패할 운명을 맞이할 것이었다.

제록스가 신기술을 시장에 신속하게 보급하기 위해 신텍스와 함께 추진한 익스프레스 프로젝트에서는 이러한 문제들이 곳곳에서 드러났다. 공동 생산 그룹은 신텍스에 내재되어 있는 상호의존성의 패턴을 제대로 진단하지 못했다. 결과적으로, 이 그룹은 신텍스의 정보처리부서 직원들처럼 비교적 권력이 없는 사람들과 협력했고, 최고경영진이 중요하지 않게 여기는 고객 수요에 집중했다.

또한 이 그룹은 신텍스에서의 중요한 권력 관계를 파악하지 못했다. 예를 들어, 의학연구부서가 임상 정보 처리에 필요한 예산을 책정하고 있다는 사실을 알지 못했다. 신텍스에서 의사결정이 어떻게 이루어지는지, 의학연구부서의 고위 관리자들이 가장 중요하게 생각하는 조직의 쟁점이 무엇인지도 제대로 알지 못했다. 그들은 이러한 진단을 하기는커녕 신텍스도 제록스와 비슷할 것이라고 간주했다. 다시 말하자면, '제록스의 눈'을 통해 신텍스를 바라보았던 것이다.

따라서 이 프로젝트를 통해 고객사의 주요 문제에 대하여 실행 가능한 기술적 해결책을 확인했지만 그 중요성이 신텍스 내부의 주요 의사결정자들에게 전달되지 못했다. 그들의 후원 없이는 프로젝트에서 예산을 지속적으로 지원받기 어려웠다.

상호의존성을 진단하는 데서 발생하는 이 같은 문제들은 때로는 새로운 경영 정보 시스템의 도입을 어렵게 만든다. 제품에 관한 것이든, 프로세스에 관한 것이든 어떠한 혁신이라도 필연적으로 권력 구조를 변화시키고 이에 대한 지원자를 동원할 것을 요구한다. 혁신자들이 상호의존성의 패턴에 주의를 기울이지 않는다면 대단한 행운이 따르지 않고서는 성공할 수 없다. 상호의존성을 진단하기 위해서는 다음과 같이 아주 간단한 질문들을 던져 볼 필요가 있다.

1. 내가 의도한 것을 성취하려면 누구에게 협조를 받아야 하는가? 의사결정과 이에 대한 실행이 적절하게 이루어지기 위해서는 누구의 지원이 반드시 필요한가?
2. 내가 하려는 것을 지연시키거나 무산시킬 만한 사람은 누구인가?
3. 내가 성취하려는 것에서, 즉 a)권력이나 지위의 측면에서 b)평가나 보상의 측면에서 c)업무를 처리하는 방식의 측면에서 영향을 받는 사람은 누구인가?
4. 내가 유력 인사로 파악한 사람과 우호 관계 혹은 협력 관계에 있는 사람은 누구인가?

평가에 있어서는 보수적인 입장을 취해야 한다. 의존 관계의 가능성을 과대평가하는 편이 오히려 더 낫다. 마지막 순간에 당신이 미처 생각하지 못했던 사람 혹은 집단을 보고 놀라는 것보다는 말이다. 가장 훌륭한 것은 놀라지 않는 것이다.

당신이 직면한 상호의존성의 패턴을 이해하면 문제를 예상하고 이것을 미연에 방지하는 데 도움이 된다. 허튼증권에서 도시 재정 업무나 투자은행 업무처럼 새로운 업무를 도입할 때 발생했던 갈등의 대부분은 적절한 질문을 했더라면 방지할 수 있었다. 다시 말하자면, 이러한 업무가 사내의 다른 부서에 미치는 영향을 미리 예상하고, 이러한 영향을 계획과 실행에 반영했더라면 좋았을 것이다.[19]

애플도 다양한 컴퓨터 기종과 그 주변 기기를 개발하면서 이들 간의 상호의존성을 제대로 인식했더라면 조직 내 갈등도 줄어들고 제품 개발 역시 효과적으로 진행되었을 것이다. 애플의 조직 문화가 컴퓨터에 대한 자기만의 구호(1인당 컴퓨터 한 대)를 반복하고 상호의존성보다 독립성을 강조한 것이 오히려 시스템 중심의 시장에서 경쟁을 시작하면서 애플이 어려움을 겪는 원인이 됐다.

이 책의 1부에서는 주로 '권력이 왜 중요한가' '조직에서 권력과 영향력이 가장 중요해지는 조건은 무엇인가' '조직 내 정치 분파, 상호의존성의 패턴, 조직 구성원의 상대적 권력을 어떻게 진단할 것인가'를 설명했다. 여기서 중요한 과제는 주변 상황, 즉 경기를 이해하고 주요 선수들을 파악하는 것이다.

2부에서는 '권력은 어디에서 나오는가' '왜 어떤 사람이나 부서가 다른 사람 혹은 다른 부서보다 더 많은 권력을 갖는가'를 살펴볼 것이다. 이를 통하여 우리는 자신을 위해 더 많은 권력과 영향력을 얻는 방법에 관한 암묵적인 교훈을 얻을 수 있을 것이다.

권력은
어디에서 나오는가

MANAGING
WITH
POWER

권력은 '좋은' 자리에 있다는 것에서 나온다. 그렇다면 좋은 자리란 무엇을 의미하는가?

좋은 자리 혹은 직위는 당신에게 다음과 같은 것들을 제공한다.

1. 예산, 물리적 설비, 직위처럼 협력자와 지지자를 얻기 위해 사용할 수 있는 자원 통제권.

2. 조직이 어떤 활동을 하고 있는가, 다른 사람들의 선호와 판단은 어떠한가, 현재 어떤 일이 진행되고 있는가, 그 일을 누가 추진하고 있는가에 대한 정보를 통제하거나 이러한 정보에 손쉽게 접근할 수 있는 권한.

3. 공식적인 권한.

좋은 자리에 있다는 것은 주로 조직의 좋은 부서에서 근무하고 있다는 사실에서 비롯된다. 조직에서 어떤 사람은 권력을 확립하고 행사하기에 좋은 자리에 있는 반면 다른 사람은 그렇지 못한 이유는 무엇인가? 근본적인 질문을 해보자. 사람이 자리를 만들어내는가? 아니면 조직의 자리가 사람을 만들어내는가? 이런 질문은 앞으로도 계속 논쟁을 불러일으킬 것이지만, 결과적으로 우리가 권력을 얻기 위해 관심과 노력을 개인적 기질을 변화시키는 데 집중할 것인가, 아니면 이러한 기질을 가장 효과적으로 활용할 수 있는 상황을 찾는 데 집중할 것인가라는 쟁점을 낳는다. 그리고 이러한 쟁점은 우리가 세상을 바라보는 방식에 영향을 미치는 기본적인 인지 편향(Cognitive bias, 사람이나 상황에 대한 비논리적인 추론에 따라 잘못된 판단을 내리는 패턴을 말한다 – 옮긴이) 때문에 잘못된 방향으로 흘러가기가 쉽다.

2부에서는 권력의 원천을 다룰 것이다. 첫 번째 과제는 권력의 가장 중요한 원천이 개인의 특성인지, 조직에서의 위치인지를 밝혀내는 것이다. 비록 개인적 기질이 중요하지만 나는 좋은 자리에 있는 것이 더 중요하다고 본다. 이러한 쟁점을 살펴본 뒤 조직에서의 지위가 권력을 창출하는 요소들, 즉 자원 통제권, 정보에 대한 통제권과 접근권, 공식적인 지위에 대해 자세히 살펴보는 방식으로 전개해나갈 것이다.

그다음에는 이러한 권력의 중요한 원천들이 어떻게 하여 그것을 둘러싼 하위 단위에 의해 영향을 받는지 살펴볼 것이다. 우리는 먼저 왜 특정한 사람들이 강력한 권력을 갖는지에 대해 이해하고, 이러한 통찰을 이용하여 왜 특정한 하위 단위가 더 강력한 권력을 갖는지, 이러한 하위 단위에 소속되어 있다는 사실 자체가 어떻게 하여 그곳에 소속되어 있는 사람들에게 더 많은 권력을 제공하는지 살펴볼 것이다.

모든 사람이 조직 내에서 자기 위치를 최대한 효과적으로 활용하는 것은 아니며, 마찬가지로 우호적인 여건을 동등하게 효과적으로 누리는 것도 아니다. 따라서 2부에서는 조직에서 좋은 위치에 오르고 사용 가능한 자원을 최대한 활용할 수 있는 능력을 갖게 해줄 개인의 특성에는 어떠한 것들이 있는지 개관하는 것으로 글을 마무리할 예정이다.

4장

•

개인적 기질인가,
조직에서의 위치인가

유리에서 시멘트, 미니컴퓨터에 이르기까지 다양한 산업에 종사하는 기업을 대상으로 장기간에 걸쳐 연구한 결과에 따르면 "가장 성공한 기업들은 수년 동안 실행 가능한 균형 상태를 유지하고 있지만 환경이 바뀔 때는 뚜렷하고도 광범위한 변화를 추진할 수 있다."[1]

이처럼 불연속적인 혹은 틀을 깨는 변화가 항상 권력의 분포를 바꿔 어놓는다. 결과적으로 조직의 혁신이 필연적이지는 않더라도 때로는 저항을 극복하는 데 필요한 권력과 영향력의 획득을 수반한다.

우리가 이런 과정에서 성공하려면 권력이 어디에서 나오는지를 알아야 한다. 잠재적으로 협력 관계에 있을 사람과 반대 세력이 될 사람을 포함하여 다른 사람들의 권력을 진단하는 것은 상당히 중요하다. 우리는 어떠한 어려움에 직면할 것인가에 대해서도 알아야 한다. 권력이 어디에서 나오는가를 아는 것은 자신의 권력을 확립하고 이를 통하여 실행 능력을 강화하는 데 도움이 된다. 신제품을 도입하는 데 있어서는 권력과 정치 수완이 요구된다는 사실을 알고 상호의존성의 패턴과 다양한 관계자들의 관점을 이해하는 것 역시 도움이 된다. 그러나 이 모든 과정이 효과적으로 진행되려면 권력의 원천을 개발하고, 이러한 권력을 전략적으로나 전술적으로 활용하는 방법을 알아야 한다.

우리는 모두 권력이 어디에서 나오는가에 대하여 암묵적인 견해를 갖고 있고, 이러한 견해에 바탕을 두고 행동할 때가 많다.

예를 들어, 노란 넥타이를 착용해야 할지 말아야 할지, 바지의 멜빵이 권력의 상징인지 그렇지 않은지와 같은 문제를 깊이 생각하면서 파워 드레싱(power dressing, 사업하는 사람들이 자신의 지위, 중요성을 강조하기 위해 격식을 갖추어 입는 비싼 복장 – 옮긴이)을 다룬 책을 읽고 여기에 나오는 조언을 따른다. 오늘날 성형외과가 호황을 누리는 데는 나이든 모습이 권력이 없거나 활력이 없는 사람으로 비치는 것을 걱정하는 관리자들이 최소한 어느 정도는 기여했을 것이다. 사람들은 여러 가지 이유로 적극성 훈련과 대중 연설 훈련 과정에 참여하거나 심리 치료를 받는다. 그러나 이러한 이유들 중에서 권력과 활력을 가진 유능한 사람이 되려는 욕구가 중요하게 작용한다.

권력의 원천에 대한 우리의 견해 중 많은 부분이 개인적 기질과 특성의 중요성을 강조한다. 이것은 엄청나게 노력하지 않고서는 바꾸기가 매우 어렵다. 때로는 우리가 직접적으로 영향을 미칠 수 있는 상황적 요소의 중요성을 간과한다. 조직 내에서 유능한 사람이 되려면 권력의 원천에 대한 자신의 견해를 꼼꼼하게 점검해야 할 뿐만 아니라 다양한 인지 편향에 대해서도 세심하게 살펴야 한다.

이번 장에서는 우리가 세상을 관찰하면서 권력의 원천을 진단할 때 생각해야 할 몇 가지 쟁점들을 간단하게 설명할 것이다. 이것은 2부의 후반부에서 다루게 될 권력의 원천으로서 개인의 특성과 상황적 요소들을 살펴보기 위한 준비 단계가 될 것이다.

권력의 원천으로서 개인적 기질

우리는 어떤 조직에 들어 갔을 때 상황이 아니라 사람을 먼저 보게 된다. 사람들이 어떤 말을 하고, 어딘가로 움직이며, 무엇인가를 한다. 사람들에게는 저마다 우리의 관심을 끄는 인격, 개성, 습관이 있다. 우리는 만나는 사람들의 생생한 모습에 빠져들어 심리학자들이 말하는 '기본적 귀인 오류(Fundamental Attribution Error)'를 저지른다. 이것은 사람들과 그들의 인격을 중요한 요소로 과대평가하고 상황적 요소의 중요성을 과소평가하는 경향을 말한다.[2]

이러한 현상은 널리 퍼져 있고 이에 대한 사례도 상당히 많다. 특히 동료 연구자가 실시한 실험에 따르면 사람을 평가할 때 상황적 요소를 무시하는 경향이 뚜렷하게 나타났다.[3] 실험에 참여한 사람들에게 피면접자의 수행 능력을 평가하도록 했는데, 이 상황은 우리가 조직에서 만나는 사람의 능력을 평가하는 것과 다르지 않다. 실험에서 평가자들은 긍정적이든 부정적이든 편향된 질문을 던졌다. 게다가 그들은 나중에 이러한 편향을 의식했는가에 대한 질문을 받고 그것을 의식했다고 밝히기도 했다. 그런데도 평가자들은 이런 편향된 질문으로 이끌어낸 대답에 영향을 받았다. 그들은 "어쩌면 강요당한 대답에 근거한 결론을 도출하면서 그들 자신의 행동(상황)이 미치는 잠재적인 영향을 과소평가했다."[4]

평가자들은 그들 자신이 영향을 미친 피면접자의 행동에서 이런 진단적 가치(diagnostic value)를 미리 고려하지 않고 다른 사람의 수행 능력과 (다른 연구에서의) 태도를 평가하는 데 이러한 정보를 사용했다. 다시 말하자면, 우리는 자신이 관찰한 행동이 상황적 요소에 의해 강하게 영향받는다는 사실을 알더라도 이러한 행동에 기초하여 다른 사람에 대해 쉽게 그 특성을 파악하고 평가한다.

우리는 권력의 원천을 지나칠 정도로 개인의 특성에서 찾으려 한다. 그러나 실제로는 우리가 권력의 원천이라고 믿는 개인의 특성이 권력에서 나오는 결과물인 경우도 많다. 캘리포니아 남부에 있는 30개 전력회사의 관리자 87명(최고경영자 30명, 고위 관리자 28명, 관리자 29명)을 대상으로 실시한 면접조사에서는 조직 내 정치와 영향력 행사에 가장 효력이 있을 것으로 생각되는 개인의 특성이 무엇인지를 보여준다.[5] [표 4-1]에는 다양한 특성들을 언급한 응답자들의 비율이 나와 있다.

우선 이러한 특성들이 권력을 확립하고 정치적으로 힘을 발휘하는 것과 관련 있다는 사실을 부정하지 말고 이들 중 적어도 몇 가지는 권력을 가져본 경험에서 나왔을 가능성을 생각해보자. 권력을 가졌을 때 우리는 자기 생각을 명료하고도 당당하게 표현할 수 있지 않을까? 우리의 평판이 좋아질 수 있지 않을까? 외향성이 우리에게 권력을 갖게 하는 것만큼이나 권력이 우리를 외향적인 사람으로 만들지는 않을까?

[표 4-1] 조직 내 정치와 영향력 행사에 가장 효력이 있을 것으로 생각되는 개인의 특성

개인의 특성	응답자 비율
자기 생각을 명료하게 표현한다	29.9
세심하다	29.9
사회생활을 잘한다	19.5
유능하다	17.2
평판이 좋다	17.2
외향적이다	16.1
자신감이 있다	16.1
적극적이다	16.1
야심이 있다	16.1

* 출처: 앨런(Allen) 외, 80쪽. Copyright 1979 by The Regents of the University of California. Reprinted from the California Management Review, Vol. 22, No. 1. By permission of The Regents.

권력을 확립하고 정치적으로 힘을 발휘하는 사람이 더 유능한 사람으로 인식되지는 않을까? 확실히 권력과 정치 수완이라는 무기는 자신감과 적극적인 행동을 낳을 수 있다. 그리고 사람들이 대체로 자신의 야심을 실현 가능한 목표에 맞게 조절한다는 것을 생각하면 권력을 가진 사람은 야심차게 행동하게 될 뿐만 아니라 실제로도 그렇게 보인다.

이러한 원인과 결과의 순서가 학문적 차원 이상의 관심을 끄는 이유는 무엇인가? 그것은 우리가 권력을 얻는 데 도움이 되는 기질을 개발하려 하고, 이러한 기질이 효력이 없거나 제대로 작동하지 않으면 어려움에 빠져들 수 있기 때문이다. 주변을 살펴보면 자기 역할에 맞지 않게 행동하는 사람들, 즉 실제보다 더 많은 권력을 가지고 있고 더 중요한 사람인 것처럼 행동하는 경우들이 많다. 같은 행동이라도 권력을 가진 사람이 하면 인정받고, 자신을 더욱 유능하게 보이게 하지만 그렇지 않은 사람은 주변 사람들에게 지지를 얻지 못하고 자신을 더욱 무능하게 보이게 할 뿐이다.

개인적 기질에서 추론을 이끌어내는 데 따르는 또 다른 문제는 사람들이 자신의 상황에 좀처럼 무작위로 처해지지 않는다는 사실에 있다. 외부 요소는 때로 개인의 성공 혹은 실패와 직접적인 관련이 있다. 그런데도 권력에 관한 많은 연구에서는 이러한 요소를 고려하지 않는다.

이쯤에서 데이비드 윈터(David Winter)가 세 가지 개인적 기질(권력 동기, 성취 동기, 친애와 친밀 동기)이 리더의 능력에 대한 다양한 지표(여기에는 권력에 대한 일반적인 정의와 밀접하게 관련이 있는 지표, 즉 임명이나 주도권에서 자기 의지대로 결정하거나 행동하는 능력도 포함된다)에 미치는 영향을 연구한 것을 살펴보자.[6]

윈터의 연구에 나오는 표본은 미국 대통령들이다. 따라서 표본이 있더라도 무작위로 뽑은 표본은 아닌 셈이다. 대통령 개인의 특성은 첫 번째 취임 연설에서 나타난 잠재적인 동기를 상징하는 이미지에 점수를 매기는 식으로 평가됐다. 윈터는 대통령이 세 가지 기질에서 받는 점수와 재선, 법관과 각료 임명에 대한 승인, 전쟁 예방 혹은 참전과 같은 몇 가지 결과 지표에는 상관관계가 있다는 결론을 내렸다.[7]

이러한 분석은 대통령 당선자의 유형이 선거를 둘러싼 시대 상황과 무관하지 않고, 어쩌면 개인적 기질뿐만 아니라 이러한 시대 상황이 전쟁 예방 혹은 참전과 같은 결과를 설명하는 데 도움이 될 가능성을 고려하지 않는다.

이런 유형의 오류는 계속 발생하고 있다. 예를 들어, 자진 출두 서

약 하에 보석금 없이 석방하는 프로그램을 평가한 연구에서는 피고인들이 자진 출두 서약을 하더라도 임의로 석방되지 않는다는 사실을 설명하지 않는다. 오직 덜 위험한 피고인들만이 석방될 가능성이 높다.[8] 따라서 보석금을 내지 않고 석방된 피고인들이 범죄를 저지르지 않는 경향이 있다고 해서 이러한 사실이 이 프로그램을 모든 피고인에게 확대하여 실시했을 때도 똑같은 결과가 나올 것을 의미하지는 않는다.

우리는 좀 더 넓은 시각으로 사람들이 다양한 상황 속에서 결국에는 어떻게 하여 결말에 이르는지를 이해하고, 설명해야 하고, 이러한 정보를 그들의 권력과 능력을 평가하는 데 활용해야 한다. 또한 일반적으로 권력의 원천으로서 개인의 특성을 분석할 때는 신중을 기해야 한다. 특히 이러한 분석에 근거하여 행동을 취하려 할 때는 더욱 그래야 한다.

조직 구조에서의 위치

권력에 대한 구조적 관점에서는 권력이 조직 내 분업과 의사소통 체계 내에서 구성원 각자가 차지하는 자리에서 나오는 것이라고 주장한다. 조직 내 분업은 하위 단위와 역할의 차별화를 낳고, 이러한 하위 단위와 직위는 특별한 이해관계와 책임을 낳는다. 게다가 각각의 하위 단위 혹은 직위에 있는 사람은 조직이 가진 자원을 요구한다.[9]

자원을 얻기 위한 경쟁에서 성공한 사람은 자신이 소유하거나 통제하는 자원뿐만 아니라 이에 대한 할당에 영향력을 행사하는 사람과 형

성된 관계를 기반으로 하여 이러한 성공을 이끌어낸다.[10]

자원 통제권과 조직 내 하위 조직의 중요도는 분업에서 나온다. 이러한 분업은 특정 직위에 있는 사람 혹은 특정 집단이, 다른 직위에 있는 사람 혹은 다른 집단과 비교하여 중요한 과제를 관리하도록 해줄 뿐만 아니라 자원에 손쉽게 접근하도록 해준다.[11]

그렇다면 권력은 자원 통제권, 영향력이 있는 사람과 형성된 관계, 위계 구조에서 자신의 직위가 주는 공식적인 권한에 나온다. 예를 들어, 33건의 구매 결정에 대한 연구에서 의사결정에 영향력을 발휘하는 사람에 관하여 가장 많이 언급된 특성은 다름 아닌 그 사람이 이러한 의사결정으로부터 영향을 받는다는 것이었다.

> 악기 회사 직원은 견인 트럭을 선택할 때 영향력을 가장 많이 행사하는 사람은 수송 관리자라고 말했다.
> "수송 관리자가 이후의 상황을 받아들여야 합니다. 따라서 그 사람이 선택을 해야 합니다."[12]

누가 의사결정에 의해 영향을 받는가는 분명히 분업에 의해 정해진다. 이 연구에서 응답자들은 해당 제품을 사용하는 하위 조직에 대하여 공식적인 책임을 지거나 해당 제품의 성능 혹은 해당 제품을 통한 산출에 대해 책임을 지는 사람이 영향력을 행사하는 것으로 보았다. 응답자들에게 '최종 권한을 가진 사람이 누구인가와는 상관없이' 누가 영향력을 가장 많이 행사한다고 생각하는지를 물었는데도 이러한 구매 상황에서는 '권한과 책임'이 자주 언급되는 영향력의 원천이었다.[13] 권한과 책임도 조직의 공식적 구조에서 직위가 부여하는 것이다.

구매 담당자가 갖는 권력을 한번 생각해보자.[14] 그들은 엔지니어링, 생산 계획, 마케팅부서와 외부 판매자 사이에 위치한다. 또한 그들은 많은 경우에 자기보다 공식적으로 더 높은 지위와 권위를 가진 다른 부서 사람들을 상대로 상당한 영향력을 행사하기 위해 이러한 중개자의 지위를 활용할 수 있다. (때로는 그들 자신이 만든) 구매 규정과 절차를 내세우면서 다른 부서 사람들이 그들의 권력을 인정할 수밖에 없도록 한다. 이것은 다른 부서 사람들이 구매 시 우대를 바라면서 그들에게 우호적으로 접근하여 기꺼이 호의를 베풀려고 하는 모습에서도 잘 나타난다.

권력의 원천을 상황의 관점에서 바라보면 권력을 갖고 싶어 하는 사람은 개인의 특성과는 거의 관계없이 단순히 좋은 자리(예를 들어 권한이 주어지는 자리, 불확실성을 해결하는 자리, 여러 하위 조직들과 외부 판매자 사이에서 중개자 역할을 하는 자리)에 있어야 한다는 것이다. 권한과 책임은 직위에 부여되고, 중개자의 능력은 상호작용의 구조 속에서 어디에 자리를 잡고 있는가에 따라 크게 영향을 받는다. 물론 똑같은 상황에서 모든 사람이 똑같이 잘할 수는 없다.

예를 들어, 구매 담당자 중에는 거의 모두가 원하는 목표인 자기 부서의 권력을 확대하고 지위를 향상시키려는 목표를 달성하는 데 있어서 다른 사람과 비교하여 훨씬 더 성공한 사람도 있다. 이러한 차이는 어느 정도 다양한 조직의 구매 담당자들에게서 나타나는 정치 수완의 차이에서 기인한다. 이것은 상황도 중요하지만 이러한 상황을 활용하는 능력이 정말 중요하다는 것을 의미한다.

상황적 요소와 개인의 특성 사이의 조화

또 하나의 중요한 권력의 원천으로는 저마다의 방식, 수완, 능력과 상황이 요구하는 것 간의 조화를 들 수 있다.

예를 들어, 어느 연구개발부서에서 근무하는 연구원 304명을 대상으로 조직 내 영향력에 관한 설문조사를 실시한 연구가 있다. '영향력은 주로 어떤 사람에게서 나타나는가?'를 묻는 설문조사의 선택지는 다음과 같았다.

1. 실험실 사람들과 자주 접촉하여 그들과의 의사소통에는 뛰어난 면모를 보이지만 외부 정보에는 어두운 사람.
2. 외부 정보에는 밝지만 실험실 사람들과 자주 접촉하지 않는 사람.
3. 자신의 경계를 넓혀가는 사람, 즉 실험실 사람들과도 자주 접촉하고 외부 정보에도 밝은 사람.[15]

여기서 기술, 예산, 인사 분야의 의사결정에 관한 영향력을 평가한 결과 영향력이 있는 사람의 유형은 프로젝트의 특성에 달려 있다는 것을 알 수 있었다. 다시 말하자면, 과제 자체의 불확실성이 낮은 기술 지원 프로젝트에서는 내부 사람들과 자주 접촉한 사람이, 그리고 응용 연구 분야에서는 자신의 경계를 넓혀가는 사람이 영향력이 가장 많았다.

최근 오프셋 인쇄기를 구매한 조직 17개사를 대상으로 실시한 연구에서는 상황과 특성 사이의 우연성이 영향력을 규정한다는 또 다른 사례를 보여준다.[16] 어떤 조직에서는 이런 장비를 구매하는 것이 너무나도 새롭고 생소했지만 다른 조직에서는 이것이 기존 장비의 대체에 불과했다. 그리고 또 다른 조직에서는 장비의 추가를 의미했다. 확실히 조직마다 불확실성의 정도가 달랐는데 장비를 처음 구매하는 조직에서 불확실성이 가장 컸고, 이미 가지고 있던 장비를 단순히 추가하는 조직에서는 불확실성이 가장 작았다.

장비를 추가로 구매하는 경우에는 개인적으로 경험이 있는 사람들이 구매 결정에서 영향력을 가장 많이 행사했다. 장비를 처음 구매하는 경우에는 내부 사람들과의 의사소통에 능하고 외부 정보에도 밝은 사람이 영향력을 가장 많이 행사했다. 장비를 추가로 구매하는 경우에는 그 필요성을 인식하는 데 영향을 미칠 수 있는 사람이 영향력을 가장 많이 행사했지만, 장비를 처음 구매할 때는 외부 정보에 밝은 사람이 영향력을 더 많이 행사했다. 다른 연구와 마찬가지로 이 두 가지 연구는 다음과 같은 사실을 강력히 시사한다.

> 의사결정에서 하위 단위 혹은 개인의 영향력은 1)조직이 직면한 불확실성의 종류 2)조직이 직면한 불확실성을 감소시킬 수 있는 특성 혹은 능력 3)특정 하위 단위 혹은 개인이 이러한 특성을 어느 정도로 갖추고 있는가에 달려 있다. 의사결정을 해야 하는 상황은 다양하고, 마찬가지로 조직이 직면한 불확실성의 원인도 다양하다. 따라서 조직의 의사결정에서 영향력의 기반 또한 다양하게 나타난다.[17]

상황적 요소와 개인의 특성 사이에서의 조화의 필요성은 사업뿐만 아니라 정치에서도 나타난다. 영화배우 출신의 로널드 레이건(Ronald

Reagan)은 텔레비전이라는 매체 덕분에 매스컴의 중요성이 부각되던 시기에 대통령에 당선됐다. 레이건은 세세한 내용을 다룰 만한 능력은 없었지만 의사소통의 달인이었다. 반면, 린든 존슨(Lyndon Johnson)은 텔레비전이 덜 중요하고 정당 조직이 더 중요하던 시기에 대통령이 됐다. 당시에는 세세한 내용을 다루는 능력이나 동료 정치인과 유권자를 위해 헌신하려는 의지가 중요하던 시절이었다.

레이건과 존슨이 시대가 서로 바뀌어 태어났다면 어느 누구도 대통령에 당선되지 않았을 것이다. 존슨은 재임 중 새로운 매체의 등장에 대처하는 데 어려움을 겪었고, 이런 모습은 매스컴의 시대에 두각을 나타낼 만한 능력이 부족하다는 것을 보여주었다. 레이건도 구시대의 정당 정치인에게 요구되는 세세한 내용에 지속적으로 관심을 기울일 만한 사람이 못됐다.

시대와 상황에 따라 중요하게 여겨지는 지식과 능력이 다른 것처럼 개인의 특성도 상황에 따라 더 중요하게 여겨지기도 하고 덜 중요하게 여겨지기도 한다.

● **카리스마는 항상 빛날까?**

카리스마는 상황적 요소와 개인의 특성 사이에서의 조화를 가장 잘 보여주는 예라고 할 수 있다. 카리스마의 개념은 신학에서 사회과학으로 옮겨갔는데 신학에서는 '신의 은총을 받은 재능'을 의미한다.[18] 카리스마가 있는 리더들은 때로는 위기 혹은 시련의 시기에 등장한다. 그들은 다른 사람과의 (도구적이 아닌) 정서적 유대를 창출한다. 그들은 영웅적 존재가 되어 자신을 따르는 사람들의 이념적 가치에 호소한다.[19] 존 케네디(John Kennedy), 마틴 루서 킹(Martin Luther King), 간디(Gandhi)는 모두 카리스마가 넘치는 인물들이었다.

어떤 이들은 카리스마가 권력, 성취, 소속을 향한 요구뿐만 아니라 권력 사용의 억제에 기초한 개인의 특성이라고 주장한다.[20] 게다가 카리스마와 인격이 (예를 들어, 미국 대통령과 같은) 리더의 능력을 말해준다고 주장한다.[21] 미네소타 주에서 어느 교육감을 면밀하게 추적 연구(longitudinal study, 종단적 연구라고도 하며 일정한 기간에 여러 시점에서 어떤 대상에 대한 자료를 수집하는 연구 방법을 말한다 – 옮긴이)한 결과는 카리스마적 특성과 상황적 요소의 상호작용에 관한 몇 가지 흥미로운 증거를 제공한다.[22]

이 교육감은 미네소타 주의 넓은 교외 지역 학군에서 근무하면서 대단한 카리스마와 능력을 보여주었다. 그녀가 한 일은 언론과 주 의회로부터 엄청난 주목을 받았다.

"인원 감축이라는 '유혈 사태'를 성공적으로 피하면서 예산을 240만 달러나 절감한 풀뿌리 프로그램을 대대적으로 전개하여 많은 사람으로부터 찬사를 받았던 것이다."[23]

교육청 관계자들은 인터뷰에서 그녀를 '그 지역에서 매우 인상적이고도 유례를 찾아볼 수 없는 영향력을 발휘한 실력자이자 확실한 비전의 소유자'라고 표현했다. 사람들은 그녀가 비범한 재능을 가졌다고 믿었다.[24]

그녀에게는 전임 교육감과는 다르게 열성적인 추종자들이 있었다. 그녀는 학군의 변화 과정에 많은 사람이 참여하게 만들었고, 학군의 정책과 예산 문제를 검토하기 위한 대책 본부를 결성했다. 또한 미래에 대한 비전을 개발하기 위한 워크숍을 기획하는 과정에서 컨설턴트를 고용했고, 교육청의 업무와 행정 구조를 새롭게 설계했다. 그녀가 이 학군에 미친 영향은 실로 엄청났다.

> 예산 절감은 무리 없이 통과됐다. 교육위원회는 교육감이 주장하는 예산 절감에 대해 간단하게 논의하고는 만장일치로 승인했다. 교사들은 업무 보조직과 프로그램 지출을 줄이라는 그녀의 권고에도 기립 박수를 보냈다. 교육청 관계자들로부터 혁신적인 아이디어가 끊임없이 들어왔다. 그녀가 2년에 걸쳐서 교육감으로 재임하는 동안 이 학군에서만 혁신 사업 제의가 300건 넘게 들어왔다.[25]

이후에 미네소타 주지사가 그녀를 주 교육부 장관으로 임명했다. 그녀는 이처럼 새로운 자리에 올라서도 자신이 교육감 시절에 하던 작업 방식을 그대로 가져왔다.

"사람들이 가고자 하는 방향을 제시하는 사명과 비전에서 시작하여 풀뿌리 수준에서 이러한 비전을 향한 열정과 지지를 이끌어낸다. 혁신 프로그램에 관심과 에너지를 쏟도록 교육부에 구조적인 변화를 일으킨다."[26]

주 교육부 장관 임기 첫해에 그녀는 미네소타 주에 있는 435개의 거의 모든 학군을 직접 방문했다. 또한 그녀는 388개 공립 학군에서 마을 회의를 개최했는데 약 1만 5000명의 주민이 참석했다. 주민 여론조사를 지원했고, 부국장 5명을 교육부에서 일한 적 없는 9명으로 구성

된 자기 팀 사람들로 교체했다.[27]

그렇다면 이 모든 노력이 어떤 결과를 가져왔을까? 누구나 예상할 수 있듯이 교육부의 간부를 교체하고 구조를 개편하기 위한 노력은 당장 기존 구조에서 이미 잘 지내고 있던 사람들의 반대에 부딪혔다. 새로 임명된 사람 9명 중 5명이 1년 안에 해고되거나 사임했다.[28] 얼마 지나지 않아 언론이 핵심 중간관리자들의 도덕성 문제와 해임, 일상 업무와 업무 할당에서의 혼선을 지적하기 시작했다. 그녀는 점점 장기적인 변화에 집중하지 못하고 "매일같이 기존의 관료적 질서가 낳은 자질구레한 문제에 빠져들었다."[29] 교육감 시절에 뚜렷하게 보여주었던 카리스마는 주 교육부 장관 자리에서는 빛을 발하지 못했고, 이런 카리스마는 자기 의지에 따라 발산되는 것이 아니었다.

그녀가 교육감 시절에 성공할 수 있었던 것은 그 자리가 교육 문제에 대하여 통제권과 자율권을 더 많이 부여했기 때문이었다. 그녀가 지역 수준에서 일을 할 때는 자신이 영향을 미치려고 했던 사람들과 더 가깝고도 친근한 관계를 유지할 수 있었다. 그러나 주 교육부 장관은 주지사가 정치적으로 임명한 자리였기 때문에 그녀는 주지사가 자신의 활동을 어떻게 바라볼 것인가를 항상 의식해야 했다. 또한 그녀는 주 교육부의 수장으로서 "주 의회, 주 행정부, 유권자, 이익 단체와 관련 네트워크, 주 또는 연방 차원의 교육 공동체와의 훨씬 더 복잡한 관계망에 빠져들어야 했다."[30] 그녀는 활동에서 많은 제약을 받았고, 그녀가 사람들을 직접 찾아가서 만나는 것도 별다른 가치가 없었다. 다시 말하자면, 그녀는 익숙했던 감성적 호소보다는 관료 정치에 더 많이 의존해야 했다.

상황적 요소가 변하면 영향력과 능력에 요구되는 개인의 특성 또한 변한다. 바로 이러한 이유 때문에 우리의 능력과 관심에 부합되는 정치적 요구를 가진 자리를 찾고, 우리가 직면한 상황에 맞게 행동하는 것이 중요하다. 어쨌든 우리는 개인의 특성, 상황이 제공하는 혜택, 우리 자신과 우리가 처한 상황과의 조화를 바탕으로 권력의 원천을 가장 잘 이해할 수 있을 것이다.

5장

●

새로운 황금률의 진실,
자원과 동맹자

몇 해 전 〈라이프(Life)〉지는 '20세기의 가장 영향력 있는 인물 100명'
의 사진을 시리즈물로 게재했다. 여기에는 루스벨트(Roosevelt), 처칠
(Churchill), 간디, 아인슈타인(Einstein) 등을 포함한 정치, 과학, 예술 분
야의 뛰어난 인물들과 함께 공원 및 교량 관리국장이던 로버트 모제스
(Robert Moses)가 포함됐다.

내가 만약 당신에게 엄청난 권력을 행사할 수 있는 자리를 꼽아보라
고 한다면 당신은 공원 및 교량 관리국장 자리를 꼽지는 않을 것이다.
그러나 로버트 모제스는 20세기 미국에서 가장 영향력 있는 공직자였
다. 그는 44년 동안 공직자로 일하면서 교량 12개소, 고속도로 35개
소, 운동장 751개소, 골프장 13개소, 수영장 18개소를 포함하여 뉴욕
에 면적으로 총 8000제곱킬로미터가 넘는 공원을 건설했다. 이러한 공

공사업으로 50만 명이 넘는 사람들이 자기가 살던 곳을 떠나야 했다.[1]

[표 5-1]에는 로버트 모제스가 추진했던 굵직한 사업들이 나열되어 있다. 그가 이런 사업들을 직접 수행하기도 했지만 국내외에서 여러 세대에 걸친 도시 계획자와 도시 개발 전문가에게 간접적으로 영향을 미치기도 했다. 이것은 그의 생각이 전 세계의 공공사업에 영향을 미쳤다는 것을 의미한다.

이번 장에서 살펴보게 될 영향력을 발휘했던 다른 인물들과 마찬가

[표 5-1] 로버트 모제스가 추진한 공공사업 목록의 일부

공공건물	도로
링컨공연예술센터	크로스 브롱크스 고속도로
UN본부	크로스 아일랜드 고속도로
셰이 스타디움	헨리 허드슨 공원도로
뉴욕 콜로세움	롱아일랜드 고속도로
1939년 뉴욕 세계박람회장	메이저 디건 고속도로
1964년 뉴욕 세계박람회장	그랜드 센트럴 공원도로
	서던 스테이트 공원도로
	스테이튼 아일랜드 고속도로
교량과 터널	밴 윅 고속도로
트리보로우 브리지	
베라자노 내로우즈 브리지	
트록스 넥 브리지	**해변**
브룩클린 배터리 터널	코니 아일랜드
헨리 허드슨 브리지	로커웨이
브롱크스 화이트스톤 브리지	존스 비치
퀸즈 미드타운 터널	오리엔트 비치
로버트 모제스 코즈웨이	

지로 로버트 모제스도 이른바 '새로운 황금률의 진실'이라는 것을 알고 있었다. 다시 말하자면, 돈을 관리하는 사람이 규칙을 만든다는 것이다. 그들은 동맹자를 포함하여 다양한 종류의 자원이 권력의 원천으로서 가장 중요하다는 사실을 깨달았다. 이것이 대수롭지 않게 보일 수도 있다. 그러나 이것은 자원을 어떻게 창출하는가, 자원 통제권을 어떻게 획득하고 유지하는가, 마지막으로 권력을 확립하기 위해 점진적으로 증가하거나 일시적으로 할당되지 않는 자원을 어떻게 활용할 것인가에 대한 이해와 결부되어 상당히 중요하다.

자원을 창출하라

여러 해 동안 나는 자원을 갑자기 창출해내는 사람들의 능력에 놀라움을 금치 못한 적이 많았다. 이러한 능력의 핵심은 주어진 상황에서 사람들이 원하고 필요로 하는 근본적인 것들을 인식하고, 그다음에는 이러한 것들에 접근하여 손에 쥘 수 있게 해주는 자원을 창출하는 데 있다. 이러한 능력을 보여주는 사례는 많지만 린든 존슨이 작은 의회(Little Congress)를 발전시켜 활용한 것만큼이나 무에서 유를 창출하는 능력을 뚜렷하게 보여준 사례는 아마 없을 것이다.

1931년, 존슨이 리처드 클레버그(Richard Kleberg) 의원의 보좌관 신분으로 워싱턴 정가에 입문했을 때 작은 의회는 거의 유명무실했다.

작은 의회는 침체된 조직이었다. 보좌관들에게 연설 기회와 의회 운영 절차에 대한 지식을 제공하기 위해 1919년에 결성된 이 조직은 하원 의회를 모델로 하여 하원 의회 규정에 따라 토론회를 개최했다. 그러나 작은 의회는 점점 사교클럽으로 변질되어 산만한 모임에 참석하는 보좌관들의 수는 겨우 수십 명에 불과했다.[2]

그러나 린든 존슨은 바로 여기서 기회를 보았다. 언론은 당시의 주요 현안들이 어떻게 결정될 것인지에 관한 정보를 미리 얻기 위해 혈안이 되어 있었다. 당시는 대공황이 한창이었고, 이에 따라 매우 중요한 법안이 심의 중이었다. 물론 정치인들은 언론에 노출되길 간절히 원했다. 비록 모두가 존슨만큼 야망이 있고 공격적이지는 않았지만 의회의원 보좌관들도 출세와 명성을 추구했다.

우선 존슨은 작은 의회의 의장을 맡았다. 작은 의회는 거의 관심을 끌지 못한 조직이었기 때문에 존슨이 선거가 있는 날에 자신의 동맹자들을 끌어모아 쉽게 승리할 수 있었다. 그가 의장이 되고 나서는 작은 의회와 의장이라는 지위를 훨씬 더 중요한 자원으로 변모시켜 놓았다. 매월 1회 개최되는 모임을 매주 1회 개최되는 모임으로 바꾸었고, 모임의 형식도 바꾸어서 현안에 대한 토론뿐만 아니라 '유명 인사'의 강연까지 포함시켰다.[3]

존슨은 연사들을 초청하는 과정에서 유명 정치인들을 만날 기회를 마련했고, 더욱 중요하게는 그들에게 자신의 가치를 보여줄 수 있었다. 그는 법안에 관한 공식 토론회를 기획하고는 양당의 패널들을 초청하여 의회 규정에 따라 토론을 진행했다. 그러고는 마지막에 가서 법안에 관하여 비공식적인 여론조사를 실시하고, 언론을 불러들여 토론 결과를 보도하게 했다. 덕분에 언론은 이런 토론을 통해 해당 쟁점에 대한 의회의 입장을 미리 파악할 수 있었다. 언론이 관심을 갖게 되면서 작은 의회에 대한 의원들의 관심이 커졌고, 이 모임에 참석하려는 사람들도 점점 늘어갔다.

얼마 지나지 않아 200여 명의 보좌관들이 매주 의회의사당 코커스룸(Caucus Room)에 모여들었다. 엄청나게 짧은 시간 동안 린든 존슨은 의회에서의 연공서열에 따라 승진하던 조직을 통해 이름 없는 보좌관들 사이에서 자신의 가치를 극적으로 드러낼 수 있었다.[4]

존슨에게는 작은 의회가 중요한 자원이 되었고, 자신의 견고한 권력 기반의 출발점이 됐다. 그런데도 이전에는 이 모임이 이러한 지렛대가 되어줄 만한 곳으로 여겨지지 않았다. 존슨은 언론이 정보를 얻기 위해 출입을 원하고, 정치인들이 언론에 노출되길 원하며, 보좌관들 또한 자신의 이름을 알리고 의정 활동에 참여하길 원한다는 것을 인식했다. 그는 작은 의회라는 수단을 활용하는 방법을 찾았고, 그 결과로 유명세를 얻는 이익을 취했으며, 그러면서도 각각의 집단에게 그들이 원하는 것을 제공했다.

그렇다면 로버트 모제스는 공원 및 교량 관리국장에 취임하고 나서 그만한 영향력을 어떻게 쌓아갈 수 있었을까? 처음에 그는 별로 중요하지 않아 보이는 자리를 옮겨 다녔다. 그러다가 2차대전 이후로 다음과 같은 직책을 주로 겸직했다. 뉴욕 주 공원관리위원회 위원장, 롱아일랜드 주 공원관리위원회 위원장, 존스 비치 공원도로공사 이사장,

베스베이지 공원공사 이사장, 뉴욕시 공원관리과 감독관, 뉴욕시 도시
계획위원회 위원, 트리보로우 브리지 및 터널공사 이사장, 뉴욕시 건
설조정위원, 뉴욕 주 전력공사 이사장, 1964~1965년 세계박람회 준
비위원장, 링컨센터지구 개발프로젝트 감독관, 연방 제1주택 프로그
램 의장.

모든 직책이 건설 사업과 관련 있었고, 각각의 건설 사업에는 건설
업자와의 계약, 보험 가입, 이행 보증, 법률 서비스, 은행 서비스를 위
한 계약이 포함되었으며, 이에 따라 엄청난 금액의 공적 자금이 소요
됐다. 게다가 모제스가 어느 지역에 도로가 건설될 예정이고, 어느 지
역의 빈민가가 철거될 예정인가에 대한 내부 정보를 건설업자들에게
전하기만 하면 그들은 돈방석에 앉는 것이었다.

모제스는 공직자로 일하는 동안 돈을 위해서가 아닌 권력을 위해 정
보를 전해주거나 계약을 체결했다(그가 세상을 떠날 때 그의 재산은 별로 없었
다). 그의 호의에 의존하는 수많은 노동조합원, 건설업자, 로펌, 은행가
들은 마치 그의 명령을 열렬히 따르고자 하는 군대와도 같았다. 적어
도 트리보로우 브리지 건설과 같은 일부 사업에서는 그가 자원(예를 들
어, 교량과 터널 통행료 징수권, 엄청난 금액의 자금을 충당하기 위해 그가 거래하는 채권공
사)을 직접 관리했다. 모제스가 맡았던 다양한 직책 만큼이나 그는 권
력의 다양한 원천을 확보했기 때문에 어느 곳에서든 사람들이 그가 다
른 영역에서 보복을 가할 수도 있다는 사실을 알고는 그에게 감히 맞
서려고 하지 않았다.

모제스의 천재성은 공원, 도로, 교량을 통하여 엄청난 금액의 지출
을 관리할 기회를 찾고서 공직 생활에서 거의 유례가 없을 정도의 권

력을 얻기 위해 이러한 개발 자원을 활용한 데 있었다.

공원관리부서와 작은 의회에는 몇 가지 공통점이 있었다. 이 둘은 권력 형성에 이용되던 시기에 정치적으로 외진 곳에 있어서 권력자들의 관심을 거의 끌지 못했다. 상품 시장에서는 경쟁이 없는 곳으로 가는 것이 때로는 효과적인 전략이 된다. 정치 시장에서도 마찬가지의 원리가 적용된다. 우선 경쟁이 별로 없는 곳에서 권력 기반을 형성하는 것에서부터 출발한다. 그다음에는 조직 내에서 영향력 있는 자리를 차지하고, 중요하고도 가치 있는 자원을 얻기 위해 그 조직을 활용하는 방법을 찾아낸다. 이것은 '어떻게 하면 자원을 창출할 것인가' '다른 사람들이 원하는 것을 얻기 위해 어떻게 당신에게 의지하게 만들 것인가'에 대해 고민할 것을 요구한다.

기업에서도 비슷한 과정이 나타난다. 정보력이 없는 사람들은 자동차 회사에서 재무부서가 가장 중요한 역할을 한다는 사실을 잘 모른다. 물론 재무부서 사람들이 자동차를 설계하거나 제작하지는 않는다. 또한 제조 과정에서의 문제를 해결하지도 않고, 유통이나 판매를 담당하지도 않는다. 실제로 포드자동차나 GM의 경우를 보면 권력이 재무부서로 쏠려서 바람직한 결과를 낳은 적이 거의 없었다.[5]

두 회사에서 재무부서는 먼저 기획, 자본 예산, 오퍼레이션스 리서치(operations research, 수학적 분석 방법을 이용하여 경영 관리, 군사 작전, 정책 등의 효과적 실행 방법을 분석하고 연구하는 분야 – 옮긴이) 과정에 대한 통제권을 획득했고, 그다음에는 다른 부서 사람들에게 이러한 과정이 기업 운영에서 중요한 역할을 한다고 설득하여 권력을 손에 쥘 수 있었다. 1950년대에는 포드가 주식 상장을 했고, 독점 금지 조치로 인하여 GM의 대주주인 듀폰이 GM 지분의 상당량을 매각해야 했다. 이 무렵에 재무부서는 외국 자본을 유치하고 기업의 주식 가격을 유지하기 위해 회사에 투자 공동체를 육성해야 한다고 주장했다.

건물 계약에서 언론 노출, 시스템과 분석에 대한 통제에 이르기까지 가치 있는 것이라면 무엇이든 자원이 될 수 있다. 제록스는 신제품 출시 지연, 품질 문제, 예산의 현저한 초과에 직면하여 기획, 예산 편성, 평가, 일정 계획에 더욱 만전을 기하려고 했다. 이때 재무부서 혹은 재무적 경험이 있는 사람들이 이러한 과정들을 관리했다.[6]

버그마스터 머신 툴스(Burgmaster Machine Tools)에서는 복잡한 자재 소요 계획 시스템과 비용 통제 시스템 때문에 적절한 가격에 판매되는 공작 기계를 제작하는 데 어려움을 겪었고, 납기일을 맞추는 데도 문제가 생겼다.[7] 이러한 시스템을 설계하고 시행한 사람들 중 상당수가 공작 기계를 제작하거나 공장을 운영해 본 경험이 전혀 없었던 것이다. 따라서 적어도 이런 경우에는 이 시스템들이 이롭게 작용하기보다는 해롭게 작용했다.

그러나 특정 자원에 관심이 있는 외부의 지지층을 찾아내는 능력은 비교적 중요하지 않게 여겨지는 것들(제품을 제작하거나 판매하는 것이 아닌 예산을 수립하고, 시스템을 설계하고, 기획안을 평가하는 것 등)을 중요한 자원으로 변화시키는 데 도움이 됐다. 그리고 이러한 변화는 이러한 자원을 통제하는 사람에게 엄청난 지렛대가 됐다.

자원을 통제하라

자원에 대한 관할권은 권력의 중요한 원천이다. 그러나 자원과 그 사용을 실제로 통제할 때만 그렇다.

예를 들어, 사회보장국장이 미국에서 가장 권력이 있는 공직자 중 한 사람으로 거론되는 경우는 거의 없다. 그런데도 사회보장세가 연방 정부의 주요 수입원이고, 사회보장신탁기금(Social Security Trust Fund)과 미래의 사회보장 혜택을 위한 재원 조달의 문제가 공공 정책의 주요 의제이며, 어쩌면 가장 중요하게는 사회보장 지출이 연방 예산에서 가장 많은 비중을 차지하는 항목 중 하나다.

또 다른 예를 살펴보면, 1984년과 심지어는 1985년에도 애플컴퓨터의 매출과 수익의 대부분이 애플 II 사업부에서 나왔다. 그런데도 매킨토시 사업부가 애플 II 사업부보다 훨씬 더 많은 권력을 가졌다. 실제로 애플 II 사업부는 조직에서 권력이나 영향력 측면에서 매킨토시 사업부에 밀리면서 엄청난 이직률을 기록했다. 그리고 많은 조직에서 인건비가 전체 비용에서 상당 부분을 차지하지만 경리부나 인사부가 권력을 갖는 경우는 아주 드물다.

이 모든 사례에서 부서의 권력이 상대적으로 약한 이유는 그들이 관리하는 자원에 대한 통제권이 부족하기 때문이다. 사회보장 수당은 법에 정해진 공식에 따라 지급된다. 그리고 사회보장국장이 거대한 관료 조직을 관리하고는 있지만 이 조직을 통해 나가는 엄청난 자금에 대한 재량권을 갖고 있지는 않다. 마찬가지로 경리부나 인사부도 급여 지출에 대한 통제권을 거의 갖고 있지 못하다. 애플 II 사업부도 애플 II 컴퓨터의 매출과 수익에 대한 통제권을 확립하지도 행사하지도 않았다. 자원이 권력의 원천이 되려면 몇 가지 조건들을 충족해야겠지만 이들 중 자원 통제권이 가장 중요하다.

그렇다면 자원을 통제하기 위한 몇 가지 기본 조건들을 살펴보자.

자원을 통제하기 위한 기본 조건은 소유권이다. 그렇다고 하더라도 소유권은 사회적, 정치적 신념과 구속력이 있는 사회적 합의에 의존 한다는 점에서 간접적인 재량권의 한 가지 형태일 뿐이다. 또 다른 조건은 자원에 대한 접근 가능성이다. 자원을 소유하지 않더라도 그 자원에 대한 접근을 규제하는 것이 가능하다. 또 다른 중요한 조건 은 자원을 실제로 사용하고 있고, 누군가가 그 사용을 통제하고 있 다는 것이다. 마지막 조건은 자원의 소유, 할당, 사용에 관한 규제 를 만들고 그 규제를 실행하는 능력이다.[8]

권력을 얻기 위해서는 자원을 소유하는 것뿐만 아니라 자원을 통제 하는 것이 매우 중요하기 때문에 조직 내에서는 때로 자원에 대한 재 량권을 두고 일대 혼전이 벌어진다. 초창기의 미국 대기업들은 현장 감독이 직원들을 심사 절차도 없이 고용하거나 해고할 권력을 가졌고, 때로는 임금까지도 독단적으로 결정했다. 매우 중요한 자원(일자리)에 대하여 이들이 가진 통제권은 친구나 친척에게 호의를 베풀거나, 때로 는 좋은 일자리와 급여를 바라는 사람에게 뇌물을 받거나, 그 밖의 이 익을 챙기는 데 사용됐다.

노동자들은 현장 감독이 이러한 권력을 독단적으로 또는 변덕스럽게 행사한다고 생각했다. 이들의 분노는 노동조합의 결성 또는 그 밖의 형태인 길항력(countervailing power, 자본주의 경제에서 특정 경제 주체가 지배적인 힘을 발휘하면 이에 대항하는 경제 주체가 생겨 힘의 균형이 형성되는데, 이에 대항하는 경제 주체가 발휘하는 힘을 가리킨다 – 옮긴이)을 형성하는 계기가 됐다.[9]

한편, 기업 소유주들은 현장 감독이 자신의 재량권을 오로지 기업의 이익만을 위해 행사하는 것은 아니라는 사실을 우려했다. 현장 감독이 좋은 조건의 일자리를 돈을 받고서 누군가에게 제공하면 그들에게는 이익이 되겠지만 기업의 입장에서는 반드시 잘 숙련되거나 동기부여가 충만한 사람들이 들어오리라는 보장이 없다. 이러한 우려가 하급 관리자들의 재량권을 제한하는 규정을 입안하고 집행하기 위한 인사 정책의 개발과 인사 전문가의 양성을 촉진했다.[10]

(외주와 같은) 업무 할당과 징계 문제에 대한 재량권을 둘러싼 노동 쟁의는 지금까지도 계속되고 있다. 이처럼 이른바 관료적 통제가 계속 진화하면서 노동자들은 직장에서 안정을 보장받을 수 있었고, 기업 소유주들은 기업을 효율적으로 관리할 수 있었다. 그러나 자신이 갖고 있던 특권을 잃지 않으려는 현장 감독들이 처음에는 이러한 진화에 저항했다. 오늘날 현장 감독은 기업 소유주와 노동자들 사이에 끼어 있을 뿐이고 19세기 후반의 좋았던 시절과 비교하면 돈을 적게 번다.

공무원 규정은 정치인들이 의무 관계로 얽힌 네트워크를 구축하기 위한 수단으로 지인들에게 일자리를 알선하거나 후원자들에게 혜택을 제공하는 것을 더욱 어렵게 만들었다. 따라서 공개 채용 제도를 도입하면 정부나 민간 기업에서 일자리라는 중요한 자원에 대한 재량권을 잃는 사람들이 강력하게 반발하는 것은 당연한 일이다.

미국의 우정장관은 오랫동안 정부에서 가장 권력이 있는 공직자 중 한 사람이었다. 오늘날 75만 명이 넘는 직원들을 고용하고 있는 우체국은 예나 지금이나 정부에서 규모가 가장 큰 고용주이다. 우체국 일자리를 일정한 대가를 받고 거래하던 시절에는 이 기관을 대표하는 사람이 엄청나게 많은 자원을 보유했고, 이 자리가 대단한 권력을 제공했다.

물리적 공간에 대한 통제권도 대단한 권력을 제공하는 또 다른 자원이다. 기업에서 시설관리부는 공식적인 조직도상에서는 권력이 없어 보이지만 때로는 막대한 건물 예산과 시설의 할당과 사용을 통제하기 때문에 대단한 영향력을 행사한다. 내가 아는 조직 중에 행정 업무의 많은 부분을 샌프란시스코 중심가에서 교외 지역으로 이전하여 비용을 절감하기로 한 곳이 있었다. 물론 이 조직은 기업의 상징이라 할 수 있는 본사는 샌프란시스코 중심가에 남겨두려 했다. 그러나 이전을 해야 하는 날이 다가왔을 때 본사 건물이 본사에 남기로 했던 부서들을 모두 수용할 수 없는 것으로 드러났다. 이렇듯 시설관리부는 어느 부서가 본사 건물에 남고, 어느 부서가 교외 지역의 임대 건물로 가게 될 것인가를 결정하는 데 중요한 역할을 하게 됐다.

1986년에 짐 라이트(Jim Wright)가 하원 의회 의장이 되면서 취한 조치들은 권력을 확립하기 위해 물리적 공간에 대한 통제권을 사용한 훌륭한 사례가 됐다.[11]

"라이트가 첫 번째로 취한 조치는 자신을 둘러싼 주변 환경에 대한 물리적 소유권을 확보하는 것이었다."[12]

하원 의장은 캐피틀 힐(Capitol Hill, 연방 의회 의사당이 있는 언덕 – 옮긴이)의

사무용 건물 5개 동과 함께 모든 방과 복도, 그 속에 있는 벽장에 대한 재량권을 갖고 의사당에서 하원이 사용하는 공간을 직간접적으로 통제했다.

물리적 공간에 대한 통제권은 의장의 권력에 대하여 단지 상징적인 것만이 아닌 그 이상의 것을 보여준다. 그것은 권력 그 자체다. 정보가 곧 권력이고, 하원 회의장에 가까울수록 정보의 흐름에 더 많은 영향을 미치기 때문이다. 지도부와 몇 안 되는 위원장, 그리고 힘 있는 위원회의 중진 의원들만이 의사당 내에서 하원 회의장과 가까운 곳을 차지할 수 있다. 하원 회의장은 의사당 2층에 자리 잡고 있는데, 이처럼 거대하고도 길이가 한 블록에 달하는 건물의 동쪽에 위치한 하원 공간에서 2층 사무실들은 오직 한 곳만을 제외하고는 모두 의장의 통제를 받는다.[13]

전임 하원 의장들은 이 모든 공간에 대하여 통제권을 행사하지 않았지만 라이트는 자신의 권력을 확대하기로 결심하고 통제권을 행사하기 시작했다. 그는 원내총무가 사용하던 공간을 접수하고는 "민주당 운영 및 정책 위원회 위원들로 400미터 정도 떨어진 사무실에 있으면서 자신에게 해결책을 제시해주던 사람들을 그곳에 입주시켰다."[14] 또한 라이트는 의사운영위원회 사무실을 접수하고는 자기 부하들이 하원 회의장에서 가장 가까운 공간을 차지하도록 했다. 라이트는 자신의 권력을 확립하기 위해 이런 식으로 물리적 공간이라는 자원을 사용한 것이다.

이 모든 것이(물리적 공간과 그 공간을 차지한 사람들) 라이트가 세력을 확장하는 데 힘이 됐고 정보와 운영, 판단과 첩보 활동, 눈과 귀의 전초기지가 됐다. 마치 라이트 통치의 중추신경과도 같았다.[15]

앨 스미스(Al Smith)가 뉴욕 주지사로 재임하던 시절에 모제스는 롱아일랜드 공원위원회 위원을 겸직하면서 공식적으로는 자신에게 관할권이 없는 자원을 관리했다. 예를 들어, 스미스가 그의 공원 프로젝트를 지원했기 때문에 그는 다른 기관의 직원들에 대해서도 통제권을 행사할 수 있었다. 그는 주의 공직자로서 주의 권력과 자원, 특히 법률 자원을 이용할 수 있었다. 그가 자신의 계획에 이의를 제기하는 사람들과의 법적 분쟁에서 승소할 수 있었던 이유는 자신이 아닌 주 정부가 소송비를 납부 했으므로 재판을 끝없이 지연시킬 수 있었기 때문이다.

반면, 법정에서 그와 다투던 사람들은 사적인 자원을 동원해야 했고 결국 싸움에 지쳐서 포기하고 말았다. 따라서 자원을 효과적으로 통제하는 것이 중요하고, 이러한 통제가 항상 자원에 대한 소유권 혹은 공식적인 책임과 완전하게 관련되는 것은 아니다. 게다가 권력을 가장 효과적으로 확립하고 행사하는 사람들은 자신의 목표를 성취하기 위해 노력하는 과정에서 어떤 자원을 통제하고 이러한 자원을 어떻게 활발하게 이용할 것인가를 정확히 안다.

권력은 다른 사람들이 우리에게 의존함으로써 부여된다. 그리고 이러한 의존 정도는 다른 사람들이 우리가 통제하는 자원을 얼마나 많이 필요로 하는가, 이러한 자원을 대체할 만한 것들이 얼마나 많이 있는가에 따라 달라진다.[16] 따라서 권력을 확립하기 위한 또 다른 전략은 우리가 통제하는 가치 있는 자원을 확보할 수 있는 대안이 없도록 하는 것이다.

예를 들어, 과거에는 많은 기업에서 정보처리부서가 연산과 정보 시스템에 대한 영향력 덕분에 막강한 권력을 가졌다. 메인프레임 컴퓨터(mainframe computer, 기억 용량이 크고 많은 입출력 장치를 신속하게 제어함으로써 다수의 사용자가 함께 쓸 수 있는 대형 컴퓨터 - 옮긴이)에 회계 프로그램과 데이터베이스가 설치되어 있고, 컴퓨터 작업이라는 자원에 대한 접근과 사용을 중앙에서 통제하던 시절에 특히 정보 처리와 데이터베이스 관리가 성공을 위해 중요하게 여겨지던 기업에서는 정보처리부서가 막강한 권력을 발휘했다.

그러나 PC와 네트워크 덕분에 컴퓨터 작업에 대한 권력이 분산되면서 중앙에서 힘을 발휘하던 정보처리부서의 권력이 약화됐다. 바로 이런 이유 때문에 중앙의 정보처리부서가 처음에는 PC의 도입을 환영하지 않았고, PC의 도입을 거부할 수 없게 되었을 때도 하드웨어와 소프트웨어 구매에 대한 통제권을 계속 유지하려 했던 것이다.

이와 비슷한 현상이 복사부서에서도 나타났다. 저렴한 가격대의 소형 복사기가 중앙의 복사부서가 갖고 있던 지위와 권력을 약화시킨 것이다. 우리는 컴퓨터 작업과 복사 작업이 예전보다 덜 중요하게 여겨진 것이 아니라 오히려 지금 이 시대의 기술 변화가 과거에 이러한 작업을 통제하던 중앙 부서에 의존하지 않고도 일을 할 수 있는 대안을 제공했다는 사실에 주목해야 한다.

자원은 어떻게 중요해지는가

앞서 우리는 권력을 획득하기 위해서는 자원 통제권을 획득하는 것뿐만 아니라 자신이 통제하는 자원을 더 중요하게 만들어야 한다는 사실을 알았다. 조직 내에서 자원의 중요성을 이해하기 위한 중요한 개념은 예산 편성의 정치학과 몰입의 사회심리학이다.

예를 들어, 이러한 개념은 어떻게 하면 적은 예산을 가지고 훨씬 더 많은 자원에 대한 실질적인 통제권을 창출하기 위해 (전략적으로) 사용할 수 있는가를 설명하는 데 도움이 된다.

예산은 점진적으로 증가한다. 올해의 예산을 가장 잘 예측하려면 작년 예산을 보면 된다. 이 같은 현상은 국가의 예산에서 대학의 예산에 이르기까지 여러 영역에서 관찰된다.[17]

사실 과거의 사례는 엄청난 힘을 갖기 때문에 조직의 측면에서 보면 상당히 이상한 상황에 빠져들기도 한다. 예를 들어, 대부분의 조직에서는 부서별로 임금 인상을 위한 예산이 할당되는데 이것은 대체로 부서별 현재의 임금 기준에 대한 일정 비율로 할당된다. 부서의 여러 직원들에게는 이러한 예산의 제약 하에서 임금 인상분이 할당된다.

그런데 만약 조직이 임금 인상을 위한 할당된 예산으로는 특정 부서에서 뛰어난 실적을 보인 직원들 모두에게 충분한 보상을 해줄 수 없다면 어떻게 될까? 많은 경우에 임금 인상분에 대한 제약은 구속력이 있다. 그러나 당신이 외부에서 누군가를 영입할 때는 특히 그 사람이 이전 직장에서 받던 임금과 비교하여 경쟁력 있는 조건을 제시할 수 있는 재량권이 주어진다. 부서의 예산 총액에 제약이 있을 수도 있지만 이것은 흔한 경우가 아니며, 대체로 구속력이 덜하다. 따라서 부서 직원들에게 임금을 인상해주더라도 일정 수준 이상의 임금을 지급하지 못하는 부서가 외부 인력에게는 훨씬 더 높은 임금을 지급할 수 있다. 왜냐하면 그들에게는 시장 시세에 맞게 경쟁력 있는 임금 수준을 제시해야 하기 때문이다.

한편으로는 이런 상황이 구성원들의 기대와는 다르게 조직이 그들을 계속 붙잡아두기보다는 외부 인력을 유치하는 데 관심이 더 많은 것처럼 보이게 한다. 이것은 어느 정도 사실일 것이다. 또한 예산이 점진적으로 증가하는 듯 보이고, 어쨌든 10퍼센트의 임금 상승분이 결정되더라도 외부에서 새로운 사람을 영입하기 위해 같은 돈을 지출하는 것보다 더 안 좋게 여겨지는 것도 사실이다. 과거의 사례가 갖는 힘 때문에 무엇이(일시적인 상여금, 일회적인 할당 등과는 대조적인 것) 기준 예산(budget base)에 포함되어 있고, 포함되어 있지 않는가에 대하여 논의하는 것이 상당히 중요해졌다. 그리고 복리 이자가 갖는 힘이 커지면서 기준 예산을 일관성 있게 증가시키는 것도 중요해졌다.

여기서 중요한 사실은 조직 내 각 부서가 현재의 기준을 용인할 수 있는 최저 수준으로 생각한다는 것이다. 카너먼(Kahneman)과 트버스키(Tversky)는 위험과 의사결정에 관한 연구에서 현재 기준의 감소는 손실로 여겨지고, 증가는 이익으로 여겨진다는 사실을 밝혀냈다.[18] 그들의 연구는 특정한 양의 손실은 같은 양의 이익과 비교하여 두 배 더 고통스럽게 느껴진다는 사실 또한 말해주었다. 이익과 손실은 비대칭적으로 여겨진다. 따라서 자원을 재할당하는 데 상당한 어려움이 따른다. 현재의 자원을 가진 사람에게서 그것을 빼앗아야 하기 때문이다. 그러므로 새로운 활동을 위해 점진적으로 증가하는 자원을 제공하기 위한 유일한 방법은 새로운 자원을 모든 사람이 지금까지 기대하던 수준 이상으로 시스템에 투입하는 것이다. 다시 말하자면, 덜어내는 것보다는 보태는 것이 훨씬 더 쉽다. 그리고 이 방법은 임금, 직원 충원, 예산에 대해서도 마찬가지로 적용된다.

이러한 관찰은 어떠한 조직에서든 가장 소중한 자원은 지금까지 거론되지 않았던, 조직의 현재 문제들을 해결하기 위해 사용할 수 있는 점진적으로 증가하는 자원이라는 것을 의미한다. 이러한 문제들은 재할당을 둘러싼 분쟁 때문에 현재의 자원을 사용하자는 말을 하기 어려운 것들이다.

나는 대학에서의 권력을 연구하면서 특히 주립대학교에서 정부 보조금이 학과의 권력을 가장 잘 보여주는 지표라는 것을 여러 차례에 걸쳐서 확인했다.[19] 이러한 사실은 주정부 교부금이나 등록금 수입에 비하여 정부 보조금과 연구 과제 수입이 전체 예산에서 차지하는 비중이 적은 대학교에서도 마찬가지로 나타났다. 정부 보조금과 연구 과제 수입이 중요한 이유는 여기에 간접비가 포함되어 있기 때문이다. 간접비는 대학의 중앙 행정부서가 연구를 총괄하는 연구 책임자에게 연구비를 전해주기 전에 일정 부분을 떼어가는 일종의 '세금'과도 같은 것이다. 물론 중앙 행정부서는 이러한 간접비를 재량에 따라 사용할 수 있다. 간접비는 다른 부서로 재배분될 수 있고, 따라서 조직의 여유 자금을 위한 중요한 원천이 된다.

마찬가지 이유로, 대학은 특정 용도에만 사용할 수 있는 기금보다는 임의로 사용할 수 있는 기부금에 더 가치를 둔다. 기부금은 이를 관리하는 사람들의 재량에 따라 새로운 사업에 쓰일 수 있다. 대부분의 대학에서는 외부 기관 혹은 대학 내의 특정 학과보다는 중앙 행정부서가 이러한 재량권을 갖는 것을 선호한다. 재량권이 주어지는 기금의 가장 좋은 원천은 유언이나 신탁에 의해 제공되는 기부금이다. 기부금은 자본금으로 계상되는데 이것은 더 이상 기부자의 관리 하에 있지 않다. 또한 기부금이 세상을 떠난 사람에게서 나온 것이라면 감시를 받지 않기 때문에 훨씬 더 낫다.

따라서 점진적으로 증가하는 자원의 원천에 대한 재량권을 가지면 훨씬 더 많은 조직의 운영을 관리하거나 여기에 상당한 영향을 미치는 것이 가능해진다. 이러한 사례를 살펴보기 전에 우선 자원 지출의 또 다른 특성, 즉 몰입을 낳는 특성을 이해할 필요가 있다. 우리가 경험을 통해 오래 전부터 알고 있듯이 과거에 사치재였던 것이 오늘날에는 필수재가 될 수 있다.

조직에도 같은 원리가 적용된다. 점진적으로 증가하는 자금의 원천이 처음에는 지금껏 희미하게 생각만 하고 있던 추가 장비의 구매, 직원 충원, 새로운 사업의 착수, 기회의 확대를 가능하게 해주는 훌륭한 보너스로 인식될 것이다. 그러나 얼마 지나지 않아 이러한 자금과 새로운 장비, 직원, 활동, 사업은 필수재처럼 여겨진다. 이러한 것들이 없으면 조직이 생존할 수 없을 것처럼 생각되어지기 때문이다. 당신이 그렇게 생각한다면 조직은 이러한 것들에 중독된다. 따라서 점진적으로 증가하는 자원을 제공하는 개인 혹은 조직은 이러한 자원을 할당받은 조직을 상대로 엄청난 권력을 행사할 수 있다. 이러한 권력은 자원이 다른 조직을 상대로 재량권을 행사할 수 있는 개인 혹은 조직의 손에 계속 남아 있는 한 유지된다.

대학과 기업에서 관찰된 두 개의 사례들이 이러한 사실을 설득력 있게 뒷받침한다. 대학의 사례에서는 연방 정부가 다양한 학과들의 규모와 발전에 영향력을 행사했음을 보여준다. 스탠퍼드대학교처럼 연구 중심 대학의 경우에는 연간 운영 예산에서 등록금이 약 50퍼센트를 차지하고, 기부금과 연간 지원금이 각각 20~30퍼센트 정도를 차지한다. 따라서 예산의 약 4분의 1만이 간접비가 발생하는 연방 정부 보조금과 연구 과제 수입에서 나온다. 이러한 간접비는 분명 전체 예산에서 훨씬 더 작은 부분을 차지한다. 다른 대부분의 대학에서는 연간 운영 예산에서 연방 정부가 지원하는 연구비가 훨씬 더 적은 비중을 차지한다. 그리고 많은 대학의 경우 연간 운영 예산에서 연구비라고 내세울 만한 것이 거의 없다.

그러나 얼마 전 여러 연구자들이 지적했듯이 대학이 재량권을 가지고 자원을 내부적으로 할당한 것이 정부가 사회과학이나 다른 자연과학보다 (특히 방위 산업과 관련이 있는) 특정 자연과학 분야에 상대적으로 더 많이 지원하여 발생한 자금 지원의 불평등을 줄이기는커녕 훨씬 더 키우고 말았다는 증거가 있다.[20] 게다가 이러한 효과는 연방 정부 보조금을 거의 받지 못하는 대학에서도 나타났다.

디마지오(DiMaggio)와 파웰(Powell)은 때로는 객관적 기준이 없는 제도화된 환경 속에서 조직들이 서로를 모방하면서 무엇을 할 것인가를 결정하는 방식을 설명하기 위해 (모방 혹은 베끼기를 고급스럽게 표현하여) 모방적 동형화(mimetic isomorphism)라는 표현을 사용했다.[21] 규모가 큰 연구 중심의 명문 대학들은 다른 대학들에 따라야 할 가시적인 모델을 제시한다. 그 결과, 대학 교육 총예산에서 작은 부분을 차지하는 연방 정부 보조금이 대학 내 자금 지원의 우선순위와 다양한 전공 분야에서 선택된 연구개발 주제에도 지나칠 정도로 큰 영향을 미쳤다.

이러한 영향은 여기서 그치지 않는다. 처음에는 연방 정부가 학술 연구 지원을 대학의 연구 역량을 강화하여 사회의 기술 기반을 구축하기 위한 수단으로 생각했다. 시간이 지나면서 연구에 대한 구매가 외부에서 물품을 구매하는 것과 동일한 방식으로 인식됐다. 이것이 최소한의 비용으로 정해진 양과 질을 갖춘 과학 연구를 구매하는 것을 목표로 하는 조달 문제로 인식됐다. 결과적으로, 미국국립과학재단(National Science Foundation)은 연구 지원금에서 지급하는 임금의 상한을 연간 7만 5000달러로 정하기 시작했고, 연방 기관들도 정부 보조금과 연구 과제 지원금에 적용되는 간접비 회수율(Indirect Cost Recovery Rate) 혹은 간접비 배부율(Overhead Rate)에 대해 치열하게 협상하기 시작했다. 미국국립과학재단이 정해놓은 제한은 대학이 교수 임금을 제한하는 부수적인 동기를 제공했다.

또한 연방 기관들의 개입도 대학이 간접 관리 비용을 급격하게 삭감하는 강력한 유인책으로 작용했다. 따라서 스탠퍼드대학교는 1990년 봄에 대학 측이 간접비 회수율을 인상할 것이라는 우려를 잠재우기 위해 1억 7500만 달러에 달하는 기준 예산에서 2200만 달러에 달하는 예산을 감축할 계획이라고 발표했다. 교수들은 대학 측이 제출하는 모든 연구 과제 지원금과 정부 보조금 신청서에 대학 측이 정해놓고 자동적으로 더해지는 간접비의 상승이 연구비를 얻기 위한 경쟁을 서해한다면서 불만을 표시해왔다.

나는 행정상의 간접비를 좋아하지 않는다. 그리고 등록 학생 수가 일정하고 교수진 규모가 조금씩 증가하는 동안 행정부서의 규모가 급격하게 확대되어왔다는 점을 자주 지적했다. 그러나 이러한 변화에서 나타난 가장 흥미로운 점은 마침내 대학 행정부서의 규모를 우려하는 사람이 등장했다는 것이 아니라, 오히려 연방 정부가 간접비 회수율 협상을 통해 압력을 가한 것이 결국에는 스탠퍼드대학교(그리고 그 밖의 많은 대학교)가 이에 대응하여 학내의 행정 업무를 구조조정하고, 어느 시점에 가서는 학생들을 위한 서비스 활동을 중단하게 만들었다는 것이다. 결과적으로, 전체 예산에서 얼마 되지 않는 부분에 대한 재량권을 가진 쪽에서 주요 기관들의 운영과 예산에 때로는 간접적이기는 하지만 엄청난 영향력을 행사할 수 있었던 것이다.

기업의 경우에는 OPM 리싱 서비스(OPM Leasing Services)가 좋은 사례가 된다. 로버스 갠도시(Robert Gandossy)는 자신의 저서에서 OPM의 마이런 굿맨(Myron Goodman)과 모데케이 와이즈먼(Mordecai Weissman)이 벌인 엄청난 사기 행각을 자세히 기록했다.[22]

OPM(Other People's Money로 다른 사람의 돈을 의미한다)은 컴퓨터 임대 회사로 여러 기록에 따르면 애초에 수익성이 거의 없었다. 동일한 임대차 계약을 담보로 하여 동일한 컴퓨터를 구매한 것을 가지고 그 자금을 조달한다는 명목으로 여러 은행들로부터 돈을 빌렸고, OPM이 작성한 임대차 계약서를 컴퓨터 장비의 실제 임대인이 작성한 것으로 조작하는 등 다양한 사기 행각들이 발각됐다. 이로 인해 "OPM은 19개 금융 기관과 여러 고객으로부터 2억 달러가 넘는 피해를 입힌 혐의로 고소를 당했고, 파산으로 1억 달러에 달하는 빚을 떠안게 됐다."[23]

당연히 사람들은 어떻게 하여 이처럼 문제가 많은 기관이 회계법인, (리먼 브라더스와 골드만 삭스를 포함한) 투자은행 그리고 심지어는 록웰 인터 내셔널(Rockwell International)과 같은 고객에게 막대한 영향력을 행사할 수 있었는지 궁금하게 여겼다. 이들과의 관계는 OPM의 적법성을 보여주는 데 있어서 절대적으로 중요하게 작용했고, 결과적으로 OPM이 영업을 계속하면서 사기 행각을 이어갈 수 있었다.

이 모든 경우 패턴은 동일했다. 의존성이 점진적으로 형성되고 이 것이 다른 기관의 취약성을 이용했다. 예를 들어, 1975년에 OPM이 컴퓨터 임대 사업을 위한 채권 발행 업무를 처리하기 위해 골드만 삭스에 접근했을 때 골드만 삭스를 포함한 투자은행 업계 전체가 엄청 난 변화의 과정에 있었다.[24] 1973년에 투자은행 업계는 5000만 달러 의 손실을 기록했고, 이전에는 증권 판매와 거래에만 치중하던 투자 은행들이 인수 합병, 부동산 거래, 사모발행(Private Placement, 주식이나 사 채 따위를 새로 발행할 때 널리 일반으로부터 모집하지 않고 발행 회사와 특정한 관계가 있 는 기관 투자가나 특정 개인을 상대로 모집하는 일 - 옮긴이)으로 그 중심을 신속하 게 옮겨가고 있었다.

1975년 10월부터 1978년 3월 사이에 "골드만 삭스는 OPM으로부 터 거의 240만 달러에 달하는 수수료를 받았다. 그리고 OPM은 이 투 자은행의 가장 큰 사모발행 고객이 됐다."[25] 단 한 번의 거래로 시작된 관계가 OPM이 골드만 삭스가 새롭게 진출하려는 중요한 영역에서 엄 청난 수익을 제공하는 관계로 발전했던 것이다.

OPM과 회계법인과의 관계에서도 비슷한 양상이 전개됐다. OPM 의 초창기인 1974년에 회계법인 라시바 앤 포카트(Rashba & Pokart)는 사기성 임대를 발견하고 공인 재무보고서의 발행을 거부했다. 그러자 OPM은 미국에서 열한 번째로 규모가 큰 회계법인인 폭스 앤 컴퍼니 (Fox & Company)를 찾아갔다.

"당시 마이런은 용꼬리보다 뱀대가리가 되길 원했다. 그래서 8대 회계법인보다는 조금 작은 규모의 회계법인을 선택한 것이다."[26]

다시 말하자면, OPM은 존중받을 만큼 규모가 크지만 회계감사 수수료가 사업에서 많은 부분을 차지할 만큼 규모가 작은 회계법인을 찾았다. 시간이 지나면서 이 회계법인은 OPM에 의존하게 되었고, 거래 내역을 지나칠 정도로 자세히 살펴보는 일은 하지 않았다. 1976년부터 1981년까지 폭스 앤 컴퍼니가 OPM으로부터 100만 달러가 넘는 수수료를 챙겼고 "OPM은 뉴욕에서 가장 큰 고객 중 하나가 됐다."[27]

의존성의 형성을 보여주는 가장 두드러진 사례는 OPM의 대형 고객 중 하나인 록웰 인터내셔널에서 찾아볼 수 있다. 이 회사는 1970년대 초반에 록웰 매뉴팩처링(Rockwell Manufacturing)과 노스 아메리칸 항공(North American Aviation)의 합병으로 탄생했다. 합병 이후로 늘 있기 마련인 비용 감축을 위한 합병 후 프로그램을 추진했는데, B1폭격기와 같은 것을 생산하는 이 회사의 항공우주 사업은 빈번한 컴퓨터의 사용을 요구하기 때문에 컴퓨터에 소요되는 비용이 예산에서 많은 비중을 차지했다.

록웰은 시드니 하신(Sydney Hasin)에게 컴퓨터 조달 업무를 맡겼다. 마침 정보 시스템을 구축하는 자회사에서 실적이 안 좋아 직급이 강등되고 임금까지 삭감된 처지에 놓여 있던 그는 사내에서 자신의 입지를 회복할 기회를 노리고 있었다. 그는 비용 절감을 위해 컴퓨터를 구매하기보다는 임차할 것을 건의했다. 그리고 OPM이 그에게 믿기 힘들 정도로 좋은 조건을 제시했다. OPM은 30일 이내에 해약 통지가 가능한 임대차 계약을 제시했는데, 이것은 IBM이 신제품 컴퓨터를 출시할 경우 1년 이내에 구식이 되어버리는 장비에 대하여 낮은 납입 금액을 명기한 7~8년짜리 표준 계약이었다.

"하신은 OPM과의 계약으로 프로젝트 기간에 록웰이 다른 회사와 계약할 때보다 76만 달러를 절감할 수 있고, IBM 임대 서비스와 비교하여 거의 250만 달러를 절감할 수 있다고 보고했다."[28]

하신은 이번 일을 훌륭하게 처리하여 보상을 두둑하게 받았고, 록웰의 컴퓨터 운용에서 점점 더 많은 역할을 하게 됐다. 그런데 이 임대차 계약에서의 문제는 임대인이 최종적인 담보물을 규정한다는 것이었다.

> 임대차 계약에서 은행에 지급 보증을 약속한 쪽은 OPM이 아니라 록웰이었다. 은행은 그저 문서에 명기된 바에 따라 록웰이 지급하기로 되어 있는 한 OPM과 록웰 중 어느 쪽이 지급 보증을 할 것인가에 대해서는 관심이 없었다. 록웰은 OPM의 지급 능력에 대하여 좀 더 신중했어야 했다.[29]

갠도시는 OPM이 오랫동안 이처럼 대규모의 사기 행각을 벌이는 데 성공한 이유 중 하나로 1970년대는 사업하기에 어려운 환경이었다는 점을 지적했다.

"OPM의 활동 범위에 있는 기업들은 경제 침체로 크게 영향을 받았고, 이 임대 회사에 대한 의존성이 커지면서 이런 사건을 좋게 혹은 중립적으로 해석하거나 심지어는 보고도 못 본 척하기까지 했다."[30]

각각의 경우에서 의존성은 점점 더 커지게 되었고, 일단 의존 관계가 형성되면 극복하기가 거의 불가능한 중독과도 같았다.

우리가 살펴본 두 가지 사례들이 조직의 경계를 뛰어넘어 형성된 의존성에 주목하지만 이와 같은 원리가 조직 내에서 자원 의존성이 형성되는 데도 적용된다. 기획, 사내 컨설팅, 회계 정보 시스템 운영을 맡은 사업 지원 부서들은 쉬지 않고 서비스를 제공하고, 다양한 유형의 프로젝트에 도움을 준다. 시간이 지나면서 이러한 내부 자원에 대한 의존성이 커지게 되고, 이에 따라 사업 지원 부서가 다른 부서를 상대로 권력을 행사한다. 바로 OPM이 자신에게 의존하는 기업을 상대로 권력을 행사했듯이 말이다.

다음으로 제록스와 같은 기업에서 연구부서가 어떻게 하여 신제품 개발에 권력을 행사하게 되었는지 살펴보자.

연구부서는 계속 진행 중인 프로젝트에 의해 제약을 받는 마케팅부서 혹은 신제품 개발부서에 비해 재량권을 발휘할 수 있는 자원 혹은 여유 자원이 더 많은 편이다. 제록스에서 어떤 개발부서는 2년 전에 미리 계획을 잡아놓은 특정 프로젝트에 매달려 있었다. 이러한 상황에서 이 개발부서는 추가적인 자원을 지원받지 않고서는 갑자기 새로운 프로젝트에 착수하기 어려웠다. 따라서 이 개발부서가 연구부서에서 재량권을 가진 자금을 공동 개발 프로젝트에 투자하도록 설득하기 위한 노력은 공동 연구를 위한 시도라기보다는 다른 방법으로는 착수할 수 없는 과제를 위해 자금을 확보하려는 시도라고 할 수 있다.

기업은 연구부서에 재량권을 가진 자금을 제공함으로써 다른 부서들로 하여금 신제품 개발과 마케팅 활동에 있어서 연구부서와 더욱 밀접한 관계를 맺도록 한다.

권력 획득을 위한 시사점

지금까지 살펴본 아이디어와 사례들은 조직 내에서 권력과 영향력을 획득하는 데 있어서 분명한 시사점을 상당 부분 제공한다. 우선 자원 통제권은 매우 중요하다. 그리고 새로운 황금률은 예산과 그 밖의 중요한 자원을 통제하는 부서와 개인에게 엄청난 권력을 제공한다. 교수 연봉에 대한 연구에서는 정부 보조금과 연구 과제를 유치한 교수가 외부 자금을 유치하지 못한 교수보다 연봉을 더 많이 받고, 자신의 연구 생산성에 대한 경제적 보상도 더 많이 받는다는 사실을 보여주었다.[31] 이러한 결과는 연봉을 결정하는 다른 수많은 요인을 통제했을 때도 마찬가지로 나타난다. 이것은 자원을 유치하는 능력이 권력의 중요하고도 독립적인 원천을 제공한다는 사실을 보여준다.

그러나 미개발 상태의 자원 영역을 발견함으로써 권력을 확립하고 행사하는 것도 가능하다. 예산부서를 상대로 다투는 것보다 시설, 장비, 시간, 일정 혹은 그 밖의 훨씬 덜 가시적인 잠재적 자원에 대한 통제권을 확보하는 방식으로도 권력을 얻을 수 있다. 다시 말하자면, 때로는 권력이 미개발 상태의 자원을 발견하고 이것을 개발함으로써 증대될 수 있다.

자원은 우리가 영향력을 확립하고 행사하는 데 유용하지만 그 정도는 우리가 이에 대한 재량권을 얼마만큼 갖는가, 이에 대한 다른 사람들의 의존성이 얼마만큼 확대되는가에 따라 달라진다. 후자의 단계에서는 때로 자신이 영향을 미치고자 하는 주요 행위자들에게 반드시 필요한 자원을 제공할 기회를 만드는 방법을 찾아 이러한 기회에서부터 출발하여 그들이 점진적으로 몰입하게 만들 것을 요구한다. 이러한 노력에서 필요한 것은 다양한 구성원들에게 중요한 것은 무엇인지, 현재 미개발된 자원 중에서 개발하여 이용 가능한 것은 무엇인지, 의존성을 형성하기 위한 방법은 무엇인지 알아내는 능력이다.

다른 한편으로는 신뢰하기 힘든 사람이 통제하는 자원에 의존하지 않기 위해, 그리고 다른 사람들이 형성하고 있는 영향력을 경계하기 위해 이러한 아이디어를 활용할 수 있다. 사회 활동에서, 특히 조직 생활에서 누군가에게 의존하는 것은 불가피한 일이다. 사회적 상호작용은 항상 조언과 정보, 그 밖의 자원을 얻기 위해 다른 사람에게 의존할 것을 요구한다. 그러나 의존성의 패턴과 권력을 가진 사람이 품고 있는 생각에 주의를 기울여야만 적어도 권력 게임에서 허를 찔리는 상황을 피할 수 있을 것이다.

동맹자, 가장 중요한 자원

조직 구성원들이 가질 수 있는 가장 중요한 자원 중 하나는 바로 동맹자 혹은 지지자이다. 조직은 규모가 상당히 크고, 상호의존적이며, 복잡한 시스템이다. 그 속에서 혼자의 힘으로 일을 성취하기는 상당히 어렵다. 목표를 성취하는 데 도움이 되는 충성스럽고 믿음직한 지지자가 곁에 있다는 것은 상당히 중요하다. 이것은 당연해 보이지만 나는 모든 단계의 관리자들에게서 지지자들과의 연대가 갖는 중요성을 간과하여 동맹자를 육성하는 데 실패하는 모습을 자주 본다.

이번 주제를 생각하며 우리는 협력해야 할 파트너를 어떻게 알아보는가, 승진과 고용 결정을 통해 동맹을 어떻게 결성하는가, 다른 사람에게 자원을 제공하고 호의를 베풂으로써 동맹을 어떻게 결성하는가, 동맹자가 어떠한 방식으로 그리고 왜 자기 곁을 떠나는가, 동맹자를 자기가 원하는 만큼 충분히 확보하지 못한 관리자의 마지막 모습은 어떠한가를 검토해봐야 한다.

● 닛산의 승계 과정: 가와마타의 등장

1940년대 말과 1950년대 초 일본 산업계는 여전히 전쟁의 여파로 휘청거리고 있었다. 산업계 리더들은 동맹자라고 생각했던 사람에게 자리를 빼앗겼고, 공장은 폐허가 되었으며, 산업계 전체가 침체되어 있었다. 게다가 동맹자들은 미국 모델에 근거한 노사관계를 도입했고, 이에 힘을 얻은 노동계급은 취약한 산업 구조에 맞서 강력한 노동조합을 결성하고 있었다.[32]

닛산도 바로 이러한 상황이었다. 창업자 아유카와 요시스케는 만주국에서의 전력 때문에 쫓겨났고, 그 밖의 다른 간부들도 그와 함께 쫓겨났다. 마쓰다 테스오가 이끄는 좌경화된 강력한 닛산 노동조합이 공장을 실질적으로 경영했다.

1947년 당시 닛산 회장이던 미노우라 타이치는 자신이 해결하기 힘든 심각한 문제에 직면하여 일본산업은행에 금융 전문가를 보내줄 것을 요청했다. 이 은행에서 보낸 사람이 바로 당시 42세의 가와마타 가쓰지였는데 그는 거대 제조업 공장의 운영에 대해서는 두말할 것도 없고, 자동차도 운전할 줄 모르는 사람이었다.[33] 그러나 돈에 대해서만큼은 잘 알았고, 이후에 드러난 대로 동맹을 통해 권력을 확립하는 방법을 잘 알고 있었다.

그는 일본산업은행과의 관계 덕분에 일정 정도의 영향력을 행사할 수 있었다. 이 은행이 산업 부흥기의 일본에서 통산성(通産省)과 함께 강력한 힘을 가지고 있었기 때문이다. 그는 이 은행의 지원에 힘입어 노동조합을 와해시킬 수 있었다. 그 과정에서 길고도 격렬한 파업을 겪기는 했지만 말이다. 일본산업은행과 통산성은 가와마타가 노동조합에 맞서고 있을 때 다른 제조업자들과 자동차 회사들이 동맹을 결성하여 기꺼이 그의 편에 서서 지원하도록 했다. 그들의 지원은 닛산이 노사분규를 겪는 동안 매출을 늘려 이익을 챙기지 않겠다는 것을 의미했기 때문에 매우 소중한 것이었다.

1949년 가와마타는 2000명에 달하는 종업원들을 해고할 것이라고 발표할 경우 틀림없이 발생할 파업을 견뎌내기 위해 일본산업은행으로부터 지원을 얻어내는 방식으로 자신의 권력을 키우기 시작했다.[34] 사측은 40일 간에 걸친 파업에 대처하여 새롭고도 더욱 강경한 노선을 취했고, 일본산업은행과 두 개의 지역 은행들이 총 22만 달러에 달하는 자금을 지원하면서 가와마타와 닛산에 대한 그들의 몰입을 더욱 공고히 했다. 이 은행들은 가와마타를 지원하여 자금을 빌려주었고, 그러한 상황에서 그의 편에 서지 않을 수 없었다.

1951년이 되어 새로운 회장을 선임해야 할 때가 되자 가와마타는 자신의 뜻을 거스를 만한 힘이 없는 사람인 아사하라의 편을 들었다. 또한 그는 자신의 권력 기반을 더욱 다지면서 대외적으로나 대내적으로 동맹자들을 광범위하게 규합하여 그들에게 의지했다.

가와마타는 모든 사람에게 자신이 바로 일본산업은행이고 일본산업은행이 회사에 대한 권력을 장악하고 있다는 것을 각인시켰다. 그는 곧 자기 사람을 채용하기에 이르렀다. 젊은 관리자들은 가와마타 사단이 아주 조용하게 결성되고 있다는 인상을 분명히 받았다. 가와마타는 공장을 순시하면서 늦게까지 일하는 근로자들에게 약간의 격려금을 주기 시작했다. 그는 근로자들에게 바로 자신이 이 공장의 실세라는 사실을 알릴 줄 아는 경영자였다.[35]

가와마타는 노동조합의 힘을 빼고 자신의 권력을 더욱 공고히 하기 위해 뛰어난 전략을 수립하기 시작했다. 그는 기존 노동조합을 상대로 단순히 공격만 하지 않고 자신이 지원하는, 즉 자신의 동맹자가 되어 기존 노동조합에 맞서는 또 하나의 새로운 노동조합을 결성하려 했다.

가와마타가 새로운 노동조합의 결성을 시도할 때 닛산에서는 미야케 마사루라는 사람이 또 다른 노동조합을 결성하고 있있다. 가외

마타는 미야케를 원하고 있었고, 미야케도 가와마타를 원하고 있었다. 그들이 서로 만난 것은 1953년 봄이었다.[36]

미야케와 그의 동지 시오지 이치로는 가와마타에게 비밀리에 지원을 받아 강력한 노동조합을 결성하고, 마쓰다가 결성한 기존 노동조합을 파괴하기 시작했다. 가와마타는 이러한 전략으로 성공을 거두고 닛산을 지배하는 자리에 올랐다.

파업이 시작될 때만 하더라도 가와마타는 닛산에서 다소 외로운 인물로서 일본산업은행이 보낸 외부인에 불과했다. 그러나 그는 알려진 대로 노동조합을 파괴하고, 이와 동시에 회사 전체를 자기 것으로 만들었다. 그의 권력 기반은 미야케가 이끄는 노동조합이었다. 그들은 노동조합의 지도자인 동시에 화이트칼라 중간 관리자였고 경영자가 되려는 야심을 갖고 있었다. 그들은 매우 충성스러운 가와마타의 사람들이었다. 가와마타는 그들 중 일부를 노동조합으로 보내고, 또 다른 일부를 자기 곁으로 데려왔다. 가와마타는 그들을 사내에서 중요한 자리에 배치하기 시작했다. 그들은 가와마타에게 가장 충성스러운 핵심 간부가 됐다.[37]

가와마타는 여러 해에 걸쳐서 시오지와 동맹 관계를 유지하면서 자신의 권좌를 유지했고, 시오지도 닛산 경영진과의 동맹 관계를 통해 노동조합과 사내에서의 권력을 유지했다. 양쪽 모두 때로는 비밀리에 서로 협력하면서 그 대가로 권력을 유지하고 이에 따른 특권을 누렸다.

닛산에서 가와마타가 권좌에 오른 이야기를 통해 동맹자를 확보하는 것이 주는 교훈은 분명하다. 가장 중요한 것은 공동의 이해관계를 가진 사람을 찾아서 그들과 장기적인 관계를 형성하는 것이다.

"동맹 관계는 이것을 형성하는 사람들이 이해관계를 공유하고 있다는 사실을 인식하기 때문에 오랜 시간이 지나서도 유지된다. 반면, 거래는 일회성의 일이다. 어느 쪽에서도 미래를 위해 몰입하지 않는다."[38]

가와마타는 이러한 차이를 이해하고 동맹 관계를 능숙하게 활용하여 이것이 닛산에서 자신이 성공하기 위한 열쇠가 되도록 했다.

● 임용과 승진을 통해 동맹자 확보하기

동맹 관계와 연대를 형성하는 방법 중 하나는 자신과 연줄이 있는 사람이 권력이 있는 자리에 앉도록 지원하는 것이다. 이러한 연줄은 예전에 함께 일하던 관계에서 나올 수도 있고, 자신을 고용하거나 승진시켜준 사람에게 은혜를 입었다는 사실에서도 나올 수도 있다. 우리는 고용이나 승진 절차가 주로 실적에 기반을 둔다고 생각하지만 야심이 있는 관리자라면 조직 내부에 자신에게 복종하는 사람들을 심어둘 필요가 있다는 사실을 아주 잘 안다.

내비스코(Nabisco)가 로스 존슨(Ross Johnson)이 이끄는 스탠더드 브랜즈(Standard Brands)를 합병했을 때 존슨은 새로운 조직에서 자신의 권력을 강화하려 했다. 그는 아직 공식적으로 최고경영자는 아니었지만 자기 사람들을 영향력 있는 자리에 배치할 계획이었다.

> 존슨은 스탠더드 브랜즈의 딘 포스바(Dean Posvar)를 기획이사에 임
> 명했다. 포스바가 (따라서 존슨이) 이 자리를 맡으면서 이사회 발표를
> 책임졌고, 결과적으로 존슨 사단이 이사회 안건과 논의의 방향을 정
> 할 수 있었다. 존슨의 측근인 마이크 마스터풀(Mike Masterpool)이 홍
> 보 업무를 맡으면서 정보를 외부로 유포하는 일을 책임졌다. 포스바
> 가 담당하는 기획부서, 재무부서는 정보의 내부 흐름을 관리했다.
> 3년이 지나 회사의 고위 관리자 24명 중 21명이 스탠더드 브랜즈 출
> 신으로 채워졌다.[39]

짐 라이트는 하원 의장으로 재직하면서 자신의 권력을 확립하고 강
화하기 위해 임용과 충원 절차를 자신에게 유리하게 활용했다. 그는
학력이나 그 밖의 능력보다는 우선 자신에게 얼마나 충성하고 있는가
를 기준으로 보좌진을 구성했다.

> 라이트는 보좌진을 조언자가 아닌 자신의 외연을 확장하기 위한 수
> 단, 자신의 의지에 대한 집행자로 생각했다. 충성은 보좌관 채용에
> 서 가장 중요한 요건이었다. 실제로 그가 데리고 있던 선임 보좌관
> 중 4년제 대학 출신은 단 한 사람뿐이었다.[40]

또한 그는 자신이 임명한 위원회 위원들에게 자신을 그 자리에 앉
힌 사람이 누구인지를 똑똑히 알게끔 했다. 예를 들어, 그는 강력한 권

한을 가진 의사운영위원회에 대한 임명권을 자신의 것으로 만들었다.

의사운영위원회는 가장 '배타적인' 위원회 세 곳 중 하나였다. 이것은 위원들이 오직 이 위원회에서만 근무한다는 것을 의미했다. 다른 위원회로 옮겨간 위원들은 연공서열상 맨 밑바닥에서부터 시작해야 했다. 라이트가 공식적으로 의사운영위원회 위원들을 임명하게 될 정당 간부회의가 열리기 며칠 전, 그는 이 위원회의 민주당 출신 위원들을 모아놓고 오찬 모임을 가졌다. 그는 이 위원회를 일종의 도구로 사용할 생각이며 때로는 위원들이 자신의 리더십을 따라야 할 것이라고 말했다. 그러고는 이렇게 덧붙였다.

"나는 여러분 모두가 다시 임명되길 바란다고 생각합니다."

잠시 정적이 감돌았다. 그들은 자신을 임명한 사람이 누구인지 다시는 잊어버리지 않을 것이었다.[41]

라이트는 다른 위원회에서도 임명권을 행사하며 힘 있는 자리에 자기 사람들을 배치했다.

"100개가 넘는 위원회에서 위원을 임명했다. 각각의 임명에는 나름의 목적이 있었고, 이는 곧 자신의 생각을 밀어붙이는 도구가 됐다. 이것은 마치 권력의 특징점과도 같았다."[42]

1950년대 후반 GM의 재무부서도 아주 똑같은 방식으로 존 드로리언이 '예상 밖의 선택에 따른 승진'이라고 일컬었던 시스템을 통해 자신의 권력을 확립하고 유지했다.

파워

이것은 아직 그 자리를 놓고 경쟁자의 반열에 오르지 않는 사람을 승진시키는 것을 의미한다. 이렇게 함으로써 당신은 '자기 사람'을 그 자리에 배치할 뿐만 아니라 당신을 위해 영원히 충성하게 될 사람을 얻는다. 그 사람이 조직 생활에서 당신에게 은혜를 입었기 때문이다. '예상 밖의 선택'은 간부로 승진할 만한 뚜렷한 배경을 갖추지 못한 사람을 이러한 시스템에 대한 헌신적인 추종자로 만드는 방식이다. 이러한 시스템에 따라 승진한 관리자는 권력을 가진 자리에 오르면서 불안해진다. 그 이유는 자신이 의식하든 그렇지 않든 그 자리에 오르게 된 것이 자신의 경영 능력이나 사업에 대한 지식이 아닌 다른 무엇인가가 작용했기 때문이라는 사실을 잘 알기 때문이다.[43]

드로리언은 충성심이 왜 중요한지, 관리자들이 어떻게 하여 충성스럽고 헌신적인 동맹자들을 조직 내에서 중요한 자리에 심어놓기 위한 수단으로 '예상 밖의 선택'을 하게 되는지 자세히 설명했다.

몇 해 전에 발표한 어느 연구에 따르면 최고경영자를 외부에서 영입하여 임명할 때가 내부 승진을 통하여 임명할 때보다 고위 관리자들의 교체가 더 많이 발생하는 것으로 나타났다.[44] 이것은 누구라도 예상할 수 있는 결과다. 외부에서 온 사람은 자기 사람을 중요한 자리에 앉혀야 하기 때문이다.

● 호의를 베풀어 동맹자 확보하기

동맹자를 확보하기 위해서는 사람들을 중요한 자리에 앉히는 방법도 있지만 당신을 도와줄 사람에게 호의를 베푸는 것으로도 가능하다. 이런 생각은 호혜주의라는 규범에 입각한 것인데 다시 말하자면, 우리가 상대방의 호의, 선물, 초대에 대하여 앞으로 보답해야 한다는 의무감을 갖게 되는 것을 의미한다.[45] 이것은 사회가 발전하는 데 있어서 중요한 규범이다. 바로 이러한 규범이 개인 간 시간을 가로지르는 거래를 촉진하기 때문이다. 이러한 규범이 발달하면 호혜주의라는 것이 호의에 대한 보답을 보장하기 때문에 사람들은 자원의 손실을 걱정하지 않으면서 다른 사람들에게 음식, 피난처와 같은 것들을 지원하게 된다. 이것은 더 넓은 사회를 위해 협력과 교환이 더욱 기꺼이 일어날 수 있다는 것을 의미한다.

그러나 이때 호혜주의와 직접적인 교환 관계를 구분하는 것이 중요하다. 내가 당신에게 돈을 주고 당신이 나에게 그 대가로 진공청소기와 같은 제품을 준다면 여기에는 호혜주의가 존재하지 않고 시장 거래만이 있을 뿐이다. 마찬가지로 로버트 모제스가 특정 공원 프로젝트에 대한 지원의 대가로 힘 있는 롱아일랜드 공화당 지도자에게 사업 계약권과 내부 정보를 제공했다면 이것은 직접적인 교환 관계다.[46]

호혜주의를 통한 동맹 관계가 갖는 특징으로는 다음과 같은 것들이 있다.

1. 호의가 이를 받아들이는 사람들에게 반드시 필요한 것이 아니거

나 심지어는 그들이 그것을 바라지 않을 때도 있다.

2. 호의를 베풀었을 때 어느 정도까지 보답해야 하는지가 정해지는 것은 아니다.

3. 따라서 호의나 선물이 특정한 기대(선거에서 돈에 대한 대가로 표를 주는 것처럼)를 낳지는 않지만 다양한 방면에서 의무감을 갖게 한다.

로스 존슨이 내비스코 브랜즈의 사장이 되어 최고운영책임자로 있을 당시 회사의 최고경영자는 로버트 섀벌레(Robert Schaeberle)였다. 존슨은 회사가 섀벌레의 컨트리클럽 회비를 대신 납부하고, 고급 승용차를 제공하는 것은 물론 자신과 더불어 섀벌레에게도 연봉을 많이 줘야 한다고 주장했다. 뿐만 아니라 회의석상에서는 '우리 회장님'이라고 아첨하듯이 치켜세우면서 모든 면에서 그를 존중했다.

또한 존슨은 페이스대학교가 '로버트 M. 섀벌레 회계학 강좌'를 개설하도록 25만 달러를 기부했다.[47] 비록 존슨 개인이 아닌 회사에서 회계학 강좌 개설과 연구소 신설을 위해 기부금을 납부했지만 존슨이 이 연구소의 명칭을 '로버트 M. 섀벌레 기술 센터'라고 정했고, 이에 당연히 섀벌레는 감동을 받았다.[48] 결국 존슨에게는 내비스코 최고경영자라는 직함이 주어졌다.

윌리엄 아지가 자신에게 적대적인 이사회 이사들과의 싸움에서 승리할 수 있었던 것은 그가 이사회의 다른 이사들과 맺은 끈끈한 유대와 그들에게 베푼 호의 덕분이었다.

잭 폰테인(Jack Fontaine)의 로펌, 휴즈허바드 앤 리드(Hughes Hubbard

& Reed)는 1981년 한 해 동안 벤딕스를 통하여 수입료로 거의 60만 달러를 챙겼다. 아지와 아이다호 시절부터 잘 알고 지낸 조나단 스콧(Jonathan Scott)이 A&P 이사회 이사로 있을 때 아지도 A&P 이사회에서 함께 활동했다. 나이가 50세인 하버드 경영대학원 교수 휴고 위터회벤(Hugo Uyterhoeven)은 1980년에 벤딕스 이사회 이사로 있으면서 컨설팅 수입료로 4만 달러를 넘게 받았다. 이쿼터블(Equitable)의 최고경영자 에클런드(Eklund)는 재무 상황이 그다지 좋지 않아 최대한의 지원을 바라고 있는 것 같았다. 현재 아지는 이쿼터블 고위 관리자들의 퇴직 금융 상품을 설계하는 보상위원회를 포함하여 이쿼터블 이사회의 여러 위원회에서 활동하고 있다.[49]

호의를 베풀어 동맹자를 확보하려 했던 아지와 존슨과는 다르게 타일리 윌슨(Tylee Wilson)은 RJ 레이놀즈 인더스트리즈(RJ Reynolds Industries)의 최고경영자로 있으면서 이사회 이사들에게 호의를 베풀지 않았다. 이 때문에 그는 내비스코와 레이놀즈가 합병되고 나서 존슨에 의해 축출될 처지에 놓였다.

예를 들어, 이사회 이사들 중에는 과거에 레이놀즈 최고경영자를 역임한 파울 슈티히트(Paul Sticht)도 있었다.

슈티히트는 퇴임하던 때 이사회 이사들 중에 가장 힘 있는 사람이었다. 윌슨은 그를 쫓아내기 위해 가능한 모든 방법을 동원했다. 슈티히트는 주로 회사 비행기를 타고 다녔다. 그러나 윌슨이 그가 개인적인 용무로 회사 비행기를 이용한다고 생각했고, 이에 대해 사용료를 제대로 부과하고 있는지 확인했다. 퇴임한 회장에게는 회사 사무실을 주게 되어 있었다. 그런데 슈티히트의 사무실은 시내에 있는 옛날 본사 건물에 있었다.[50]

윌슨은 이사회의 다른 이사들도 좋게 대우하지 않았다. 어번 리그(Urban League)의 이사였던 버넌 조던(Vernon Jordan)이 워싱턴에 위치한 대형 로펌의 파트너 변호사가 됐다. 그가 사건 의뢰를 간청했을 때 "윌슨은 자기는 변호사가 아니라서 적당한 일이 있는지 제대로 판단할 수 없다며 차갑게 대답하고는 조던을 레이놀즈의 법무 담당 책임자에게 보냈다."[51]

셀라니즈(Celanese)의 최고경영자 존 마콤버(John Macomber)도 이사회 이사였다. 레이놀즈가 담배 필터에 들어가는 재료를 구매하기 위해 셀라니즈에 매년 약 2500만 달러를 지급했지만 마콤버는 더 많은 일감을 원했고 윌슨은 이를 단호히 거절했다. 드디어 로스 존슨과의 결전의 날이 다가왔을 때 윌슨은 이사회에 자기 우군이 별로 없다는 것을 깨달았다. 존슨은 호의를 베풀어 자기 편 사람들에게 지원을 받았지만 윌슨은 호의를 베풀지 않은 탓에 정치 투쟁에서 지원을 거의 받지 못했다.

임용이나 승진을 통해, 혹은 사적인 호의를 통해 지지자들의 네트워크를 구축하는 것이 불법적이거나 부당한 행위라고 생각하기 쉽다. 그러나 이러한 생각은 타당하지 않다. 조직에서 권력을 확립하고 행사하는 것은 일을 성취하기 위한 것이다. 조직의 특성(다양한 관점을 가진 다양한 행위자들로 이루어진 상호의존적이고도 복잡한 시스템) 그 자체가 특정한 행동을 취하는 것이 때로는 문제를 일으키게 만든다. 목표 달성에 실패하

는 것은 대부분 동맹자 규합에 실패한 것에서 비롯된다. 동맹자의 네
트워크가 악용될 수도 있지만 그럼에도 일을 성취하기 위해서는 반드
시 필요하다. 따라서 사용 가능한 어떤 방법을 써서라도 동맹자를 만
들어야 한다.

● 어떻게 하면 동맹자를 잃는가

동맹자의 중요성을 보여주는 한 가지 방법은 관리자들이 후원자의 집
단을 결성하고 유지하는 데 필요한 것들을 하지 않은 사례를 살펴보는
것이다. 이러한 것들을 하지 않는 관리자들 중 대다수가 결국 자기 자
리를 잃는 결과를 맞이한다.

우리가 한 가지 확신할 수 있는 것은 관리자가 조직에서 자기 자리
를 잃었을 때 조직이 더 이상 그 사람의 통찰, 경험, 능력을 통해 혜택
을 얻을 수 없다는 것이다. 간단히 말하자면, 자리를 보존하는 것이 일
을 성취하기 위한 전제 조건이라는 뜻이다. 그리고 자리를 보존하려면
조직에서 동맹자를 확보해야 한다.

애플컴퓨터의 창업자 중 한 사람으로 오랫동안 회장직을 맡으면서
기술 부문을 선도했던 스티브 잡스는 사람들에게 기술적인 비전을 제
시하고 동기를 부여하는 데 뛰어난 능력을 지니고 있었다. 그러나 그
가 주로 교만하게 행동하고 조직 내에서(특히 이사회에서) 동맹자를 확보
하지 못했기 때문에 혹은 스스로 그럴 의지가 없었기 때문에 회사를
떠나야 할 상황을 맞이했을 때 회사는 더 이상 그의 지혜로부터 혜택

을 얻지 못했다.

이사회 이사들 중 몇몇 사람들은 잡스에게 아버지와 같은 관심을 보였지만 잡스의 돈과 명성 때문에 복잡해져서 그런지 적어도 잡스가 그들에게 자식과 같은 모습을 보여주지는 않았다. 마쿨라(Markkula)와 스컬리(Sculley)를 제외하면 그들 모두 잡스보다는 적어도 20살은 더 많았다. 잡스는 그들의 조언에 귀를 기울였지만 전략 문제에 관해서는 자기가 원하는 대로 했다. 그리고 굳이 그들과 친해지려고 하지 않았고, 그들의 비위를 맞추려고도 하지 않았다. 그들과 함께 있을 때 잡스는 그저 다른 사람들과 함께 있을 때보다 조금 더 차분해지려고 했을 뿐이었다.[52]

문제는 자존심에 관한 것이다. 일을 성취하려면 때로는 세상의 이목을 끄는 것에는 관심을 버려야 한다. 이러한 상충 관계가 내키지 않는 사람은 동맹자를 얻기 힘들어진다. 이것은 당신 스스로 이런 질문을 하는 것만큼이나 단순한 이치다. '제가 성공할 수 있도록 제 프로젝트를 도와주시겠습니까?' 혹은 '우리가 공동의 목표를 성취하여 그 공로를 나눌 수 있도록 도와주시겠습니까?' 대부분의 동맹자들은 자신의 자존심을 채워주길 원한다. 이것은 그들과 관계를 맺고, 공로를 나누고, 그들에게 자신이 중요하고 안정을 보장받은 사람이라는 확신을 갖게 해주는 것을 의미한다.

피터 피터슨(Peter Peterson)은 1973년에 리먼 브라더스에 입사하여 불과 몇 달 만에 지점장이 됐다. 그는 사업을 창출하는 데 뛰어난 능력을 보였다. 그리고 리먼 브라더스는 피터슨 덕분에 날로 성장했다. 그러나 그는 사내에서, 특히 자신의 직원들 중 동맹자를 만드는 일에 아무런 관심이 없었다. 따라서 그는 루이스 글럭스먼(Lew Glucksman)과의 권력 투쟁에서 밀려날 처지에 놓였다.

피터슨은 고객에게만 관심을 쏟았지 자신의 직원들, 특히 최전선에서 일하는 직원들에게는 그렇게 하지 않았다. 걸핏하면 직원들의 집으로 전화를 걸어 자신의 운전기사를 보내 그들을 올즈모빌로 데려 왔다. 하지만 막상 그들이 나타나면 다른 사람과 전화로 이야기를 하거나 서류를 뒤적이면서 그들을 무시했다. 직원들은 그가 자기중심적이고, 오만하고, 감정이 없고, 냉담한 사람이라고 생각했다. 피터슨은 여러모로 재능이 뛰어났지만 주변 사람들에게는 매우 무관심했다. 그는 직원들이 자신을 존중하기는 해도 좋아하지는 않는다는 사실을 알지 못했다. 이러한 직원들 중에는 그가 친하다고 생각했던 사람들도 포함됐다. 직원들은 그의 일방적인 대화 방식에 넌더리가 났다.[53]

피터슨의 행동은 동맹자를 규합하고 그 관계를 유지하려 했던 가와마타 가쓰지 혹은 로스 존슨의 행동과는 크게 대비된다. 존경, 경쟁력, 지적 능력만으로는 충분치 않다. 실행 과정에서 나타나는 세세한 내용까지 챙기려면 동맹자가 반드시 필요하다. 한 사람이 이러한 내용까지 모두 챙기기에는 너무 벅차기 때문이다. 또한 권력 투쟁에서 경쟁자의 공격을 막기 위해서도 동맹자가 필요하다. 일을 성취하기 위해서는 자원을 찾아서 개발하는 것뿐만 아니라 동맹자를 규합하는 것이 매우 중요하다. 동맹자와 자원은 권력의 중요한 원천이기 때문에 결코 버려져서는 안 된다.

6장

●

의사소통 네트워크에서의 위치가
중요하다

아는 것이 권력이라는 말이 있다. 이 말은 조직 생활에도 정확하게 적용된다. 조직 내의 권력을 창출하는 지식에는 작업 과정 그 자체에 관한 기술적 지식뿐만 아니라 조직 내의 사회적 관계 시스템에 관한 지식도 포함된다. 사회적 관계 시스템에 관한 지식을 습득하는 것은 의사소통 네트워크와 사회적 상호작용에서 자신이 어느 지점에 위치하는가에 달려 있다. 의사소통 네트워크에서 좋은 지점에 위치한 사람은 권력과 영향력의 측면에서 중요한 행위자가 되기가 쉽다.

조직 내에서 가치 있는 사회적 관계를 가진 자는 운이 좋은 사람이다. 힘 있는 사람에게는 힘 있는 후원자들이 있기 마련이다. 그 이유는 그들이 조언과 지원을 해줄 수 있고, 우리는 다른 사람들을 관찰하며 깨달음을 얻기 때문이다. 따라서 권력은 의사소통 네트워크와 사회적 관계에서 어느 지점에 위치하는가에 따라 결정된다고 말할 수 있다. 여기서 위치는 구조적 중심성의 측면에서뿐만 아니라 자기 자신과 연결되는 사람이 갖는 권력의 측면에서 평가된다.

의사소통 구조에서 어느 개인의 위치를 평가하는 것은 현실적이고도 이론적인 관심의 대상이 됐다. 따라서 지금까지 네트워크 중심성에 대해 다양한 지표들이 개발되어왔다. 미국의 구조주의 사회학자 린튼 프리먼(Liton C. Freeman)은 중심성에 대하여 중간성, 연결성, 접근성(근접성)이라는 서로 연관된 세 가지 개념을 제시했다.[1]

중간성은 특히 정보 통제권을 평가하기에 유용한 지표다. 이것은 두 사람을 연결하는 의사소통 경로에서 그들 사이에 또 다른 사람이 들어올 수 있는 정도를 평가한다. 연결성은 단순히 어떤 사람이 접촉하는 사람의 수를 의미한다. 이것은 의사소통 네트워크에서 어떤 사람의 중심성을 측정하기보다는 의사소통 활동을 측정한다. 마지막으로, 접근성은 의사소통 네트워크에서 핵심적인 사람과 다른 모든 사람들 사이에 존재하는 최단 의사소통 경로를 사용하여 그 거리를 측정한다. 이러한 접근성은 특정 집단의 사람들 중 누가 다른 모든 사람들에게 최소의 단계로 도달할 수 있는가를 나타낸다. 프리먼은 이것이 독립성을 나타내는 지표가 된다고 주장했다. 그 이유는 의사소통 네트워크에서 다른 모든 사람들과 가까운 사람이라도 다른 누군가로부터 통제받는 사람들에게는 그만큼 쉽게 접근할 수가 없기 때문이다.[2]

의사소통 구조에서 얻는 단서

의사소통 네트워크에서의 위치가 중요하다는 생각은 아주 오래전 바벨라스(Bavelas)와 레빗(Leavitt)이 했던 연구에서 나온 것이다.[3] 이 연구에서 피실험자들은 실험자들이 만든 의사소통 구조에 놓이게 된다. [표 6-1]에는 몇 가지 대표적인 의사소통 네트워크의 유형들이 나와 있다. 당시 실험자들은 이러한 구조가 집단의 과제 수행 능력과 다양한 구성원들이 갖는 영향력에 미치는 효과를 연구했다. 이 연구에서는 다음과 같은 사실을 잘 알 수 있었다.

1. 집중화된 구조일수록 잘 구조화된 과제에 더 효율적이고, 다채널형 구조는 구조화되지 않은 과제에 더 효율적이다.

2. 구조적 중심성의 정도가 매우 높은 사람이 특히 구조화된 과제에서 리더의 역할을 맡게 되며, 조직 내의 다른 구성원들로부터 영향력이 있는 사람으로 인식되는 경향이 있다.

이후로 진행된 연구에서는 구조 그 자체가 과제의 특징에 의해 결정된다는 것을 보여주었다.[4] 조직의 구조를 재편성할 수 있는 조직은 복잡한 정보 처리를 요구하지 않는 일상적인 과제를 수행해야 할 때는 금방 별형과 같은 집중화된 구조로 바뀐다. 이 조직은 좀 더 복잡한 과제를 수행해야 할 때 스스로 다채널형 네트워크를 닮은 형태로 조직의 구조를 재편성한다. 집중화된 구조가 일상적인 과제에 더 적합하고, 분산화된 구조가 많은 사람이 적극적으로 참여할 것을 요구하는 복잡한

[표 6-1] 의사소통 네트워크의 유형

별형(Star)

바퀴형(Wheel)

다채널형(All-Channel)

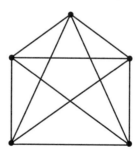

과제에 더 효율적이라는 이론은 조직 설계에 관한 연구로 확장됐다.[5] 따라서 정보 처리 능력을 크게 요구하지 않은 상황에서는 위계적이고 집중화된 조직 구조가 유리하지만 복잡하고 불확실한 과제를 다루는 상황에서는 수평적 협력, 대책 본부, 팀과 같은 정보 처리를 용이하게 하는 조직 구조가 유리하다는 일반적인 처방이 등장했다.[6]

구조적 중심성과 의사소통에 대한 통제가 권력을 갖게 한다는 주장은 다양한 상황에서 입증됐다. 데이비드 힉슨(David Hickson)과 그의 동료 연구자들은 어떤 부서가 권력을 획득하려면 불확실성에 대처하는 능력을 갖추어야 할 뿐만 아니라 조직의 업무 흐름 중심에 있어야 한다고 주장했다.[7]

앤드루 페티그루(Andrew Pettigrew)는 어떤 기업의 컴퓨터 시스템 구매 결정을 연구하면서 의사소통과 영향력의 문제를 살펴보았다. 이 기업에서는 이사회가 공식적인 의사결정권을 가지고 있었다. 운영 서비스를 총괄하는 짐 케니(Jim Kenny)가 이사회의 지시를 받았고, 시스템 부서와 관리자, 프로그램 부서와 관리자가 케니의 지시를 받고 있었다. 여기서 운영 서비스 본부의 역할은 어느 컴퓨터 제조업체에 주문을 할 것인가에 관하여 자료 조사와 분석을 기초로 제안을 하는 것이었다.

운영 서비스 본부에서의 의사결정 과정이 케니와 시스템 부서 관리자 레일리(Reilly) 간 그리고 레일리와 프로그램 부서 관리자 터너(Turner) 간의 치열한 권력 투쟁으로까지 전개된 것으로 드러났다. 의사결정 과정이 전개된 지 석 달 안에 케니, 레일리, 터너가 각각 특정 업체와의 유착 관계를 형성했다. 케니가 두 개의 의사소통 경로에서 길목을 지키는 자리에 있었기 때문에 권력 투쟁에서 전략적 우위를 점했다. 첫 번째 경로는 그가 관리하는 기술진과 이사회 사이에 있었고, 두 번째 경로는 컴퓨터 제조업체와 이사회 사이에 있었다. 케니는 의사소통 경로에서 기술진, 컴퓨터 제조업체, 이사회가 교차하는 지점에 자리를 잡은 까닭에 자신의 요구에 유리한 선입관을 주입할 수 있었고, 이와 함께 이사회에는 자신의 경쟁자들의 요구에 불리한 정보를 제공할 수 있었다.[8]

페티그루는 의사결정 과정에 사용된 실제 문서들을 분석하여 케니가 자신이 선호하는 제조업체를 다른 제조업체들보다 더 많이 언급했고, 이 제조업체에 대해서는 다른 제조업체들과 비교하여 부정적인 서술보다 긍정적인 서술이 훨씬 더 많았다는 사실을 보여주었다. 케니는 이런 방식으로 의사결정을 위한 '정보를 전달하는 통로로 사용되는 의사소통 경로'를 장악하여 의사결정 과정에서 상당한 영향력을 행사할 수 있었다.

브래스(Brass)는 이와 비슷한 문제를 살펴보기 위해 어느 신문사의 일반 직원들을 조사했다. 그는 업무 흐름 네트워크, 비공식적 의사소통 네트워크, 친분 네트워크로 이루어진 세 개의 사회적 네트워크에서 이들의 위치를 확인했다.[9] 또한 그는 '일반 직원이 영향력을 확보하는 데는 일반 직원들로 구성된 네트워크에서 중심에 있는 것보다 일반 관리자와 고위 관리자로 구성된 비공식적 의사소통 네트워크와 친분 네트워크에 속해 있는 것이 더 많은 도움이 될 것'이라고 주장했다.[10]

브래스는 영향력에 대한 세 가지 지표(관리자로의 승진, 개인의 영향력에 대한 관리자의 평가와 일반 직원들의 평가)를 사용하여 영향력을 확보하는 데는 의사소통 네트워크에서의 위치가 중요하다는 증거를 찾아냈다. 그는 '부서 내의 의사소통을 통제하는 위치에 있는 것이 승진하는 데 특히 중요하다는 사실'을 확인했다.[11]

친분 네트워크와 그 밖의 의사소통 네트워크 사이에는 많은 부분이 중첩되기 때문에 이번 연구에서 사교적인 의사소통과 대비하여 업무와 관련된 의사소통의 효과를 구분하는 것이 불가능했다. 일반적으로 이러한 네트워크들 사이에는 때로 상당히 많은 부분이 중첩된다고 믿을 만한 근거가 있다. 그리고 어떤 종류의 의사소통 네트워크 중심성이 영향력을 창출하는가에 대하여 지나치게 신경 쓸 필요는 없다. 오히려 거의 모든 종류의 의사소통 네트워크가 서로 관련되고 영향력의 원천이라고 생각하는 편이 더 낫다.

크랙하르트(Krackhardt)는 기업 고객을 대상으로 정보 시스템과 통신 장비의 판매, 설치, 유지 및 보수 서비스를 제공하는 어느 중소기업을 대상으로 권력의 결정 요인을 조사했다.[12] 그는 보고 네트워크와 친분 네트워크에서 사람들의 위치와 이러한 위치가 그들의 권력에 대한 평판에 미치는 효과를 측정했다. 이때 이러한 효과는 사내의 다른 모든 사람들의 평가를 통해 측정된다. 그는 일단 권력을 가장 잘 보여주는 지표라고 할 수 있는 공식적인 위계적 지위를 통제하고, 친분 네트워크 중심성이 권력과 상당한 관계가 있지만 보고 네트워크에서의 위치는 권력에 아무런 영향을 미치지 않는다는 사실을 확인했다. 보고 네트워크 중심성이 친분 네트워크 중심성에는 상당히 독립적이지만(둘 사이의 상관계수는 0.22에 불과하다) 조직 내의 공식적인 지위와는 상관관계가 상당히 높다. 이러한 사실은 아마도 보고 네트워크 중심성이 개인의 권력에 독자적으로 영향을 미치지는 않기 때문일 것이다.

의사소통 네트워크에서의 위치는 수행 능력이나 학위와 같은 생산적 특성을 통해 벌어들이는 연봉과 그 밖의 경제적 보상에도 영향을 미칠 수 있다. 알리슨 콘라트(Alison Konrad)와 나는 대학 교수들을 대규모 표본으로 하여 연봉 결정 요인을 연구하면서 다른 대학교의 교수들과 폭넓게 의사소통을 하는 교수들이 연봉을 더 많이 받고, 마찬가지로 자신의 연구 생산성이나 경력에 비해 보수를 더 많이 받는다는 사실을 확인했다(예를 들어, 같은 전공 분야의 연구자들과 더 많이 접촉하는 사람에게 경력이 1년 추가되는 것에 대하여 더 많은 가치가 부여된다는 뜻이다).[13]

이러한 데이터가 구조적 중심성을 정확히 측정할 수 있게 해주지는 않지만 의사소통을 활발하게 하는 사람들이 연봉을 더 많이 받는다는 사실은 의사소통 네트워크에서의 위치가 권력의 중요한 원천이라는 주장과 확실히 부합된다.

때로는 의사소통 흐름의 중심에 있다는 사실만으로도 그렇지 않았더라면 힘을 발휘하지 못했을 부서 혹은 개인에게 상당한 영향력을 가져다 줄 수 있다. 인사부는 전통적으로 힘 있는 부서가 아니었다. 처음에는 엔지니어들이 지배했고 나중에는 마케팅부서, (그 정도는 덜 하지만) 재무부서, 제조부서가 지배했던 애플컴퓨터와 같은 조직에서는 인사부의 영향력이 상대적으로 약할 것이라고 예상할 수 있다. 애플컴퓨터의 인사부 관리자들 중 대다수가 외부에서 영입해온 사람들이었는데 이러한 사실 또한 인사부의 권력을 약화시키는 요인이 됐다.

그러나 격동의 시기에 존 스컬리(John Sculley)가 애플컴퓨터의 회장으로 취임한 이후로 인사부의 영향력이 상당히 커졌다. 의사소통의 흐름 그 중심에 인사부가 있었기 때문이다. 또한 사내의 치열한 경쟁의식 때문에 부서들끼리 서로 교류하지 않던 시절에 인사부가 그들과 정기적으로 대화하면서 생각을 공유했다는 사실 때문이기도 했다. 이 모든 것이 인사부에 기대하지 않았던 권력을 안겨주었다.

애플 인사부는 서류나 정리하는 관료 집단이 아니었다. 사내의 모든 선임 관리자에 대해 이에 상응하는 인사부 관리자가 있었다. 이들은 주로 여성이었는데 일종의 그림자 경영진이 되어 실제 경영진과 그들을 위해 일하는 직원들이 어떤 생각을 하고 있는지 파악하는 일을 했다.[14]

잡스가 스컬리와의 권력 투쟁에서 밀려나고, 회사가 대규모 감원을 통해 철저한 구조조정을 실시하고 나서는 인사부가 훨씬 더 중요한 역할을 하게 됐다. 제이 엘리엇(Jay Elliot)이 인사부장을 맡았고, 메리 포트니(Mary Fortney)가 당시 매킨토시 사업부의 인사 담당 책임자였다.

제이 엘리엇과 메리 포트니가 조직의 구석구석까지 침투한 네트워크를 이끌었기 때문에 그녀들과 하위부서, 영업부서의 인사 담당 책임자들은 누가 불만이 많은지, 누가 질투심이 많은지, 누가 누구에게 무슨 말을 했는지 등 사내에서 일어나는 모든 일을 알고 있었다. 회의에서 어떤 말이 오갔는지 철저하게 기록되었고, 인사부가 그 회의록을 보관했다. 메리는 전면에 나서지는 않지만 적절한 시점에 예

파워

리한 발언을 하여 통제권을 행사하는 심리학자와도 같이 전체 프로세스를 이끌어가는 일종의 촉진자(facilitator) 역할을 했다.[15]

전기 작가 카로(Caro)가 린든 존슨(Lyndon Johnson)의 초년 시절을 기록한 저작에서는 존슨의 인맥과 의사소통 구조에서의 중심성이 그가 워싱턴 정가에서 영향력을 확립하는 데 중요한 역할을 했다는 사실을 보여준다. 존슨은 리처드 클레버그 의원의 보좌관이던 시절부터 루스벨트 행정부의 유력 인사들과 교류하면서 친분을 쌓았다.

존슨이 자신을 도와줄 위치에 있는 힘 있는 공직자들이 누구인지 알고 있었을 뿐만 아니라 이들 공직자들도 존슨을 알고 그를 도와주려고 했다. 이러한 교감의 정도는 존슨이 임명직 자리를 얼마나 많이 얻어냈는지를 보면 알 수 있다. 이런 자리는 주로 의원이 얼마나 중요한 비중을 차지하는가에 따라 할당된다. 평범한 의원의 사무실에는 4~5명이 할당되고, 중진 의원의 사무실에는 20명까지도 할당된다. 리처드 클레버그 의원은 중진 의원도 아니었고 힘 있는 의원도 아니었지만 그의 사무실에는 50명이나 할당됐다.[16]

린든 존슨의 초년 시절 이야기에서 빼놓을 수 없는 것이 텍사스 출신의 독신 남성 샘 레이번(Sam Rayburn)과의 교류였다. 존슨 부부는 이 외로운 남자를 수시로 집으로 초대했다. 존슨은 레이번과의 친분으로 힘 있는 중진 의원들의 비공식적인 모임에 참석할 수 있었다. 또한 존슨은 레이번과의 관계를 통해 정계에서 영향력을 키울 수 있었다. 존슨은 이처럼 힘 있는 사람의 친구가 되어 결코 만만히 볼 수 없는 인물로 성장했다. 존슨은 의회의원 보좌관들이 처음 입주했던 닷지 하우스(Dodge House)에서 다른 보좌관들과 교류하고 정부 인사들, 의회의원들과도 친분을 형성하며 사람들을 많이 사귀고 그들에게 자신을 알리기 위해 끊임없이 노력했다. 이런 친화력이 권력을 얻고 자기 의지를 관철하기 위한 노력에서 여러모로 도움이 됐다.

허튼증권의 사례에서도 권력의 원천으로서 적절한 사람들과의 친분의 중요성을 확인할 수 있다. 톰 린치(Tom Lynch)는 1983년에 허튼 자회사들의 지주회사인 허튼그룹의 사장으로 취임했다. 원래 린치는 허튼그룹의 최고재무책임자였다. 주로 증권 중개 부문에서 수익의 대부분을 발생시키는 소매금융 중심의 회사에서, 그리고 투자은행 부문과 트레이딩(trading, 주식이나 채권 따위를 단기간 내에 사고팔아 수익을 내는 일을 말한다 - 옮긴이) 부문으로 업무를 확장하던 회사에서 참모 위치에 있던 린치가 권력을 거의 행사하지 못할 것으로 여겨졌다. 그러나 린치는 허튼증권의 최고경영자인 로버트 포먼의 가까운 친구이자 조언자였다. 더구나 허튼증권에서는 포먼에게 직접 보고하는 사람이 17명이었다. 이러한 사실이 포먼과 지근거리에서 자주 접촉하는 린치가 대단한 권력을 휘두르는 자리를 차지하게 만든 요인이었다.

그들 자신이 조각을 이어 붙여 만든 조직 체계에서 린치는 포먼과 함께 앉아 결정을 내렸다. 린치가 포먼에게 미치는 영향력은 정말이지 엄청났다. 그는 표면적으로는 실세처럼 보이지 않았다. 그러나 허튼증권에서 오랫동안 두 번째로 막강한 권력을 가진 인물이었다. 이

러한 권력은 그와 포먼과의 관계에서 나온 것이었다.[17]

물리적 위치도 과소평가하지 말라

어떤 개인이나 조직이 의사소통 네트워크의 중심에 있게 된 데는 여러 가지 원인이 있다. 그러나 그중 가장 중요한 것은 조직 내에서의 물리적 위치다.

내가 캘리포니아대학교 버클리캠퍼스를 떠나 스탠퍼드대학교로 자리를 옮겼을 때 나의 친구이자 동료 교수인 찰스 오레일리(Charles O'Reil-ly)가 내가 쓰던 연구실을 물려받았다. 많은 사람이 찰스가 버클리 교수진 중에서 가장 힘 있는 사람이라고 말한다. 그가 가진 권력의 원천으로는 학교를 위해 시간과 노력을 아낌없이 쏟아붓는 헌신성, 학문적인 평판, 교사로서의 인기, 인품 등 여러 가지를 꼽을 수 있다.

하지만 우리가 간과해서는 안 되는 사실이 그의 연구실이 배로우즈 홀(Barrows Hall) 6층 남자 화장실 건너편에 있다는 것이다. 버클리캠퍼스 경영대학은 이 건물의 3층, 5층, 6층을 사용하는데 5층에는 남자 화장실이 없다. 이것은 찰스가 하루 종일 연구실에 있으면서 문을 열어 놓으면 버클리캠퍼스 경영대학의 남자 교수들(여자 교수가 드물기 때문에 남자 교수가 대다수를 차지한다) 중 신장이 아주 튼튼한 사람을 제외하고는 대부분이 하루에도 몇 번씩 그와 마주치게 된다는 것을 의미한다. 이러한 물리적 중심성이 의사소통 네트워크의 중심성에 영향을 미친다는 것은 적어도 직관적으로 널리 알려진 사실이기 때문에 대부분의 사람들이 자신의 사무실 위치가 본사에 가까이 있는지를 늘 의식한다.

물리적 위치는 참모진 혹은 보좌진이 막강한 권력을 행사하게 되는 이유를 설명하는 데도 도움이 된다. 비록 그들에게 공식적인 권위가 반드시 주어지는 것은 아니지만 그들은 물리적 위치 덕분에 권력을 갖는다. 이와 관련하여 헨리 키신저(Henry Kissinger)는 이렇게 말했다.

"접근성은 상당히 중요하다. 대통령과 하루에 몇 차례씩 논의할 수 있는 기회가 때로는 위원회 위원장직을 맡거나 혹은 대안을 제시하는 권한을 갖는 것보다 훨씬 더 중요하다. 케네디 대통령 이후로 모든 대통령이 내각 각료보다는 백악관 참모진을 더 신뢰하는 것으로 보인다. 아마도 가까운 곳에 있는 사람들에게서 심리적 안정을 얻었을 것이다."[18]

오늘날 미국 기업이 관리자들에게 해외 경험을 쌓도록 하는 데 관심이 많기는 하지만 여기서 물리적 위치라는 쟁점이 하나의 역설을 낳는다. 해외 근무가 시각을 넓히는 데는 확실히 중요하지만 해외 근무자로 하여금 권력의 중심에서 멀어지게 하고, 때로는 '눈에서 멀어지면 마음도 멀어지는' 결과를 낳는다. 권력(따라서 승진 기회)의 중심성이 낳는 이러한 효과를 극복하기 위해 의식적인 노력을 기울이지 않는다면 사람들은 해외 근무를 막다른 길이라고 생각할 것이고 이를 기피할 것이다. 또한 그렇다고 사람들이 해외 근무가 제공하는 미래를 위한 배움의 기회를 상실한다면 미국 기업들은 날이 갈수록 세계화되는 시장에서 제대로 경쟁하는 데 필요한 전문성을 개발하기 어려워질 것이다.

물리적 위치가 권력과 영향력에 미치는 효과는 오늘날 우리가 기업의 제조부서를 바라보는 태도를 이해하는 데도 도움이 된다. MBA 졸업자 중 대다수가 제조부서에서 일하는 것을 원치 않는다. 그리고 많은 기업을 보면 제조부서가 권력을 갖는 경우는 거의 없다.[19]

이러한 문제가 사내에서 제조부서의 역할이 갖는 상대적 중요성에 관한 것만은 아니다. 제조부서가 성공을 위해 결정적인 역할을 하는 기업에서도 또 다른 문제가 발생한다. 제조 자체가 본사와 멀리 떨어진 공장 시설에서 이루어지기 때문이다. 이것은 본사가 공장에 있는 링컨 일렉트릭(Lincoln Electric)과 같은 몇몇 기업을 제외하고는 제조부서와 이 부서의 핵심 간부들이 조직 관리의 중심에서 물리적으로 떨어져 있다는 것을 의미한다.

재무, 회계, 정보 시스템, 법무를 포함한 기타 부서들이 실제로는 제조부서보다 더 부수적인 하위 조직이지만 본사 건물에서 최고경영진과 가까이 있는 경우가 많다. 이러한 물리적 접근성이 그들에게 영향력을 얻기 위한 경쟁에서 우위를 점하게 해준다.

물리적 중심성은 접근성으로 인해 권력을 갖게 해준다. 멀리 떨어진 곳에 위치한 사람들은 사건의 흐름에서 배제되기 쉽고, 조직이 그들의 업무를 중요하지 않게 취급하고 있다는 생각을 하기 쉽다.

로저 스미스(Roger Smith)가 1974년에 GM의 재무 담당 부사장이 되었을 때 그는 유감스럽게도 GM이 시장에서 점점 밀려나고 있다는 결론을 내렸다. 이에 대한 한 가지 처방은 그때까지 부서마다 제대로 디루지 않았던 기업의 전략 기획 업무를 개선하는 것이었다. 스미스와 특별기획팀의 팀장으로 발탁된 수송시스템 부서의 엔지니어 마이크 네일러(Mike Naylor)는 전략 기획이 회사를 위해 꼭 필요한 업무라고 확신했다. 스미스는 이렇게 말하곤 했다.

"나는 누군가가 신차를 개발하고 있을 때 시대에 뒤떨어진 회사를 운영하고 싶지 않다."[20]

문제는 스미스와 네일러가 변화를 이끌어내려면 정치적 지원을 받아야 한다는 사실과 특별기획팀의 위치가 중요한 역할을 한다는 사실을 충분히 인식하지 못했다는 데 있었다.

스미스와 네일러는 적절한 처방이 내려지면 조직 전체가 특별기획팀의 생각대로 움직일 것이라고 믿었다. 네일러가 이끄는 특별기획팀은 박사학위 소지자와 컴퓨터광으로 구성되어 있었다. 그런데 일반 직원들이 이런 엘리트들을 대수롭지 않게 여기는 분위기였다. 그들은 GM 건물의 지하실에서 일했다. 지하실을 선택한 것은 특별기획팀이 회사 운영에 관한 극비 정보를 다룬다고 생각했기에 순전히 '보안' 때문이었다. 그러나 지하실이 상징하는 것처럼 컴퓨터광으로 구성된 소규모 엘리트 집단이 특별 기획을 위해 이곳에 처박혀서 지낸다는 사실 자체가 다른 직원들의 조롱거리가 되기 쉬웠다.[21]

이처럼 그들의 위치 또한 그들로 하여금 조직이 현재 진행 중인 업무 프로세스에 가까이 다가가기 어렵게 만들었다.

대체로 가장 높은 사람들이 일하는 사무실은 전망이 좋은 코너 혹은 가장 높은 층에 위치한다. 이처럼 멀리 떨어지고 분리된 공간을 차지하면 의사소통의 흐름에서 벗어나게 되는 대가를 치러야 한다. 위치가 상징하는 지위와 정보의 흐름에 대한 접근성 간의 균형을 잘 맞추는 것이 성공을 위한 중요한 조건이다.

나는 캘리포니아 주의 밀피타스에 위치한 겐라드(Genrad) 반도체 검사 장비 생산부서의 기술 이사를 만난 적이 있다. 당시 이 부서는 캘리포니아의 (단층으로 칸막이 없이 넓게 펼쳐진 사무실 형태의) 전형적인 연구개발 동에 입주해 있었다. 그가 맡은 기술 이사직은 전임자 2명이 사표를 써야 했을 만큼 매우 힘든 직책의 자리라는 사실은 분명했다.

이 부서의 책임자와 고위 관리자들은 건물의 한쪽 벽을 따라 개인 사무실을 가지고 있었다. 새로 부임한 기술 이사는 건물 도면을 자세히 살펴보고는 이른바 임원 라인이라는 곳에 사무실을 갖지 않기로 결정했다. 그는 일과 시간에 사람들이 매점이나 화장실에 자주 간다는 사실에 주목했다. 두 갈래의 길이 교차하는 지점이 칸막이가 없는 사무실의 중심 근처에 있다는 것을 알게 된 그는 바로 그곳에 자신의 사무실을 잡았다.

이후로 그는 자신이 성공하게 된 계기가 이처럼 단순한 선택에 있다고 생각했다. 부서에서 벌어지는 일에 훨씬 더 가까이 다가갈 수 있었기 때문이다. 그는 프로젝트를 주도하고, 비공식적인 질문에도 대답하며, 혼자 동떨어져 있을 때보다 부서 활동에 훨씬 더 많은 영향력을 행사할 수 있었다.

상호작용을 촉진하거나 억제하는 데 있어서 물리적 위치의 중요성을 결코 과소평가해서는 안 된다. '자신이 어디에 위치하고 있는가'는 상호작용의 횟수나 내용에 커다란 영향을 미친다.[22] 그리고 이것은 '무엇을 알게 되는가' 혹은 '누구를 알게 되는가'에 영향을 미치고 '다른 사람들과 어떠한 관계를 형성하는가'에도 영향을 미친다.

업무의 상호의존성과 영향력

의사소통의 중심성은 물리적 위치로부터 영향을 받을 뿐만 아니라 조직 내 업무의 특성, 업무와 관련된 상호작용에 있어서도 크게 영향을 받는다.

어떤 사람은 다른 사람과의 상호작용을 그다지 요구하지 않고 주로 자신의 능력과 기술에 의존하는 일을 한다. 또 다른 사람은 조직 내의 다른 사람들과 빈번하게 접촉해야 하는 일을 한다.[23] 자신이 어떤 일을 하는가에 따라 다른 사람에 대한 의존도가 달라질 뿐만 아니라 의사소통 네트워크에서 중심에 위치할 가능성도 확실히 달라진다. 다른 사람에 대한 의존도가 높은 일을 하는 사람들은 때로는 그 일을 성취하는 데 어려움을 느낄 수도 있지만 그 일이 다른 사람들과 빈번하게 상호작용을 하게 만든다는 점에서 조직 내에 어떤 일이 벌어지고 있는가에 대하여 더 많은 정보, 더 자세한 정보를 얻는 데 유리하다.

야심이 많은 사람은 때로는 조직 내의 다른 사람들, 특히 권력이 있는 사람들과의 접촉 기회가 많은 업무를 맡고 싶어 한다. 예를 들어, 하버드 MBA 졸업생 2명이 〈타임(Time)〉이 새로 창간할 예정인 〈TV 케이블 위크(TV-Cable Week)〉의 창간 작업에 참여하려 했던 것도 이런 이유에서였다.[24] 결과적으로, 새로운 잡지 창간에 참여한 신입 직원 2명은 잡지의 디자인과 시장성 분석에 참여하게 될 마케팅부서, 제작부서, 편집부서 직원뿐만 아니라 창간에 관한 최종 의사결정을 하는 임원들과 접촉할 기회를 가질 수 있었다.

정말 놀라운 사실은 다른 사람들과 접촉할 기회가 많고, 의사소통 중심성에 긍정적인 영향을 미칠 수 있는 일에서의 성공은 자신의 능력이나 노력보다는 '다른 사람들이 무엇을 하는가' '당신이 그들로 하여금 무엇을 하게 만드는가'에 달려 있다는 것이다. 이러한 이유로 자신의 성과를 본인 스스로 통제하기 위해 상호의존성이 적은 일을 찾는 사람들을 자주 본다. 문제는 이런 일을 통해서는 자신의 영향력을 증진시킬 수 있는 관계를 형성하기 어렵다는 것이다.

로펌에서는 전문 분야에 따라 상호의존성의 정도가 다양하게 나타난다. 세무 분야는 상호의존성의 정도가 비교적 낮다. 그러나 소송이나 상법은 사내와 사외 사람들과의 상호의존성의 정도가 높다. 부서 전반에 걸쳐서 사람들과 가장 빈번하게 접촉하는 전문가들은 다른 모든 조건이 같다면 의사소통 구조에서 중심적인 역할을 하기 때문에 사내에서 영향력을 더욱 확대할 수 있을 것이다.

대책 본부, 팀, 위원회에서 일을 하는 것도 인적 네트워크를 확대하고 심화하는 데 긍정적으로 작용한다. 따라서 이것이 경력을 개발하고 사람들의 눈에 자주 띈다는 측면에서 바람직하게 여겨지는 것도 당연한 일이다. 실제로 대책 본부, 팀, 위원회의 유일한 목적이 조직 내의 여러 부서 직원들을 한곳으로 모으는 데 있는 경우가 많다. 이러한 관점에서 본다면 대책 본부, 팀, 위원회에서 가끔 발생하는 비효율성과 분명히 나타나는 시간 낭비를 어느 정도는 용인할 수 있을 것이다. 실질적인 목적이 조직 내의 다른 사람들과 부서를 잘 알고 이해하는 것이라면 표면적으로 내세우는 업무가 덜 중요한 것일 수도 있다.

반드시 중심에 있어야 한다

중심성과 이로 인해 발생하는 권력과 영향력의 일부는 사무실 위치, 업무 할당과 같은 우리가 제한적으로 통제하는 요소에서 나온다. 그러나 우리가 앉아 있는 자리, 일하는 곳, 원하거나 원하지 않는 프로젝트의 유형을 우리가 선택할 수 있는 경우도 있다. 따라서 의사소통의 중심성으로 인해 발생하는 권력과 영향력에 대해 이러한 선택이 갖는 효과를 살펴볼 필요가 있다.

조직을 구성하는 사회적 관계망 속에서 영향력이 있는 사람에게 접근할 기회를 확대하기 위해 우리 스스로 할 수 있는 것들이 있다. 나는 상호의존성이 상대적으로 적은 대학교수이기 때문에 친구들과 함께 점심 식사를 할 자유를 가지고 있다는 말을 자주 한다. 이 말은 내가 권력과 영향력을 많이 갖기를 원하지도 않고, 내가 하는 일에 있어서 상호작용이 제한적으로 요구되기 때문에 내가 좋아하는 사람들과 자유롭게 교제할 수 있다는 것을 의미한다. 그러나 정계 혹은 경제계의 많은 사람, 그리고 권력과 영향력을 갈망하는 사람들이라면 이러한 사치를 누리지 못한다.

영향력을 확립하려면 의사소통과 상호작용의 구조 속으로 들어가야 한다. 이 말은 상호작용, 심지어는 사교적인 상호작용조차도 전략적으로 추구해야 한다는 것을 의미한다. 린든 존슨은 의회의원 부인과 춤을 추고, 정치적인 양자 역할을 자처했으며, 권력이 있는 사람이라면 누구라도 만나서 대화를 나누는 등 이러한 면에서 조금은 극단적인 면모를 보였다. 그러나 이런 모습은 그를 두드러지게 만드는 극단적인 사례일 뿐 그가 늘 이렇게 행동하는 것은 아니었다. 사교적인 관계를 형성하고 물리적 공간뿐만 아니라 사회적 공간에서 좋은 자리를 차지하려고 애쓰는 것은 권력을 추구하는 사람에게서 자주 관찰되는 모습이다. 그 이유는 간단하다. 그렇게 하는 것이 반드시 필요하기 때문이다.

내가 잘 아는 애플컴퓨터 인사부에서 일했던 사람을 예로 들어보겠다. 당시 애플은 혼란의 시기에 있었다. 실제로 1년 반도 안 되어 애플 II 사업부 본부장이 5명이나 바뀌었다. 기술 분야에 경험이 없는 인사 전문가였던 그녀가 맡은 일에는 본부장의 관리 업무를 보좌하는 것도 포함돼 있었다. 당시 그녀에게 필요한 것은 빠른 시일 내에 영향력을 확보하는 것이었다. 그녀는 매주 수요일 이른 아침마다 사업부에서 직급과 부서가 서로 다른 직원 4명을 불러 커피와 과자를 함께 즐기며 대화를 나누는 비공식 모임을 열었다. 10주가 지나고 그녀는 사업부가 직면하고 있는 문제에 관하여 많은 정보를 얻었을 뿐만 아니라 그녀에게 조언을 해줄 만한 핵심 직원 40명을 알게 됐다.

그녀보다 좀 더 고위직에서 근무했던 존 드로리언도 쉐보레(Chevro-let) 사업부를 맡았을 때 같은 방법을 사용했다.[25] 그는 사업부의 임원들을 자기 사무실로 부르지 않고 직접 찾아가서 그들이 하는 말에 귀를 기울이는 식으로 그들의 의견에 관심을 나타냈고, 자기만의 인적 네트워크를 구축하는 데 수고를 아끼지 않았다.

중심성을 얻기 위한 작업은 이것을 하지 않았을 때 권력을 얻기 힘든 사람 혹은 집단에 특히 중요하다. 예를 들어, 여성들에게는 다양한 형태의 차별이 광범위하게 보고되고 있다.[26] 이것은 여성들이 네트워크와 접근성의 중요성을 훨씬 더 많이 의식해야 하고 자신이 직면한 장애물이나 불이익을 극복하는 데 적극적으로 나서야 한다는 것을 의미한다.

스탠퍼드대학교 신경외과에서 근무하는 어느 여성 교수의 경우를 살펴보자. 그녀가 수련의였던 시절에는 여성 외과 의사가 매우 드물었다. 그녀는 수술 전 간호사들과 함께 손을 씻었고 수술복을 갈아입을 때도 마찬가지였다. 따라서 다른 외과 의사들과 함께 사적인 대화를 나눌 기회가 없었다. 대기 근무를 할 때는 잘 곳이 따로 없어서 골절 치료실에서 자야 했다. 탈의실과 취침 시설을 다른 의사들과 함께 사용할 수 없었기 때문에 의술을 배우고 영향력을 확립하는 측면에서 불리했다.

그녀는 스탠퍼드대학교 조교수로 임용되자마자 교수의회(Faculty Senate) 의원에 출마했다. 이 자리를 원하는 교수들이 많은 것은 아니었지만 이 자리는 그녀가 의과대학에서 어떤 일이 벌어지고 있는가를 알 수 있게 해주었다. 이후로 그녀는 교수의회 의장이 되었고, 다양한 위원회의 위원직을 맡았다. 사람들이 그녀에게 이러한 활동에 관하여 질문하면 정보에 접근할 기회를 의도적으로 얻고, 영향력이 있는 의사소통 구조 속으로 들어가는 것이 중요하다고 대답한다.

또 다른 사례로 스탠퍼드대학교 부속병원의 간호부장에서 출발해 지금은 최고운영책임자로 일하는 여성이 있다. 그녀도 대책 본부와 위원회에서 일을 하는 것과 병원, 의과대학, 이보다 규모가 큰 지역 공동체 사람들과 폭넓게 접촉할 만한 일을 하는 것을 아주 중요하게 생각했다. 병원이 대규모 조직 개편과 확장을 추진하고 있을 때 그녀는 기획위원회에서 일했다. 당시 병리학과장이었고 지금은 의과대학 학장인 데이비드 콘(David Korn)도 이 위원회에 속해 있었다. 위원회 근무가 보통은 이미 **빡빡하게** 짜인 일정에 또 다른 일이 추가되는 것을 의미하지만 이런 방식으로 자주 모습을 드러내는 것이 그렇게 하지 않으면 다른 사람들의 눈에 띄지 않았을 사람에게는 아주 중요하다.

따라서 사회적 네트워크는 의도적으로 구축할 수 있는 구조물이며, 의사소통 네트워크에서의 위치는 우리가 통제할 수 있는 대상이다. 우리는 자기만의 성과를 내세울 수도 있고, 인맥을 활용할 수도 있다. 그러나 인맥을 활용하는 것이 더 효과적일 때가 많다.

7장

●

공식적인 지위에서 나오는 권력

1968년 2월 6일, 헨리 포드 2세가 당시 GM에서 서열 4위인 크누센(Knudsen)을 포드자동차 사장으로 영입하면서 자동차 업계를 놀라게 했다. 그리고 19개월이 지난 1969년 9월 11일 크누센을 해고했다. 1978년 7월 14일, 헨리 포드 2세가 리 아이아코카(Lee Iacocca) 사장을 해고하면서 두 번째로 자동차 업계를 놀라게 했다. 이사회 이사진, 대리점 딜러, 심지어는 포드 가문조차도 이러한 조치에 극구 반대했는데도 말이다.

"헨리 포드 2세는 '불평도 하지 않고 설명도 하지 않는다'라고 말했다. 그가 포드 가문의 수장이므로 그럴 필요가 없었다."[1]

헨리 포드 2세가 자원을 통제하기 때문에 권력을 쥐고는 있지만 그가 회사와 임원들을 사기 마음대로 다룰 수 있었던 것은 회장이라는 직위뿐만 아니라 포드자동차를 이끌어가는 동안 그가 쌓아온 평판과 업무 수행 능력 덕분이었다. 직위가 부여하는 권력과 통제력 및 업무 수행 능력의 이력이 부여하는 권력은 CBS의 윌리엄 페일리(William Paley)의 사례에서도 분명하게 나타난다.

그가 가진 지분이 점점 줄어들어 11퍼센트에 불과했는데도 페일리는 절대적 권력을 지닌 소유주로 행세했다. 그가 무엇인가에 대하여 설명하고 싶으면 그렇게 했다. 설명하기 싫으면 그렇게 하지 않았다. 그의 제왕적인 행위는 사람들이 저절로 그를 우두머리라고 여기게 만들었다.[2]

조직 내에서 현재의 직책과 과거의 직책을 맡으면서 당신이 훌륭한 성과를 바탕으로 쌓아온 평판은 권력의 중요한 원천이 된다. 특히 일을 성취하고 권력을 확립하려 할 때는 더욱 그렇다. 공식적인 조직 구조에서 당신의 지위는 권력을 결정하는 데 도움이 된다. 기왕이면 높은 자리에 있는 것이 더 낫다는 뜻이다.

그러나 지위가 갖는 권력, 이러한 권력의 행사는 단지 공식적인 권위를 가지고 있다는 것만을 의미하지 않는다. 이것은 유능한 사람이라는 평판을 쌓아서 유지하고, 일을 성취할 수 있는 능력이 있음을 의미한다. 이 두 가지 요소를 갖추지 않으면 공식적인 지위에서 나오는 권력은 점점 사라지게 될 것이다.

이번 장에서는 공식적인 지위에서 나오는 권력에 대해 설명하고, 사회 체제 속에서 어떻게, 어떠한 이유로 권위를 확립하는가에 대해 이야기하겠다. 그다음에는 평판을 쌓는 과정과 업무 수행 능력을 평가하는 과정을 살펴볼 것이다.

어떻게 권위를 확립하는가

권력의 중요한 공식적인 원천 중 하나는 지위다. 몇 년 전 나는 발전 시설 등에서 사용하는 냉각탑을 생산하는 회사와 함께 일한 적이 있다. 당시 이 회사는 미국 중서부에 본사가 있는 대기업의 자회사였다. 이 회사는 그룹 전체에서 비교적 작은 부분을 차지했고 기능적 라인에 따라 영업 및 마케팅부서, 엔지니어링부서, 조립 과정에 사용될 표준 부품을 제작하는 생산부서, 재무와 인사 업무를 담당하는 행정부서로 조직됐다.

엔지니어링부서가 이 회사를 지배하고 있었는데 그 이유는 엔지니어들이 회사를 경영하기 때문이기도 했고, 사업에서 설계와 엔지니어링이 가장 중요하고도 문제가 많이 발생하는 부분이었기 때문이다. 주문을 따내는 것조차도 정해진 시간에 고객의 기준에 맞게 작업을 완수하는 것보다 덜 중요하게 취급됐다. 이렇게 하는 것이 앞으로 일감을 더 많이 확보하기 위한 가장 확실한 방법이었기 때문이다.

이 회사는 부서 간 협력이라는 문제에 직면했다. 마케팅부서가 일감을 따왔지만 엔지니어링부서가 납기일이 눈앞에 다가왔는데도 프로젝트를 시작조차 하지 못하는 경우가 허다했다. 게다가 엔지니어링부서가 주문 명세서에 적힌 내용을 보고는 깜짝 놀랄 때도 있었다. 그리고 엔지니어링부서가 설계 작업을 마치고 나면 이번에는 생산부서가 원자재 확보와 작업 속도 문제로 난감해졌다. 프로젝트는 항상 납기일을 맞추지 못했고, 예산은 초과했으며, 고객들은 불만을 제기했다. 조직 내 많은 사람이 어떤 형태로든 프로젝트를 종합적으로 관리해야 할 필요가 있다고 생각했다.

경영진은 회의를 열고 변화의 방향을 모색했다. 조직 형태를 매트릭스 구조(프로젝트 조직과 기능식 조직을 절충한 방식으로 구성원 개인을 원래의 종적 계열과 함께 횡적 또는 프로젝트 팀의 일원으로 임무를 수행하게 하는 조직 형태. 한 사람의 구성원이 동시에 두 개 부문에 속하게 된다–옮긴이)로 갈 것인가, 프로젝트 관리 구조로 갈 것인가 선택해야 했다. 후자는 부서 간 협력을 강화하지만 엔지니어링부서의 권력을 약화시키는 결과를 초래할 것이었다. 엔지니어링 부서장은 자신의 권력이 위협받을 수도 있었지만 처음에는 그러한 의견에 호의적이었다. 그는 문제에 대한 진단에 동의하고 변화가 필요하다는 점을 인정했다.

그러나 회의가 끝날 무렵 특정 구조에 입각한 대안에 관하여 합의가 이루어질 즈음 얼핏 보기에는 이 대안을 지지하는 것처럼 보였지만 실제로는 거부하는 발언을 했다.

"저는 부서 간 협력의 문제가 심각하고 조직 구조에 관한 제안이 이 문제를 해결하는 데 도움이 될 수 있다는 데 동의합니다. 그러나 여러분은 본사가 어떤 곳인지 잘 아실 겁니다. 본사 사람들은 아주 보수적입니다. 보수적인 사람들은 권위와 책임의 경계를 분명하게 정해놓길 원합니다. 저는 본사 사람들이 우리의 생각을 승인해주지 않을 것이라고 생각합니다. 사실은 승인해주지 않을 것으로 확신합니다. 며칠 전

본사 관계자와 만나 이런 생각에 관하여 이야기를 나누었는데 그 사람은 이처럼 새로운 형태의 관리 개념에 강한 거부감을 보였습니다. 따라서 이번 변화가 적절하다고 해도 본사가 판단하는 기준을 통과하지 못할 것입니다.”

그다음 그는 자기가 담당하는 엔지니어링부서가 프로젝트에 대한 전체적인 조정을 책임지도록 하는 계획을 슬그머니 제안했다. 이 계획에 따르면 엔지니어링부서가 새로운 계약을 위한 입찰 과정과 일정 계획, 생산 관리에 예전보다 더 많이 개입하고 있었다. 결국 그날 회의에서는 그의 제안이 채택됐다.

지금까지도 나는 뭐가 뭔지 잘 모르겠다. 엔지니어링 부서장이 본사 관계자와 정말 이야기를 나누었는지, 본사 관계자가 변화를 제안한 것에 정말 반대했는지, 본사 사람들이 자회사가 부서 간 협력의 문제를 해결하고 수익성을 강화하기 위해 무엇인가를 하려고 하는 데 관심이라도 가졌는지는 알 수 없는 일이다. 내가 분명히 알고 있는 것은 “사장이 승인하지 않을 거야” 혹은 “본사가 승인하지 않을 거야”라고 말하는 전략이 때로는 대단한 효력을 발휘하여 도전받는 일이 좀처럼 일어나지 않는다는 것이다.

이러한 전략이 효력을 발휘할 수 있다는 것은 공식적인 지위와 관련된 권력이 있다는 것을 의미한다. 의장, 사장, 관리자는 모두 조직 내 위계질서에서 공식적인 지위 덕분에 권력을 갖는다. 우리는 공식적인 권위를 가진 사람의 지시를 따른다. 혹은 따르지 않으려면 적어도 이에 대하여 먼저 신중하게 생각한다. 우리가 공식적인 권위를 인정할 때만 그것이 권력의 원천이 된다는 사실에는 좀처럼 관심을 갖지 않는다.

조직에서는 직급이 낮은 사람들도 권력을 갖는다. 그것은 상급자의 지시에 저항하거나 거역하는 권리다.[3] 그리고 실제로 그들 중 상당수가 저항하면 상급자는 권력을 전혀 갖지 못하게 될 것이다.

이러한 과정은 규모가 아주 큰 것이기는 하지만 동유럽과 소련에서 일어났던 사건에서도 잘 드러난다. 대다수의 사람들이 그리고 군대와 정보기관이 공산주의 지도자들의 권위를 인정하면 그들의 통치는 안정되며, 이에 반항하는 소수의 사람들은 투옥되거나 처형된다. 그러나 거의 모든 사람이 기존의 정치 지도자에게 저항하면 그들의 권위는 더 이상 정통성을 갖지 않는다. 대부분의 전체주의 국가에서도 지도자들이 이런 식으로 금방 권력을 잃었다.

따라서 공식적인 지위에 내재된 권력은 해당 사회 조직의 모든 사람(혹은 적어도 대다수)에 의해 그 지위에 부여된 것이다. '피지배자들의 동의'는 민주주의 국가뿐만 아니라 기업, 그 밖의 관료 조직을 포함하여 모든 형태의 조직에 적용된다. 고위 관리자들이 갖는 고용하고, 해고하고, 보상하는 권력은 이것을 행사하는 사람의 권위에 도전하는 사람이 없을 때만 효력을 갖는다. 인사부서가 누군가를 실제로 해고하지 않고, 경리부서가 그 사람의 임금을 삭감하지 않고, 보안부서가 그 사람의 건물 출입을 통제하지 않고, 동료들이 그 사람과 계속 함께 일을 하려고 한다면 해고가 실제로 일어난 것이 아니다.

존 가드너는 리더십에 관한 저서에서 이렇게 말했다.

"리더는 추종자들이 그의 권위를 인정하지 않으면 이를 유지할 수 없다. 어떤 의미에서 리더십은 추종자들에 의해 부여되는 것이다."[4]

공식적인 지위와 권위에서 나오는 권력이 다른 사람들에 의해 그 지위를 차지한 사람에게 부여되는 것이라면 이런 질문들이 나올 법도 하다. 사회 조직과 그 구성원들이 그런 권력을 부여하게 만드는 동기는 무엇인가? 사람들은 왜 권위에 도전하거나, 문제를 제기하거나, 무시하지 않고 (적어도 대부분의 시간 동안) 복종하는가?

권위에 대한 이러한 복종은 때로는 놀라운 결과를 낳는다. 2차대전 당시 독일 국민 수천 명이 무고한 사람들(그들 중 대다수가 여성이거나 어린 아이들이었다)을 학살하는 데 참여했다. 단순히 그렇게 하라는 지시를 받고서 말이다. 대부분의 사람들이 이런 상황에 직면하면 자신은 다르게 행동했을 것이라고 대답한다.

예일대학교의 사회심리학자 스탠리 밀그램(Stanley Milgram)은 우리 또한 다르지 않게 행동했을 것임을 보여주고, 권위에 대한 이러한 복종의 근거를 탐구하기 위해 지금은 고전이 되어 널리 알려진 일련의 실험을 진행했다.[5]

실험 전 겉으로는 체벌이 학습에 미치는 효과를 살펴보기 위한 연구에 참여하게 된다면서 피실험자들을 모집했다. 우선 피실험자들에게 제비뽑기(이것은 피실험자들 모두 교사 역할을 하게 만드는 장치였다)를 하고 나서 다른 사람(실제로는 실험자와 공모한 사람으로 학습자에 해당한다)에게 목록에 나오는 아무 의미가 없는 음절들의 여러 결합을 읽어주도록 했다. 그다음 그들에게 이러한 목록을 반복해서 읽게 했고 학습자가 실수할 때마다 전기 충격을 가하는 레버를 잡아당기도록 했다.

레버를 더 세게 잡아당길 때마다 더 많은 전기 충격이 가해졌다. 공모자는 고통스러워했고 실험실에서 나가게 해달라고 애원했다. 마침내 소름 끼치는 비명을 질렀고(사실 공모자들은 예일대학교 연극학과 학생들이었

파워

다), 그다음에는 더 이상 아무런 반응을 보이지 않았다. 피실험자들이 실험자에게 계속해야 하는지를 물어보면 실험자는 그냥 실험을 계속해야 한다고만 대답했다. 피실험자들에게는 계속할 것을 강요하지도 않았고, 전기 충격을 계속 가할 경우 보상이 지급되지도 않았다. 그런데도 피실험자들 중 상당수가 전기 충격을 최고 수준까지 가했다.

밀그램의 실험이 권위에 대한 복종 외에도 영향력 행사의 과정(일단 시작하면 그 과정에서 몰입의 정도가 단계적으로 확대된다)을 보여주기는 했지만 한편으로는 사람들이 실제로는 모르는 사람이라고 하더라도 권위 있는 사람이 제시하는 터무니없는 요구에 기꺼이 순응한다는 사실도 보여주었다.

권위에 대한 복종은 어린 시절부터 길들여지고, 대부분의 상황에서 사회와 개인 모두에게 이익이 된다. 예를 들어, 미식축구팀을 생각해보자. 선수들이 작전 시간에 쿼터백이 내린 지시를 따르지 않고 자기 마음대로 경기를 하면 어떻게 될까? 아니면 그 시간에 선수들이 경기를 어떻게 풀어갈 것인가를 두고 토론을 하면 어떻게 될까? 어떤 경우에도 조직력이 없거나 타이밍이 맞지 않는 경기를 할 것이고, 이것은 참담한 결과로 이어질 것이다. 상호의존적인 행동을 요구하는 활동은 이러한 행동을 제대로 조정하지 않을 경우 좋은 결과로 이어지기 어렵다. 따라서 우리의 행동이 다른 사람들의 행동과 조화를 이루게 하는 것을 경험을 통해 배우고, 이러한 조화를 이루기 위해 우리가 권위에 복종하는 것은 당연한 일이다.

게다가 우리는 어릴 때부터 권위를 가진 사람이 우리보다는 세상을 더 많이 안다고 배웠다. 베버의 관료 조직 모델이 갖는 기본 원칙 중 하나가 승진은 능력과 경험에 기반을 둔다는 것이다.[6] 승진이 이 두 가지 가치에 기반을 둔다면 상급자가 하급자보다 지식과 경험이 더 많고 능력이 뛰어나다는 것이다. 이것은 지시에 복종하는 것이 조직 전체를 위해 바람직하다는 것을 의미한다. 또한 권위를 가진 사람에게 복종하면 우리 스스로 많은 정보를 처리해야 하는 수고를 하지 않아도 된다. 우리가 바퀴를 다시 발명하지 않아도 그냥 지시에 순응하며 늘 해오던 방식으로 행동하면 되는 것이다.

물론 우리는 권위에 복종할 뿐만 아니라 권위의 상징을 보유한 사람에게도 복종한다. 바로 이런 이유 때문에 보안부서가 최저임금을 받는 경비원들에게 경찰복과 비슷한 제복을 입게 한다. 그들이 경찰관처럼 보이면 사람들은 경찰관에게 복종하듯 그들에게도 복종한다. 제복은 다른 영역에서도 권위와 특별한 능력을 상징한다.

나는 스탠퍼드대학교의 슬론 프로그램을 수료한 여성 신경외과 의사를 알게 되었는데 남성들이 많은 분야에서 권력을 행사하는 여성에게 관심이 많기 때문에 그녀와는 지금도 계속 연락을 하고 지낸다. 나는 그녀의 권유로 그녀가 남성 동료 의사들과 함께 수술하는 모습을 지켜볼 수 있었다. 한번은 수술이 있기 전 신경외과 교실에 도착해 녹색 수술복으로 갈아입었는데 그녀가 그런 나를 수술실 사람들에게 페퍼 박사라고 소개했다. 어쨌든 내가 의사는 아니지만 박사니까 틀린 말은 아니었다. 그때 나는 환자에게서 조금 떨어져 있었다. (내가 누구인지 모르는) 간호사가 "이쪽으로 오세요, 박사님"이라고 말하면서 외과용 메스를 내게 건네려고 했다. 의사 행세를 하고 싶은 욕구를 참을 수 있어서 다행이었다. 우리는 모두 그 간호사가 실수한 것을 두고 기분 좋게 웃었다.

그러나 의사 자격증이 없는 사람이 수술을 하거나, 변호사 자격증이 없는 사람이 변호사 행세를 하거나, 학력이나 경력을 속인 사람이 기업의 고위 관리자가 되어 적어도 일정 기간에 걸쳐 기업을 성공적으로 경영한 사례가 심심찮게 발생한다. 많은 경우에 있어서 우리는 이런 사람에게 번거롭게 자격증을 제출하라는 요구를 하지 않는다. 또한 그 자리에 필요한 지식이나 기술을 실제로 갖고 있는지 굳이 조사하려고 도 하지 않는다. 그 자리 자체가 그 자리에 있는 사람의 능력을 의미하 고, 우리가 이에 걸맞게 그 사람을 대우하기 때문이다.

대기업이던 트랜스아메리카(Transamerica)가 유나이티드 아티스트(United Artists)를 인수하던 때 트랜스아메리카의 최고경영자 존 베케트(John Beckett)는 영화 산업에 대해 아는 것이 거의 없었고 본인도 이러한 사 실을 인정했다. 그렇지만 어쨌든 그에게는 최고경영자로서 지시를 내 릴 수 있는 권위가 있었다. 1970년에 유나이티드 아티스트가 처음으 로 적자를 기록했을 때 "우리가 이해할 수 있고 조기 경보를 내릴 수 있는 관리 시스템을 구축하기 전까지 모든 인수 사업을 중단한다"는 지시가 내려졌다.[7]

유나이티드 아티스트를 운영하던 이사들이 영화 산업을 잘 알지 못 하는 대기업 경영진의 간섭을 피해 어라이언(Orion)을 창업할 계획으로 회사를 떠나고, 안드레아스 알벡(Andreas Albeck) 운영 담당 수석 부사장 이 사장으로 승진해 유나이티드 아티스트 최고경영자가 됐다. 알벡도 영화 산업에 수년 동안 몸담아왔지만 영화계에 널리 알려진 인물은 아 니었다. 그는 영화계에서 훌륭한 평판을 가지고 있지는 않았지만 그의 직위가 회사를 이끌어갈 권력을 부여했고, 그 권위에 대한 심각한 도전을 받지 않으며 회사를 운영해갔다. 알벡의 결정이 결국 회사의 독립성을 훼손하는 결과를 낳았지만 어쨌든 그가 기업 위계질서 속에서 자신의 위치 덕분에 이러한 결정을 할 수 있는 권력을 가지고 있었다.

위계질서, 명령 체계의 수용은 거의 기계적이어서 이것을 위반했을 때는 뉴스거리가 된다. 명령을 따르고 권위에 복종하는 것은 그렇게 하지 않았을 때 불안정한 상태나 심지어는 혼란스러운 상태에 이를 수 있기 때문이다. 또한 권위에 복종하는 것은 그렇게 하지 않는 것을 거의 생각할 수 없기 때문이다. 리더 혹은 상사의 권력은 제도화되어 있다. 따라서 이에 대하여 문제를 제기해서도 안 되고, 심지어 그럴 생각조차 해서는 안 된다. 우리가 이처럼 무조건적인 태도의 근원을 이해하려면 조직 내에서의 제도화 과정에 대해 알아야 한다.

● 제도화

직위가 부여하는 권위와 마찬가지로 업무를 수행하는 표준적인 방식이 하나의 사회적 사실로서 기계적으로 받아들여지게 됐다. 주커(Zucker)는 제도화 과정에 대하여 이렇게 서술했다.

제도화된 사회적 지식은 하나의 사실로서 객관적 현실의 한 부분으로 존재하고, 이것에 근거하여 직접적으로 전달될 수 있다. 고도로 제도화된 행위에 대해서는 어떤 사람이 다른 사람에게 그냥 그렇게 하면 된다고 말하는 것만으로도 충분하다. 모든 개인은 이것을 따르려는 동기를 갖는다. 그렇게 하지 않으면 조직 내에서 자신의 행위와 다른 사람의 행위를 이해해주는 사람이 없기 때문이다.[8]

업무를 수행하는 방식이 제도화된 것이 단지 신입 직원들이 기존 직원들을 모방하기 때문만은 아니다. 이러한 방식이 권위라는 압박을 통해 인정받았기 때문이다. 여기서 문제의 권위는 조직 내 높은 사람이 갖는 권위일 수도 있고, 조직 자체의 전통에서 나온 일반화된 권위일 수도 있다.

주커는 실험 조건에서 확립된 임의의 소문화(microculture)의 전파 과정을 연구하여 권위가 갖는 힘을 인상적으로 보여주었다. 암실에서 정지된 상태의 빛 한 점을 응시하면 이 빛이 움직이는 것처럼 보일 것이다. 주커에 앞서 제이콥스와 캠벨(Campbell)이 실시한 실험에서는 공모자들에게 빛이 움직인 거리를 극단적으로 추정한 초기값을 제시하도록 했다.[9] 연속적인 실험에서(이를 '세대'라고도 한다) 공모자들이 한 번에 한 사람씩 빠지고, 그 자리를 아무것도 모르는 피실험자들로 교체한다. '거리에 대한 추정치(문화적 규범)가 새로운 사람으로 교체되는 조건에서 얼마나 오랫동안 지속될 것인가?' 주커는 이 실험 조건을 약간 수정하여 단순한 교체라는 원래의 조건에 조직 상황과 사무실이라는 조건을 추가했다. 조직 상황 조건에 관해서는 피실험자들에게 다음과 같은 지시가 주어졌다.

이 연구는 모델 조직에서의 문제해결에 관한 것입니다. 여러분은 조직의 다른 구성원들과 함께 참여하게 될 것입니다. 규모가 큰 대부분의 조직은 개별 구성원 혹은 부서 전체가 교체되더라도 지속될 것입니다. 이러한 사실은 당신이 참여하게 될 모델 조직에도 적용됩니다. 따라서 이 업무가 계속되는 한 어느 한 사람의 성과가 조직에 중요하지 않을 수도 있습니다.[10]

조직 상황 조건에 관한 지시에 다음과 같은 사무실 조건에 관한 지시가 더해졌다.

규모가 큰 조직에서는 대체로 그 조직에서 얼마나 오랫동안 근무했는가에 따라 구성원마다 서로 다른 직위를 부여합니다. 이것은 당신이 참여하게 될 모델 조직에도 적용됩니다. 조직에서 가장 오랫동안 근무한 사람이 빛의 조정자(Light Operator)가 될 것입니다. 기록 절차를 단순화하기 위해 빛의 조정자에게 가장 먼저 판단해줄 것을 요청할 것입니다.[11]

주커의 실험 결과는 매우 인상적이었다. 이 과제를 혼자서 수행하는 평균적인 피실험자라면 빛이 움직인 거리가 10센티미터가 약간 넘는 것으로 추정할 것이다. 처음 확립된 '문화(거리 추정치)'는 28센티미터였다. 대인 영향력이라는 단순한 조건 하에서, 즉 새로운 피실험자가 맨 마지막에 거리를 추정하고 고참 피실험자가 조직을 떠날 때도 이 새로운 피실험자가 조직에 그대로 남는다는 조건 하에 거리 추정치가 무작위로 뽑혀서 이 과제를 혼자서 수행하는 피실험자가 제시한 추정치를 수렴하는 데는 불과 6세대만이 소요됐다.

그러나 사무실 조건 하에서는 6세대 이후의 거리 추정치가 겨우 25센티미터에 머물렀다. 그리고 이 데이터에 기초하여 추정하면 36세대가 지나더라도 거리 추정치가 여전히 15센티미터에 근접하는 것으로 나타났다. 조직 상황 조건도 원래의 거리 추정치가 지속되도록 하지만 사무실 조건에서만큼 강하게 지속되도록 하지는 않는다.

이것이 의미하는 바는 누군가에게 어떤 조직, 심지어는 가상의 조직에 참여하게 되었다고 말해주고 그 사람에게 어떤 직함, 심지어는 빛의 조정자와 같이 아무 의미 없는 직함을 주는 것만으로도 그 사람이 다르게 행동하도록 만든다는 것이다. 구체적으로 말하자면, 피실험자들이 가상의 조직 내에 확립된 규범처럼 여겨지는 것에 더욱 적극적으로 순응한다는 것이다. 이러한 결과를 문화적 규범이 더욱 중요한 실제의 조직에 적용해보면 어떻게 하여 권위가 행동에 심대한 영향을 미치게 되는지 쉽게 확인할 수 있을 것이다.

유능하다는 평판

공식적인 지위가 권력을 의미한다는 사실을 아는 것도 중요하지만 그러한 지위에 올라가게 하는 역학을 이해하는 것도 중요하다. 실제로 승진하는 것 또는 다른 사람들이 자신의 권위를 비공식적으로 인정해주는 것을 통하여 권력을 얻는 과정에서 평판과 업무 수행 능력은 상당히 중요하다. 사람들은 자신이 믿음직하고 예측 가능한 사람, 일을 성취할 수 있는 사람, 권력과 영향력을 가진 사람이라는 평판(권력을 가지고 있다는 평판은 더 많은 권력을 가져다주기 때문이다)을 얻고 싶어 한다.

어떤 누군가가 권력과 영향력을 가진 사람으로 비치면 이것이 그 사람의 행동을 변화시키는 효과를 낳기도 한다. 실제로 기대가 행동에 미치는 효과에 주목하는 '자기 충족적 예언(self-fulfilling prophecy)'이라는 현상에 관한 문헌은 상당히 많다.[12] 성공할 것으로 기대되는 사람들은 맡은 일을 잘 처리하지만 실패할 것으로 기대되는 사람은 그렇지 못하다.

이러한 효과가 발생하는 한 가지 원인으로는 방어 기제(defence mechanism)를 들 수 있다. 당신이 과제를 잘 처리하지 못할 것으로 기대되는 사람이라면 열심히 노력하지 않을 것이다. 가망 없는 일에 노력을 낭비할 필요가 없지 않은가? 마찬가지로 당신이 자기 자신을 권력이 없는 사람으로 인식한다면(그리고 다른 사람들도 그렇게 인식한다면) 당신은 다른 사람에게 영향을 미치려고 하지 않을 것이다. 만약 당신이 다른 사람에게 영향을 미치려고 한다면 이러한 노력이 마음에 내키지 않을 것이다. 또한 당신이 권력이 없는 자리에 있다면 특히 성취해야 할 것들이 많을 때 불안한 상태에 빠질 것이다. 불안과 긴장은 당신의 집중력을 떨어뜨리고, 따라서 일을 성취하기 위한 당신의 노력이 결실을 거두지 못하게 만들 것이다.

인식이 현실이 될 수 있는 또 다른 이유는 인식이 다른 사람과 우리가 상호작용하는 방식과 이에 따라 우리가 반응하는 방식에 영향을 미치기 때문이다. 마크 스나이더(Mark Snyder)는 이러한 점을 극적으로 보여주는 다양한 사회심리학적 실험들을 살펴보았다.[13]

예를 들어, 피실험자에게 매력적인 이성과 전화 통화를 하게 될 것이라는 말을 해주면 피실험자가 다르게 행동하고, 그 결과 상대방 즉, 매력적인 이성에게서도 다른 반응을 이끌어낸다. 또한 당신이 무능한 사람을 감독하게 될 것이라는 말을 듣고 나면 그 사람을 더욱 세심하게 감독하여 그 사람이 이전과는 다른 행동을 하게 만들 것이다.[14]

영향력을 행사하는 경우를 살펴보면 당신이 영향력 있는 사람으로 인식되는 경우에는 도전받거나 공격받을 가능성이 별로 없다. 결과적으로 당신은 일을 힘들이지 않고 성취할 수 있고, 더 많은 일을 성취하게 될 것이다. 또한 그 결과로 당신이 힘 있고 유능한 사람이라는 평판을 드높이게 될 것이다.

로자베스 캔터는 조직 내에서 사람들이 따지기 좋아하고, 까다롭고, 변덕스럽게 행동하는 것은 그들이 권력이 없는 자리, 즉 그들에게 주어진 자원이나 그들의 능력을 뛰어넘는 일을 해야 하는 자리에 있기 때문이라고 주장한다.[15] 우리가 권력이 있는 사람들과 함께 일하고 싶어 하는 이유 중 하나는 그들이 대체로 일을 즐겁게 하기 때문이다. 이것은 그들의 천성이 그렇기 때문이 아니라 그들이 권력자라는 평판과 현실이 그들로 하여금 더 많은 재량권을 가지고 다른 사람들에게 일을 더 많이 위임할 수 있도록 해주기 때문이다.

권력자라는 평판이 자신의 행동과 다른 사람들과의 상호작용하는 방식을 변화시킬 뿐만 아니라 자원이 할당되는 방식에도 영향을 미쳐 이러한 평판이 현실이 되도록 한다.

얼마 전 아메리칸 텔레폰 앤 텔레그래프(American Telephone and Telegraph) 관리자들을 대상으로 5년에 걸쳐서 실시했던 연구에서는 첫해

말에 실시한 업무 수행 능력 평가를 토대로 5년 후에 실시하는 업무 수행 능력 평가를 어느 정도 예측할 수 있는가를 살펴보았다.[16]

이 연구에서는 두 시점에서 이루어진 업무 수행 능력 평가 사이에 아주 강한 상관관계가 있다는 것을 확인했다. 이런 결과에 대한 한 가지 해석은 업무 수행 능력 평가 시스템이 개인이 본래 갖고 있는 능력을 평가하는 데 있어 상당히 효과적이어서, 첫해 말에 실시한 평가에 몇 년 후의 업무 수행 능력을 정확하게 예측해주는 정보가 많이 반영되어 있다는 것이다.

그러나 이런 결과에 대한 또 다른 더욱 그럴듯한 해석은 개인에 대한 평가가 이후의 경력에 영향을 미친다는 것이다. 평판이 좋은 사람에게는 발전 가능성이 높은 임원이 되기 위한 교육과 훈련 기회가 많고, 고위 관리자가 멘토와 코치 역할을 해주기도 한다. 또한 그밖에도 유능한 사람으로 성장할 수 있는 기회를 제공하는 흥미롭고도 도전적인 과제가 주어질 것이다.

권력과 영향력에서도 이와 비슷한 피드백 과정이 일어난다. 영향력이 있고 유능하다는 평판을 받는 사람은 다른 모든 조건이 같다면 동맹자와 지지자를 얻기가 보다 쉬울 것이다. 또한 그들은 자신의 영향력을 발휘할 기회를 더 많이 가질 것이고, 그 결과로 일을 성취함으로써 자신의 평판을 더욱 드높일 것이다.

로저 스미스가 GM에서 일했던 경력은 어떤 방식으로 평판을 얻고, 이러한 평판에서 어떠한 요소가 중요한지를 잘 보여준다. 그는 GM에서 31년 동안 근무하면서 승진에 승진을 거듭하여 최고경영자가 되는 과정에서 유능하고 부지런하다는 평판을 얻었다.

그는 검토해야 할 일들을 열정적으로 처리했을 뿐만 아니라 어느 누구보다도 신속하고 능숙하게 처리하려고 했다. 예전에 그와 함께 일했던 동료 중 한 사람은 〈포춘(Fortune magazine)〉과의 인터뷰에서 이렇게 말했다.

"그는 윗사람들이 원하는 것이라면 무엇이든 해냈습니다."

그는 일벌레라서 주변의 어느 누구보다도 더 열심히 일했다. GM을 위해 자신의 모든 것을 바쳤고, 회사를 위해서라면 어디든 달려가서 무엇이든 하는 젊은 친구라는 평판을 얻었다.[17]

또한 스미스는 일을 성취하기 위한 능력을 개발하면서 실제로는 자기가 성취한 것을 상사의 공으로 돌리는 데 전혀 주저함이 없었다. 그는 열심히 일했고, 상사와 회사에 충성했다. 그리고 그의 이러한 능력과 성품은 얼마 지나지 않아 자신의 멘토가 된 토머스 머피(Thomas Murphy)의 마음을 사로잡았다. 머피는 스미스에게 최고경영자 자리를 물려준 사람이었다.

사내에서 믿음직한 직원이 되려는 그의 이러한 성향이 토머스 머피의 마음을 사로잡았다. 다른 사람들과 마찬가지로 머피도 그가 믿음직한 직원이라는 것을 알았다. 머피는 그를 이렇게 기억한다.

"어떤 일을 처리해야 하고, 그 일을 제때 정확하게 처리해야 한다면 스미스에게 맡기면 된다는 사실을 깨닫는 데는 그리 오랜 시간이 걸리지 않았습니다. 그는 내가 언제 어떤 일을 맡기더라도 기꺼이 잘해낼 수 있는 사람입니다."[18]

당신이 스미스와 같은 평판을 가지고 있으면 어떤 상사라도 당신을 곁에 두려 할 것이고, 그들이 부서를 옮길 때도 당신을 데려가고 싶어 할 것이다. 평판은 당신의 능력과 영향력을 확대할 기회를 낳는 데 있어서도 도움이 된다.

윌리엄 페일리가 이끄는 CBS에서 사장직까지 올랐던 프랭크 스탠턴(Frank Stanton)의 경력도 GM의 로저 스미스와 닮은 데가 많다. 그는 1935년에 CBS에 입사한 이후 얼마 지나지 않아 동료 직원들에게 부지런하고 활력이 넘치며, 작은 일까지 꼼꼼하게 챙기는 사람이라는 인상을 주었다.[19] 그는 쉬지 않고 일했고, 개인 생활이나 취미 활동에는 관심이 없었다. 그는 연구부서에서 일하면서 누가 어떤 라디오 방송을 주로 듣고, 어떤 프로그램을 좋아하는지를 알기 위한 설문조사를 실시하여 시장 상황과 각 방송국들의 경쟁력 수준을 파악하는 데 선구적인 역할을 했다. 결과적으로 그의 부서와 함께 그에 대한 평판도 높아만 갔다.

스탠턴은 NBC로부터 광고주와 가입 회원을 빼오려고 하는 작은 연구부서의 영업 사원을 위해 중요한 정보와 데이터를 계속 만들어내도록 했다. 그는 일을 정확하고도 꼼꼼하게 하는 임원이 됐다. 모두 스탠턴을 '박사'라고 불렀다. 머지않아 그의 연구 결과는 CBS가 추진하는 모든 사업에 사용됐다. 그것은 광고주와 청취자를 끌어들이고, 프로그램을 선별하여 제작하고, NBC의 가입 회원을 구슬려서 CBS로 오게 만드는 데도 활용됐다. 1938년에 그는 직원 수가 100명에 이르는 연구부서의 책임자가 됐다.[20]

스탠턴은 주로 〈세계 연감(World Almanac)〉에서 정보를 얻었는데 이 연감은 누구든지 쉽게 구할 수 있는 것이었다. 그러나 그를 조직에서 꼭 필요한 존재로 만든 것은 근면성, 통찰력, 정보를 철저하게 조사하려는 의지였다.

"CBS 사람들이 스탠턴에게 지어준 별명은 '어디 한 번 알아보자(Let's find out)'였다. 그는 공백이 있을 때마다 열정과 헌신을 가지고 이를 메우곤 했다." [21]

일을 어떻게든 (이 경우에는 분석을 통하여) 완수하는 사람이라는 평판이 그에게 생기면서 그가 메워야 할 공백이 점점 더 많아진 것은 두말할 필요가 없었다. 1942년에 그는 연구부서뿐만 아니라 '광고, 판촉, 홍보, 건물 신축과 유지 및 관리, CBS가 소유하고 운영하는 7개 라디오 방송국에 대한 감독'을 담당하는 부사장직을 맡았다.[22]

권력을 가지고 있다는 평판은 충성심과 능력을 가지고 있다는 평판만큼이나 중요하다. 앞서 살펴봤듯이 권력을 가진 사람이라는 인식이 권력을 창출하는 데 도움이 될 수 있기 때문이다.

첫 번째 닉슨 행정부 초기에 헨리 키신저가 대외 정책의 의사결정 과정에 대한 통제권을 두고 국무부와 경합하고 있었다.

"국무부는 부처 간 기구의 인원 배치를 통제하길 원했고, 다른 부처와의 분쟁을 해결할 권한과 국가안전보장회의(National Security Council/NSC)의 결의에 대한 거부권을 요구했다." [23]

키신저는 자신에게 권력과 이 과정에 대한 통제권을 훨씬 더 많이 주는 NSC 시스템을 제안했다. 닉슨이 키신저 편을 들었고, 결국 키신저의 계획대로 됐다. 이러한 정치적 승리가 키신저의 경력에 광범위한 영향을 미쳤다.

이번 사건에서는 '누가 권력을 가지고 있는가보다는 누가 권력을 가지고 있는 것으로 보이는가' '이 사건을 통하여 대통령과 그의 핵심 참모들과의 관계에 대하여 어떤 예언을 할 수 있는가'가 중요하게 작용했다. 이번 사건에서 내가 승리한 것으로 여겨졌다는 사실 자체가 내가 일찍부터 권위를 확립하는 데 도움이 됐다.[24]

1960년대 초반 케네디 행정부의 출범과 함께 이와 비슷한 경합이 나타났다. 이번에는 국무 장관 딘 러스크(Dean Rusk)와 국가안보 담당 대통령 특별보좌관 맥조지 번디(McGeorge Bundy)와의 권력 투쟁이었다.

케네디 대통령은 러스크 국무 장관에게 금방 실망했고, 번디가 이러한 빈틈을 감지하고는 기민하게 움직였다. 그는 권력을 키우기 시작하면서 자기 휘하의 정예 인력을 찾아 나섰다. 그들은 국무부조차도 따라오지 못할 속도로 서류 이관 작업을 신속하게 진행했다. 또한 국방부와 CIA에 심어둔 비공식적인 네트워크를 통해 그들에게 공감하는 지인들을 동원하여 정부 내에 비공식적이고도 배타적인 네트워크를 구축했다.[25]

러스크는 번디와 그의 참모들 세력이 확대되고 있는 것을 못마땅하게 여기고는 이에 대한 불만을 자주 토로했다. 그러나 러스크의 이러한 행동은 오히려 번디에게 도움이 되었을 뿐이었다.

번디는 자신의 권력과 영향력이 커지고 있다는 소문에 대하여 걱정하지 않았다. 오히려 이런 소문을 반겼다. 스스로 먹이를 찾아낼 줄 아는 사람이라는 평판이 자신을 훨씬 더 그렇게 만든다는 사실을 알고 있었기 때문이다.[26]

평판이 얼마나 중요한가, 이것이 조직 내에서 권력을 확립하는 데 어떻게 도움이 되는가에 대한 논의에는 두 가지의 분명한 의미가 함축되어 있다.

첫 번째 의미는 초기에 어떤 일이 발생하는지가 중요하다는 것이다. 번디와 키신저가 주요 라이벌인 국무부를 제압하고 승리자로서의 평판을 얻기 위해 처음부터 신속하게 움직인 것을 생각해보라. 로저 스미스와 프랭크 스탠턴은 처음부터 충성스럽고, 부지런하고, 의욕이 넘치는 사람이라는 평판을 쌓기 시작했다. 당신에 대한 평판은 당신이 조직에 들어가고 나서 곧 형성된다. 따라서 처음부터 올바른 길을 가는 것이 무엇보다도 중요하다.

두 번째 의미는 어떤 쟁점에 있어서 승산이 없는 쪽에 서서 싸움을 할 것인가에 관한 것이다. 권력의 원천인 높은 자리를 얻기 위한 지렛대로서 평판이 중요하기 때문에 내가 흔히 받는 다음과 같은 질문에 답하기는 상당히 쉽다. "내가 중요하게 생각하는 주장이고, 이에 대하여 내가 옳다는 확신을 갖고 있지만 패배할 것이 확실시되는 주장인 경우 이것을 고수하면서 싸움을 계속해야 하는가?"라고 물을 때 내 대답은 거의 모든 경우에 그렇게 하지 말라는 것이다. 쟁점에서 승산이 없는 쪽에 선다는 것은 특히 이런 일이 계속 되풀이되는 경우에는 패배자라는 평판을 갖게 한다. 이러한 이미지는 권력과 영향력을 확립하는 것과는 상충된다. 그 사람이 사귀는 친구를 통해 그 사람에 대해 알 수 있듯이 우리는 관련된 쟁점을 통하여 그리고 이러한 쟁점에서 결론이 어떻게 나왔는가를 통하여 다른 사람에게 알려진다.

또한 당신은 이러한 질문이 표현 그대로 당신이 무엇을 하든 패배자가 될 것이고, 당신이 이러한 사실을 미리 안다는 것을 전제로 해야 한다는 점에 주목해야 한다. 만약 당신이 쟁점에 대하여 다른 사람들과 생각이 다르다는 것을 인정하고, 당신의 생각에 대하여 합리적인 근거를 제시하고도 동료들의 생각을 따르겠다고 한다면 협력을 중시하는 팀원이라는 평판을 얻을 수 있다. 더욱 중요하게는 당신이 실제로는 양보하고 있다는 점을 분명히 함으로써 다른 사람들이 어떤 식으로든 보답해야 할 의무감을 갖게 하는 것이다. 예를 들어, 다음 번 쟁점에서는 당신의 생각을 따르겠다는 식으로 말이다. 한편, 당신이 끝까지 고집을 부린다면 의사결정에 관여하는 다른 사람들이 당신에게 보답해야 할 의무를 갖지 않을 것이고, 실제로는 당신의 고집스러운 태도에 반감을 가질 것이다.

마지막으로 사회심리학 문헌에 따르면 사람들은 세상을 질서 있고 공정한 곳으로 생각하고 싶어 한다. 따라서 누군가가 실패나 좌절을 겪더라도, 심지어는 그것이 교통사고 혹은 불치병과 같은 우연한 사고라고 하더라도 그 사람에게 그럴 만한 이유가 있기 때문에 그런 일을 겪게 된다고 생각하려는 경향이 있다.[27] 어떤 쟁점에 대하여, 특히 공개적으로 지지를 표명하고 나서 패배하는 것을 두고 통제가 불가능한 우발적인 사건으로 여기는 경우는 거의 없다. 따라서 패배자들은 그럴 만한 이유가 있는 사람으로 인식될 가능성이 높다. 쟁점에서 승산이 없는 쪽에 선다면 틀림없이 최악의 결과, 즉 당신의 능력과 중요성을 평가 절하시키는 결과를 낳는 사회적 인식 과정을 작동시킬 수 있다.

짐 라이트 하원 의장은 공개적인 패배가 자신의 평판에 악영향을 미칠 것이라는 사실을 잘 알고 있었다. 라이트 의장은 세금과 예산 정책, 니카라과 콘트라 반군 지원을 두고 레이건 행정부와 벌인 투쟁에서 민주당 동료 의원들에게 강경한 입장을 취하고서 서로 합심하여 표결에서 승리하도록 몰아붙였다. 비록 레이건 대통령이 나중에 거부권을 행사했더라도 말이다.

가장 격렬한 논쟁은 제100대 미국 의회 회의에서 예산안을 두고 벌어졌다. 당시 적자가 빠른 속도가 증가하고 있었는데 레이건 대통령은 세금 신설에 반대했고, 민주당 출신 의장이 이끄는 의회가 입안한 예산안을 확정하는 책임을 지고 싶지 않았다. 라이트 의장은 민주당이 좋아하는 정책의 예산을 삭감하는 것을 원치 않았고, 세금을 인상하여 정치적 자살 행위를 하는 것도 원치 않았다. 그는 민주당 지도부를 통하여 자신이 지지하는 정책을 밀어붙이는 데 정치적으로 상당히 중요한 도박을 감행했지만 항상 패배의 위험에 직면해 있었다.

패배는 무엇을 의미하는가? 만약 그가 위원회에서 나온 예산안을 하나도 관철시키지 못한다면 그와 민주당은 웃음거리가 되고 말 것이다. 만약 하원이 예산안을 거부한다면 그 역시 좋은 모양새가 되지 못할 것이다. 권력자라는 인식이 그에게 권력을 가져다주었다. 그러나 이런 인식은 깨지기도 쉽다. 그가 권력을 갖고 있지 않다는 인

식을 심어준다면 얼마 지나지 않아 권력을 잃게 될 것이다.[28]

평판이 중요하다는 것은 우리가 행동을 신중하게 해야 하고, 겉으로 드러나는 모습에 민감해야 한다는 것을 의미한다. 이것은 새로운 조직 혹은 새로운 직위에서 일하는 초기 단계에서 특히 그렇다. 따라서 짐 라이트는 하원 의장직을 맡은 직후에 자신의 평판이 어떻게 형성되는가에 대하여 특별히 주의를 기울여야 했던 것이다.

효과적인 업무 수행 능력

지위와 평판이 권력의 원천이라는 것은 이 두 가지가 어느 정도는 개인이 자기가 맡은 일을 효과적으로 수행하는 능력을 의미하기 때문이기도 하다. 그리고 일을 효과적으로 수행하는 능력은 공식적인 권위와 평판을 형성하는 데 도움이 된다. 따라서 지위, 평판, 업무 수행 능력은 서로 연관되어 있다. 그리고 이 세 가지 중 어느 하나가 유리한 조건에 있다면 다른 것들도 긍정적인 영향을 받는다.

그러나 업무 수행 능력이 무엇을 의미하고, 무엇을 의미하지 않는지를 아는 것이 중요하다. 예를 들어, 야구 경기와 같은 활동에서는 업무 수행 능력을 평가하기가 상당히 쉽다.[29] 경기의 거의 모든 측면에서 나타난 통계를 담은 책이 정기적으로 발간되고, 야구 관계자들은 투수를 비롯하여 모든 선수의 업무 수행 능력에 대한 종합적인 지표를 만들기 위해 많은 노력을 기울이고 있다. 게다가 야구는 상호의존성이 비교적 낮기 때문에 개인의 기여도와 기량을 쉽게 측정할 수 있는 경기다. 대부분의 조직에서는 이러한 조건들 중 어느 것도 적용되지 않는다. 때로는 조직의 구체적인 목표가 무엇인지도 분명하지 않고, 각 구성원들의 행위가 조직에 어떻게 기여하는지 혹은 기여하지 않는지도 분명하지 않다.

결과적으로 대부분의 조직에서는 업무 수행 능력이라는 것이 아는 것이 많거나, 상사에게 비난을 받지 않거나, 부서와 상사가 돋보이게 하는 일을 성취하는 것을 의미한다. 우리는 모두 자신이 한 일이 조직을 위해 장기적으로 가치 있는 것이길 바란다. 그러나 1장에서 살펴봤듯이 때로는 의사결정을 평가하기가 상당히 어렵다. 차라리 단기적이고 실질적인 실적 또는 문제해결 능력과 같은 지표에 의지하는 것이 더 쉽다.

로버트 모제스와 같은 시대를 살았던 사람들은 피오렐로 라구아디아(Fiorello LaGuardia)가 뉴욕 시장직을 맡는 동안 모제스가 가졌던 권력의 원천을 평가하면서 모제스의 문제해결 능력과 일을 성취하는 능력을 강조했다.

라구아디아 시장뿐만 아니라 전임 시장이었던 오드와이어(O'Dwyer)와 임펠리테리(Impellitteri), 와그너(Wagner)의 수석 보좌관을 역임한 제이콥 러츠키(Jacob Lutsky) 판사는 이렇게 말했다.
"당신은 시장이 출근하는 매일 아침마다 해결해야 할 문제들이 산더미처럼 쌓여 있다는 것을 알아야 합니다. 이러한 문제들 중 상당수는 방대하고도 복잡하여 도대체 해결의 기미가 보이지 않습니다. 그

가 직원들에게 문제해결을 요구하면 어떻게 될까요? 그들 중 대다수
가 아무것도 제시하지 못합니다. 그들이 해결책이라고 내놓은 것들
은 현실적이지도 않고, 실용적이지도 않습니다. 완전히 바보 같은
것들뿐입니다. 그러나 당신이 모제스에게 문제를 주면 하룻밤 만에
당신 앞에 해결책을 내놓습니다. 당신이 대중들에게 발표할 연설문
초안, 언론 보도 자료, 통과시켜야 할 법안 초안, 누가 입법부에 가
서 법안을 설명해야 하는지 어느 위원회를 찾아가야 하는지에 대한
조언, 시 의회와 예산 위원회 결의문 초안 등을 포함하여 당신에게
필요한 아주 세세한 부분들까지 모두 다 해결됩니다. 만약 헌법상의
문제가 있다면 관련 판례의 목록과 재원 조달 방안이 모두 상세하게
정리되어 있을 것입니다. 아무도 해결책을 갖고 있지 않을 때 오직
그 사람만이 해결책을 제시합니다."[30]

적절한 장소에 적절한 공공건물을 짓는 것도 훌륭한 해결책이라 할
수 있다. 그러나 이러한 생각은 답을 제시하고 불확실성을 줄이는 모
제스의 능력과 비교하면 미약하게 여겨진다. 게다가 모제스는 당시 시
장(그리고 주지사)이 2년마다 재선을 노리게 되어 공원 건설을 26개월이
아닌 20개월 이내에 완료하는 것이 훨씬 더 가치 있다는 것을 알고 있
었다.

우리는 조직 내에서 의사결정과 선택에 있어서 깊이 고민하며 옳은
일을 하고, 의사결정을 정확하게 하는 것이 중요하다는 생각에 집착한
다. 이러한 생각은 정답을 찾는 능력에 의해 성적이 결정되는 학교 교
육의 잔재라고 할 수 있다. 이러한 생각의 틀에서는 업무 수행 능력이

우리의 행동에서 나온 결과로 정의되고, 정확성에 대한 객관적인 기준에 따라 평가될 것이다. 또한 이러한 관점에서는 우리가 보기에 일부 구성원들이 그릇된 일을 성취하고 있는 것처럼 여겨질 수도 있기 때문에 그들이 왜, 그리고 어떻게 그 일을 성취함으로써 앞서나가고 권력을 획득하는지 이해하지 못한다.

업무 수행 능력에 관한 이러한 관점에는 몇 가지 문제점이 있다.

첫째, 지난 일에 대해서는 상황에 따라 여러 가지 해석이 가능하다.[31] 행동과 그 행동의 결과 간의 관계가 분명하지 않을 때가 많다. 의사결정의 순간과 그 결과를 경험하는 순간 사이의 시차가 너무 많이 나기 때문에 관련된 사람들이 조직을 떠나거나 높은 자리로 승진할 수도 있다. 훨씬 더 중요하게는 의사결정에 대한 책임을 때로는 집단이 지기 때문에 이에 대한 공과를 어느 개인에게 물을 수 없다는 것이다.

둘째, 존 가드너가 지적했듯이 결과를 결정하는 데는 다양한 요인들이 작용하기 때문에 한 사람에 대해 오직 그 사람이 했던 행동의 결과만으로 판단하는 것은 그리 바람직하지 않다는 것이다.

> 리더는 역사의 흐름 속에서 행동한다. 그들이 어떤 결과를 내기 위해 노력할 때 자신이 통제할 수 없는, 심지어 자신이 가진 지식의 범위를 뛰어넘는 다양한 요인들이 그 결과를 재촉하거나 방해하는 쪽으로 작용한다. 따라서 리더의 특정한 결정과 이에 따른 결과 사이에 명백한 인과관계가 존재하는 경우는 드물다. 결과는 리더를 평가하기 위한 신뢰할 만한 지표가 되지 않는다.[32]

여기에 나는 결과가 업무 수행 능력을 평가하기 위한 신뢰할 만한 지표가 되지 않는다는 점도 덧붙이고 싶다. 게다가 때로는 사람들이 결과에 대한 정보를 구하려고 하지 않는다. 그리고 실제로는 이러한 정보를 의식적으로 회피하려고도 한다. 학교 교육이 졸업생들의 삶에 어떠한 영향을 미쳤는지 알아보기 위해 졸업생들을 체계적으로 추적하는 학교는 거의 없다. 환자들을 제대로 치료했는지에 대한 기록을 보관하는 의사도 별로 없다. 심지어는 조직조차도 업무 수행 능력을 실제로 평가하기 위한 목적만큼이나 평가하려는 훌륭한 의도 자체를 보여주기 위한 목적으로 정보 시스템을 구축한다.[33]

조직에서 업무 수행 능력은 권력의 중요한 원천이다. 우리는 업무 수행 능력이 보통 무엇을 의미하는지 알 필요가 있다. 그것은 영향력을 행사하고 일을 성취하는 능력을 말한다. 또한 우리는 업무 수행 능력에 대한 평가의 지표로서 정확성에 집착하지 말아야 한다. 정확성이라는 것이 조직과 상사를 위해 문제를 해결하는 것, 다시 말하자면 실제로는 대부분의 조직에서 업무 수행 능력이라고 정의하는 실적과 항상 일치하지 않기 때문이다.

권력을 확립하는 데 필요한 몇 가지 시사점

공식적인 지위가 중요한 것은 이것이 특정한 자원에 대한 통제권과 특정한 묵시적 혹은 명시적 조치를 취할 수 있는 능력을 부여하기 때문이다. 이전 장에서 지적했듯이 자원은 권력을 획득하는 데 상당히 중요하다. 따라서 자원 통제권과 실질적인 의사결정권을 가진 지위가 권력을 확립하고 행사하는 측면에서 더욱 바람직한 가치를 지닌다.

이런 의미에서 계선 조직(Line Organization, 전체 조직의 목적을 달성하기 위해 최고책임자의 지휘 명령권을 수직적으로 조직 하부까지 행사할 수 있는 조직 – 옮긴이)에 있는 것이 막료 조직(Staff Organization, 계선 조직에 정보, 지식, 기술을 제공하여 목표를 효과적으로 성취할 수 있도록 보좌하는 조직 – 옮긴이)에 있는 것보다 더 낫다. 다양한 참모직, 내부 컨설팅, 보좌직이 더욱 관심을 끌고 지적인 흥미를 불러일으키더라도 말이다. 조직 내 권력 투쟁에서는 군대와 보급품이 필요하다. 따라서 자원 통제권은 권력을 확보하는 데 아주 중요하다.

평판은 첫인상에 의해 좌우되기 때문에 처음부터 좋은 실적을 쌓아가는 것이 중요하다. 첫출발이 좋지 않으면 새로운 출발을 하기 위해 조직 내 다른 부서나 심지어는 다른 조직으로 옮길 필요가 있다. 평판, 업무 수행 능력, 지위가 서로 연관되어 있기 때문에 혼자의 힘으로 곤경에서 빠져나오기는 굉장히 어렵다. 앞으로 일을 좀 더 효과적으로 하는 방법을 배운 셈치고 차라리 다른 곳에서 출발하는 것이 더 낫다.

업무 수행 능력을 보여주고 평판을 쌓기 위한 의식적이고도 전략적인 행위는 권력의 원천을 확보하기 위한 노력에 도움이 된다. 로저 스미스, 프랭크 스탠턴, 맥조지 번디, 헨리 키신저, 로버트 모제스, 짐 라이트는 모두 처음부터 평판을 쌓고 업무 수행 능력을 보여주는 것이 중요하다는 사실을 인식했다.

우리가 정치가와 기업가의 전기를 읽으면서 배워야 할 교훈 중 하나는 바로 '권력과 영향력을 오랫동안 유지해온 사람들은 어떻게 이것을 형성했는가'이다. 권력의 원천이 무엇인지 알았던 그들은 이러한 원천을 얻고 유지하기 위해 계획적으로 행동하고 노력했기 때문에 그렇게 할 수 있었다.

8장

●

적합한 부서에
소속되는 것이 중요하다

1980년대 살로몬 브라더스(Salomon Brothers)에서는 채권 거래와 비교하여 주식 거래의 실적이 좋지 않았다.

> 채권 시장이 상승세를 보이면서 주식 판매원과 트레이더들이 상대적으로 보잘것없는 인간으로 전락했다. 그들도 약간의 이익을 내면서 몇 차례 웃기도 했지만 채권 판매원들에 비할 바가 못 됐다. 어떤 투자자는 살로몬에서 IBM 주식을 매입할 수 있었지만 다른 40개의 증권 중개회사에서도 똑같이 매입할 수 있었다. 살로몬은 일부 채권 시장에서는 거의 독점에 가까운 지위를 누렸다.[1]

이러한 사례는 어떤 개인이 갖는 권력의 한 가지 원천은 그 사람이 속한 하위 조직 혹은 조직이라는 기본적인 사실을 보여준다. 조직 내 모든 사람이 똑같은 영향력을 갖는 것은 아니다. 그리고 모든 부서 혹은 집단이 그러한 것도 아니다. 우리는 권력이 있는 집단에 소속되어 있으면 더 많은 권력을 가질 것이라는 사실을 직관적으로 알고 있다.

면접을 준비하는 경영학과 학생들은 미래의 조직에서 출발하기에 가장 좋은 부서가 어디인지 고민한다. 그리고 이러한 고민은 때로 어느 부서가 가장 많은 권력을 쥐고 있는가를 판단하는 것과 관련이 있다. 주 의회 혹은 연방 의회에서 위원회 위원장이 되면 위원회가 가진 권력과 중요성에 따라 다양한 수준의 권력을 갖는다.

우리는 조직 생활을 하면서 때로는 대책 본부의 일원이 되거나 동료들을 위한 승진, 그리고 우리 자신을 위한 예산과 자원을 요구하는 식으로 하위 조직의 대표가 되어 활동한다. 이러한 요구가 성공적으로 관철될 것인지의 여부는 아마 우리가 대표하는 하위 조직이 얼마만큼 강력한 권력을 갖고 있는가에 달려 있을 것이다.

이번 장에서는 권력을 가진 부서에 소속되어 있으면 영향력을 더 많이 가지게 된다는 사실의 증거를 간략하게 파악한 뒤, 어떤 요인들이 조직 내 부서가 가진 권력과 영향력의 차이를 결정하는지, 부서의 권력이 어떻게 확립되는지 살펴볼 것이다. 특정 부서의 구성원이라는 사실 혹은 이에 따른 신분에서 나오는 권력은 조직 구조 속에서 이 부서의 위치와 분업에 기반을 둔 것이다. 이러한 의미에서 보자면 이것이 의사소통 네트워크에서의 위치 혹은 권한이 주어지는 공식적인 지위에서 나오는 권력과도 비슷하다.

개인이 갖는 영향력의 원천으로서 소속 부서가 중요하다는 사실은 자명해보이지만 이것이 분명하게 입증된 적은 없었다. 그러나 하위 조직이 갖는 권력이 개인의 연봉과 그 밖의 경력에 미치는 영향을 조사한 연구는 더러 있다.

몇 해 전 윌리엄 무어(William Moore)와 나는 캘리포니아대학교 교수진의 연봉 자료를 입수하여 하위 조직이 갖는 권력이 승진 속도에 미치는 영향을 살펴보았다. 캠퍼스 두 곳을 대상으로 추출한 표본에는 여러 학과의 교수진이 포함됐다.[2] 예상했던 대로 학과 규모와 학문적 업적의 요인을 통계적으로 통제하더라도 힘 있는 학과의 교수들이 더 빠르게 승진했다.

더욱 최근에는 앨리슨 데이비스 브레이크(Alison Davis - Blake)와 내가 비슷한 주제를 가지고 조금은 다른 연구를 진행했다.[3] 대학발전처장, 체육부장, 홍보부장 등과 같이 고위 행정직에 있는 사람들이 중요한 역할을 함으로써 연봉을 더 많이 받는지 살펴본 것이다. 또다시 예상했던 대로 연봉에 영향을 미치는 다른 요인들을 통계적으로 통제했을 때 (대학발전처장과 같이) 사립대학교에서 중요한 역할을 하는 자리에 있는 사람들이 연봉을 더 많이 받는 것으로 나타났다. 또한 주립대학교에서도 (체육부장처럼) 중요한 역할을 하는 자리에 있는 사람들이 연봉을 더 많이 받는 것으로 나타났다.

또 다른 연구는 1977년부터 1987년 사이에 규모가 큰 어느 공기업에서 직장 생활을 시작했던 관리자 338명을 대상으로 진행됐다.[4] 이 연구에서는 관리자들이 처음 몸담았던 부서의 권력(사내의 평가자가 권력을 상중하로 분류한다)이 연봉 상승률과 근속 기간에 커다란 영향을 미친다는 사실을 확인했다. 권력이 강한 부서에서 직장 생활을 시작했던 사람의 승진 속도가 빨랐던 것이다. 또한 이 회사가 제공하는 공식적인 연수 프로그램의 일환으로 입사했던 관리자들이 더 나은 결과를 보였는데, 이 프로그램은 장래가 촉망되는 사원들을 대상으로 실시하는 것이었다. 이 연구는 관리자들이 조직 내 어디에서 직장 생활을 시작했는지가 이후의 승진에 중요한 영향을 미치고, 처음 몸담았던 부서의 권력이 연봉과 승진에서 지속적으로 영향을 미친다는 사실을 보여주었다.

이러한 연구 결과들은 모두 조직 내에서 좋은 부서에 소속되었을 때 더 잘나간다는 사실을 보여주었다. 이번 장에서는 어떤 부서가 다른 부서보다 권력을 더 많이 갖게 되는 요인들을 살펴보고, 부서장과 그 구성원들이 자기 부서의 권력을 어떻게 확립할 수 있는지, 이렇게 함으로써 조직 내에서 그들의 영향력을 어떻게 확장시킬 수 있는지에 대해 살펴볼 것이다.

단결, 한목소리를 내라

부서라는 하위 조직에는 다양한 구성원들이 소속되어 있다. 그들 모두 가끔은 주변 부서에 대하여 자기 부서를 대표하기도 하고, 부서의 의사결정에 참여하기도 한다. 조직 내 부서에서 그 구성원들의 생각과 행동을 일치시키기는 것은 때로 쉽지 않다.

나는 캘리포니아대학교 버클리캠퍼스에서 근무하면서 인류학과가 직면한 문제에 관해 들은 적이 있다. 당시에는 인류학을 바라보는 (자연인류학, 문화인류학 등) 다섯 개의 서로 다른 관점이 있었는데, 인류학과가 어느 관점에 기반을 둘 것인가에 대하여 합의를 이끌어내기가 쉽지 않았다. 인류학과는 학과장을 동시에 5명 임명하는 식으로 이러한 갈등을 봉합했다. 대학 측이 한 사람만을 인정했기 때문에 그들이 수시로 돌아가며 학과장을 맡았지만 말이다.

이러한 하위 조직이 자원에 대한 권리를 요구할 때 문제는 극명하게 드러났다. 사람들은 이렇게 말할 것이다.

"그 구성원들이 무엇을 할 것인가에 대하여 합의를 이끌어내지 못한다면 어느 누가 그들 각자가 하는 말을 진지하게 들어줄 것인가?"

하위 조직이 내부적으로 분열되어 있다면 자원과 지위를 얻기 위한 경쟁에서 밀려나게 될 것이다.

단결된 행동은 미국 의회에서 왜 주들이 갖는 권력이 주를 대표하는 의원 수에 비례하지 않는가를 이해하는 데 도움이 된다.

예를 들어, "텍사스 주를 대표하는 의원들은 50년이 넘도록 매주 오찬 모임을 갖고 밀실에서 의견 차이를 조정해왔다. 여기서 나오는 단결된 힘이 텍사스 주가 권력을 갖게 된 한 가지 원인이다."[5] 이와는 대조적으로 캘리포니아 주를 대표하는 의원들은 민주당 출신 의원과 공화당 출신 의원 사이에서뿐만 아니라 심지어는 각 정당의 내부에서도 분열된 모습을 보이곤 했다. (1989년 샌프란시스코 지진이 일어난 직후처럼) 아주 드문 경우를 제외하고는 캘리포니아 주 출신 의원들이 한목소리를 내지 못한 것이 비록 그들이 하원에서 가장 많은 의석을 차지하고 있음에도 이에 상응하는 권력을 갖지 못하게 된 원인이라고 할 수 있다.

이번 논의와 관련하여 과학사회학 문헌에 나오는 패러다임의 발전 수준이라는 개념이 유용하게 쓰일 수 있다. 어느 연구에서는 네 개의 과학 영역에 속하는 80개 학과의 교수들에게 교과 과정, 연구 주제, 연구 방법론에 관하여 그들 사이에 어느 정도로 합의가 되어 있는지를 물었다.[6] 이 연구에서는 각 영역마다 이러한 쟁점에 대한 합의의 정도가 크게 다르다는 것을 확인했다. 발전 수준이 높은 패러다임은 '무엇을 할 것인가'와 '그것을 어떻게 할 것인가'가 관련 종사자들에게 확실하게 다가오는 기술과도 닮은 데가 많다. 패러다임의 발전 수준이 높은 영역에서는 행동의 결과(예를 들어, 연구와 교육 같은)가 더욱 확실하여 예측 가능성이 높다.

합의와 기술적 확실성은 여러 가지 측면에서 하위 조직의 권력을 확대시켜줄 수 있다.

첫째, 어느 학과가 예측이 가능하고 확실한 결과를 낳을 수 있다면 대학 측은 이 학과의 자원 요구를 더욱 진지하게 검토하게 된다. 자원 할당을 책임지는 사람은 위험을 줄이고 자원을 가지고 무엇을 얻을 것인가를 미리 알고 싶어 하기 때문이다.

예를 들어, 로달(Lodahl)과 고든(Gordon)은 패러다임의 발전 수준이 높은 자연 과학 영역이 연방 기관과 대학본부로부터 연구비를 사회 과학 영역보다 훨씬 더 많이 받는다는 것을 확인했다.[7]

윌리엄 무어와 나는 캘리포니아대학교 캠퍼스 두 곳을 대상으로 학과별 자원 할당을 조사한 결과 학과별 패러다임의 발전 수준이 연구비 지원액과 통계적으로 정의 상관관계가 있다는 것을 확인했다. 다시 말하자면, 패러다임의 발전 수준이 높은 학과에 연구비가 더 많이 배정됐다.[8] 이러한 결과는 해당 학과의 등록 학생 수와 학문적 위상과 같은 자원 배분 요인들을 통계적으로 통제하더라도 마찬가지로 관찰됐다.

둘째, 합의와 확실성은 대내외적 의사소통을 원활하게 해준다. 대내적 의사소통이 효과적으로 이루어질수록 조정 비용이 감소하고 단결된 행동을 하기가 더 쉬워진다. 또한 조직이 단합된 전선을 형성하고 일관된 메시지를 전달하게 하여 외부인들과의 의사소통을 증진시킨다.

로자베스 캔터는 조직이 때로는 남성들만 참여하는 '단성 생식(homosocial reproduction)'을 하는 이유 중 하나가 관리자들 간의 신뢰를 형성하고 의사소통을 효율적으로 하기 위한 것이라고 주장했다.[9] 관리자들은 그들의 업무 특성상 때로는 불확실성을 다루어야 하고, 평가하고 감독하기가 어려운 과제를 맡아야 한다. 확실성은 효율적이고도 암묵적인 의사소통이 그렇듯이 일종의 프리미엄으로 작용한다. 권력이 한 목소리를 내는 데서 나온다면 우리와 비슷한 사람들을 고용하는 또 다른 이유는 그 결과로 나타나는 생각의 일치가 하위 조직의 권력을 확대시켜주는 데 있다.

과학과 대학 행정의 영역에 관한 몇몇 또 다른 연구에 따르면 발전 수준이 높은 패러다임이 효율적인 의사소통을 촉진시켜준다고 한다. 두 개의 연구에서는 패러다임의 발전 수준이 높은 과학 분야일수록 박사학위 논문과 논문 초록의 길이가 짧아진다고 한다.[10]

더욱 최근에는 앨리슨 콘래드(Alison Konrad)와 내가 패러다임의 발전 수준이 높은 분야에서는 논문 형식의 연구 간행물이 더 많은 비중을 차지하지만 패러다임의 발전 수준이 낮은 분야에서는 저서가 상대적으로 더 중요하게 취급된다는 사실을 확인했다.[11] 박사학위 논문과 논문 초록이 길어지거나 연구 간행물의 분량이 책 한 권에 달하는 것은 중요한 연구 문제, 방법론, 심지어는 용어에 대한 합의가 덜 되어 있고, 연구 결과를 다른 연구자들이 쉽게 이해할 수 있도록 전달하기 위해 시간과 지면을 더 많이 할애해야 한다는 사실을 반영한다.

합의가 부서 내 의사소통을 증진시킨다면 구성원들이 단결된 행동을 하기가 더 쉬워질 것이다. 이것은 부서의 내부 업무뿐만 아니라 외부 환경과의 상호작용에도 도움이 된다. 바이어(Beyer)와 로달은 영국과 미국의 대학 행정을 연구하면서 다음과 같이 기록했다.

> 패러다임의 발전 수준이 높아지고 이에 따라 예측가능성도 높아지면서 목표에 도달하기 위한 수단에 관한 합의도 쉽게 이루어진다. 이것은 학과 내부의 갈등을 줄이고, 행정 당국과의 갈등과 오해의 가능성을 줄이는 데도 도움이 된다. 또한 합의를 이룬 학과의 교수진은 내부적으로 갈등이 심한 학과의 교수진보다 더욱 강력하고도 효과적인 연대를 형성할 수 있다.[12]

연구 결과에 따르면 패러다임의 발전 수준이 높은 학과에서 교과 과정의 연계가 더 길게 이어진다. 어떤 학과가 교과 과정을 연계하려면 (A라는 과목을 B라는 과목을 위한 선수 과목으로 이수해야 하고, B라는 과목을 C라는 과목의 선수 과목으로 이수해야 하는 식으로 계속 이어진다) 특정 분야의 핵심 개념이 무엇이고, 각각의 주제와 기술을 구체적인 교과 과정으로 어떻게 나눌 것인가에 대한 합의를 이끌어낼 수 있어야 한다. 다시 말하자면, 확실성이 높은 학과에서는 그 구성원들이 단결된 행동을 하기가 더 쉽고, 따라서 더 많은 일들을 성취할 수 있다.

파워

합의를 이룬 학과가 갖는 또 다른 장점은 인사이동과 갈등이 발생할 가능성이 줄어든다는 것이다. 패러다임의 발전 수준이 높은 학과에서는 학과장의 재직 기간이 길어지는 경향이 나타난다.[13] 이것은 특히 앞서 살펴본 인류학과의 사례에서 분명히 나타난다. 연구 방법론, 교과 과정을 비롯하여 그 밖의 쟁점에서 합의를 이룬 학과라면 누가 학과장이 되는가는 별로 중요하지 않다. 교수들마다 생각하는 관점이 거의 비슷하여 학과장 자리를 두고 치열하게 경쟁할 필요가 없고, 결과적으로 갈등이 발생하지 않기 때문이다. 이처럼 단결된 모습은 다른 학과와 비교하여 확실히 장점이 된다. 학과의 안정성이 확보되고, 학과장은 자기 자리가 상대적으로 안정되어 있다고 생각한다.

노사 협상의 장에서는 노동조합의 지도자가 자기 자리가 불안정할 경우 경영자와의 협상을 효과적으로 진행하지 못하는 경우가 많다. 노동조합이 파업에 들어갔을 때 경영자가 내부적인 분열을 조장해 노동조합을 이끌어가는 지도자의 리더십을 약화시키려고 하는 것도 다 이런 이유에서다.

나는 대학교의 학과에서든 그 밖의 조직의 부서에서든 단결, 합의, 기술적 확실성이 저절로 생겨나는 것이 아니라는 확신을 더욱더 갖게 됐다. 하위 조직의 구성원들이 행동하는 방식이 조직의 단결을 이루어 낼 수도 있고 해칠 수도 있다. 가장 중요한 행동 중 하나는 부서의 구성원들에게 단순히 외부의 위협, 자원과 정책 결정을 둘러싼 경쟁자의 등장 가능성을 상기시키는 것이다. 내부적으로 분열에 시달리는 부서는 주변의 정치 현실을 정확히 바라보지 못할 때가 많다. 외부 세계로부터 고립되면 관점이 좁아질 수밖에 없는 것이다.

부서의 구성원들을 어떤 식으로 충원하는가도 부서의 행동 방식에 영향을 미친다. 내가 자신과 똑같은 사람을 고용하는 관행을 지지하지는 않지만 비슷한 배경과 관점을 가진 사람으로 구성된 부서가 응집력이 있고, 일관된 행동을 할 가능성이 높은 것은 분명한 사실이다.

그러나 부서 내 합의를 이끌어내기 위한 작업도 그만큼 중요하다. 조직 생활의 다른 대부분의 측면에서와 마찬가지로 여기에서도 빈익빈 부익부라는 슬픈 현실이 드러난다.

자연 과학 영역의 경우를 생각해보자. 자연 과학 영역은 발전 수준이 높은 패러다임을 보유하고 연구 기금을 더 많이 유치할 수 있다. 이처럼 추가된 기금이 낭비되지 않고 연구를 위해 사용되며, 이것이 더 많은 실적을 낳고, 해당 학과의 지식과 기술을 발전시킨다. 해당 학과는 연구 분야에 대한 이처럼 더 나은 이해를 바탕으로 연구의 예측 가능성이 계속 높아지기 때문에 연구 기금을 훨씬 더 많이 요구할 수 있다. 이에 반해, 연구 기금을 충분히 확보하지 못한 분야는 기본적인 과정에 대한 이해 수준을 높일 수 없고, 따라서 연구 기금을 더 많이 요구할 입장이 되지 못한다.

모든 형태의 조직에서 이와 비슷한 역학 관계가 매일 일어난다. 포드자동차와 GM에서 재무부서가 권력을 갖게 된 이유 중 하나는 처음부터 자원 통제권을 가졌기 때문에 정교하고도 포괄적인 재무 보고 시스템 구축을 위해 최고로 유능한 사원들을 충분히 확보할 수 있었기 때문이다. 일단 이 시스템이 구축되면서 이것이 재무부서와 비슷한 수준으로 자원에 접근하지 않고서는 입수가 불가능한 종류의 수치와 분석을 제공하기 때문에 자기 영속적인 특징을 갖게 됐다.

나는 컴퓨터 정보 시스템 부서와 관련해서도 이와 비슷한 역학 관계가 전개되는 것을 보았다. 예산이 충분하지 않은 부서는 성과를 창출할 수 없고, 따라서 조직 내에서 이 부서에 대한 의존도가 떨어지며, 직원과 예산을 얻기 위한 경쟁에서도 점점 뒤처지게 된다.

이런 의미에서 보자면 단결된 행동을 하고 합의를 이끌어내는 것이야 말로 권력을 확립하기 위한 부서의 전략 가운데 중요한 첫 번째 단계라고 할 수 있다.

중대한 문제를 처리하라

힉슨과 그의 동료 연구자들은 조직이 직면한 중대한 불확실성에 대처하는 능력이 하위 조직에 권력을 부여한다고 주장했다.[14] 논리는 다음과 같이 아주 단순하다.

모든 조직은 긴급한 문제 혹은 쟁점에 직면하게 된다. 조직 내 분업때문에 어떤 부서는 이처럼 중대한 문제를 처리해야 할 책임을 지지만 다른 부서는 일상적이고 평범한 문제를 처리한다. 중요한 영역을 감독하는 부서가 권력을 가질 가능성이 있다. 이러한 부서가 권력을 가질 것인가의 여부는 조직이 직면한 중대한 문제를 실제로 얼마나 잘 처리할 수 있는가에 달려 있다. 이러한 문제들은 시간이 지나면서 그리고 조직마다 달라지는데, 이것은 중대한 문제가 변하면서 권력이 이동하고 발생하는 특정한 문제에 따라 권력이 조직 내 다양한 부서로 위임될 수 있다는 것을 의미한다.

비용 절감과 환자들을 위한 서비스가 중대한 쟁점으로 떠오르면서 병원 내에서 권력이 극적으로 이동하는 현상이 발생했다. 그 첫 번째 이유는 의료보호기금에 대한 정부의 개입이 증대되었고, 두 번째 이유는 병원 시설이 과잉 상태에 이르러 환자를 유치하기 위한 경쟁이 더욱 치열해졌기 때문이다. 따라서 환자들을 위한 서비스를 기반으로 경쟁을 해야 하고 비용을 걱정해야 하는 병원에서는 간호부서가 권력을 갖는 경향이 나타났다.

앞서 살펴봤듯이 스탠퍼드대학교 부속병원의 최고운영책임자는 간호사 출신으로 간호부장을 역임한 사람이었다. 이것은 의사들이 병원 직원이 아니라 단지 병원 시설을 이용하며 병원에서 일하는 사람이라는 것을 생각해보면 이해할 수 있는 일이다. 대부분의 병원에서 간호사들은 예산과 직원의 약 절반을 차지하며 직원들 중 규모가 가장 큰 집단이다. 따라서 간호부장이 예산에 대한 엄청난 책임을 맡고 있고, 규모가 가장 큰 집단을 통제한다. 비용과 의료 서비스가 점점 더 중요한 쟁점이 되면서 간호부서의 권력이 엄청나게 커졌고 앞으로도 훨씬 더 커질 전망이다.

조직의 중대한 문제를 처리하면 권력이 커질 것이라는 주장은 문화를 뛰어넘어 적용될 것이다. 1980년대 초반, 일본인 학자 미야자와 세츠오가 미국에서 영업 중인 일본 제조업체와 무역업체의 지사 36개사를 대상으로 법무부서의 데이터를 수집하여 조사한 적이 있다.[15]

그는 다음 세 가지 방식, 즉 사내 미국 변호사의 수, 지사 법무부서 전체 직원 중 미국 변호사가 차지하는 비율, 사내 미국 변호사가 법무부서장을 맡고 있는지의 여부를 토대로 법무부서가 가진 권력을 측정

했다.[16]

일본 대기업은 자국에서 별도의 법무부서를 갖는 경우가 드물고 설사 그렇다 하더라도 변호사가 법무부서장을 맡는 경우는 흔치 않다. 그러나 미국 기업에서는 이런 일이 흔하다. 따라서 미국에서 발생하는 특수한 문제들에 직면한 일본 지사들이 권력과 전문성이 있는 법무부서를 가질 것이라는 주장을 할 수 있다.

"독점금지법이나 제조물책임법에서는 법적 규제가 일본의 것과는 상당히 다르고, 미국의 고소인들이 일본의 고소인들보다 소송에 더욱 적극적으로 임하는 듯하다."[17]

이 연구에서는 이러한 소송 산업의 현황을 앞으로 직면할 가능성이 상당히 높은 법적 문제의 종류와 심각성에 대한 대리 변수로 사용하여 법무부서의 존재 자체가 다양한 기업들이 직면하게 되는 우발적 사건과 문제를 반영한다는 주장을 강력하게 뒷받침한다.

물론 조직이 직면하고 있는 중대한 문제에 무엇이 포함되고, 무엇이 포함되지 않는가는 해석의 여지가 있다. 그러나 조직 내에서 권력을 얻으려는 사람들은 그들 부서가 중대한 문제를 다루고 있다는 사실을 분명히 해야 하고, 다른 부서가 그들 부서의 소관 분야인 이러한 문제의 중요성을 깨닫도록 해야 한다. 닉슨 행정부의 대통령 법률 고문으로 일했던 존 딘(John Dean)은 이러한 활동에 관한 가장 좋은 사례를 제시한다.

1970년 7월 27일, 존 딘이 이 직책을 맡았을 때는 대통령 법률 고문에게는 권력이 거의 없었고 딘도 이러한 사실을 잘 알고 있었다.

백악관 지침에 따라 내 사무실은 누추하기 그지없었다. 벽에는 페인트칠을 새로 해야 했고, 사무실 집기들은 군대에서 버린 폐기물 같았다. 창문 밖으로는 아스팔트가 깔린 안뜰에 운송 트럭이 가득했다. 그리고 다른 사무실 창에 달려 있는 에어컨 뒷면도 보였다.[18]

그러나 딘은 닉슨 행정부의 중요한 쟁점들을 자기 부서의 영역으로 가져와 부서의 권력을 확립하려는 계획을 가지고 있었다.

중요한 사실은 우리 업무의 이해가 상충된다는 것이었다. 이 일은 복잡하고 지루했지만 나는 이것이 새로운 일을 창출하게 될 것이라는 사실을 일찍이 감지했다.
"당신이 어떤 사람의 개인적인 재정 상태를 알게 되었을 때, 그리고 당신이 그 사람이 어떤 갈등을 겪고 있는지 알아내기 위해 그 사람이 하는 일에 대하여 솔직하게 대화를 나누었을 때 당신이 이 일을 잘 한다면 당신은 그 사람에게서 신뢰를 얻을 수 있을 것이다. 그리고 일단 당신이 그 사람에게서 신뢰를 얻게 된다면 그 사람은 당신에게 일을 맡기게 될 것이다."[19]

게다가 딘은 법률 고문 사무실이 백악관을 위해 정보 업무를 수행하는 방안도 생각해냈다. 닉슨 행정부는 정보 수집에 지나칠 정도로 집착해 워터게이트 스캔들까지 일으켰던 바로 그 행정부다. 따라서 정보 업무에 뛰어든 것 자체가 딘으로서는 자기 부서의 역할을 확대하기 위한 상당히 현명한 방법이었던 것이다.

우리는 이미 이해가 상충되는 정보 업무에서 일정한 역할을 맡았다. 그리고 우리에게는 이 방면을 잘 아는 잭 콜필드(Jack Caulfield)가 있었다. 우리는 우리 사무실이 문제에 대한 답을 줄 수 있는 곳이라고 선전했다. 나는 지루한 법률적 조언을 하는 것보다 정보 업무가 정책 담당자들에게 더 가치가 있을 것이라고 생각하고 이처럼 새로운 전문 분야를 장려했다. 내가 '준비 작업을 시작했던' 1971년 내내 우리에게 정보 요청이 쇄도했다. 나는 상관들이 무엇에 관심을 갖는지에 대하여 많은 것을 배웠다.[20]

딘은 이러한 깨달음을 훌륭하게 활용하여 부서의 직원 규모를 확대했다. 그리고 가장 의미 있는 성과는 닉슨 대통령의 두 핵심 참모인 존 에를리히맨(John Ehrlichman)과 H.R. 홀더먼(H.R. Haldeman)에게 중요한 인물이 됐다는 것이다. 당시 딘의 나이는 30대 초반에 불과했지만 자기 부서의 중요도를 높이고, 이를 활용하여 닉슨 행정부에서 핵심적인 역할을 수행하는 데 뛰어난 역량을 보였다.

대체 불가능한 존재가 되라

부서의 권력은 단결하는 데서도 나오고, 조직의 중대한 문제를 다룰 수 있는 데서도 나오지만 이러한 문제를 해결하기 위한 능력을 독점하고 있는 데서도 나온다. 앞서 나는 권력의 원천을 다루면서 권력이 다른 사람이 원하거나 필요로 하는 것을 소유하는 데서 나올 뿐만 아니라 이러한 자원에 대한 접근을 통제하고 대체할 수 있는 자원이 없도록 하는 데서도 나온다는 사실을 강조했다.[21] 독점이 생산물 시장에서 기업에 권력을 제공하는 것과 마찬가지로 영향력을 얻기 위한 시장에서 상호작용하는 부서에도 권력을 제공한다.

미셸 크로지에(Michel Crozier)는 프랑스의 담배 공장을 연구하면서 이러한 사례, 즉 권력의 원천으로서 문제해결 능력의 중요성을 강조하는 훌륭한 사례를 제시했다.[22] 국가가 이 공장에 대한 독점권을 갖게 되어 시장 수요나 자금 조달은 크게 문제되지 않았다(이 연구는 국영 기업의 매각 이전, 그리고 담배가 건강을 위협하는 것으로 널리 인식되기 전에 시행됐다). 공장에서 유일하게 발생할 수 있는 불확실성 혹은 우발적 사건은 고도로 자동화된 담배 제조 설비가 고장을 일으키는 것이었다. 이러한 설비를 수리할 수 있는 엔지니어가 엄청난 권력을 가질 수 있었는데 실제로 운영 담당 임원을 쫓아낼 수 있을 정도였다.

여기서 의문을 갖게 되는 것은 '공장에서 설비 관리 직원들이 권력을 남용한다면 왜 다른 숙련된 수리공, 기계공, 엔지니어를 고용하여 그들을 대체하지 않는가' 하는 것이었다. 이렇게 하는 데는 단 한 가지 문제가 있었다. 그것이 불가능하다는 점이었다. 어떻게 하다 보니 화재 혹은 그 밖의 사고가 발생하여 기계에 딸려 있는 매뉴얼이나 도면이 사라지고 말았다. 일부 기계는 노후화되어 다양한 방식으로 개조되었고 이것을 수리하는 데 필요한 지식, 특히 효율적으로 수리하기 위한 방법은 현재의 설비 관리 직원들만이 알고 있었다.

예를 들어, 기존 설비 관리 직원이 사망하거나 퇴직하게 되어 설비 관리 직원을 새로 충원하더라도 그들을 대상으로 하는 작업 교육은 구두로만 진행됐다. 그들은 교육 기간에 메모를 할 수는 있었지만 교육 자료를 숙지하고 수리 기술을 터득하고 나면 메모한 것을 파기해야 했다. 설비 관리 직원들은 이러한 전략을 통하여 그들 자신을 고용주가 대체할 수 없는 사람이 되도록 했다.

이와 비슷한 과정이 조직에서 컴퓨터 시스템 부서 직원들이 권력을 여러 해에 걸쳐서 유지하는 데 도움이 되기도 했다. 전문가용 소프트웨어는 특별히 중요한 용도로만 개발되었는데 이러한 소프트웨어를 완전히 문서화하기 위한 시간이 충분히 있는 경우가 드물었다. 조직들은 문서화 작업에 필요한 자원을 투입하지 않았다. 게다가 소프트웨어 프로그래머들의 관심은 이미 완성된 프로그램을 문서화하는 것보다는 그다음 프로그램을 시작하는 데 있었다.

때로는 그들이 특정 시스템의 작동 방식을 다음 세대에 구두로만 전수하고 어느 정도는 시행착오를 통한 학습을 거쳐서 그것을 습득하게 하는 경우도 있었다. 이런 경우에는 컴퓨터 시스템 부서가 예산 증액과 완전한 재량권을 요구할 수 있다. 이 부서의 권력은 적어도 합리적인 비용 지출을 고려할 때 대체가 사실상 불가능한 존재라는 사실에 더하여 그들이 중대한 불확실성을 통제하는 데서 나온다.

대체 불가능한 존재가 되고 싶은(혹은 적어도 그렇게 보이려는) 욕망을 이해하면 조직 내 부서들이 왜 외부 컨설턴트에 대한 접근을 경계하고 오직 그들만을 통하여 접근이 가능한 것처럼 보이려고 하는지 알 수 있다. 이러한 부서들은 정보와 전문 지식을 독점하고 있는 것처럼 보임으로써 그들의 권력을 확대한다.

예를 들어, 몇 해 전 미국의 어느 대기업에서 경영진 교육 프로그램을 담당하는 사람에게 연락 온 적이 있다. 그는 내게 사내 경영진 교육 프로그램에서 강의를 맡아줄 것을 부탁했다. 그는 몇몇 명문 경영대학에 전화를 하고, 외부에서 진행하는 여러 프로그램들의 카탈로그를 검토하고, 경영대학 교수 명단을 조사하는 식으로 이번 프로그램의 교수진을 구성했다. 이 모든 일은 다른 사람도 쉽게 할 수 있는 것이었다. 하지만 그는 교수를 모집하는 일에 (시장에 기반을 둔 단순한 협상과는 다르게) 상당한 능력이 필요한 것처럼 보이려 했고, 모든 계약이 자신을 통해 이루어지도록 했다.

예를 들어, 누군가가 당신을 경영진 교육과는 상관없는 프로젝트의 컨설턴트로 활용하려고 하더라도 경영진 교육 프로그램 담당자를 통해서만 연락을 취해야 한다. 나는 이 프로그램에서 어느 임원에게 이러한 시스템이 얼마나 복잡한지 설명했고, 컨설턴트로 활용하고 싶은 사람에게 직접 연락할 것을 제안했다. 두말할 필요도 없이 나는 경영진 교육 프로그램에 더 이상 초대받지 못했다. 이런 실수를 또다시 반복하지 않으려고 그 후로는 고객사에서 나를 초대한 사람이 아닌 다른 사람과 의논하고 싶을 때는 그래도 되는지를 항상 먼저 물어본다. 그리고 공적인 상황에서는 나를 초대한 사람과 내가 특별한 관계를 유지하고 있으며 오직 그 사람만을 위해 일하고 있다는 사실을 모든 사람에게 확실히 해둔다.

로버트 모제스가 가진 권력의 원천 중 하나는 라구아디아 시장 시절에 분명하게 드러나기는 했지만 뉴욕시의 거의 모든 계획 및 공학기술 인력을 통제한 것에 있었다. 공공사업을 진행하려면 계획을 입안해야 하고 토목공사에 착수해야 한다. 모제스에게는 이 일을 맡은 직원들이 있었기 때문에 무엇을 진행하고, 무엇을 진행하지 않을 것인지를 결정할 수 있었다. 모제스가 도시 계획자와 공학기술자(열심히 일하는 유능한 사람들로 구성된 팀)를 독점하고 있었던 것이 그를 대체 불가능한 인물이 되게 만든 한 가지 요인이었다. 카로는 이러한 상황을 다음과 같이 서술했다.

시장은 도시의 공공사업을 비슷한 정도로 통제하고 있지 않았다. 연방 정부가 이러한 공공사업에 필요한 예산의 상당 부분을 지원하고 있었고, 이러한 지출에 상응하는 결과를 보여주기 위해 토목공사의 속도에 훨씬 더 많은 관심을 가졌다. 토목공사의 속도는 세부 계획에 달려 있기 때문에 시장은 이러한 계획을 신속하게 작성할 것을 요구했다. 로버트 모제스가 어떤 프로젝트를 진행할 것인가를 결정했다. 모제스에게는 새롭고도 거대한 규모의 도시 공공사업을 설계하도록 훈련받은 엔지니어들로 구성된 '대규모의 안정된 계획팀'이 있었다. 라구아디아 시장은 이러한 약점을 계속해서 극복하려고 했다. 윈델스(Windels recalls)는 이렇게 기억한다.
"그는 항상 다른 부서가 계획안을 가져오도록 재촉했습니다. 하지만 시장의 지시대로 하자니 시간이 너무 오래 걸렸습니다."
그리고 계획이 있더라도 때로는 이것을 실행할 사람이 없었다. 모제스가 그들을 공원 프로젝트에 꽁꽁 묶어놓았기 때문이다.[23]

모제스는 공공사업에 대한 통제권을 가짐으로써 시장에게 영향력을 행사할 수 있었다. 이것은 대공황 시기에 공공사업이 중요한 자원이기도 했지만 라구아디아 시장의 목표가 공공사업에 역점을 두는 데 있었기 때문이기도 했다. 단 한 가지 문제는 공공사업의 결과가 시장이 아닌 모제스가 원하는 것이었다는 점이다.

> 시장은 소방서 20개소를 건설할 생각이었지만 겨우 3개소만 건설할 수 있었다. 병원, 하수처리장, 하수도, 지하철뿐만 아니라 학교, 교도소, 경찰서도 포함되어 있었다. 라구아디아 시장은 공원, 교량, 도로를 제외하고는 자기가 계획했던 거의 모든 종류의 도시 시설 건설 프로그램을 축소할 수밖에 없었다.[24]

대체 불가능한 지위를 유지하기 위해서는 자원을 독점하고, 전문가에 대한 접근을 통제해야 하며, 프랑스의 설비 관리 직원의 사례에서 봤듯이 다른 사람들이 자신의 전문 지식에 쉽게 다가가지 못하도록 해야 한다. 이를 위해서는 다른 사람들이 이해하기 힘든 전문 용어를 사용하는 것이 유용하고도 자주 쓰이는 전략이다.

여러 전문 직종에서는 외부인들이 이 분야의 지식에 쉽게 접근하지 못하도록 전문 용어를 사용한다. 언어가 덜 중요한 분야에서는 훈련 기회를 제한하는 방식으로 지식에 대한 접근을 통제한다. 건설업계(공예업계도 마찬가지다) 사람들은 도제 프로그램을 통하여 기술 훈련에 대한 독점권을 행사하는 방식으로 그들의 권력을 오랫동안 유지해왔다. 이러한 사례와 그 밖의 많은 사례는 어떤 조직이 권력을 갖고 다른 조직은 갖지 못하는 원인 중 핵심적인 요소는 '대체 불가능한 존재가 되는 것'이라는 사실을 분명히 보여준다.

광범위하게 활동하라

부서들은 대체 불가능한 존재라는 인식을 심어줌으로써 권력을 확립할 뿐만 아니라 조직 내에서 자신의 활동이 광범위하게 스며들게 함으로써 권력을 확립한다.[25]

6장에서 살펴봤듯이 부서가 의사소통 구조의 중심에 있으면 그렇지 않았을 때보다 권력을 더 많이 갖는다. 그리고 조직 운영의 많은 부분에 개입하는 것도 마찬가지로 권력의 중요한 원천이다. 광범위한 활동과 개입의 중요성을 이해하면 재무부서와 법무부서와 같은 부서들이 조직 내에서 왜 그처럼 많은 영향력을 행사할 수 있는지 알 수 있다. 여기서 중요한 것은 언뜻 보기에는 부서의 통상적인 업무 영역과는 관계가 없어 보이는 행정과 의사결정 과정에 개입하는 것이다.

PG&E의 사례를 살펴보자. 운영 지소(이 지소들의 지리적 위치는 가스, 전기와 같은 에너지의 형태에 따라 결정된다)가 고객에게 에너지를 전달하는 과정을 맡고 있지만 대부분의 중요한 결정은 본사에서 이루어진다. 운영 지소 인력은 지리적으로 널리 흩어져 있고, 그들의 활동 범위 또한 제한을 받는다. 그들의 역할은 단순히 본사 직원이 작성한 매뉴얼에 나오는 지침과 절차에 따라 고객 서비스의 질을 유지하는 것이다. 운영 지소 인력은 지리적으로 흩어져 있고, 사회적 배경이나 학력이 다르며, 규정에 따라 비교적 틀에 박힌 일만 하게 되어 최고경영진을 만날 기회가 제한되어 있다. 따라서 PG&E에서는 중앙에서 통제가 이루어지고 실질적인 권력은 본사에 있었다.

그러면 본사에서의 권력이 어떻게 하여 엔지니어링부서에서 법무

부서와 재무부서로 옮겨가게 되었을까? 어느 정도는 회사를 둘러싼 주변 환경에 대처하는 데 필요한 핵심 역량을 재정의하면서부터였다.

예를 들어, 부분적인 규제 완화와 오일 쇼크, 에너지 가격의 변동성 증가 때문에 지난 30년에 걸쳐서 천연가스를 확보하는 것이 중요한 문제로 떠올랐다. 예전부터 천연가스 조달 업무는 가스 운영 담당 부사장 휘하의 부서에서 맡았다. 이 업무는 1971년 변호사 출신의 존 스프라울(John Sproul)이 새로운 직책인 천연가스 조달 담당 부사장으로 취임하면서 그 위상이 높아졌다.

한편, 장기 천연가스 조달부서의 관리자로서 기계공학을 전공한 로버트 브룩스(Robert Brooks)는 새로운 직책을 맡지 못했다. 천연가스 조달 업무는 계약 협상 능력을 요구하고, 변호사가 이러한 능력을 더 많이 갖추고 있을 것으로 판단되었기 때문이다. PG&E(PG&E에서만 이런 일이 일어난 것은 아니지만)는 천연가스 가격이 급등하기 전 천연가스 공급업자와 체결했던 장기 계약의 법적 강제력을 두고 소송을 벌인 적이 있다. 또한 이 천연가스의 수송을 맡은 회사와의 관계에서도 분쟁이 있었다. 따라서 업무에서 중요한 능력이 변했고, 천연가스 조달과 수송을 확실히 해두기 위해서는 법률 지식이 더욱 중요해졌다.

법무부서와 재무부서가 영향력을 확대했던 영역에는 천연가스 조달 업무 외에도 또 있었다. 예전부터 공공 서비스 시설을 위한 자금 조달은 거의 일상적인 업무였다. 전기와 가스 수요는 꾸준히 증가했고 예측이 가능했다. 그리고 공공 서비스 요금을 통제하여 새로운 설비에 대한 적정 수익률을 보장했다. 1950년대와 1960년대에는 최고경영진과 만날 기회가 거의 없는 지위가 낮은 사람이 자금 조달 업무를 맡았다.

그러나 1970년대 초반이 되면서 인플레이션으로 자금 조달이 어려워졌다. 환경 운동이 활발해지고, 규제 과정에서 일반 대중들의 개입이 확대되면서 공공 서비스 요금 공청회의 결과를 예측하기가 더욱 힘들어졌기 때문이다. 또한 새로운 에너지 자원에 대한 쟁점이 일반 대중들과 규제 당국의 관심사가 됐다.

예를 들어, 디아블로 원자력발전소(Diablo Nuclear Power Plant) 재무부서의 경우에는 건설비를 요금 산정 기준에 포함시켜야 하는지, 만약 그렇다면 얼마나 포함시켜야 하는지에 대해 끝까지 결정하지 못하고 있었다. 초과 비용이 발생한다면 주주들이 이러한 비용 중 얼마만큼을 부담해야 하는지, 일반 대중들이 인상된 요금을 통하여 얼마만큼을 부담해야 하는지에 대해서도 아무런 결정을 내리지 못했다. 이러는 가운데 자본 시장은 더욱 복잡해지고 경쟁이 치열해졌다.

1973년에 변호사로서 경제학 학부를 졸업하고 석사학위를 가진 스탠리 스키너(Stanley Skinner)가 재무부장으로 임명됐다. 그는 4년 만에 상무이사가 되었고, 이후로 1년이 지나서는 부사장이 되었는데 줄곧 재무 업무만을 담당했다. 1960년대와 1970년대에는 대외 환경에서 또 다른 변화가 일어났다. 소비자의 권리와 소비자 행동주의가 대두된 것이다. PG&E에는 고객 담당 부서가 있었는데 이 부서의 중요성이 점점 커졌다.

1970년대 후반에는 변호사 출신으로 에너지 절약 부서와 서비스 부서에서 근무했던 존 쿠퍼(John S. Cooper)가 고객 담당 부사장으로 임명됐다. 또한 1979년에는 또 다른 변호사 출신으로 록펠러 재단(Rockefeller Foundation)에서 근무했던 메이슨 윌리치(Mason Willrich)가 신설된 자리인 기획 담당 부사장으로 취임했다. 법무 기능이 규제와 관련된 업무를 계속 주도하게 되자 PG&E에서는 이 기능이 재무, 기획, 고객 관리, 규제, 천연가스 조달 업무를 통제하면서 여러 부서 속으로 광범위하게 스며들었다. 그러나 엔지니어링부서가 시설 계획, 조달 및 운영을 포함하여 몇몇 주요 부서에 대한 통제권을 여전히 보유하고 있는 것으로 보였다.

하지만 이러한 통제권은 오래 가지 못했다. 새로운 관리팀이 자리를 잡으면서 새로운 기획 수단을 위한 대안, 즉 기획 지원 시스템(Planning Support System)을 개발하기 위해 컨설턴트를 고용했다. 이 시스템은 한 세트의 통합 시뮬레이션 모델로 구성될 예정이었는데, 이것이 자본 예산과 운영 계획의 다양한 조합에 기초하여 추정 재무 결과를 산출하기로 되어 있었다. 또한 이 시스템은 새로 개발 중인 책임 예산 시스템을 보완할 목적도 가지고 있었다. 비록 제안된 시스템의 세부 사항들을 실행한 적이 없고, 일부 기능들에 대한 권한을 재무부서와 법무부서로 공식적으로 이관하는 데 반대가 있었지만 그럼에도 이 과정에서 재무부서의 책임이 크게 확대됐다.

예산 시스템의 개발은 감사실 소관이었고, 이미 변호사 출신의 월리치를 영입한 기획부서가 새로운 기획 지원 시스템의 개발을 감독했다. 이제 예산, 기획, 재무 계획을 통제하게 된 법무부서는 설비, 특히 새로운 설비에 대한 통제권을 엔지니어링부서로부터 사실상 넘겨받게 됐다. 목표와 책임 소재를 설정하고, 새로운 설비의 도입이 회사의 재무 상황에 미치는 영향을 예측하기 위해 사용할 기획 모델을 설정하는 것도 이제는 변호사들이 하는 일이 됐다. 변호사들의 영향력이 조직의 구석구석까지 광범위하게 스며들면서 그들의 권력도 자연스럽게 확대됐다.

1981년 초에는 이러한 권력을 보여주기라도 하듯이 회사의 최고재무책임자인 스키너가 대규모 화력 발전소를 폐쇄함으로써 엔지니어링 부서 사람들에게 이제는 주요 설비에 대한 의사결정권이 재무부서에 있다는 사실을 분명히 보여주었다.

변호사들이 배경과 친분을 바탕으로 그들 간의 유대를 형성하고 서로 협력하여 행동한 것이 이렇게 영향력을 확대하는 데 엄청난 힘을 발휘했다. 이처럼 조직 전반에 걸쳐서 다양한 활동과 의사결정에 개입하여 권력을 획득하고 확대한 사례들은 GM, 제록스, 포드자동차와 같은 기업의 역사에서도 찾아볼 수 있다. 결과적으로 감독 대상이 되는 업무의 중요도뿐만 아니라 활동의 범위가 조직 내 부서가 가질 수 있는 권력을 결정한다.

요약

조직 구조에서는 '어디에 위치하는가'가 권력의 원천 중 하나다. 모든 부서가 평등하게 존재하는 것은 아니다. 어떤 부서는 다른 부서보다 영향력이 더 크다. 부서의 권력은 통일되고 일관된 방식으로 행동하는 능력, 중대한 쟁점에 접근할 수 있는 능력, 이러한 쟁점을 다룰 수 있는 능력, 전문성과 문제해결 능력을 바탕으로 독점적 지위를 확보하는 능력에서 나온다.

그러나 PG&E 사례가 우리에게 시사하는 바는 중대한 쟁점과 이에 대한 해결 능력 자체가 논쟁의 대상이고, 정치적 상호작용을 거쳐야만 드러난다는 것이었다. 독자들은 PG&E의 성공이 기획, 재무 분석, 규제 관련 업무와 법무를 다루는 능력이 아닌 기술적 숙련도, 에너지를 비용효율적인 방식으로 공급하는 능력에서 비롯되었다는 대안의 시나리오를 제시할 수도 있다. 이것은 다양한 부서들이 조직을 지배할 수 있고, 다양한 개인들이 권력을 얻을 수 있다는 것을 의미한다. 이러한 대안의 시나리오는 조직의 발전, 기술 혁신 능력, 효율적인 운영 능력에 대하여 또 다른 시사점을 제공할 수 있다.

실제로 이러한 대안의 시나리오는 북부 캘리포니아가 아닌 남부 캘리포니아에 위치하고 있다는 점이 PG&E와는 다르지만, 같은 규제와 경제 상황에서 영업하고 있고 규모도 비슷한 전력 회사인 서던 캘리포니아 에디슨(Southern California Edison)에서 나타났다. 서던 캘리포니아 에디슨에서는 PG&E와 비교하여 거의 비슷한 시기(1980년대 초중반)에 엔지니어 출신이 최고경영자를 맡았고, 변호사 출신이 최고운영책임자가 되었다. 또한 또 다른 변호사 출신이 부사장 겸 법무 담당 책임자가 되었고, 엔지니어 출신과 MBA 출신이 각각 전무이사를 맡았다. 다른 엔지니어 출신 7명은 부사장을, 다른 분야 출신 6명은 부사장을 맡았다. 20명의 최고경영진 중에서 변호사 출신은 겨우 2명이었고, 그중 1명이 법무 담당 책임자였다.

던 앤 브래드스트리트(Dun & Bradstreet)가 펴낸 〈기업경영연감(Reference Book of Corporate Management, 1982~1983)〉에 등장하는 124개의 다른 주요 공기업에서의 부사장급 이상 자리는 1311개에 달한다. 그중 변호사가 약 10퍼센트에 달하는 132개 자리를 차지한 반면, 최고경영자의 경우에는 약 25퍼센트를 차지했다.

　이에 반해, PG&E에서는 변호사가 상위 18개 자리 중 약 절반을 차지해 크게 두드러진다. 이러한 결과는 경제와 규제 환경에서의 변화가 비록 중요하기는 하지만 그 자체만으로 조직 내 권력 이동을 충분히 설명하지는 못한다는 사실을 뒷받침한다. 더불어 행동할 수 있는 능력이 PG&E의 변호사들에게 다른 조직에서 갖기 힘든 영향력을 제공했던 것이다. 다른 조직에서는 변호사들이 여러 가지 이유로 PG&E에서처럼 단합된 행동을 하기 어려웠다.

9장

●

개인적 기질,
권력의 또 다른 원천

미국 하원 의회에는 435명의 의원이 있지만 의장으로 선출되는 사람은 단 한 사람뿐이고, 의원 시절에 이 자리에 오르는 사람은 몇 명 되지 않는다. 백악관 법률 고문의 수는 많았지만 존 딘처럼 권력을 재빨리 얻는 데 뛰어난 수완을 발휘한 사람은 몇 명 되지 않는다. 의회 보좌관 중에 린든 존슨보다 교육 수준이 높고, 세련되고, 침착한 사람들은 많았지만 존슨만큼 정치적으로 성공한 사람은 별로 없었다.

CBS와 GM에는 젊은 임원들이 많았지만 CBS에서는 프랭크 스탠턴만큼 성공한 사람은 지금까지 없었고, GM에서는 로저 스미스가 최고의 자리에 오르는 동안 많은 사람이 밀려났다. 권력으로 가는 길은 많은 사람에게 열려 있지만 이 길을 가면서 위대한 성공을 이룬 사람은 별로 없다. 그렇다면 권력을 얻은 사람들은 그렇지 않은 사람들과 어떤 점에서 달랐을까?

　과학적인 관점에서 보자면 권력을 얻는 데 성공한 사람들만을 조사하여 그들에게 요구되는 자질을 추론하는 것은 만족스러운 결과를 전해주지 않는다. 뛰어난 기업들만을 조사하여 뛰어난 경영자의 자질을 추론하는 것이 만족스러운 결과를 전해주지 않는 것처럼 말이다. 어떠한 자질이 권력을 얻는 데 도움이 되는지 알기 위해서는 권력을 얻지 못한 사람보다 권력을 얻은 사람에게서 자주 나타나는 자질을 확인하는 것이 중요하다. 권력을 낳는 개인적 기질에 관한 연구에서는 권력, 성취, 소속을 향한 욕구와 같은 개인적 성향을 강조해왔다. 그러나 나한테는 이러한 것들이 가장 커다란 차이를 일으키는 개인적 기질로 보이지는 않는다.

　나의 경험, 연구, 관찰에 의하면 다음과 같은 기질들이 조직에서 권력을 획득하고 확립하는 데 특히 중요한 것으로 나타난다.

1. 활력, 지구력, 체력.
2. 에너지를 집중하고 쓸데없는 노력을 하지 않는 능력.
3. 다른 사람의 마음을 읽고 이해할 수 있는 감수성.
4. 특히 목표를 성취하기 위한 다양한 방법을 선택하는 데 있어서의 융통성.
5. 필요한 경우라면 갈등과 대립 국면에 기꺼이 관여하려는 자세, 즉 인간적으로 어느 정도 강인한 모습.
6. 적어도 일시적으로는 자신을 드러내지 않고 훌륭한 부하직원 혹은 팀원이 되어 다른 사람들에게 도움을 줄 수 있는 능력.

이러한 기질 중 일부를 가지고 있는 사람이라면 그렇지 않은 사람보다 사회적으로 인정을 더 많이 받을 것이다. 그리고 이 모든 것을 가지고 있다면 상당한 권력을 확립하고 행사할 것이다.

왜 체력이 중요한가

정보화 시대에 권력과 영향력을 갖게 해주는 개인적 기질을 나열하자면 체력, 활력, 지구력과 같은 신체적 특징보다는 천재성과 지적 능력이 먼저 나올 듯하다. 그러나 이것은 잘못된 생각이다. 지구력을 가진 자가 영리한 자를 이기는 경우가 더 흔하기 때문이다.

존 코터(John Kotter)는 산업계의 관리자들을 대상으로 조사한 뒤 그들 중 상당수가 1주일에 60~65시간 일하는 것을 확인했다. 1주일에 6일을 근무한다고 했을 때 하루에 최소한 10시간을 일하는 셈이다.[1] 권력을 가진 사람들은 이처럼 장시간 일할 수 있는 능력과 의지를 갖고 있다. 한때 하원 의장의 대변인을 역임하고, 지금은 정치 평론가 겸 작가로 활동하는 크리스토퍼 매튜스(Christopher Matthews)는 에드 머스키(Ed Muskie) 상원의원이 어느 정도는 그의 대단한 체력 덕분에 일을 성취할 수 있었다는 점을 지적했다.

매튜스는 이렇게 기억했다.

"머스키 의원은 워낙 체력이 대단해서 자기 자리를 떠날 줄을 모릅니다. 그는 화장실에도 가지 않습니다. 오전 9시에 의원 사무실에 출근해 오후 1시까지 계속 자리를 지킵니다. 다른 사람들은 허기진 채로 그가 일어날 때까지 기다려야 했습니다. 사진을 찍을 때가 되면 다른 의원들은 와서 몇 장 찍고 몇 마디를 나누고는 떠납니다. 하지만 머스키는 계속 머물러 있었습니다. 대단한 체력의 소유자였죠. 만약 당신이 배가 고픈데 머스키는 그렇지 않으면 상황이 심각해집니다. 그가 오후 1시까지 자리에 앉아 있는데 당신이 12시에 점심을 먹기 위해 자리를 뜨고 싶다면, 좋습니다. 그에게 맡기십시오. 그가 그 일을 맡아서 1시 30분까지 끝낼 것입니다. 그러고는 그가 결단을 내릴 것입니다."[2]

린든 존슨도 엄청난 체력과 지구력을 지녔다. 클레버그 의원 사무실에서 그와 함께 일했던 여성은 존슨이 어디를 가든 항상 뛰어갔다고 말했다.

"존슨이 의사당에 올 때는 항상 뛰어왔어요."[3]

그는 다른 보좌관보다 더 일찍 출근했고, 점심 식사를 위해 일을 멈추려고 하지 않았다. 대부분의 의원 사무실이 4시 30분에 문을 닫았지만 존슨과 그의 동료들은 오후 8시가 넘어서도 일을 하곤 했다.[4] 첫 번째 여성 보좌관이 퇴직하자 텍사스 시절부터 알고 지낸 젊은 남성 2명을 보좌관으로 채용했고, 그들과 함께 훨씬 더 열심히 일했다. 그들이 늦게까지 일하면서 엄청난 노력을 쏟아붓게 된 것은 몸소 모범을 보이는 존슨에게 자극을 받았기 때문이다.

그들은 새벽 5시에 일어났다. 상관이 그 시각에 일어났기 때문이다.

그들이 날이 밝기 전 의사당 건물을 향해 터벅터벅 걸어올 때면 그들의 상관도 옆에서 터벅터벅 걷고 있었다. 그들은 하루 종일 타자기에 매달려 있었고, 존슨은 전화기에 매달려 있었다. 그리고 그들은 때로 작은 방에서 잠에 떨어지고 나서도 상관이 간이침대에서 몸을 계속 뒤척이는 소리를 들었다. 진 라티머(Gene Latimer)는 그에 대해 이렇게 말한다.

"그는 어느 누구보다도 열심히 일했습니다. 나머지 사람들이 지쳐서 잠에 떨어질 때도 그의 머리는 계속 작동하고 있었습니다."[5]

로버트 모제스도 마찬가지로 자기 자신과 부하들을 거세게 몰아붙였다. 그는 스미스 주지사와 그의 보좌관들과의 회의에 참석해야 하는 날에는 올버니행 새벽 기차를 타기 위해 새벽 6시에 뉴욕에 있는 자신의 아파트에서 나왔다.

"보통은 자정으로 되어 있는 돌아오는 막차 시간이 훨씬 지나서 회의가 끝날 때면 모제스가 스미스 주지사에게 관용차를 쓸 수 있게 해달라고 부탁하곤 했다. 그 차를 타고 집으로 돌아와서는 그 다음날 아침에 출근했다."[6]

윌리엄 페일리가 이끄는 CBS에서 사장직까지 오른 프랭크 스탠턴도 쉬지 않고 일하기로 유명한 사람이었다. 그가 CBS에서 성공한 데는 이러한 근면한 모습이 중요하게 작용했다.

일요일에 간편한 차림으로 사무실에 나올 때가 그에게는 쉬는 시간이었다. 그는 5시간 정도만 자고도 멀쩡했다. 그는 오전 7시 30분

혹은 8시에 출근했다. 9시 혹은 10시에 출근하는 다른 사람들보다 훨씬 더 많은 일을 하고 있었다.[7]

활력과 체력은 권력을 얻고자 하는 사람들에게 많은 장점이 된다. 첫째, 이것으로 상대방보다 더 많은 시간을 일할 수 있다. 다시 말하자면, 이것은 지적 능력이나 기술에서 당신을 능가하는 사람을 이겨내기 위해 더 오랜 시간 동안 열심히 일할 수 있게 해준다. 둘째, 당신의 활력과 지구력은 당신이 주변 사람들에게 더욱 열심히 일하도록 자극을 주는 역할 모델이 되게 한다. 당신이 오랜 시간 동안 일을 열심히 하는 것은 당신의 부하직원들에게 이러한 노력이 인간적으로 가능하다는 것을 보여줄 뿐만 아니라 그 일이 얼마나 중요한지를 알려준다. 결국 당신이 그 일에 헌신하고 있다면 그것은 해야 할 가치가 있는 일임에 틀림없다는 사실을 보여준다.

존 가드너는 리더십에 관한 자신의 저작에 다음과 같이 적었다.

"사람들에게 리더의 자질을 나열해 보라고 하면 활력이나 지구력을 말하는 사람은 별로 없을 것이다. 그렇지만 이러한 자질은 반드시 필요한 것들이다."[8]

끝까지 버텨내는 능력이 없으면 다른 기술이나 자질은 그만한 가치를 발휘하지 못할 것이다.

집중력이 권력을 확립한다

우리가 성취할 수 있는 것에는 한계가 있다. 우리의 활력과 기술이 아무리 뛰어나다고 하더라도 이러한 것들이 결코 무한하지는 않다. 대단한 영향력을 행사하는 사람은 자신의 활력과 노력을 한 가지 방향으로 집중하는 경향이 있다. 우리는 어렸을 때 돋보기에 햇빛을 통과시켜 마른 풀을 태워본 적이 있을 것이다. 이처럼 간단한 실험은 햇빛을 한 곳으로 집중시키면 훨씬 더 강력한 힘을 갖게 된다는 것을 보여준다.

린든 존슨에 관한 일화 중에는 미국 대통령이라는 구체적인 목표를 향해 일편단심으로 달려간 그의 집중력이 돋보이는 이야기가 있다. 어린 시절을 아주 가난하게 보낸 존슨은 경제적 안정을 절실히 원했지만 큰돈을 벌 수 있는 석유 거래에 참여할 기회를 제안 받았을 때 이를 단호히 거절했다고 한다. 석유 이권을 갖게 되면 자신의 경력에 해가 될 수 있기 때문이었다. 이것은 1940년대 초반의 일이다. 당시 그는 미국 의회의원이었다. 그가 석유 이권을 갖는다고 해서 이것이 텍사스 주 민주당 의회의원의 재선에 방해가 될 것 같지는 않았다. 텍사스 주에서는 현직 의원, 특히 민주당 현직 의원은 승리가 거의 보장되어 있었기 때문이다.[9]

또한 그가 석유 산업에 우호적인 인물로 알려진다고 해서 이것이 텍사스 주 상원의원으로 선출되는 데 반드시 해가 되는 것도 아니었다. 텍사스 주는 석유로 먹고 사는 주였고 지금도 그렇기 때문이다. 그렇지만 그가 대통령 후보로 나설 때는 석유 산업에 연루된 사실이 나쁜 영향을 미칠 수 있었다. 우리가 알고 있듯이 존슨은 일찍부터 분명한

파워

목표에 집중하고 있었고, 이러한 목표를 위해 다른 이권을 기꺼이 버릴 줄 알았다.

존슨의 집중력은 그의 사교 활동에서도 분명하게 나타났다.[10] 그는 워싱턴에서의 사교 모임에 참석하면서 이것을 정치적 인맥을 형성하기 위한 수단으로 활용했다. 따라서 그는 결혼 상대가 될 만한 젊은 여성을 만날 기회가 없었다. 그는 아내가 될 사람과의 첫 만남에서 청혼을 했는데 많은 사람이 그가 장인의 재산에 끌려서 그녀와 결혼한 것으로 생각했다. 실제로 처가 재산이 그의 젊은 시절 선거운동에 많은 도움이 됐다.

로버트 모제스도 대단한 집중력을 지녔다. 그는 40년이 넘는 공직 생활을 하면서 주로 공원과 그다음으로 공공건물 프로젝트에만 관심을 가졌다. 그는 선출직 공무원이 되지도 않았고, 연방 정부나 기업으로 진출하지도 않았다. 그의 권력 기반은 뉴욕 주, 특히 뉴욕시와 그 주변에 있었고 그는 이곳에서만 자신의 노력을 집중했다. 그는 항상 자신의 프로젝트만을 생각했고, 그의 가족 역시 그가 하는 일과 관련된 활동에만 참여했는데 그렇지 않으면 줄곧 무시를 당했다.

"그는 아내와 자녀들이 만족스러워할 만큼 그들에게 충실하지는 않았지만 대신 그들을 일터로 데려왔다."[11]

존 코터는 성공한 관리자 15명을 대상으로 조사한 뒤 그들이 한 가지 산업에서 하나의 기업에만 노력을 집중하는 경향이 있다는 사실을 확인했다.[12] 그는 이러한 관리자들이 모든 영역을 관리하지 않고 좁은 영역에서 나타나는 사업 쟁점에만 집중함으로써 얻게 되는 특별한 전문 지식이 권력 기반을 구축하고, 성공을 이루어내는 데 도움이 된다고 결론지었다. 또한 한 가지 산업에서 하나 혹은 소수의 기업에만 경력을 집중하는 것은 에너지를 분산시키지 않고 좁은 영역에서 나타나는 문제에만 관심을 집중할 수 있다는 점에서 유익하다.

프랭크 스탠턴은 CBS에서 권력을 확립하는 동안 그리고 사장직을 맡고 나서는 이 회사와 자기가 맡은 일에 유별나게 집중했다. 이렇게 하여 자신이 더 많은 일을 할 수 있고, 그 일을 더욱 효율적으로 할 수 있는 활동에만 관심을 집중했던 것이다. 그리고 이것은 당연히 그가 더 많은 권력을 갖도록 했다. 다음 사례는 스탠턴이 CBS에서 자기 일에 얼마나 집중했는지를 보여준다.

프랭크 스탠턴에게는 CBS가 자신의 삶 그 자체였다. 스탠턴이 개인적인 즐거움을 포기하고 CBS에만 헌신하는 모습을 가장 잘 보여주는 사례를 한 가지 든다면, 1952년 새해를 며칠 앞두고 있었던 일을 들 수 있다.

크리스마스 시즌에 극작가 조지 카우프만(George S. Kaufman)이 CBS 코미디쇼에 출연하여 CBS 후원사인 아메리칸 타바코 컴퍼니(American Tobacco Company)를 모독하는 듯한 발언을 한 것이 문제의 발단이었다. 아메리칸 타바코 컴퍼니 측은 카우프만의 퇴출을 요구했지만 스탠턴은 그를 계속 출연시키고 싶었다.

당시 스탠턴은 결혼기념일 20주년을 맞아 아내와 함께 뉴햄프셔로 여행을 떠났다. 그는 8시간 동안 운전을 하면서 드디어 해결 방안을 찾아냈다. 그것은 CBS가 새로운 후원사를 찾는 동안 아메리칸 타바코 컴퍼니 측으로부터 시간을 벌면서 카우프만을 계속 출연시키는 것이었다. 결국 스탠턴은 결혼기념일 일정을 생략하고 다음 날 여행에서 돌아와 CBS 변호인단과 협의하기 시작했다.[13]

이러한 집중력이 갖는 한 가지 측면은 세세한 부분까지 지나칠 정도로 관심을 갖게 되는 것이다. 일을 성취하려면 세세한 부분까지 관심을 갖는 것이 중요하다. 그리고 내가 만났던 학생들이나 관리자들을 생각해보면 이러한 점이 부족한 사람들이 많았다. 많은 사람이 자신의 이익을 위해서는 너무나도 똑똑했다. 그들은 아는 것도 많고 관심 분야도 많아서 한 가지 혹은 두세 가지 일에 집중하지 못했다. 다양한 분야에 얕은 관심을 기울임으로써 시간과 노력을 낭비한 것이다. 그리고 더욱 중요하게는 권력과 영향력을 확립하기 위한 노력에서 상당히 중요하다고 볼 수 있는 세세한 부분을 때로는 간과했다. 짐 라이트는 의회 활동을 하면서 세세한 부분에 관심을 기울이고 노력을 계속 집중하는 것이 중요하다는 사실을 깨달았다.

세세한 부분에 대한 관심은 중요하다. 의원들은 리더십의 한 가지 기능이 유권자에게 봉사하는 것과 마찬가지로 동료 의원들에게 봉사하는 것이라고 믿었다. 세세한 부분에 대한 관심은 이러한 봉사의 척도가 된다. 라이트가 하원 의장직을 맡게 된 것은 세세한 부분에도 많은 관심을 가졌기 때문이었다. 그는 동료 의원들을 위해 그들이 추진하는 공공사업뿐만 아니라 지역구 방문과 같은 작은 일까지도 정성껏 챙겨주었다. 그는 여러 해 동안 초선 의원들의 이름과 얼굴을 익혀서 그들과는 이름을 부르며 인사할 수 있었다. 몇몇 의

원들은 라이트를 그들이 워싱턴에 도착하자마자 첫 번째로 만난 동료 의원으로 기억한다.[14]

집중력이 권력을 확립하고 영향력을 행사하는 데 도움이 되는 만큼 집중력이 없으면 가장 가치 있는 노력조차도 수포로 돌아갈 수 있다. 1970년에 제록스의 최고경영자 피터 맥콜로우(Peter McColough)는 제록스가 복사기 외의 영역으로 사업을 확장해야 한다고 생각했다. 특허권은 시효가 만료되고 있거나 혹은 기술적으로 쓸모가 없어졌고, 복사기 시장은 성장이 둔화되고 있었다. 따라서 성장과 발전을 위한 새로운 길을 모색해야 했다. 맥콜로우는 제록스가 미국과 전 세계의 사무실에서 대단한 존재감이 있을 뿐만 아니라 연구개발에 커다란 장점이 있다고 생각했다. 또한 그는 경제에서 정보가 중요한 역할을 할 것이라는 예지력도 갖고 있었다. 그는 1980년 혹은 1990년의 사무실은 1970년의 사무실과는 완전히 다를 것이라고 생각했다. 제록스의 미래 역할에 대한 그의 비전은 통찰력이 있었고, 구성원들에게 활력을 갖게 했다.

제록스의 기본 목표는 정보에 더 나은 질서와 규율을 제공하기 위한 최적의 수단을 찾는 것이다. 따라서 우리가 기본적으로 추진하는 것, 즉 우리의 공통분모는 우리가 '정보의 건축'이라고 부르는 것 속에서 리더십을 확립하는 길로 나아가는 것이다.[15]

제록스의 이러한 원대한 비전이 결실을 맺지 못하도록 방해하는 두 가지 요소가 있었는데 그것은 집중력과 관련이 있었다. 첫번째 요소는 1970년대 초반에 독점금지법 위반으로 정부로부터 기소를 당했다는 사실이었다. 몇 년간 이어진 이 소송은 경영진의 관심을 분산시켰고, 조직의 기획 기능이 거의 마비 상태에 이르게 했다. 두 번째 요소는 맥콜로우가 제록스 외부에서 벌어지는 다양한 활동에 참여했다는 것이다.

그는 유나이티드 웨이(United Way), 로체스터대학교 신탁 이사회, 미국외교협의회(Council on Foreign Relations), 미소무역경제협의회(U.S./U.S.S.R. Trade and Economic Council), 해외개발협의회(Overseas Development Council), 국제경영용역단(International Executive Service Corps), 예술을 위한 기업위원회(Business Committee for the Arts), 미국도시연맹(National Urban League), 흑인대학장학기금(United Negro College Fund)에 자신의 시간과 노력을 바쳤다. 1973년에는 민주당 재정 고문으로 위촉되기도 했다. 맥콜로우가 최고경영자로서 산만하게 활동하면서 제록스가 직면한 법적 문제는 더욱 악화됐다. 또한 외부 고객들에게 제록스를 대표하는 역할을 맡은 맥콜로우는 공공 부문에서도 높은 명망을 가졌을 뿐만 아니라 제록스의 독점금지법 반대 투쟁을 지휘하는 역할까지 맡았다.[16]

타인에 대한 감수성

권력은 타인에게 영향력을 행사하는 것을 수반한다. 다시 말하자면,

리더십은 '리더가 갖는 혹은 리더와 그를 따르는 부하들이 공유하는 목표를 집단 전체가 추구하도록 유도하는 것'을 수반한다.[17] 타인에게 영향력을 행사하려면 그들과 그들의 이해관계, 그들의 생각, 그들에게 접근하는 방법을 알아야 한다. 타인에 대한 감수성을 갖고 그들의 마음을 잘 읽는 것이 중요하다는 것도 바로 이러한 의미에서 나온 것이다.

타인에 대한 감수성이 반드시 그들의 이해관계에 따라 그들을 위하여 우호적으로 행동해야 한다는 것을 의미하는 것은 아니다. 감수성은 단지 그들이 어떤 사람인지, 쟁점에 대하여 그들이 어떤 입장을 갖고 있는지, 그들과 의사소통하고 그들에게 영향력을 미치기 위한 최선의 방법이 무엇인지 이해하는 것을 의미한다.

협상하는 상황을 살펴보면 이러한 능력이 왜 중요한지 알 수 있다. 분쟁 조정에 관한 문헌에서 합의에 도달하기 위해 가장 일반적으로 추천하는 것 중 하나가 서로의 입장이 아니라 이해관계를 두고 협상을 하라는 것이다.[18] 이것은 협상에서 상대방이 가장 원하고 필요로 하는 것이 무엇인지, 그리고 왜 그러한지를 알아내고 그다음에는 그 사람이 생각지도 않은 방식으로 그 사람의 요구를 수용하는 것을 의미한다. 이를 위해서는 당신이 잠깐 동안이라도 상대방이 되어 그 사람의 처지에서 생각하고, 그 사람의 관점에서 세상을 바라보는 것이 좋다. 이것은 아직 합의의 가능성이 남아 있을 때 합의에 도달하기 위해 때로 유용하게 사용할 수 있는 기술이다.[19]

가드너는 리더의 자질에 관하여 이렇게 적었다.

"리더는 자기와 함께 일하는 다양한 사람들을 이해해야 한다. 사람을 다루는 기술의 중심에는 사회적 감수성이 있다. 이것은 부하들이

파워

자신을 따르려고 하는지, 아니면 자신에게 저항하려고 하는지를 정확히 헤아리고, 그 배경에 깔려 있는 동기를 최대한 이용하며, 감수성이 무엇인지 이해하는 능력을 말한다."[20]

많은 사람이 정치인들은 사람들의 팔을 비틀면서까지 강요하는 사람으로 생각한다. 사실 그런 측면이 어느 정도는 있다. 그러나 성공적으로 강요하기 위해서는 어느 팔을 어떻게 비틀어야 하는지 알아야 한다.

짐 라이트는 대단한 감수성을 지닌 인물이었다. 그는 "모든 것에 주의를 기울이고 기억했다. 동료 의원이 무엇을 원하고 약점이 어디에 있는지, 그 사람의 선거구 유권자들의 성향은 어떠한지, 그 사람이 누구의 말에 귀를 기울이고 있는지, 그 사람에게 접근하기 위한 최선의 방법은 무엇인지 알아챘다."[21]

또 다른 하원 의장 팁 오닐(Tip O'Neill)도 마찬가지로 감수성이 대단했다.

오닐이 성공한 이유 중 하나는 그가 인간의 약점을 잘 알고 있었다는 것이다. 상호의존성에 바탕을 둔 시스템에서는 이러한 약점에 대한 통찰력이 없는 사람은 결코 멀리 가지 못한다. 그가 자주 말했듯이 당신은 사람들을 업무별, 선호별로 조합하여 프로그램과 법안, 정책을 마련해야 한다.[22]

기업가 중에서는 프랭크 스탠턴이 타인에 대한 감수성이 예민했는데 다른 사람들의 마음을, 특히 그가 오랫동안 보필했던 윌리엄 페일리의 마음을 잘 읽었다. 스탠턴과 페일리는 닮은 데가 별로 없었다.[23] 페일리는 변덕이 심했고 직원들을 갑자기 해고한 적도 많았다. 스탠턴은 CBS에서 오랫동안 살아남기 위해 페일리를 이해해야 할 뿐만 아니라 그를 어떻게 다루어야 하는지도 알아야 했다.

"두 사람은 각자 자신의 목적을 위해 상대방을 이용했다. 스탠턴은 CBS를 경영하길 원했고, 페일리는 자신이 최종적인 권한을 갖지만 자신을 위해 CBS를 경영해줄 사람을 원했다."[24]

스탠턴은 페일리를 공개적으로 위협하거나 그에게 도전하지 않아야 한다는 것, 그가 경영권을 계속 쥐고 있다는 생각을 유지하게 만드는 것이 얼마나 중요한지를 알고 있었다.

스탠턴이 페일리보다 겨우 7살 어렸지만 두 사람은 아버지와 아들처럼 행동했다. 스탠턴은 부하직원들이 있는 데서도 항상 페일리에게 자식다운 존경심을 보였기 때문이다. 회의 때마다 스탠턴은 항상 자신을 낮추었고 페일리에 맞서려고 하지 않았다. 그는 경험이 좀 더 쌓이고 나서는 다른 사람의 생각을 인용하는 방식으로 반대 의견을 내놓았다. 스탠턴이 자기 의견을 말할 때는 페일리의 생각에 동의할 때만 그랬다.[25]

타인에 대한 감수성은 타인의 행동을 냉정하게 관찰할 것을 요구한다. 이것은 자기 인식뿐만 아니라 더욱 중요하게는 타인에 대한 인식을 요구한다. 이러한 능력은 몇 안 되는 아주 드문 경우를 제외하고는 학교 혹은 관리자 교육 과정에서 배울 수 없는 것이다.

파워

스탠퍼드대학교 경영대학에서는 동료 교수 2명이 스킨십 중심이라는 의미를 갖는 '터치 필리(touchy-feely)'라는 이름의 강좌를 제안했다. 학생들은 그룹 활동을 통하여 자신이 다른 사람들에게 어떻게 영향을 미치고, 다른 사람들로부터 어떻게 인식되는지를 배운다. 그러나 내가 가르치는 학생들에게는 이 강좌의 목표가 본질적으로 자기 지향적인 것이었다. 다시 말하자면, 자신을 더 잘 이해하고 자신이 다른 사람들에게 영향을 미치는 방식을 이해하는 것이었다. 다른 사람들의 말에 효과적으로 귀를 기울이고, 그들의 마음을 읽는 방법을 배웠다고 말하는 학생은 거의 없었다.

타인에 대해 감수성을 가지려면 적어도 잠깐 동안만이라도 자기 자신과 자신의 요구, 그리고 믿음에 대한 생각을 멈출 것을 요구한다. 조금은 역설적인 이야기지만 자신과 다른 사람을 동일시하는 능력이야말로 자신이 원하는 것을 얻는 데 상당히 중요하다.

융통성, 권력의 가장 중요한 덕목

타인에 대한 감수성은 당신이 타인에 대해 감지한 것을 토대로 당신의 행동을 수정하지 않으면 아무런 쓸모가 없다. 예를 들어, 뛰어난 영업사원은 똑같은 자동차를 가지고 품격을 중시하는 사람에게는 고급차라고 추천하고, 실용성을 중시하는 사람에게는 안전성과 중고시장에서의 시세를 들어 경제적인 선택이라고 추천한다.

정치인들에게 융통성은 성공을 위해 반드시 갖추어야 할 덕목이다.

정치인으로서 성공하기 위한 첫 번째 요건이 자리를 얻어서 그 자리에 계속 머무는 것인데, 이렇게 하려면 가끔은 지배적인 분위기에 맞게 자신의 입장을 조정해야 한다.

린든 존슨은 대통령이 되어서 시민의 권리를 옹호하기 위한 자신의 의지를 천명했다. 그는 1964년 시민권 법안과 1965년 투표권 법안을 지지했는데 이것은 고용기회균등위원회(Equal Employment Opportunity Commission)를 설립하여 고용 차별을 금지하는 결과로 이어졌다. 또한 그는 연방계약준수청(Office of Federal Contract Compliance)을 설립하여 연방 정부 도급업체들이 소수 집단 우대 정책을 개발하도록 했다. 또한 그는 1965년 민권 운동가들의 평화적인 시위를 보장하기 위해 남부에 연방군을 파견하기도 했다. 그랬던 그가 1948년 상원의원 선거운동을 할 때는 완전히 다른 모습이었다.

> 1948년 텍사스는 인종차별주의자들의 주였다. 그해 해리 트루먼(Harry S. Truman) 대통령은 린치를 금지하는 연방법을 제안하는 것을 포함하여 시민권 프로그램을 의회에 제출했다. 린든 존슨은 이 프로그램에 철저하게 반대한다며 선거운동 개회사에서 이렇게 말했다. "시민권 프로그램은 바보 같은 짓이고, 경찰국가를 세우기 위한 시도에 불과하다."[26]

린든 존슨은 11년 동안 의회 활동을 하면서 린치금지법을 포함하여 모든 시민권 법안에 반대표를 던졌다. 하지만 나중에는 흑인, 여성, 소수 집단을 보호하는 법안을 그 어느 대통령보다 더 많이 통과시켰다.

때로는 융통성이 부정적인 의미를 갖기도 하지만 권력을 추구하는 사람에게는 아주 중요한 덕목이다. 융통성은 실효성이 없는 조치에 매달리기보다는 방향을 바꾸고 새로운 접근 방식을 채택하게 해준다. 뿐만 아니라 서로 다른 이해관계를 조정하기 위해 접근 방식을 쉽게 바꾸도록 해주기 때문에 동맹자를 얻기에도 유용하다. 존 가드너는 다음과 같은 점을 지적했다.

> 근대 터키 역사에서 가장 위대한 인물로 꼽히는 케말 아타투르크 (Kemal Ataturk)는 잘못된 전술을 두 번 생각할 것도 없이 다른 전술로 신속하게 바꾸었던 것으로 유명하다. 이 길이 아니라면 다른 길을 선택했던 것이다. 그의 목표는 변하지 않았지만 그의 전술에는 융통성이 있었다. [27]

데이비드 록펠러(David Rockefeller)를 소개하는 어느 텔레비전 프로그램에서 빌 모이어스(Bill Moyers)가 그에게 융통성의 문제를 따져 물었다. 당시 체이스뱅크(Chase Bank) 회장이던 록펠러는 다양한 국가들을 상대로 사업을 하고 있었는데 이들 중 일부는 전체주의 국가였다. 또한 이 은행의 최대 고객 중 한 명이 이란 국왕이었다. 록펠러가 이란 국왕이 이란에서 강제 추방된 이후에 암 치료를 받을 수 있도록 미국 입국을 주선한 적이 있는데, 이것이 테헤란 주재 미국 대사관에서 근무하는 미국인 직원들이 1년 넘도록 인질로 억류되는 사태를 초래했다.

모이어스는 경찰국가를 운영하고 정적을 고문하는 사람과 함께 사업을 하는 것이 어떻게 가능한지 물었다. 록펠러는 생각이 같은 사람만을 상대로 사업을 하는 것은 동맹자가 거의 없다는 것을 의미한다고 대답했다. 사람들과 관계를 맺고 동맹자를 확보하는 것은 영향력을 확립하고 행사하는 데 중요하다. 이 말은 비유적으로든, 글자 그대로 해석하든 정치적 신념과는 무관하게 다양한 정치 체제에서 살아가는 다양한 사람들과 관계를 맺으며 사업할 것을 요구한다.

융통성이 중요하다는 것은 융통성이 결여된 경우에 발생하는 위기들을 살펴보면 알 수 있다. 이스턴 항공에서 프랭크 로렌조(Frank Lorenzo)가 기계공들 및 찰리 브라이언(Charlie Bryan)과 대립했던 경우가 바로 이러한 사례에 해당한다. 1985년 2월, 로렌조의 텍사스 항공이 이스턴 항공을 인수했다. 로렌조는 1990년에 이스턴 항공이 문을 닫을 때까지 기계공들과 끊임없이 대립했다. 그 결과, 얼마 지나지 않아 로렌조에게는 노동조합과 노동조합 지도자 브라이언에 대한 개인적인 복수심이 생겼다. 로렌조는 그들과의 싸움에서 자신이 추구하던 경제적 목표를 잊어버린 채 무조건적인 승리에만 집착했다.

로렌조를 열렬히 추종하던 사람들조차도 그가 극단으로 치닫고 있다고 생각했다. 경제적 목표를 가지고 시작했던 사업이 지금은 오직 복수를 하기 위한 시합이 됐다. 로렌조는 노동조합을 깨부수는 데만 집착한 나머지 경제적으로 합리적인 의사결정을 하는 데는 관심이 없었다. 이스턴 항공은 로렌조가 기계공들과 싸우는 동안 2년에 걸쳐서 매일 100만 달러씩의 손실을 보았다. 반면 로렌조가 기계공들을 탄압하여 1년 동안 얻을 수 있는 비용 절감액은 겨우 1억 5000만 달러에 불과했다.[28]

로렌조의 경직된 행동이 연간 3억 6500만 달러의 손실을 보게 했고, 1억 5000만 달러를 절감한 것에 그쳐 결국 항공사가 망하는 결과를 초래했다.

정치적 행동에 능숙한 사람들, 이른바 마키아벨리주의자들의 성향을 분석한 연구자들은 다음과 같이 말한다.

성향의 차이는 지위가 높은 사람들의 차갑고도 초연한 태도와도 관련된다. 비록 그들의 냉정함이 피부처럼 얇은 것에 지나지 않더라도 일의 성취를 방해할 수 있는 대인 관계의 유혹이나 위험을 견뎌낼 만큼은 두텁다. 지위가 높은 사람들의 냉정함 속에는 상황에 대한 명시적이고도 인지적인 정의와 승리를 위한 전략에 집중하려는 경향이 내재되어 있다.[29]

이러한 증거는 여러 곳에서 분명하게 나타난다. 궁극적인 목표에 집중하고 어떠한 상황에서도 감정적으로 초연한 자세를 유지할 수 있는 데서 나오는 융통성은 권력을 얻게 해주는 중요한 특성이다. 융통성의 중요성은 반대의 경우와 대비할 때 특히 두드러진다. 경직된 태도를 지니면 동맹자를 얻기 어렵고, 목표를 달성하는 데 필요한 전술이나 접근 방식을 수정하지 못한다. 우리는 일반적인 의미에서의 융통성이 갖는 특성을 항상 좋아하지 않을 수 있다. 그러나 그것으로 무엇인가 성취할 수 있게 된다면 확실히 좋아할 것이다.

갈등과 대립 국면에 기꺼이 관여하려는 자세

권력은 저항을 극복하고 타인으로 하여금 당신이 원하는 것을 하게 만드는 능력으로 정의되기도 한다.[30] 권력에 대한 이러한 정의에는 현실세계에서는 의견 대립이 항상 발생할 수밖에 없다는 가정이 내재되어있다. 이러한 의견 대립은 성취해야 할 목표나 목표와 수단 간의 관계, 혹은 이 두 가지 모두에 관한 것일 수도 있다.[31] 따라서 권력은 갈등이존재하는 상황에서 행사된다. 무엇을 어떻게 할 것인가에 대하여 모두의 의견이 일치한다면 다른 사람에게 권력을 행사하거나 영향력을 발휘할 필요가 없어진다. 권력에 대한 요구는 의견 대립이 있는 경우에만 발생하기 때문에 권력을 가진 사람의 개인적 기질 중 하나는 타인과의 갈등 국면에 기꺼이 관여하려는 자세다.

모두가 갈등이나 의견 대립을 좋아하는 것은 아니다. 예로부터 "사이좋게 지내려면 의견 대립을 피하라"는 가르침이 전해져 내려온다. 모두는 아니지만 많은 사람이 갈등을 피해야 할 불쾌한 것으로 생각한다. 갈등이 발생하면 조직 내 스트레스 지수 또한 높아진다.

로버트 칸(Robert Kahn)과 그의 동료 연구자들은 역할 갈등과 역할 모호성에 대해 연구했다.[32] 그들은 상호작용하는 다양한 사람들로부터의서로 다른 요구, 조직 외부의 다른 사람들로부터의 압박에 의한 상충하는 요구, 자아의식과 상충하는 요구와 같은 다양한 형태의 역할 갈등은 모두 스트레스를 경험하게 한다고 보고했다. 사람들은 이러한 스트레스를 피하기 위해 다른 사람의 의지에 순종하기도 하고, 갈등을 애써 무시함으로써 이것이 사라지기를 바라면서 갈등을 공개적으로 드러내는 것을 기피하기도 한다.

당신이 갈등을 기피한다면 자기 생각을 자유롭게 표현하지 못할 것이다. 반대로 자기 생각을 당당하게 표현하고 심지어 공격적으로 행동한다면 때로는 장기적으로 어느 정도의 희생이 따르더라도 상황에 따라서는 권력을 얻을 수도 있다. 당신이 유순하게 행동한다면 동료 중에서 당신을 좋아하는 사람들이 많아질 것이다. 그러나 성격이 좋아서 다른 사람들에게 인기를 끄는 사람이 권력을 얻거나 목표를 달성하는 경우는 그다지 많지 않다.

갈등은 억지력의 한 형태다.

"억지력은 상대방의 선택에 영향을 미치고, 우리가 어떻게 행동할 것인가에 대한 그 사람의 기대에 영향을 미침으로써 그러한 선택을 하게 만든다."[33]

억지력은 다른 사람들이 우리가 원하는 것을 하지 않으면 나쁜 결과를 맞이할 것이라는 사실을 알게 만든다. 그리고 많은 사람이 갈등을 싫어하기 때문에 자신이 원하는 것을 두고 다른 사람들과 필사적으로 싸울 태세를 갖추는 것만으로도 그들로 하여금 상대의 뜻을 따르고자 하는 강력한 동기를 갖게 만든다.

헤드릭 스미스(Hedrick Smith)는 워싱턴 정가에서의 권력 행사에 관한 저작에서 팁 오닐이 하원 의장으로 재직하던 시절에 그의 대변인으로 활동하던 크리스토퍼 매튜스와의 대화 내용을 다음과 같이 기록했다.

매튜스는 이렇게 말했다.

"중요한 것은 호저가 되는 것, 즉 다루기 힘든 사람이라는 평판을 얻는 것입니다. 좋은 사람이라는 평판을 얻으려고 해서는 안 됩니다. 그런 평판은 아무런 소용이 없습니다. 나는 3년 동안 에드 머스키 상원의원 보좌관으로 일했습니다. 그는 어느 누구도 그와 다투려고 하지 않았다는 측면에서 최고로 훌륭한 사람이었습니다. 무엇 때문에 그 사람과 다투면서 하루를 망치려고 하겠습니까? 사람들은 대체로 공리주의자들입니다. 그들은 더 많은 행복을 얻으려고 합니다. 따라서 무엇 때문에 하루를 비참하게 보내려고 하겠습니까?"[34]

에버렐 해리먼(Averell Harriman)에게는 싸울 태세를 갖추는 것, 다루기 힘든 사람이 되는 것이 권력의 원천이었다. 바로 이런 점에서 그는 국무부 출신이라는 화려한 경력을 지닌 상당히 지적인 인물, 체스터 보울즈(Chester Bowles)와는 달랐다.

에버렐 해리먼은 보울즈와 같은 정책을 표방했음에도 좋은 목표물이 아니었다. 그는 잔인하고 호전적이고 무지막지한 싸움꾼이었기 때문에 그와 싸우려면 언젠가는 그가 원한을 품고서 반격을 가할 것이라는 사실을 알고 덤벼야 했다. 따라서 보울즈가 훨씬 더 나은 목표물이었다. 정부 기관에서의 그의 이력을 살펴보면 상대방이 그에게 타격을 가하더라도 그가 반격을 가하지 않을 것이라는 생각을 갖기에 충분했다.[35]

로버트 모제스에게도 권력의 원천 중 하나는 자기와 생각이 다른 사람들과 필사적으로 싸울 태세를 갖추고 있었다는 것이었다. 갈등 국면에 기꺼이 관여하려는 그의 기질은 시가 운영하는 여객선, 즉 이스터 리버를 20분마다 횡단하는 록어웨이(Rockaway)를 두고 라구아디아 시장과 한판 싸움을 벌인 것에서 가장 극명하게 드러났다. 라구아디아 시장은 록어웨이를 퇴역시키는 데 동의했다. 이렇게 하여 록어웨이 터미널이 차지하고 있는 부지를 "이스터 리버 드라이브에서 트리보로우 브리지로 가기 위한 통로로 사용하려고 했다. 이렇게 하면 록어웨이를 이용하던 운전자들은 트리보로우 브리지를 이용해야 하고 시청에 통행료를 내야 했다." [36]

그러나 록어웨이의 퇴역에 반대하는 사람들이 많았다. 또한 매일 록어웨이를 이용하는 1700명의 의견도 중요했다. 그들은 록어웨이의 정취뿐만 아니라 이것을 이용하는 것이 다리를 이용하는 것보다 요금이 훨씬 더 싸다는 점을 높이 평가했다. 여기서 라구아디아 시장은 타협을 시도했다. 록어웨이 터미널을 트리보로우 공사(Triborough Authority)로 넘기고, 승객들이 다른 교통수단을 찾을 시간을 갖도록 록어웨이 운행을 60일 동안만 지속한다는 것이었다. 그러나 모제스는 60일씩이나 기다리고 싶지 않았다. 아니 단 하루도 기다리고 싶지 않았다.

그는 시장에 맞서기로 하고 당장 록어웨이 터미널을 철거하고 운행을 중단하기로 했다. 7월 21일, 그는 맨해튼에서 출발한 록어웨이를 바지선을 보내 록어웨이 선가(船架)로 예인할 것을 지시했다. 이렇게 하여 록어웨이가 돌아왔지만 정박할 자리가 없었다. 그가 말뚝 박는 기계와 크레인으로 선가를 깨부수게 했기 때문이다. 또한 사람들이 뭍에서 터미널로 접근하지 못하도록 인부들을 보내 록어웨이

터미널 앞에 박혀 있는 포장용 자갈을 모두 뽑아냈다.[37]

라구아디아 시장은 경찰을 불러 철거 작업을 중단시키려고 했다. 그리고 인부들에게 그날 훼손한 것을 복구하도록 지시했다. 카로는 당시 상황을 이렇게 적었다.

"1936년 7월 23일, 〈뉴욕 타임스〉에는 '모제스의 록어웨이 파괴 행위를 중단시키기 위해 시장이 경찰을 부르다'라는 헤드라인으로 기사가 떴다."

그러나 모제스는 이런 기사가 사람들의 뇌리에서 사라지면서 최종 승자가 됐다. 7월 31일 자정 무렵, 이번에는 라우아디아 시장의 묵인하에 록어웨이 터미널이 영원히 사라지게 됐다.[38]

이러한 갈등은 공원, 공원 도로, 교량 등 모제스가 관심을 갖는 대상과 관련된 문제에서 '최종 결정권자가 누구인가'라는 질문에서 나왔다. 모제스는 시장과의 공개적인 다툼에서 시장의 권위에 위축되지 않는다는 것을 보여줌으로써 이러한 갈등에서 승리할 수 있었고 훨씬 더 많은 권력을 얻게 됐다.

대립 국면에 기꺼이 관여하려는 자세가 권력의 원천이 되는 것이 공공의 영역에서만 나타나는 현상은 아니다. ITT(International Telephone&Telegraph Corp.)의 해롤드 제닌(Harold Geneen)은 매월 열리는 재무 실적 보고 회의에서 관리자들을 두려움에 떨게 만든 것으로 유명했다. 드로리언은 비열하고 못생긴 외모의 소유자가 직원들을 괴롭히며 GM의 최고경영진에 오른 이야기를 전하기도 했다. 조직에서 이런 악당들은 보통 상대방이 맞서서 싸우기보다는 물러섰다는 단순한 이유 때문에 자기가 원하는 것을 얻을 수 있었다. 따라서 갈등 국면에 기꺼이 관여하려는 용기는 어느 조직에서든 권력의 원천이 된다.

RJR 내비스코의 최고경영자가 된 로스 존슨은 이 자리까지 오르는 과정에서 자신은 싸움에서 전혀 위축되지 않는다는 것을 보여주었다. 갈등 국면에 기꺼이 관여하려는 그의 자세는 그가 발휘하는 영향력의 원천이 됐다. 첫 번째 싸움은 스탠더드 브랜즈에서 일어났다. 캐나다 지사장으로 출발한 그는 1973년에 국제사업부 부서장이 됐고, 1974년에는 임원이 됐으며, 1975년에 당시 최고경영자였던 바이글(Weigl)의 유력한 후계자이자 사장이 됐다.

그와 바이글은 스타일이 너무나도 달랐다. 존슨은 사업비를 아낌없이 지출했지만 바이글은 한마디로 구두쇠였다. 바이글은 지난번 후계자에 이어 이번에는 존슨까지 낙마시키려고 했다. 존슨의 혼외정사를 캐기 위해 사설탐정을 고용했고, 존슨의 사업비 지출 내역을 조사하기 위해 감사관을 파견했다. 그러나 그런다고 해서 기죽을 존슨이 아니었다.

존슨은 전쟁을 준비했다. 바이글이 직원들의 정보를 수집하기 위해 고용한 헤드헌터는 이중 스파이가 되어 존슨에게도 보고했다. 일단의 공모자들이 사업비 지출을 지나치게 제한하는 바이글식 경영이 어떻게 하여 스탠더드 브랜즈의 목을 서서히 조이고 있는가를 보여주는 보고서를 작성하고 있었다. 바이글은 곧 누군가가 자신의 뒤를 캐고 있다는 사실을 깨닫게 됐다.[39]

이사회가 열린 자리에서 갈등이 불거지자 존슨은 사표를 쓰겠다고 으름장을 놓았다(이것은 로버트 모제스도 썼던 수법이다). 이사회가 그에게 사장직을 1년 더 맡아줄 것을 제안하자 그는 바이글의 사무실을 본사에 두지 않는 것과 바이글이 의장직만 맡을 것을 요구하며 이 제안을 거절했다.

"존슨이 이처럼 강경한 태도를 보인 것이 뉴욕증권거래소에 상장된 기업을 지휘할 수 있게 했다."[40]

스탠더드 브랜즈가 내비스코에 합병되었을 때 존슨은 회사에 자기 사람을 심어두고 최고경영자가 물러날 때 그 자리를 노릴 만한 경쟁자들을 제거하기 위해 또 다시 전투태세에 들어갔다. 예를 들어, 내비스코의 최고재무책임자인 딕 오웬스(Dick Owens)는 전무이사 겸 이사회 이사라는 직위 아래 권력의 최고 정점에 있었다. 그러나 존슨은 그를 빠뜨리기 위한 함정을 교묘하게 설치해놓았다.

존슨은 오웬스가 원하는 것이라면 무엇이든 제공했다. 오웬스가 새로운 측근을 요구할 때마다 상무, 부사장을 포함하여 다수의 중역진을 그에게 붙여주었다. 오웬스의 재정적 영지는 존슨의 따뜻한 배려 속에 꾸준히 확장되고 있었다.

그러던 어느 날, 존슨이 잔뜩 찌푸린 얼굴을 하고서 당시 최고경영자인 섀벌레(Schaeberle)의 사무실에 들어왔다. 존슨은 속이 탄다는 듯이 이렇게 말했다.

"딕이 거대한 재정 조직을 구축하고 있습니다."

존슨은 일선 관리자들의 분석과 판단을 본사 사람들의 분석과 판단으로 대체하는 데 따르는 위험을 분명하게 설명했다.

"저는 딕이 선천적으로 분권화를 추진할 능력이 안 된다고 생각합니다. 이제는 오웬스를 다른 사람으로 교체해야 할 때가 된 것 같습니다."

이후로 오웬스는 밀려나게 되었고, 존슨이 그 자리를 한동안 차지하게 됐다.[41]

내비스코가 레이놀즈에 합병되고 나서 존슨은 또다시 위협과 대결을 통해 권력을 차지할 기회를 잡았다. 합병된 회사의 최고경영자인 윌슨은 연기가 나지 않는 담배 '프리미어(Premier)'를 개발하는 데만 약 6800만 달러를 지출했다. 그것도 이사회 승인을 받지 않고서 말이다. 존슨은 제품이 실패했다는 사실을 알게 된 이사회가 윌슨에게 좋지 않은 감정을 갖고 있다는 소식을 듣고 재빨리 움직였다.

존슨은 몇몇 이사회 이사들에게 합병 절차도 마무리되었고 이제는 자기 할 일이 끝났으니 영국의 어느 식품 회사로 떠날 생각이 있다고 말했다. 이사회 이사들 중 그의 몇몇 동맹자들이 그에게 그러한 결정을 늦춰달라고 말했다. 그리고 얼마 지나지 않아 존슨이 회사의 최고 경영자 자리를 차지했고, 윌슨은 퇴직 수당을 두둑이 받는 것으로 두 사람의 대결은 끝이 났다.

각각의 경우에서 우리는 존슨이 기꺼이 위험을 감수하며 좋은 자리를 차지하기 위해 때로는 냉혹한 전술을 동원해 싸움을 벌인 것을 보았다. 그는 자신이 선택되기를 마냥 기다리지 않고 스스로를 강하게 밀어붙였고, 때로는 자기에게 방해가 되는 사람들을 물러나게 했다. 이

것이 높은 자리를 얻기 위한 유일한 방식은 아니며 존슨의 행위 중 일부는 보는 이의 눈살을 찌푸리게 한다. 그러나 중요한 사실은 갈등 국면에 기꺼이 관여하고 혼신의 힘을 다해 싸운 것이 그가 최고경영자의 자리에 오르는 데 크게 기여했다는 것이다.

이와는 대조적으로 싸우려는 의지가 없으면 권력과 영향력이 줄어들고, 거침없이 나서는 사람에 의해 밀려나는 결과를 낳기도 한다. 우리는 루이스 글럭스먼이 피터 피터슨을 리먼 브라더스의 공동 최고경영자 자리에서 물러나게 한 사례에서 다음과 같은 한 가지 교훈을 얻을 수 있다.[42]

1983년 글럭스먼은 피터슨과 대치하면서 그에게 회사에서 떠날 것을 권고했다.

글럭스먼은 단호한 자세로 피터슨에게 이제는 떠나줄 것을 요구했다. 피터슨이 싸울 의지가 없다는 것을 눈치챈 글럭스먼은 피터슨이 떠날 것이라는 확신을 가졌다. 피터슨은 최근 몇 년 동안 힘든 나날을 보냈다. 1977년에 양성으로 드러나기는 했지만 어쨌든 뇌종양으로 수술을 받았고, 고통스럽고 말도 많은 이혼 과정을 겪었으며, 재혼으로 잠시 행복한 가정을 이루다가 암 투병 생활을 했다. 글럭스먼 스스로 피터슨이 많은 사람이 보는 앞에서 골치 아픈 싸움에 휘말리지 않을 것이라고 생각한 사실을 인정했다. 글럭스먼이 상대방의 약점을 잘 간파했던 것이다.[43]

글럭스먼의 생각이 옳았다. 투병 생활을 하면서 매일같이 출근하여 회사 경영에 매진하는 것을 원치 않았던 피터슨은 퇴직 수당을 두둑하게 챙기고는 회사를 글럭스먼에게 넘기는 것으로 합의했다. 글럭스먼이 승리할 수 있었던 것은 어느 정도는 그가 상대방보다 싸움을 기꺼이 받아들이려는 용기가 있었기 때문이다.

모든 사람에게 호감을 얻고 싶어 하는 사람은 갈등 국면에 관여하려 하지 않는다. 따라서 권력을 효과적으로 행사하는 사람은 다른 사람들에게 인정받는 것 혹은 그들과 친분을 쌓는 것을 굳이 필요로 하지 않아도 될 정도로 독립적인 사람이다.

자신을 드러내지 않고 다른 사람들과 화합하기

어떤 경우에는 싸우고, 까다롭게 행동하고, 당신의 뜻을 따르지 않고 제멋대로 구는 사람들에게 응분의 대가를 치르게 하는 것이 중요하다. 또 다른 경우에는 다른 사람들과 화합하면서 우호적인 동맹과 네트워크를 형성하는 것이 중요하다. 권력을 확립한 사람들은 때로는 상황이 요구하는 바에 따라 자신의 행동을 변화시킬 수 있는 요령을 알고 있다.

RJR 내비스코의 로스 존슨은 어떤 때는 상사의 비위를 맞출 줄 알고, 또 다른 때는 그들과 맞서 싸워 물러나게 할 줄도 아는 사람이었다. 로버트 모제스는 라구아디아 시장과 싸우기도 했지만 그가 결코 성을 빼고 이름만 부르지 않던 유일한 정치인 앨 스미스 주지사에게는 항상 정중하게 행동하는 부하였다.

다른 사람들과 화합하고 동맹자 집단을 결성하는 데 따르는 문제는 가끔은 자신의 자아가 걸림돌이 된다는 것이다. 따라서 권력의 원천으로서 내가 마지막으로 꼽는 자질은 일을 성취하기 위해 노력하는 과정에서 자신을 드러내지 않는 능력이다. 이것은 미래의 더 많은 권력과 자원을 위해 현재의 제약을 감내하는 능력을 필요로 하기 때문에 융통성과도 관련이 있다.

CBS에서 프랭크 스탠턴은 윌리엄 페일리와의 관계뿐만 아니라 다른 이사진과의 관계도 능숙하게 관리했다. 그는 부하들 위에 군림하지 않으면서도 권력을 얻고 행사하는 데 뛰어난 면모를 보였다.

스탠턴은 이사회 이사진에게 그들의 위상을 드높이기 위해 이사들을 위한 식당과 좌석을 제공했다. 그는 이사들이 최고의 성과를 낼 수 있도록 상여금과 성과급 또한 두둑하게 지급했다. CBS가 노동조합의 파업으로 제 기능을 하지 못할 때 그는 피켓 시위대원(노동쟁의 때 다른 사람들이 공장 등에 일하러 들어가지 못하도록 하는 감시원 - 옮긴이)에게 커피를 제공했고 파업이 끝나고 나서는 파업 노동자들을 대신해 작업에 참여했던 임원들에게 직접 초과근무수당을 지급했다.[44]

스탠턴은 이러한 배려를 통해 사내의 많은 사람으로부터 충성과 지지를 얻었다. 그가 이렇게 할 수 있었던 것은 다른 사람들을 높여준다고 해서 자신이 낮아지는 것은 아니라고 생각했기 때문이다. 스탠턴은 조직 내에서 자신의 위상을 드러내지 않고 다른 사람들의 위상을 높여줄 정도로 자신감이 있었다. 그러면 그들이 스탠턴에게 감사의 마음을 가지고 충성하게 되어 있었다.

자신을 드러내지 않고 지지자를 얻는 능력은 권력의 중요한 원천이다. 벡텔 코퍼레이션(Bechtel Corporation)의 임원이었던 조지 슐츠(George Shultz)와 캐스퍼 와인버거(Casper Weinberger)는 다른 사람들을 자신과 동등하게 대우함으로써 지지자를 얻는 능력의 측면에서 극명하게 대비를 이루었다.

1974년에 머리 좋고 인기 많은 임원이던 라파엘 도어먼(Raphael Dorman)이 갑자기 세상을 떠나자 조지 슐츠가 그의 후임이 되어 채광 및 금속 사업부 담당 임원으로 벡텔에 합류했다. 슐츠는 아웃사이더였고 이런 그를 임원으로 임명한 것은 회사의 오랜 전통을 깨뜨리는 커다란 사건이었다.

"스티브를 포함한 벡텔 임원들은 군대에서와 마찬가지로 계급의 단계를 한 번에 하나씩 힘들게 올라온 사람들이었다."[45]

슐츠는 아웃사이더였을 뿐만 아니라 엔지니어들이 지배하는 기업에서 엔지니어 출신이 아니었다. 벡텔에 오기 전 재무장관직을 역임한 그는 정부와 학계에서 오랫동안 뛰어난 업적을 쌓아온 사람이었다. 그렇다고 하더라도 그는 여전히 아웃사이더였기에 권력 기반을 확립해야 했고 이러한 작업을 신속하게 진행했다.

슐츠는 사내 직원들의 지지를 얻기 위해 쉽지 않았겠지만 예전의 지위와 권력을 내려놓으려고 했다. 그는 비서, 사무원을 포함하여 주변에 있는 어떤 직원에게도 친절히 대했고 자주 대화의 시간을 갖고자 했다. 그는 "회사로부터 캐딜락을 제공받을 수도 있었지만 올즈모빌을 선택하여 자신을 낮추는 모습을 보여주는 방식으로 더 많은 점수를 얻었다."[46] 그는 사업부의 운영을 위해 선임 엔지니어들로부터 특별 수업을 받았다. 사람들이 농담을 걸거나 장난을 칠 때는 이를 재치 있게 받아넘겼다.

벡텔의 수석 법률 고문 빌 슬러서(Bill Slusser)는 이렇게 말했다. "조지 슐츠가 하는 일은 모두 옳았습니다. 스탠퍼드대학교 교수 출신이자 재무장관직을 역임한 사람이 일선 현장으로 내려와서 그 역시 안전모를 쓰고 일하는 사람들 중 한 사람이라는 것을 보여주었습니다. 그가 이렇게 행동하는 것을 즐기고 있다는 사실, 이것을 좋은 의도를 가지고 한다는 사실이 많은 사람에게 깊은 인상을 남겼습니다."[47]

슐츠는 벡텔이 해외 고객, 워싱턴 정가 사람들, 미국 내 기업 고객과 좋은 관계를 유지하는 데 크게 공헌했다. 1년 정도 지나 그는 벡텔 코퍼레이션의 사장이 됐다. 슐츠가 이처럼 성공한 것은 그가 조직 내에서 많은 사람에게 인정받고, 그 결과로 그들이 슐츠에게 협력하면서 그의 계획을 실행에 옮기려고 했기 때문이다.

조지 슐츠가 사장이 되고 6주가 지나 보건교육복지부 장관을 지냈던 캐스퍼 와인버거가 법무 담당 책임자로 벡텔에 합류했다. 두 사람 모두 닉슨 행정부 시절에 장관을 지냈지만 달라도 너무 많이 달랐다. 사실 와인버거는 닉슨 행정부 시절에도 슐츠의 영향력에 반감을 가지고 있었다.

와인버거는 당장 두 가지 문제를 안고 있었다. 첫째, 그는 사내에서 가장 존경받던 임원인 빌 슐러서의 후임으로 들어왔다. 둘째, 그는 시기적으로 좋지 않을 때 벡텔에 합류했다.

"긴밀하게 짜인 벡텔의 경영진에 1년도 안 되어 두 번째 아웃사이더로 합류한 그는 슐츠의 영입 이후로 계속 쌓여왔던 불만의 표적이 됐다."[48]

게다가 와인버거의 오만하고도 냉담한 행태가 이런 문제를 더욱 심각하게 만들었다.

> 슐츠가 편안하고 부드럽고 열린 마인드를 가진 관리자인 것에 비해 와인버거는 냉담하고 닫힌 마인드를 가진 관리자였다. 와인버거가 부하직원들을 대할 때는 보잘것없는 사람들과 함께 있는 시간을 아까워하는 듯한 인상을 주었다. 특히 운영 책임자들과 부서장들을 지원하고 그들에게 법률적 조언을 제공하는 업무를 맡은 탓인지 그의 전투적인 자세는 조금도 수그러들지 않았다.[49]

그는 벡텔의 외부 고문을 늘리기 위해 40년 동안 이 회사와 함께 일해왔던 변호사들을 고용했다. 법무부서의 느슨한 운영 방식에 긴장감을 불어넣기 위해 또 다른 아웃사이더로서 자신을 쏙 빼닮은 버지니아 던컨(Virginia Duncan)을 영입했다. 벡텔을 살펴본 어떤 사람은 이렇게 탄식했다.

"던컨은 부서를 병원처럼 운영했습니다. 번호표를 뽑아서 순서를 기다리는 식으로 말입니다."[50]

벡텔의 변호사들이 대거 회사를 떠나면서 사내에서 와인버거에 대한 평판은 더욱 나빠졌다. 벡텔에서 자신을 지지하는 사람이 거의 없다는 사실을 알게 된 와인버거는 워싱턴 정가로 돌아가고 싶은 마음이 간절했다. 그러던 차에 1980년 레이건 행정부가 그에게 국방장관직을 제안하자 당장 그 기회를 잡았다.

요약

물론 이번 장에서 설명한 여섯 가지 개인적 기질만이 조직 내에서의 권력의 원천은 아니다. 그러나 권력을 가진 사람들의 자질을 생각하면서 우리는 조직이 항상 상호의존성을 가질 뿐만 아니라 때로는 개인 또는 부서 간에 있어서 경쟁과 갈등의 장이라는 사실을 명심해야 한다. 이러한 이유로 지지자와 동맹자를 만드는 능력을 갖게 하는 자질(예를 들어 감수성, 융통성, 경우에 따라서는 자신을 드러내지 않는 능력)이 권력의 중요한 원천이 되는 것은 당연한 일이다. 그리고 마찬가지로 경쟁의 장에서 살아남는 능력을 갖게 하는 자질(예를 들어 집중력, 활력과 지구력, 갈등 국면에 기꺼이 관여하려는 자세)도 권력의 중요한 원천이 된다.

따라서 권력의 원천이 되는 자질들을 평가하기 위한 한 가지 방법은 이러한 자질들이 조직 내에서 권력자가 되려는 사람들이 직면하게 될 두 가지 중요한 문제(동맹자를 얻고, 경쟁에서 승리하는 문제)를 어느 정도로 해결할 수 있는가를 살펴보는 것이라고 할 수 있다.

상황이 변하고 문화적 규범이 달라지면 동맹자를 얻고 경쟁에서 승리하기 위한 요건들 또한 달라진다. 그러나 대부분의 국가나 상황에서 적어도 지금은 이러한 자질들이 권력의 중요한 원천으로 여겨지고 있다.

3부

권력을 어떻게
행사할 것인가

MANAGING
WITH
POWER

**MANAGING
WITH
POWER**

우리는 권력이 어디에서 나오는가를 아는 것만으로는 충분하지 않다. 일을 성취하기 위해 '어떻게 하면 권력을 효과적으로 행사할 수 있는가'를 알아야 한다. 권력을 효과적으로 행사하려면 대인 영향력에 관한 사회심리학을 이해해야 한다.

우리는 모두 인생을 살아가면서 매일같이 영향력을 행사하고, 다른 사람에게서 영향을 받는다. 일을 효과적으로 성취하는 사람들(예를 들어, 성공한 영업 사원들)은 시행착오를 통해 은연중에 사회심리학의 기본 원리에 입각하여 비공식적인 전략을 개발했는지도 모른다. 우리는 다양한 상황에 부딪혀가며 경험 법칙을 배우는데 이것이 효과가 있을 때도 있고 효과가 없을 때도 있다. 이렇게 배운 것들 중 일부는 우리가 한정된 경험에 기초하여 정확하지 못한 일반화에 도달했기 때문에 타당하지 않을 수도 있다. 그러나 우리가 권력을 효과적으로 행사하는 방법을 인식할 수 있다면 행동을 폭넓게 개발하고 사회적 상호 작용을 잘 이해하여 조직 내에서 유능한 인재로 평가받을 수 있을 것이다.

3부에서는 '권력을 어떻게 행사할 것인가'를 살펴볼 것이다. 먼저 프레임 설정이라는 주제를 가지고 시작하려 한다. 이것은 우리가 사물을 보는 방식이 이러한 사물이 보이는 주변 상황에 달려 있다는 단순한 주장이다. 우리가 사물을 보는 방식은 대비, 몰입, 희소성의 원리에 의해 영향을 받는데, 이러한 원리는 여러 제안들을 제시하는 순서와 이러한 제안들의 상대적인 가용성과 풍부성을 강조한다.

11장에서는 대인 영향력을 살펴볼 것이다. 여기서는 다른 사람들의 말과 행동이 갖는 영향력, 호감의 효과, 감정적 대비의 활용을 검토할 것이다.

대인 영향력의 기본 과정을 이해하고 나면 권력을 확립하고 행사함에 있어서 타이밍의 문제, 정보와 분석을 활용하는 방법, 권력을 행사하고 공고히 하기 위해 구조 변화를 일으키는 방법, 이성뿐만 아니라 감성에도 영향을 미칠 수 있는 언어, 의식, 배경을 활용하는 방법을 포함하여 몇 가지 전략적 요소들을 살펴볼 차례가 된다.

이 책 전반에 걸쳐서 정보의 용도는 항상 다음 두 가지에 해당한다. 첫째, 조직의 구성원으로서 우리는 자신을 둘러싼 세상을 제대로 이해해야 한다. 따라서 3부에서 다루게 될 정보들은 독자에게 자신이 사는 세상에서 수시로 발생하는 사회적 영향력의 과정에 대해 더욱 민감해지고 정통해지는 데 도움이 될 것이다. 둘째, 정보는 영향력이 필요한 상황에서 효과적인 실행 전략을 개발하는 데 도움이 되는 기능을 할 것이다.

권력의 존재를 아는 것만으로는 충분하지 않다. 권력을 어떻게 사용할 것인가를 아는 것이 중요하다. 이것은 권력과 영향력을 실현하기 위한 전략과 전술의 무기고를 갖는 것을 의미한다.

10장

•

프레임을 설정하라

1972년 대통령 선거에서 리처드 닉슨 선거운동본부는 워싱턴 D.C.의 주상복합건물 워터게이트에 있는 민주당 선거운동본부에 침투하여 도청장치를 설치할 쿠바인 5명을 고용했다. 이 쿠바인들은 침투 도중 체포되었고, 이후로 불법 선거운동과 워터게이트 스캔들을 은폐하려는 시도가 드러나면서 닉슨 대통령이 1974년에 사임하기에 이르렀다.

　어떤 이들은 이런 의문을 품을 수도 있다. '1972년에 현직 대통령으로 출마한 닉슨이 조지 맥거번(George McGovern)보다 현저한 우세를 보이고 있었는데 도대체 무엇 때문에 이처럼 엄청난 과오를 저질렀을까?' 그에 대한 대답은 행위가 어떻게 하여 일어나는가에 대하여 이해하려고 할 때 주변 상황과 프레임 설정의 중요성에 관하여 많은 것을 이야기해준다.

한 가지 대답은 닉슨이 1968년 대통령 선거에서 휴버트 험프리(Hubert Humphrey) 후보를 근소한 차이로 이겼고, 1960년 대통령 선거에서는 존 케네디 후보에게 초반에는 우세를 보이다가 패했던 사실에서 나온다. 그는 1962년 캘리포니아 주지사 선거에서 얼마 안 되는 표 차이로 패한 경험도 있었다. 따라서 그와 그의 참모진에게 당연시되는 것은 아무것도 없었고, 맥거번의 도전을 심각하게 받아들였다. 닉슨과 그의 참모진은 과거의 경험에서 비롯되는 가정과 믿음에 근거하여 현재의 상황에 반응했다.

그러나 이보다 더 중요한 것은 이런 생각이 어떠한 방식으로 드러나는가에 있었다. 닉슨 선거운동본부는 고든 리디(Gordon Liddy)를 고용하여 정보 수집을 책임지도록 했다. 리디는 처음부터 치밀한 계획을 가지고 선거운동본부에 접근했다. 그는 민주당 선거운동본부에 침투하여 도청장치를 설치하고, 민주당 전당대회가 열리는 플로리다 해변에서 요트를 빌린 다음 매춘부를 고용하여 민주당의 유력 정치인들의 평판을 깎아내릴 계획을 세웠다. 또한 정교한 전자식 도청장치가 장착된 정찰기로 민주당 선거운동용 비행기를 추적하여 대화를 엿듣겠다며 이를 위해서는 100만 달러가 필요하다고 했다. 닉슨 선거운동본부는 당연히 이러한 제안을 거절했다.

리디는 규모를 축소시킨 계획을 가지고 닉슨 선거운동본부를 다시 찾아왔다. 50만 달러를 주면 민주당 선거운동본부에 침투하여 도청장치를 설치하고, 매춘부를 태운 요트를 빌리겠지만 정찰기로 도청하는 계획은 포기하겠다는 것이었다. 그러나 이번 제안 역시 거절했다.

그는 세 번째 계획을 가지고 다시 찾아왔다. 25만 달러만 주면 워터게이트 빌딩에 침투하겠다고 말했다. 정찰기, 요트, 매춘부에 드는 100만 달러와 비교하면 단순한 도청과 전자 감시 작전에 소요되는 25만 달러가 상당히 합리적으로 보였다.

여기서 우리가 얻을 수 있는 교훈은 합리적이거나 터무니없어 보이는 것이 주변 상황에 달려 있다는 것이다. 다시 말하자면, 그것을 선행하는 것이 무엇인가와 그것을 제안하기 위해 사용하는 언어는 어떠한가의 측면에서 '프레임이 어떻게 설정되는가'에 달려 있다는 것이다.[1]

대비의 원리를 활용하라

워터게이트 스캔들 사례는 대비의 원리를 보여준다. 우리는 방금 어떤 일이 일어났는가의 측면에서 사건을 보고 경험한다. 우리는 주로 최근에 경험한 것에 반응함으로써 기억의 공간을 효율적으로 사용하려 한다. 그리고 무엇이 좋고 무엇이 나쁜지, 무엇이 비싸고 무엇이 싼지, 무엇이 합리적으로 보이고 무엇이 터무니없게 보이는지는 우리가 방금 경험한 것에 의해 심대한 영향을 받는다.

이러한 대비 효과는 제품을 판매하는 상황에서 흔히 발생한다. 손님이 옷가게에 와서 양복과 스웨터를 사려고 할 때 판매원은 양복을 먼저 팔려고 한다. 손님이 비싼 품목, 즉 양복을 사고 나면 스웨터는 아무리 비싸더라도 상대적으로 싸게 보이기 때문이다. 반대로 싼 품목을 먼저 사고 나면 대비의 원리에 따라 비싼 품목이 상대적으로 훨씬 더 비싸게 보일 것이다.

부동산 업자들은 좋은 매물은 아니지만 가격이 부풀려진 함정 매물을 내놓는다. 구매자가 이런 매물을 보고 나면 비싼 가격에 나온 이보다 더 좋은 매물에 호의적으로 반응할 가능성이 훨씬 높기 때문이다. 구매자가 상대적으로 싼 물건이라고 생각하는 것이다.

자동차 영업사원들도 대비 효과를 활용하는 데 있어서 달인들이다. 대비 효과는 보증 연장 계약에 특히 유용하다. 신차 구매에 수만 달러를 지출한 사람에게 '자신의 투자를 보호하기 위한' 보증 연장에 소요되는 몇 백 달러는 상대적으로 싸게 보이기 때문이다.[2]

제품이 싸게 보이도록 하는 프레임을 설정하면 판매하기가 쉬워진다. 이러한 심리 기제는 현재 조직 운영에 그다지 중요하지 않은 부분에 대하여 많은 생각을 하지 않거나 관심을 갖지 않도록 하는 데 있어서도 작동할 수 있다.

1960년대 후반부터 1970년대 초반까지 제록스의 복사기 사업은 급격히 성장하고 있었다. 제록스는 시장을 사실상 독점했기 때문에 엄청난 수익을 올렸다. 그 결과로 인해 제록스는 규모가 작은 제품과 시장에는 관심을 기울이지 않았다.[3] 따라서 일본 기업들이 품질 수준이 낮은 저가 복사기를 시장에 내놓기 시작했을 때도 제록스는 이것을 거들떠보지 않았다. 제록스는 복사기를 대여했고, 따라서 수익이 주로 복사기 판매가 아니라 복사물 판매에서 나왔다.

일본 기업이 만든 복사기는 소량을 복사했기 때문에 급격히 성장하고 수익성이 높은 복사기 시장에서 작은 부분만을 차지했다. 제록스의 제품과 비교하면 사용자가 많지 않은 소형 복사기는 생각할 만한 가치가 별로 없었다. 이와 마찬가지 이유로 제록스 경영진이 팔로알토연구소가 내놓은 컴퓨터 제품 아이디어에 대해서도 생각하는 시간을 충분히 갖지 않았다. 제록스의 주력 제품인 복사기와 비교하여 예상되는 시장과 수익 규모가 너무나도 작았기 때문에 이러한 혁신을 진지하게 생각하는 사람이 별로 없었다.

제록스의 두 가지 사례에서 대비 효과는 소규모 시장을 위한 제품 혹은 시장과 수익 규모가 작아 보이는 제품에 불리하게 작용했다. 따라서 대비의 원리는 규모가 크고 성공한 기업이 최소한 처음에는 규모가 작아 보이는 시장에 진입하기가 어려운 이유를 설명해준다. 이들의 주력 제품 시장과 비교하면 이러한 시장은 많은 관심을 가질 만한 타당한 근거가 없어 보인다. 시장 잠재력이 분명하게 드러날 무렵에는 규모가 작은 다른 기업들이 이미 지배적인 지위를 차지하고 있기 때문에 성공적으로 진입하기가 더욱 어려워지는 경우가 많다.

대비의 원리가 영향력 행사에서 의미하는 내용은 아주 간단하다. 사물에 대해 생각하는 순서가 이것이 어떻게 여겨지는가에 영향을 미치기 때문에 '의제의 순서'가 중요하다는 것이다. 예전에 PC 시장에서 중요한 기회를 놓쳤던 제록스가 이제는 팔로알토연구소에 지대한 관심을 갖고, 가능성이 훨씬 더 작아 보이는 제품에 훨씬 더 많은 시간과 노력을 투자한다.

정부 정책의 경우에는 실현 불가능한 제안들이 있고 나서 마지막 제안이 훨씬 더 합리적으로 여겨질 때 비로소 타협이 이루어지곤 한다. 따라서 우리의 제안이 이전에 나온 것과 대비 효과를 통하여 수용되도록 하는 것도 한 가지 방법이다. 물론 이와 함께 이러한 제안이 다른 사람들의 관심을 끌 정도로 의미가 있어야 한다.

파워

일관성을 가지고 몰입하라

과거의 행위와 사건은 현재의 가능성을 판단하는 준거 기준을 설정할 뿐만 아니라 다른 방향을 선택할 심리적 자유도 제한한다. 이러한 심리적 몰입의 원리는 우리가 다음과 같은 행위들을 하게 되어 있다는 것을 보여준다.

1. 외부 압력이 거의 혹은 전혀 없이 자발적으로 선택하는 행위.
2. 책임을 부정할 수 없을 정도로 명백하고 공개적인 행위.
3. 쉽게 바꿀 수 없을 정도로 돌이킬 수 없는 행위.
4. 태도와 가치관, 이에 따른 행동에 대하여 그 의미가 명백하게 드러나는 행위.[4]

개인이 일정한 행위 혹은 선택을 하게 만드는 몰입 과정은 다양한 이유와 방식으로 발생한다. 우리를 자신의 지난 행위에 얽매이게 하는 한 가지 심리 기제가 자기 인식의 과정이며, 이 과정 속에서 우리는 자신의 지난 행위를 자신의 태도나 믿음에 대한 지표로 삼게 된다.[5]

우리가 다른 일을 할 때보다 돈을 적게 벌면서도 힘든 노동을 많이 해야 하는 일을 선택했다면 이것은 정말 그 일을 좋아하기 때문일 것이다. 그리고 우리가 그 일을 좋아한다면 정말 열심히 하지 않겠는가? 이러한 자기 인식의 과정 속에서 자신의 행위를 통하여 자신이 무엇을 원하는지 알게 된다. 그리고 이러한 과정이 여러 연구 결과에서 성취하기 어려운 것일수록 더 높은 가치를 지니는 것으로 일관되게 나타나는 이유를 설명한다.

예를 들어, 가입 기준이 매우 까다로운 집단일수록 그러한 엄격한 기준을 제시하지 않는 집단보다 더 매력적으로 여겨진다. 아론슨(Aronson)과 밀스(Mills)가 지적했듯이 "무엇인가를 성취하기 위해 엄청난 고난이나 고통을 겪는 사람이 그것을 힘들이지 않고 성취한 사람보다 그것에 더 많은 가치를 부여한다."[6]

또한 몰입은 예측가능성과 확고한 의지에 가치를 두는 일반화된 사회 규범에 의해서도 발생한다. 마음이 쉽게 흔들리는 사람은 우유부단한 사람으로 여겨지지만 의지가 확고한 사람은 리더의 자질을 갖춘 사람으로 평가받는다.[7] 권위를 갖춘 사람은 단순히 일관되고 강력한 리더로 보이기 위해 일련의 행동을 고집할 수 있다.

배리 스토(Barry Staw)와 그의 동료 연구자들은 피실험자들이 비즈니스 사례에 직면하여 (예를 들어, 자금을 연구개발에 할당하는 것과 같은) 투자 결정을 하게 되는 실험 패러다임을 이용하여 일관성과 단계적 확대에 관한 연구를 실시했다. 여기서 몇몇 피실험자들에게는 과거에 그들이 했던 의사결정이 성공하지 못했다는 정보를 제공한 뒤 추가적인 의사결정을 하도록 했다. 그 결과 실패를 경험했던 피실험자들이 투자를 단계적으로 확대하는 모습을 자주 확인했다. 그들은 부진한 사업을 호전시키기 위해 자원을 더 많이 투입하는 식으로 몰입했던 것이다.

몰입이 규범에 의해 발생한다는 것을 보여주는 또 다른 연구에서는 피실험자들에게 관리자가 일관적인 혹은 일관적이지 않은 방식으로 행동하고, 자원을 많이 혹은 적게 사용하고, 성공 혹은 실패하는 사례를 제공했다.[8] 여기서 피실험자들은 관리자를 평가하고, 이에 따라 그 관리자가 받아들여야 하는 임금 인상 혹은 인하의 폭을 제시해야 했다. 예상대로 이 세 가지 조건 모두 관리자의 능력 평가에 영향을 미쳤다. 성공하고, 일관적으로 행동하고, 자원을 적게 사용하는 것 모두 평가 결과에 긍정적으로 작용했다.

이 연구에서는 피실험자 집단을 경영학과 학부생, 심리학과 학부생, 주간에는 직장에서 상근하고 야간에는 MBA과정을 밟고 있는 학생들로 모집했다. 평가자(피실험자)가 누구인가에 따라 일관성과 실적 중 강조하는 지점이 다르게 나타났다. 현직 관리자이기도 했던 야간 MBA 과정 학생들은 관리자를 평가할 때 실적에 가장 낮은 비중을 두었다. 또한 그들은 일관적인 관리자와 그렇지 않은 관리자를 평가할 때 가장 커다란 편차를 나타냈다. 피실험자 집단 중 현직 관리자 집단이 결정을 바꾸는 관리자에게 가장 낮은 평점을 주었다.

이러한 결과는 관리자가 조직의 위계 구조에서 상층부로 올라가면서 온갖 역경에도 불구하고 일관성과 불굴의 의지를 잃지 않는 데 가치를 두는 리더십 이론을 실천한다는 것을 보여준다. 효과적인 경영을 이룩하는 것에 대한 이처럼 일반화되고 사회적인 기대가 많은 조직의 리더들이 일관성을 유지하기 위해 노력하는 이유를 잘 설명해준다.

또한 일관성은 인지적 노력을 절감하는 데 도움을 준다. 일단 우리가 결심을 하고 일련의 행동을 시작하면서 일관되게 몰입하면 쟁점으로 다시 돌아갈 필요가 없다. 그렇지 않은 경우를 생각해보자. 우리가 모든 선택을 끊임없이 재평가한다면 우리 자신뿐만 아니라 우리가 속한 조직이 어떤 것이든 실행하기가 어려울 것이다. 깊이 생각하고 결정하기 위한 시간과 이러한 결정을 실행하기 위한 시간은 따로 있다. 또한 우리가 일관성에 가치를 두는 것은 과거의 결정을 재고하는 일, 즉 계획했거나 기대했던 것뿐만 아니라 제대로 진행되지 않은 것까지도 떠올리는 과정을 피하기 위한 것이다. 잘못된 의사결정을 다시 살펴보는 것은 분명히 유쾌하지 않은 일이다. 그리고 많은 경우 우리가 그 결과를 바꿀 수 없기 때문에 전혀 도움이 되지 않는다. 따라서 일관성은 다음과 같은 행동 패턴을 보인다.

1. 많은 사람이 특히 관리자 혹은 리더의 자질로서 높이 평가하는 행동 패턴.
2. 정보 처리와 의사결정의 효율성을 제고하기 위한 행동 패턴.
3. 과거의 행동을 자기 자신을 반영하는 것으로 인식하기 때문에 그러한 행동에 얽매이는 자기 인식의 과정에서 나온 행동 패턴.
4. 과거의 행동에 따른 실패 혹은 문제에 직면하지 않기 위해 사용하는 행동 패턴.

일관성과 몰입은 정신 내부의 과정과 대인 관계의 과정 모두에서 만들어진다. 이러한 주장이 분명하게 의미하는 것은 일을 성취하기 위한 최선의 방법은 아무리 작은 것이더라도 유용한 행위를 가지고 시작한다는 것이다. 이것이 자발적으로 행해지는 한 몰입 과정이 작동하게 될 것이다. 따라서 백과사전 방문 판매원이 고객에게 책을 한번 읽어 보고 생각할 시간을 가질 것을 권하고, 자동차 영업 사원이 고객에게 시승해볼 것을 권하며(바로 이런 이유 때문에 자동차 영업 사원들이 전화로 가격 알려주기를 꺼린다. 일단 당신이 대리점을 방문하여 자동차를 시승하는 노력을 기울이고 나면 그것을 구매하지 않고 떠나기가 어려워진다), 컴퓨터 판매원이 대여 혹은 시험 사용이라는 조건을 제시하는 것이다.

몰입 과정이 의미하는 바는 일단 프로젝트가 진행되고 나면 그것을 중단하기가 아주 어렵다는 것이다. 나는 어느 회사에서 소비재 신제품을 시험 판매하는 과정을 지켜본 적이 있다. 4개월 동안 판촉 예산으로 100만 달러를 지출했지만 이 제품의 판매 실적은 초라하기 그지없었다. 제품의 운명을 결정하는 회의에서 제품 담당 책임자는 손을 뗄 생각이 전혀 없었다. 오히려 그는 이렇게 주장했다.

"후원이나 재정 지원을 하지 않고 어떻게 이 제품이 성공하기를 바랄 수 있습니까? 경쟁 기업들이 자리를 잡고 소비자들의 취향이 굳어지는 상황에 직면했는데도 지금까지 우리는 이 제품에 제대로 된 기회를 준 적이 없습니다."

회사 측은 이 제품에 판촉 시간과 기회를 더 주기 위해 1000만 달러를 충당하기로 했다. 그 후 8개월이 지나서야 결국 손을 떼기로 결정했다.

처음에는 영화 〈천국의 문(Heaven's Gate)〉을 촬영하는 데 69일 동안 950만 달러를 지출하기로 되어 있었다.[9] 유나이티드 아티스트의 예산 분석가의 좀 더 정확한 집계에 따르면 약 1000만 달러가 소요될 것이고, 여유롭게 잡더라도 1200만 달러면 충분할 것으로 예상됐다. 예산에 대한 최종 협상이 먼저 진행되고 실제 제작은 그다음에 이루어지므로 영화 제작 과정에서는 물론 이러한 예산 추정치가 조금씩 상향 조정되기 마련이다. 일단 영화 제작으로 심리적 몰입이 이루어지면 뒤로 물러서기가 어려워진다. 유나이티드 아티스트가 이미 수백 만 달러를 지출하고 나면 빈손으로 빠져나오기가 훨씬 더 어려워지는 것이다. 특히 조금만 더 지출하면 최고의 흥행작을 내놓을 수 있는 경우에 말이다.

어쩌면 몰입 행동의 단계적 확대를 보여주는 훨씬 더 극적인 사례는 프랑스의 무명 여배우 이자벨 위페르(Isabelle Huppert)를 주연으로 선택한 결정일 것이다. 이 영화의 감독 마이클 치미노(Michael Cimino)는 그녀를 원했지만 그녀의 프랑스식 영어 발음은 미국 서부 영화에 어울리지 않았다. 그리고 유나이티드 아티스트가 보기에 그녀가 흥행 몰이를 해줄 것 같지도 않았다. 남자 주연 배우인 크리스 크리스토퍼슨(Kris Kristofferson)도 인지도가 떨어져서 관객들을 끌어들이는 데 한계가 있기 때문에 그녀 역시 대단한 화젯거리가 될 것 같지 않았다. 그러나 한편으로는 크리스토퍼슨이 이미 선택된 상태였고, 다른 한편으로는 유나이티드 아티스트가 예산 초과를 점점 더 우려하는 상황이었기 때문에 마땅히 대체할 만한 인물을 선택하기 어려웠다. 치미노 감독은 유나이티드 아티스트 경영진을 좋은 말로 멋지게 설득했다.

> "감독의 선택권을 전혀 생각하지 않고 경영진이 내린 결정을 받아들일 수 없습니다. 위페르를 만난 적도, 이야기 나눠본 적도 없이 말입니다. 여러분은 위페르가 그 배역에 얼마나 어울리는지는 전혀 생각하지 않고, 단지 무명이라는 이유만으로 그녀를 받아들이지 않고 있습니다." [10]

곧 유나이티드 아티스트의 두 임원이 위페르를 만나기 위해 파리행 콩코드기에 탑승했다.

우리는 캘리포니아에서 치미노에게 위페르는 안 된다고 말했습니다. 치미노는 자기주장을 굽히지 않았는데 그것이 나름 생각할 만한 가치도 있고, 합리적인 면도 있었습니다. 단 한 번의 최종 미팅을 위해 파리로 가는 것이 좀 지나치기도 했지만 나는 거기서 해야 할 일이 있었습니다. 필드에게는 이번 출장이 고되고 힘들겠지만 적어도 캘리포니아의 빡빡한 일정에서 벗어나 잠시 기분 전환을 할 수 있는 기회이기도 했습니다.[11]

치미노가 유나이티드 아티스트 경영진에게 자기가 추천하는 여자 주인공을 한번 만나보기라도 해달라는 합리적인 요청을 했고, 이에 임원 2명이 파리로 날아가면서 이번 출장이 우유부단한 모습을 보이는 신호는 아니라고 나름 그들 스스로 자기 합리화를 했다. 물론 그녀를 만나기 위해 파리로 날아간 것이 중요한 몰입 행동이었는데도 말이다. 결국 그들은 위페르를 만났다.

위페르는 대본을 무심하게 읽었습니다. 그녀는 대본 내용을 거의 이해하지 못하는 것처럼 보였습니다. 그리고 그녀에게서 서부 개척 시대의 여인이 갖는 분위기를 전혀 찾아볼 수 없었습니다. 정말이지 그녀에게는 이 영화가 맞지 않았습니다. 그런데 밤이 깊어가고 와인 병이 한 병 두 병 비어가면서 그녀가 매력적으로 보이기 시작했습니다.[12]

이맘때가 되자 그들은 그녀가 풍기는 묘한 매력에 빠져들었다. 당시 트랜스아메리카(Transamerica)가 유나이티드 아티스트를 소유하고 있었고, 유나이티드 아티스트 직원들은 자신들이 세련된 예술가적 감성을 지니고 있음을 보여줘야 한다는 압박을 느끼고 있었다.

합리적으로 대안을 신중하게 검토하는 것과 그것을 합리화하는 것 사이의 경계는 정말 미세합니다. 잘못된 근거를 바탕으로 옳은 결정을 하는 것보다 옳은 근거를 바탕으로 잘못된 결정을 하는 것이 차라리 더 바람직하고 웬일인지 고상하게까지 여겨졌습니다. 치미노의 생각이 옳았고, 그가 그녀에게서 우리가 가진 안목으로는 정확히 볼 수 없는 중요한 무엇인가를 보았을 가능성은 항상 있습니다.[13]

두 임원인 바흐(Bach)와 필드(Field)는 이 영화가 성공하려면 치미노의 협조가 필요하고, 위페르가 나쁘지 않은 선택이며, 치미노의 판단을 믿어야 한다고 생각했다. 그러나 여러모로 볼 때 분명히 적합하지 않은 주연 여배우를 선택한 것을 두고 그들이 어떻게 합리화할 수 있었을까? 그것은 아주 단순했다.

바로 그때, 우리 자신을 설득시키는 절묘하고도 교묘한 생각이 떠오르더군요. 이번 영화에서 누가 진정한 스타인가? 크리스토퍼슨은 아닙니다. 우리가 폰다 혹은 다른 유명 배우들을 섭외하는 데 실패했기 때문에 그들도 아닙니다. 이번 영화의 스타는 마이클 치미노였습니다. 우리는 배우들이 흥행 몰이를 해줄 것으로 기대하지 않았습니다. 우리는 치미노가 최고의 흥행작을 만들어줄 것으로 기대했습니다. 치미노가 진정한 스타였고, 우리의 감독이 위페르를 원하면 그의 뜻을 따라야 할 의무가 있다고 생각했습니다. 다음 날 아침 우리는 항복을 선언하고 말았습니다. 이렇게 하여 이자벨 위페르가 엘라 왓슨(Ella Watson) 역을 맡게 된 것입니다.[14]

이 사례는 참여자가 하는 말을 통하여 후보자와 이야기를 나누는 것처럼 합리적인 일을 하는 것에서 출발하여 결국에는 나쁜 결정을 가지고 옳은 결정이라고 자기 합리화를 하는 것에 이르기까지, 어떻게 하여 그들이 몰입의 구렁텅이로 빠져드는지를 훌륭하게 보여준다. 이 과정은 시간이 흐르면서 천천히 미묘하게 전개되므로 인식하기가 거의 불가능하다.

여기서 몰입 행동이 외부 압력이 거의 없는 상태에서 나타난다는 사실이 중요하다. 몰입 행동이 이러한 방식으로 개인의 신념과 가치관에 대하여 많은 것을 말해주고, 그런 행동을 단념하기 위한 외부적인 근거를 거의 제시하지 않기 때문이다. 자발적으로 하는 행동, 부정적인 결과가 발생할 수 있더라도 선택하는 행동이 몰입 상태에 가장 많이 빠져들게 한다. 구성원들이 일에 몰입하여 부지런히 노력하는 팀을 만들려고 하는 사람들이 이러한 사실을 잘 알고 있다.

트레이시 키더(Tracy Kidder)는 자신의 저서에서 컴퓨터 회사인 데이터제너럴(Data General)의 소형 컴퓨터 개발 과정을 소개하면서 직장에서의 몰입 과정에 관한 훌륭한 사례를 제시했다. 노스캐롤라이나에 있는 또 다른 공장에서 진행되는 설계 프로젝트와 경쟁해야 할 프로젝트를 책임진 웨스트(West)와 앨싱(Alsing)은 이번 프로젝트를 위해 자신을 희생하고 일을 열심히 하려는 사람들을 찾아야 했다. 앨싱은 그들이 몰입하게 만드는 한 가지 방법으로 '서명식'이라는 일종의 의식을 거행했다.

앨싱과의 면접을 성공적으로 치르려면 '서명식'이라는 것을 해야 한다. 앨싱은 면접을 진행하며 이렇게 말했다.

"우리는 첨단 기술 제품을 만들고 있습니다. 우리는 새로운 하드웨어와 도구를 설계하게 될 것입니다. 당신은 이번 일에 참여하고 싶습니까?"

"어려운 일이 될 것입니다. 우리가 당신을 고용하게 된다면 당신 주변에는 냉소주의자들과 이기주의자들이 바글바글할 것입니다. 정말이지 견디기 어려울 것입니다."

지원자가 대답했다.

"전혀 두렵지 않습니다."

앨싱이 이야기를 계속했다.

"우리 회사에는 빠릿빠릿한 사람들이 많습니다. 늦게까지 힘들게 일해야 할 것입니다. 야근을 밥 먹듯이 하고 심지어는 주말에도 나와서 일해야 한다는 뜻이지요."

지원자는 꿋꿋이 대답했다.

"전혀 문제되지 않습니다. 오히려 제가 바라는 바입니다. 저는 일이 많은 곳이 좋거든요."

면접이 끝날 무렵 앨싱이 이렇게 말했다.

"잘 모르겠지만 이것은 마치 자살 특공대원을 모집하는 것과 같습니다. 앞으로 당신은 죽게 될 것입니다. 영광스럽게 말입니다."[15]

앞서 나는 다른 사람에게 호의를 베풀면 호혜주의 원칙이 작용해 동맹자를 얻을 수 있다고 말했다. 몰입 과정도 다른 사람이 우리를 위해 호의를 베풀게 하여 우리가 동맹자를 얻을 수 있다는 것을 보여준다. 어떤 사람이 내가 하는 요청을 받아들여 나에게 호의를 베푼다면 그 사람은 나를 좋아한다는 자기 인식을 하기 쉽다(자신이 좋아하지 않는 사람에게 무엇 때문에 호의를 베풀겠는가). 내가 당신에게 작은 호의를 베풀면 당신이 나에게 보답해야 할 의무감을 갖는 하나의 순환이 시작된다. 그러나 당신이 나를 위해 무언가를 하는 행동 그 자체가 당신이 나에게 몰입하게 만들고, 따라서 동맹 관계는 더욱 굳어진다.

대단한 아웃사이더였던 지미 카터(Jimmy Carter)가 어떻게 하여 민주당 대통령 후보 지명을 받고 결국 1976년 대통령 선거에서 당선되었을까? 그 답은 그가 동맹 관계를 형성하는 데 뛰어난 사람이었다는 것이다. 그는 단순한 전략을 따랐다.

"아웃사이더가 선거운동을 하려면 자신을 대신하여 뛰어줄 아웃사이더를 모집해야 한다."[16]

1974년 예비 선거에서 패배한 민주당 후보들은 당시 조지아 주지사로부터 한 통의 편지를 받았다. 카터는 예비 선거에서 패배한 사람들이 시간이 많다는 것을 잘 알고 있었고, 그들이 가진 정치적 에너지가 자신의 선거운동에서 발산되길 바랐다. 카터의 전략은 그들이 이번 선거운동을 자기 일이라고 생각하게 만듦으로서 유대를 형성하고 승리를 위한 활동에 동참하게 만드는 것이었다.

많은 사람이 생각하는 것과는 다르게 누군가로부터 충성을 얻기 위한 가장 효과적인 방법은 당신이 그 사람에게 호의를 베푸는 것이 아니라 그 사람이 당신에게 호의를 베풀도록 하는 것이다. 사람들은 제안을 받는다는 사실 자체에 좋은 감정을 갖는다. 똑똑한 정치인은 자신이 누군가에게 부탁을 할 때 그 사람이 선물이나 그 밖의 대가를 크게 바라지 않고 오직 바라는 것 한 가지, 즉 참여할 기회를 그 사람에게 제공하고 있음을 잘 안다.[17]

누군가로 하여금 당신에게 호의를 베풀도록 하는 것은 그가 당신에게 몰입하도록 만드는 것이다. 사람들이 당신의 계획, 선거운동, 경력에 관심을 갖게 되면 당신이 실패하기를 바라지 않을 것이고 당신 편에 서서 엄청나게 노력할 것이다. 따라서 우리는 기업이나 국가 정책에서 자신이 좋아하는 계획 혹은 후보를 지켜내기 위해 노력하는 모습을 자주 보게 된다.

우리가 다른 사람들의 행동을 바꾸려고 할 때 어떻게 하면 몰입의 원리가 작동하지 않게 만들 수 있을까? 사람들의 행동을 바꾸려면 그들이 자신의 과거로부터 자유로워지게끔 해야 한다. 이렇게 하기 위한 한 가지 방법은 그들이 자신이 내린 과거의 의사결정에 대한 책임으로부터 진정으로 자유로워져야 한다는 사실을 알리는 것이다. 그들은 외부 압력 혹은 정보에 직면하여 자연스럽게 그런 행동을 했을 뿐이다. 그러나 지금은 상황이 변했고, 그들에게는 과거와 다르게 행동할 수 있는 자유가 있다.

당신이 결코 해서는 안 되는 것이 있다면 직접적으로 공격하면서

"어떻게 그처럼 바보 같은 짓을 했어?"라고 묻는 것이다. 이런 질문을 받으면 대부분의 사람들은 자기가 왜 그렇게 했는지에 대해 수만 가지 이유를 나열한다. 즉, 질문한 사람을 설득하지 않고 자기 자신을 설득하게 된다.

헨리 폰다(Henry Fonda)가 주연한 영화 〈12인의 성난 사람들(Twelve Angry Men)〉에서는 몰입 행동에서 벗어나는 것을 보여주는 좋은 사례가 나온다.

공판이 끝나고 배심원들이 심의를 위해 배심원실에 모였다. 예비 투표를 했는데 배심원 11명이 유죄 평결에 찬성했다. 주인공 헨리 폰다는 어떻게 그들의 마음을 바꿀 수 있었을까? 그는 피고인을 유죄로 보이게 만드는 증거가 있기는 하지만 피고 측 변호인이 변론을 제대로 하지 않았다고 주장했다. 실제로 피고 측 변호인은 국선 변호인일 뿐이었고, 이처럼 평판이 좋지 않은 사건을 취급하고 싶지 않았을 수도 있었다. 폰다는 어느 순간에 이렇게 말했다.

"증거에 의하면 피고인은 유죄입니다. 아마도 그럴 것입니다. 그런데 저는 확신을 하지는 못하겠습니다."

그런 다음, 그는 나머지 배심원들에게 유죄 평결에 대해 의심해본 적이 있는지(여기서 그가 피고인이 결백하다는 것을 입증할 필요는 없다), 오직 합당한 의심의 여지가 있는지를 물었다. 가장 중요하게는 그가 그들의 몰입을 파고들었고, 그들의 생각을 반드시 바꾸지는 않더라도 적어도 한 시간 동안 이 사건을 논의하게 만들었다는 것이다. 이것은 소년의 인생이 달린 문제였고, 그들이 평결을 내리기 전에 약간의 논의를 한다고 해서 해로울 것은 없었다.

폰다가 자기주장을 정립하는 방식에 따르면 배심원들은 자신이 잘못된 방향으로 가고 있다는 것을 인정할 필요가 없었다. 오직 피고 측 변호인이 일을 제대로 하지 않았다는 것이다. 게다가 논의하기로 했던 합의 자체가 그들이 증거를 더욱 자세히 살펴보게 만들었고, 이렇게 하여 폰다가 그들이 논의에 참여하여 비판적인 증언을 하게 만들었다.

이와는 대조적으로 직접적인 공격은 대부분 역효과를 낳는다. 이스턴 항공의 프랭크 로렌조는 기계공들과 대립하면서 미국조정위원회(National Mediation Board)가 협상이 파행 상태에 이르렀다는 선언을 해주길 원했다. 그러면 30일 이후에 파업이나 직장 폐쇄가 있고 나서 그가 임금이 낮은 노동자를 고용할 수 있게 되기 때문이다. 그러나 그가 단호한 태도를 보인 것이 조정위원회로 하여금 협상을 계속할 것을 촉구하는 방향으로 더욱 몰입하게 만들었다. 당시 조정위원회 위원장이 월터 월라스(Walter Wallace)였는데 그와 조정위원회는 이런 입장에서 전혀 물러서지 않았다.

로렌조는 월라스를 맞이하여 첫 단추부터 잘못 끼웠다. 그 무렵에 관계를 개선하려고 노력하는 대신 월라스를 더 세게 공격하는 쪽을 선택한 것이다. 당연히 월라스는 한 발짝도 물러서지 않았다. 결국 그는 이스턴 항공에서 문제의 근원은 노동조합이 아니라 로렌조라고 여기게 됐다.[18]

로렌조는 조정관이 선임되기도 전에 월라스의 전임 위원장 헬렌 위트(Helen Witt)를 만나는 식으로 싸움을 시작했다. 월라스는 자기가 포위

된 기분이 들었다. 로렌조는 프랭크 보면(Frank Borman)과 윌리엄 유저리(William Usery)에게 월라스와 조정위원회를 상대로 로비 활동을 해줄 것을 부탁했다. 이들 중 윌리엄 유저리는 1983년에 지분 공유 협상을 타결할 때 조정관으로 활약하면서 로렌조와 인연을 맺은 인물이었다.

또한 로렌조는 '이스턴 항공 종업원들을 위한 긍정적 조치를 의미하는 피스(Positive Employee Action Committee at Eastern/PEACE)'라는 단체를 결성했다.[19] 그는 이스턴 항공의 노사관계 담당 임원 톰 매튜스(Tom Matthews)로 하여금 월라스에게 자사의 사건 개요를 설명하는 편지를 계속 보내도록 했다. 이 편지에는 조정위원회가 일부러 늑장을 부린다고 비난하는 내용도 담겨 있었다.[20] 이스턴 항공 경영진은 언론의 비위를 맞추면서 조정위원회를 비난하는 내용의 사설을 싣도록 했다. 그러나 1년이 지나면 퇴직하게 될 월라스는 이 모든 압박에 심한 자극을 받았다.

로렌조는 조정위원회를 거세게 몰아붙였다. 심지어는 텍사스 항공이 조정위원회 위원 정원을 3명에서 5명으로 늘리고 조정위원회가 감독하는 조정 기간을 90일로 제한하는 법안을 지지하려고도 했다. 로렌조의 측근들에 따르면 그가 조정위원회를 협상이 교착 상태에서 빠져나오지 못하게 한 혐의로 고소할 것인가를 두고 깊은 고민에 빠졌었다고 했다.[21]

월라스는 기본적으로 기업 친화적인 사람이었지만 로렌조의 고압적인 태도에 몹시 화가 난 나머지 이스턴 항공 경영진이 그렇게도 원하던 타결을 거의 2년 동안 미루었다. 압박은 조정위원회가 대립각을 세우게 했고, 자신의 결정에 더욱 몰입하게 만들었다.

희소성의 원리를 이용하라

사물이 어떻게 보이는가는 그것이 얼마나 희소한가에 따라서도 달라진다. 때로는 무엇인가에 대한 가치를 객관적으로 평가하기 어려울 때가 있다. 그러나 그것을 원하는 사람들이 많다면 그것이 가치를 지니고 있다고 볼 수 있다. 그것에 대한 인기가 그것의 가격 혹은 상대적으로 입수하기 어려운 성질을 나타낼 수 있다. 따라서 가격과 희소성(물론 이 두 가지는 수요와 공급의 힘이 작동하기 때문에 서로 연관된다)이 가치 혹은 호감도를 나타내는 지표로 쓰인다. 대인 영향력에 관한 다른 원리들과 마찬가지로 희소성의 원리는 정보 처리를 효율적으로 할 수 있게 해준다.

혼다 어코드를 구매할 것인가? 아니면 마쯔다 미아타를 구매할 것인가? 이 두 모델이 희소성을 갖는다면 자동차 딜러가 정가에 프리미엄을 얹더라도 당연히 갖고 싶어 하는 사람들이 많을 것이다. 우리가 이 두 모델을 도로에서 흔히 볼 수 있다면 갖고 싶어 하는 사람들이 많지는 않을 것이다.

또 다른 예로 대학원 입학을 생각해보자. 여러 기관들이 경영대학원 순위를 발표할 때 대학원 입학이 얼마나 까다로운가, 즉 입학 정원 대비 지원자 수를 평가의 한 가지 요소로 삼는다. 입학 정원의 희소성이 커질수록 해당 학교에 대한 평판이 좋아지고, 조금은 역설적이게도 지원자도 더 많아진다. 따라서 부익부 빈익빈 현상이 나타나는데 이것은 호감도가 희소성과 연관되어 있기 때문이다.

영향력의 원리로서 희소성은 심리적 반향이론(the Theory of Psychological Reactance)으로도 설명된다.[22]

"기회가 줄어들수록 우리는 자유를 잃는다. 그리고 우리는 이미 갖고 있던 자유를 잃는 것을 싫어한다. 자유로운 선택이 제한받거나 위협받을 때마다 자유를 유지하기 위한 욕구가 자유(자유와 연관된 재화와 서비스도 포함하여)를 예전보다 훨씬 더 많이 원하게 만든다."[23]

여기서 반향이라는 용어는 "희소성이 커지면서 지금까지 접근하던 대상에 대한 접근이 방해를 받을 때 우리는 그 대상을 예전보다 더 많이 원하고 소유하려는 방식으로 이러한 방해에 반응한다"[24]는 사실에서 나온 것이다.

희소성의 원리는 일상생활에서도 많이 나타난다. 당신이 집을 구하는데 드디어 마음에 드는 집을 찾았지만 완벽하지는 않아서 최종 결정을 하는 데 어려움을 겪고 있다고 하자. 부동산 업자에게서 다른 사람이 계약을 하려고 한다는 말을 듣고 나면 결심하기가 훨씬 더 쉬워질 것이다. 대부분의 사람들은 더 이상 자유롭게 구매 결정을 할 수 없는 가능성에 직면하게 되면 이내 결심을 해버릴 것이다. 또한 다른 사람도 그 집을 마음에 들어 한다는 말을 듣게 되면 당신은 자신의 판단에 정당성을 부여할 것이다.

영업 교과서에서는 마감 시한을 정해놓고 공급을 제한하는 식으로 희소성의 원리를 이용하라고 가르친다. 예를 들어, 한정된 기간에 한정된 수량만을 판매한다고 선언하라는 것이다. 희소성의 원리는 〈술

집이 문 닫을 시간이면 아가씨들이 모두 더 예뻐 보인다네〈The Girls All Look Prettier at Closing Time〉라는 제목의 컨트리송에서도 잘 나타난다. 실제로 이 노래는 주제를 뒷받침하기 위해 사회심리학적 근거에 바탕을 두고 있다(술기운도 함께 작용하겠지만 말이다).

셰익스피어의 《로미오와 줄리엣》에서는 열정을 일으키는 희소성의 위력을 잘 보여준다. 어떤 사람은 멀리 떨어진 사람과의 관계 혹은 혼외정사가 더욱 매력적으로 다가오는 것은 이러한 상황들 속에서 희소성의 원리가 작동하기 때문이라고 주장한다. 접근을 제한하면 더욱 접근하고 싶기 때문에 메시지, 책, 정보 등을 검열하면 실제로는 이것을 얻기 위한 욕구가 더욱 커진다는 것이다.

이러한 효과는 일부 정보를 증거로 채택하지 않는 배심원 심의에서 문제를 일으키고는 결국 이러한 정보가 제공되고 나서야 판결이 이루어지도록 하기도 한다. 배심원들이 이러한 정보를 무시하기로 되어 있더라도 심리적 반향이론에 따르면 배심원들이 그런 정보를 무시하라는 말을 듣는 순간 실제로는 그것을 더 많이 고려하게 된다는 것이다.

희소성의 원리는 애플의 스티브 잡스가 펩시의 존 스컬리를 영입하는 과정에서 나타나는 역학을 잘 설명해준다. 그렇다. 스컬리는 나중에 애플에서 잡스를 쫓아낸 바로 그 사람이다. 1982년, 애플이 이제는 소비재 시장에서 승부를 걸어야 한다고 판단하고 헤드헌팅 회사 하이드릭 앤 스트러글스(Heidrick & Struggles)의 회장 제럴드 로슈(Gerald Roche)에게 적합한 인물을 찾아줄 것을 의뢰했다. 결국 스컬리가 유력한 후보로 떠올랐다. 영입 과정을 자세히 들여다보면 스컬리처럼 독특한 분위기를 가진 사람을 찾는 것이 불가능하지는 않더라도 상당히 어려웠는데, 오히려 이런 사실이 그에게 연락을 취하는 계기가 되었다는 것을 알 수 있다.

12월에 잡스와 마쿨라는 뉴욕으로 날아가 스컬리를 만났다. 하지만 스컬리는 이야기를 나누는 동안 냉담한 반응을 보였고, 나중에 로슈에게 자기는 관심이 없다고 말했다. 그렇다고 해서 로슈도 물러날 사람이 아니었다. 이런 일이 있고 나서 잡스의 마음은 스컬리에게 완전히 빠져들었다. 이듬해 1월에 그들은 스컬리에게 리사를 보여주고, 포시즌스에서 저녁 식사를 함께했다. 3월 초가 되어 잡스는 스컬리를 설득하여 쿠퍼티노(Cupertino, 애플 본사가 있는 미국 캘리포니아 주의 도시 - 옮긴이)에 들르게 했다. 잡스가 스컬리를 그렇게도 원했던 데는 여러 가지 이유가 있었다. 시간이 지나면서 잡스는 스컬리를 애플로 데려와서 그가 애플의 대의를 받아들이도록 하는 일에만 빠져들었다. 돈이 엄청나게 많은 잡스로서 이것은 당혹스러운 일이었다. 지금껏 자기가 가질 수 없는 것처럼 군침을 흘리게 하는 것은 없었다.[25]

지금까지 살펴본 권력을 행사하기 위한 여러 전략들과 마찬가지로 잡스와 스컬리의 사례도 한 가지가 넘는 원리가 작용한 것을 볼 수 있다. 희소성의 원리가 잡스에게 스컬리를 매력적으로 보이게 했고, 단계적으로 확대되는 몰입이 잡스에게 그를 설득하여 애플 사람이 되게 만드는 일에 더욱더 열의를 갖게 만들었다.

희소성의 원리는 다양하게 적용되는데 여기서 기본적인 원리는 당신이 내세우는 것이 항상 희소하게 보여야 한다는 것이다. 당신이 직장을 찾을 때는 당신을 원하는 곳이 많은 것처럼 보여야 한다. 당신이 어떤 제안을 할 때는 이것이 한정된 기간에만 실현 가능하고 그 기간이 지나면 기회가 사라지는 것처럼 보여야 한다. 다른 누군가가 당장이라도 그 기회를 가져갈 것처럼 보이면 훨씬 더 좋다. 이러한 측면에서 마감 시한을 설정하는 것이 중요하다.

또한 희소성의 원리는 가격을 책정할 때도 그 의미가 분명하게 드러난다. 가격이 높을수록 수요가 많아지는 경우가 자주 있는데 이것은 언뜻 보기에는 경제학의 일반적인 가정을 위배하는 것으로 보인다. 그러나 높은 가격은 희소성, 결과적으로 호감을 나타낸다. 제품에 대한 호감이 커질수록 이것이 시장에서 성공할 가능성 또한 높아진다.

쟁점을 어떻게 프레임 속에 집어넣는가?

앞서 우리는 사물이 어떻게 보이는가는 주변 상황, 즉 그것과 비교되는 대상은 무엇인가, 그것에 몰입했던 이력이 있는가, 그것이 희소성이 있는 것으로 인식되는가에 달려 있다는 것을 살펴보았다. 그림을 프레임(액자) 속에 집어넣는 것과 마찬가지로 쟁점과 행동도 프레임 속에 집어넣으면 이러한 것들이 관찰되고 논의되는 주변 상황이 무엇을 이루어낼 것인가를 결정한다. 쟁점을 관찰하고 결정하는 프레임을 설정하는 것이 결과를 좌우할 때가 많다. 따라서 주변 상황을 설정하는 것이 권력과 영향력을 행사하기 위한 중요한 전략이라고 할 수 있다.

이러한 사실을 잘 보여주는 몇 가지 사례를 살펴보기로 하자. 컨설팅 업체인 SRI에서 근무했던 어떤 친구가 도널드 리건(Donald Regan)이 최고경영자이던 시절의 메릴린치(Merrill Lynch)가 발주한 종합자산관리계좌(Cash Management Account/CMA) 도입을 위한 프로젝트에 참여했던 경험을 말해주었다. 메릴린치가 이러한 아이디어를 생각해낸 1970년대 당시만 하더라도 이것은 엄청난 혁신이었다. SRI가 조사한 바에 따르면 이것의 수익성과 성공 가능성은 대단히 높아보였다.

다시 말하자면, 이것이 수표 발행과 신용카드(VISA카드) 발급, 머니마켓펀드(Money Market Fund/MMF, 대표적인 단기 금융상품으로 고객의 일시적인 여유 자금을 금리 위험과 신용 위험이 적은 국공채, 어음 등에 운용하고 운용 수익을 배당하는 펀드의 일종이다 – 옮긴이) 판매, 전통적인 증권 중개 서비스 제공을 위한 하나의 통합 시스템을 지원함으로써 메릴린치로서는 다양한 사업 기회를 잡을 수 있다는 것이었다. 그렇게 되면 이자 수입이 엄청나게 많이 발생할 뿐만 아니라 머니마켓펀드를 위한 사업까지도 창출할 수 있었다.

SRI의 발표가 끝나자 리건은 임원들의 의견을 듣기 위해 그들의 사무실을 돌아다녔다. 그들은 모두 이런저런 문제점을 거론했다. 운영 담당 부사장은 거래 업무를 처리하는 데 비용이 많이 든다는 점을 지적했다. 이러한 거래 업무가 수수료 수입이 많이 발생하는 증권의 구매와 판매를 위한 것일 경우에는 전혀 문제가 되지 않았다. 이것이 머니마켓펀드 계좌의 예금 거래와 수표 발행 혹은 이와 유사한 종류의 것일 경우에는 한 건당 겨우 몇 센트를 받고 처리해야 했는데 이 시스템으로는 이러한 거래 업무를 감당할 수 없었다.

법무 담당 부사장은 CMA를 도입하려는 아이디어가 메릴린치가 실제로는 은행이 되게 만드는 것으로 증권사로 있을 때보다 훨씬 더 엄격한 규제를 받게 된다는 점을 지적했다. 메릴린치가 사업 허가와 규제 당국의 승인을 받아야 하는데 잠재적 경쟁자들의 견제를 감안하면 쉽지 않은 일이었다. 마케팅 담당 부사장은 은행들이야말로 지금 메릴린치에게 최고의 고객들이라는 점을 지적했다. 따라서 그들은 메릴린치가 자신의 경쟁자가 되는 것을 상당히 불쾌하게 받아들일 것이고, 결과적으로 메릴린치와 거래 중인 상당 부분을 다른 증권사로 넘길 것이라고 했다. 이렇듯 임원들은 테이블에 앉은 순서대로 CMA 도입에는 많은 어려움이 따를 것이라고 말하면서 저마다 타당하고도 합리적인 우려를 나타냈다.

곧이어 리건이 부사장들을 둘러보면서 이렇게 말했다.

"여러분이 제기한 반대 의견들은 모두 타당한 측면이 있습니다. 하지만 저는 CMA 도입을 추진하기로 결심했습니다. 따라서 이제부터 문제는 여러분이 그처럼 분명하게 지적했던 문제들을 '어떻게 하면 해결할 수 있는가'입니다."

그러자 재미있는 현상이 벌어졌다. 쟁점이 '우리가 그 일을 해야 할까?'가 아니라 '어차피 그 일을 하게 될 거야. 그러면 문제를 해결해보자'로 바뀌면서 그 자리에 앉아 있던 바로 그 부사장들이 스스로 분명하게 지적했던 문제들에 대한 해결책을 금방 내놓기 시작한 것이다. 독특한 은행 법률과 이에 기초한 법률관계를 인정하는 콜로라도에서 사업을 시작하자는 의견이 나왔다. 수표 거래에 관한 업무를 은행이 처리하게 하자는 의견도 나왔다. 이렇게 하면 은행에 업무도 주고 회사의 운영비 문제도 해결할 수 있었다. 이런 방식으로 문제를 새로운 프레임 속에 집어넣으면 이에 따라 그 문제를 바라보고 논의하는 태도가 달라진다.

'쟁점을 프레임 속에 어떠한 방식으로 집어넣는가'가 그 결과를 좌우할 수 있기 때문에 처음부터 논의의 조건을 설정하는 과정에 개입하는 것이 중요하다. 메모를 효과적으로 작성하는 능력, 그리하여 쟁점을 어떻게 바라보고 논의할 것인가에 영향을 미치는 능력이 영향력을 확립하고 행사하기 위한 전략에서 유용하게 쓰일 수 있다.

케네디 행정부 시절에 국가안보 담당 대통령 보좌관을 지낸 맥조지 번디야말로 이러한 기술을 훌륭하게 사용했던 사람이었다.

> 정부 기관에서 메모를 효과적으로 작성하는 것이 진정한 형태의 권력이었다. 어느새 모든 사람이 번디의 메모에 따라 움직이고 있었다. 따라서 그의 메모가 행동 지침이 되었고, 대통령도 그의 메모에 따라 현재 상황을 바라보게 됐다.[26]

또 다른 두 가지 사례 모두 미국의 대(對)베트남 정책에서 나온 것으로 의사결정이 때로는 쟁점을 프레임 속에 어떠한 방식으로 집어넣는가에 달려 있다는 사실을 잘 보여준다.

1950년대 초, 프랑스가 인도차이나 반도를 지키기 위해 분투하고 있을 때 미국 정부는 식민지 모국인 프랑스 편을 들어야 할 것인가를 두고 고민하고 있었다. 미국 정부 내에서는 제국주의를 유지하려는 국가를 지원하는 것이 국익에 해롭게 작용할 것으로 생각하는 사람들이 많았다. 그러나 미국 정부는 이런 방식으로 쟁점을 프레임 속에 집어넣지 않았다.

쟁점은 '프랑스를 돕는 것이 현명한가'였지만 질문의 요지는 '올바른 쪽의 편을 들 것인가'가 아니라 '프랑스가 도움을 필요로 하는가'에 있었다. 물론 프랑스는 도움이 필요하다고 했다. 따라서 미국은 이번 식민지 전쟁에서 프랑스를 지원하는 새로운 정책을 수립했다. 이 정책에 따라 미국은 20억 달러에 달하는 지출을 승인했고, 1954년까지는 프랑스보다도 더욱 적극적으로 전쟁을 지속시키고자 했다.[27]

이제 우리는 의사결정이 질문을 하는 방식에 의해 영향을 받을 뿐만 아니라 일단 미국이 프랑스에 지원을 시작하자 이러한 행위 그 자체에 몰입하게 되었다는 사실에 주목해야 한다.

이후로 미국이 더욱 직접적으로 개입할 때 쟁점은 '정책이 옳은가' 혹은 '미국이 베트남에 개입해야 하는가'가 아니라 '승리하고 있는가'라는 프레임 속에 갇혀 있었다.[28] 여기서 밑바탕에 깔려 있는 가정, 즉 이른바 도미노 이론(베트남이 공산화되면 인도차이나 반도의 나머지 국가들도 공산화된다)이 직접적으로 검증된 적은 거의 없었다. 오히려 쟁점은 항상 당시 남베트남 정부의 생존 가능성, 즉 '미국의 지원이 효과적인가' '남베트남의 발전이 이루어지고 있는가'라는 프레임 속에 갇혀 있었다.

이러한 사례들이 보여주는 바와 같이 쟁점을 둘러싼 프레임이 때로는 어떤 질문을 하는가에 따라 설정된다. 가령, 질문이 잠재적인 위험 혹은 수익을 강조하는가? 발생하는 비용 혹은 얻을 수 있는 편익을 강조하는가? 무엇이 혁신적인가를 강조하는가 아니면 무엇이 중요한가를 강조하는가?에 따라 설정되는 것이다.

쟁점을 둘러싼 프레임은 수집되는 정보의 종류에 의해 설정될 뿐만 아니라 정보 시스템이 그 자체의 데이터 수집과 보고 과정에서 강조하는 문제에 의해서도 설정된다. 예를 들어, 조직 내에서 품질 데이터가 정기적으로 만들어지지 않는다면 그리고 품질 문제가 좀처럼 제기되지 않는다면 품질 측면에서의 제안을 둘러싼 프레임을 설정하기 어려울 것이다.

의사결정과 실행에는 필연적으로 다양한 요소들이 포함되어 있고 이러한 요소들이 다양한 차원에서 관찰되기 때문에 논의의 조건을 설정하는 능력이 조직의 행동에 영향력을 행사하기 위한 중요한 기제로 작용한다. 그런데도 우리는 때로 준거가 되는 프레임이 어떻게 설정되는가, 제기된 질문과 수집된 데이터가 선택과 행동에 따른 결과를 어떻게 좌우하게 되는가에 대한 통찰이나 인식을 거의 보여주지 못한다.

불행하게도 우리는 조직 행동을 둘러싼 주변 상황에 그다지 민감하지 않다. 의사결정과 이에 따른 행동은 날마다 새롭게 시작되지 않는다. 우리는 과거의 이력, 즉 몰입의 이력과 주변 상황을 설정하여 그 속에서 현재의 사건을 평가할 수 있게 했던 과거의 선택 이력, 우리가 무엇을 볼 것인가와 그것을 어떻게 볼 것인가에 영향을 미치는 인지 시점 설정의 이력을 인식해야 한다. 이러한 내용들을 이해하고 활용할 수 있다면 당신이 원하는 것을 이루어내는 데 커다란 효력을 발휘할 것이다.

11장

●

대인 영향력을 이해하고
활용하라

지난 장에서 살펴본 것처럼 우리가 단순히 주변 상황에 의해서만 영향을 받는 것은 아니다. 다른 사람의 행동에 의해서 직접적으로 영향을 받기도 한다.

조직은 완전히 혼자서 의사결정을 하고 행동을 하는 고립된 개인들의 집단이 아니다. 무엇보다도 조직은 사람들이 동료들과 상호작용을 하는 사회적 환경이다. 우리는 동료들이 무슨 말을 하고, 무엇을 하는가에 영향을 받고(이것을 사회적 증거 효과라고 한다), 그들이 우리에게서 호감을 얻기 위해 행동하는 것들에 마음이 흔들린다. 또한 우리는 사회적 환경에서 만들어지고 일정한 역할을 하는 감정에도 영향을 받는다.

이번 장에서는 이 세 가지 주제(사회적 증거의 원리, 비위 맞추기, 대인 영향력에서 감정의 역할)를 주로 다루게 될 것이다.

사회적 증거와 정보의 사회적 영향력

우리가 불확실한 상황에 직면하면 어떤 일이 일어날까? 우리가 새로운 조직에 들어가면 그 속에서 벌어지는 사람들 간의 상호작용, 목표를 달성하는 방법, 심지어는 자기 일을 처리하는 방법 등을 규정짓는 규범과 관습에 대하여 잘 알지 못한다. 우리는 누구를 고용해야 하는가, 자본을 어디에 투자해야 하는가, 어떤 시장에 새롭게 진입해야 하는가에 대하여 의사결정을 해야 하는 상황에 직면할 때가 있다. 조직 생활에서는 불확실성이 만연하며 우리는 이처럼 애매한 상황에서 판단하고 행동할 것을 끊임없이 요구받는다.

레온 페스팅거(Leon Festinger)에 따르면 사람들은 불확실하고 애매한 상황에 직면할 때 비공식적인 사회적 의사소통을 통하여 동료들에게 의견을 묻는 방식으로 대처한다고 한다.[1] 우리 자신이 갖는 태도, 인식, 선택은 다른 사람들이 갖는 것과 비슷하다. 특히 그들이 우리 자신과 비슷한 사람이거나 가까운 관계에 있는 사람일 때는 더욱 그렇다. 이처럼 공유된 관점이 상황을 바라보는 우리 자신의 관점에 영향을 미치게 된다. 따라서 신념과 판단이 사회적으로 견고하게 뿌리를 내리고, 현실이 일종의 합의된 사회 구조가 된다.

다른 사람에게서 인정을 받기 위해 그들의 신념에 순응하거나 공개적으로 지지하는 상황과 정보가 사회적 영향력을 발휘하는 상황을 구분하는 것이 좋다. 다시 말하자면, 사회적 인정과 순응을 교환하는 상황과 우리가 의견 공유를 통하여 확실성을 갈망하기 때문에 다른 사람의 의견에 동의하게 되는 상황을 구분할 필요가 있다는 것이다.

영향력을 확립하고 행사하기 위한 다른 다양한 기법들과 마찬가지로 우리가 다른 사람들의 판단에 의존하여 우리 자신의 견해를 정립하는 데는 우리의 인지적 노력을 절감시켜주는 장점이 있다. 예를 들어, 내가 동료들로부터 특정 지원자가 상당히 유력해 보인다는 말을 듣게 되면 그 사람의 강점과 약점을 판단하여 결론을 이끌어내기 위해 깊이 고민하지 않아도 된다.

우리가 다른 사람들이 제공한 정보를 바탕으로 우리 자신의 견해를 정립하는 데는 또 다른 장점이 있다. 우리가 다른 사람들의 관점을 토대로 우리 자신의 관점을 형성한다면 분명히 그들과 같은 관점을 가지게 될 것이고, 그들 또한 우리와 마찬가지다. 사람과 사람 사이의 매력에 관한 연구에 따르면 유사성이 매력의 중요한 원천이라고 한다. 우리는 자기 자신과 비슷한 사람에게 호감을 갖는다.[2] 따라서 다른 사람과 관점을 공유하는 것은 사람과 사람 사이의 매력과 사회적 연대를 위한 중요한 기반을 형성한다. 사회적 합의는 정보의 사회적 영향력이 발휘되는 과정에서 나오고, 이러한 합의를 공유하는 사람들 사이에서 매력과 호감을 강화시켜주는 경향이 있다.

세 번째 장점은 이것이 따돌림을 당하거나 무시당할 가능성을 줄여준다는 데 있다. 우리의 대다수는 무의식적으로 다른 사람들의 주장에 동의하기 위해 노력한다. 그렇게 해야만 집단에서 인정받을 수 있다는 사실을 잘 알기 때문이다.

치알디니(Cialdini)는 사회적 증거의 원리를 보여주는 몇 가지 사례들을 제시하면서 이 원리에 따라 우리가 다른 사람들의 선례를 쉽게 따르게 된다고 설명한다.

파워

다른 사람이 어떤 행동을 하고 있으면 우리가 그 행동이 더 정확할 것이라고 생각하는 경향은 다양한 상황에서 나타난다. 바텐더들은 가게 문을 열기 전에 손님들이 팁을 넣는 항아리 안에 지폐 몇 장을 넣어둔다. 이것은 이전 손님들이 주고 간 팁인 것처럼 보이도록 하여 그곳에서는 팁을 동전이 아니라 지폐로 주는 것이 적절한 행동이라는 인상을 주기 위한 것이다. 교회 집사들도 마찬가지로 모금 바구니에 지폐를 넣어둔다. 복음교회 목사들은 일종의 바람잡이들을 예배석에 심어두고, 그들이 정해진 시간에 연단으로 나와서 간증과 헌금을 하게 만드는 것으로 알려져 있다. 또한 자선 모금 방송의 연출자들은 기부를 약속한 시청자들의 긴 명단을 장시간에 걸쳐서 내보낸다.[3]

사회적 증거의 원리는 뉴욕 거리를 지나는 사람들이 캐서린 제노비스(Catherine Genovese)라는 여성이 칼에 찔려 죽어가는 모습을 아무것도 하지 않고 지켜보기만 했던 사건을 이해하는 데도 도움이 된다.[4] 이런 상황에서 주변에 있던 많은 사람이 아무것도 하지 않은 것에는 다음 두 가지 원인이 작용했다. 첫째, 이 상황에서는 책임이 분산된다. 방관자들이 자기가 아니더라도 나설 수 있는 사람들이 주변에 많다는 것을 알기 때문이다. 둘째, 정보의 사회적 영향력을 생각하면 아무도 도우려고 나서지 않는 상황에서는 아무것도 하지 않는 것이 적절하고도 사회적으로 용인되는 행동이 된다.[5] 따라서 조금은 역설적이기는 하지만 도움을 줄 만한 사람이 많을수록 도움을 줄 사람이 나설 가능성이 줄어든다. 누군가가 먼저 나서지 않는다면 말이다.

사회적 증거의 원리는 외제 자동차가 때로는 인기가 많은 이유를 설명하는 데도 도움이 된다. 다시 말하자면, 모든 사람이 외제 자동차가 좋다고 믿는다. 언젠가 이런 주장을 뒷받침하는 기사가 〈더 월스트리트 저널(The Wall Street Journal)〉에 실린 적이 있다. 이 기사에서는 소비자들의 인식을 변화시켜 시장 점유율을 회복하려는 GM이 직면한 문제를 자세히 다루었다.[6]

이 기사의 한 부분에는 J.D. 파워 앤 어소시에이츠(J.D. Power and Associates)가 실시한 설문조사 결과도 나와 있었다. 이 조사 결과에는 다양한 종류(미국산, 유럽산, 아시아산)의 자동차를 소유한 사람들 중에서 자신의 자동차에 아주 만족하여 같은 회사가 만든 자동차를 다시 구매할 의사가 있다고 대답한 사람들의 비율과 그들이 전년도에 자동차 결함을 몇 번 경험했는지가 나와 있었다.

자동차 결함을 여덟 번 이상 경험했다고 대답했던 사람들 중에서 미국산 자동차를 소유한 사람들은 29퍼센트만이 아주 만족했다고 대답한 반면, 아시아산 자동차를 소유한 사람들은 48퍼센트가 아주 만족했다고 대답했다. 같은 회사가 만든 자동차에 대한 재구매 의사를 보면 전년도에 자동차 결함을 여덟 번 이상 경험했던 사람들 중에서 미국산 자동차를 소유한 사람들은 40퍼센트가 재구매 의사가 있다고 대답한 반면, 아시아산 자동차를 소유한 사람들은 66퍼센트, 유럽산 자동차를 소유한 사람들은 48퍼센트가 재구매 의사가 있다고 대답했다.

유럽산 자동차의 경우에는 몰입의 원리가 어느 정도 작용했을 것이다. 자동차에 많은 돈을 지출하다 보니 자기가 잘못을 저질렀다는 사실을 스스로 인정하기 싫었을 것이다. 잘못을 뒷받침하는 명백한 증거가 있더라도 말이다. 그러나 아시아산 자동차와 유럽산 자동차를 소유한 사람들에게는 정보의 사회적 영향력이 어느 정도 작용했을 것이다. 모든 사람이 이러한 자동차가 좋다고 말한다면 이것을 소유한 사람들도 그렇게 생각한다. 개인적 경험에서 얻는 증거와는 상관없이 말이다.

조직 내에서 사회적 증거의 효과를 보여주는 사례는 엄청나게 많고, 일부는 사람들이 수수방관했던 뉴욕에서의 피살 사건만큼이나 머릿속에 강렬하게 남는다. 어떤 경우에는 대인 영향력을 확립하고 행사하기 위해 사회적 증거를 고의적으로 사용한다. 또 다른 경우에는 사회적 증거가 거의 우연히 나타나지만 그럼에도 이것은 우리가 무엇이 왜 일어났는지를 이해하는 데 도움을 준다.

여기서 OPM의 사기 거래가 적절한 사례가 될 수 있다. OPM의 희생자 중에는 미국의 주요 은행과 투자은행이 있었다. 그리고 이런 사실이 놀라움을 자아내지만 어떻게 하여 이러한 사기 행각이 그처럼 오랫동안 대규모로 지속되었는지 설명하는 데 도움이 된다.

갠도시가 지적했듯이 OPM은 합법적인 사업체로 출발했고, 여러 해에 걸쳐서 수천 건에 달하는 합법적인 임대 거래를 해왔으며, 이런 거래가 사기 거래보다 엄청나게 더 많았다.[7] 따라서 OPM의 제휴사들은 아주 정직한 기업들이었고, 이러한 제휴가 사기를 의심하던 사람들이 오히려 자신의 판단을 의심하게 만들었다. 더구나 OPM은 의도적으로 사회적 증거를 하나의 전략으로 삼았다.

다른 임원들과 마찬가지로 굿맨과 와이즈먼은 OPM의 기업 이미지를 우려했고, 외부인들을 대상으로 자사의 위상을 드높이기 위해 몇 가지 조치를 취했다. 첫째, 그들은 널리 알려진 우수한 기업들과 제휴했다. 이렇게 하면 외부인들이 OPM을 실제보다 더 크고 훌륭한 곳으로 보게 될 것이라고 판단했고 이러한 판단은 정확했다. 처음 몇 년 동안 그들은 8대 회계법인에 일을 맡겼고, 나중에는 골드만삭스와 같은 공신력이 있는 투자은행과 신용 거래를 했다. 그들이 이런 기업들과 거래를 하게 된 것은 단순히 좋은 서비스를 얻기 위해서가 아니라 시장에서 합법성을 확립하기 위해서였다. 그들은 가능한 경우에는 유력한 제휴 기업들을 이용했다. 임차인 혹은 임대인이 될 것 같은 사람들과 회의를 하거나 연락을 주고받을 때 굿맨은 OPM과 골드만삭스, 리먼 브라더스와의 관계를 굳이 언급하려고 했다.[8]

OPM은 합법적인 사업을 하고 있다는 믿음을 주기 위해 제휴 기업들을 이용했다. 어느 누구도 그들의 사업 방법과 영업 활동에 문제를 제기하지 않자(제휴 기업들이 상당한 수수료를 챙기고 있었기 때문에 전혀 그럴 필요가 없었다) 어떠한 개인 혹은 조직도 사회적 합의를 위반하고 지금 벌어지고 있는 일에 문제를 제기하기가 어려웠다. 그리고 이런 상황이 길게 이어질수록 문제를 제기하기는 더욱 어려워졌다. OPM과 관계가 더욱 깊어지고 몰입의 이력이 쌓이면서 이에 따라 사기 행각을 찾아내어 밝히기가 점점 더 어려웠기 때문이다.

스티븐 바흐(Steven Bach)는 유나이티드 아티스트가 〈천국의 문〉 제작으로 인해 몰락해가는 과정을 서술하면서 영화 산업에서 사회적 증거가 어떻게 하여 극단적으로 작동하는가에 대한 다양한 사례를 제시했다.[9] 대박을 터뜨릴 것이라고 생각하는 사람들은 실체 혹은 현실에는 거의 관심을 갖지 않았다. 그들의 눈에는 인식 자체가 현실이었다. 영화가 실제로 제때 예산 범위 내에서 제작되었는지, 흥행 성적이 어떠했는지에 대한 질문은 거의 없었다.

특히 유나이티드 아티스트에서 이러한 모습이 두드러지게 나타났다. 당시 유나이티드 아티스트는 트랜스아메리카의 자회사였으므로 영화계에서는 이 회사의 자격을 두고 상당히 회의적으로 보는 분위기가 만연했다. 또한 유나이티드 아티스트의 경영진은 영화 산업에 대해서는 문외한에 가까웠다. 유나이티드 아티스트는 자신들의 불확실성을 해결하고, 자신들도 영화계의 어엿한 일원이라는 것을 보여줘야 한다는 압박에 시달렸다.

모든 임원이 조금만 더 힘을 내면 영화계의 성배를 손에 쥘 수 있다는, 즉 대박을 터뜨릴 것이라는 확신을 갖고자 했다. 그 결과, 임원들이 영화계의 인물들과 관계를 맺는 일에 필사적이고도 무차별적으로 매달렸다. 실제로 그것은 "어쩌다가 우리가 브란도(Brando)를 빼앗겼지? 그것도 유나이티드 아티스트에 말이야?"라고 탄식하는 상황, 또는 문제의 회사가 어떤 회사보다 서열이 낮다고 혹은 가장 서열이 낮다고 인식하게 만드는 또 다른 지표가 되는 상황을 방지하는 것을 의미했다. 때로는 대박을 터뜨리기 위해 허둥대는 과정에서 "이런, 대본이 엉망이군!" 이랬던 분위기가 갑자기 흥분하여 "계약합시다"라는 쪽으로 돌변하는 경우가 허다했다.[10]

세 번째 사례로, 바이런(Byron)이 〈타임〉지가 케이블TV 방송 편성 시간표를 싣는 주간지를 창간하는 과정에서 어떻게 하여 5000만 달러가 넘는 손실을 보게 되었는지 서술했는데 그 내용을 살펴보기로 하자.[11] 이런 잡지는 시장성이 없고, 정보 처리 요건이 까다로워 기술적으로 제작이 거의 불가능했다. 강력한 리더십을 가진 사람이 이번 프로젝트를 끌고 가는 것도 아니었다.

그런데도 이 프로젝트가 진행된 것은 일정한 타성이 작용했을 뿐만 아니라 최고경영진이 이것을 드러내놓고 지지하는, 아마도 다원적 무지(Pluralistic Ignorance, 어떤 문제에 대해 소수의 의견을 다수의 의견일 것이라고 잘못 인지하거나 또는 다수의 의견을 소수의 의견일 것이라고 잘못 인지하는 것을 나타내는 사회 심리학 용어 – 옮긴이)에 해당되는 상황이었을 것이다. 또한 이런 상황에서 이것에 대하여 의구심을 갖는 사람들이 자기 생각을 주장하길 꺼렸을 것으로 짐작된다. 더구나 경영진이 아이비리그 출신들이었고 그들은 이번 주간지의 창간 작업을 젊은 아이비리그 출신들에게 맡기고 싶어 했다. 어느 누구도 다른 사람의 판단에 문제를 제기하지 않으려는 상황에서 막대한 양의 자원이 낭비될 때까지는 이 프로젝트를 중단하기가 불가능하지는 않더라도 어려웠을 것이다.

사회적 영향력을 행사하는 과정과 이 과정이 작동하는 방식 때문에 타성은 의사결정에 영향을 미치거나 목표를 달성하는 데 매우 중요하게 작용한다. 일단 사회적 합의를 통하여 어느 한 방향으로 나아가기 시작하면 이러한 합의를 바꾸기가 쉽지 않다. 그 이유는 사람들이 자기 입장에 몰입하게 될 뿐만 아니라 합의가 이루어졌다는 사실 자체가 사람들로 하여금 자신의 입장이 옳은 것으로 믿게 만들기 때문이다. 이것이 시사하는 바는 처음부터 의사결정을 바라보는 방식에 영향을 미치는 것이 그 결과에 영향력을 행사하는 데 있어서 절대적으로 중요하다는 것이다.

두 번째로 시사하는 바는 '의사결정'이라는 단어 자체가 조금은 적절하지 않게 쓰일 수도 있다는 것이다. 사회적 증거와 사회적 합의가 판단과 결정에 영향을 미치는 데 중요하게 작용하고, 사회적 합의를 이루어내는 과정이 오랫동안 전개된다면 의사결정을 '결정되는' 것이 아닌 '발생되는' 혹은 '전개되는' 것으로 생각하는 것이 더 적절하다.

마지막으로 시사하는 바는 특정한 입장을 둘러싼 사회적 합의의 증거를 제시하기 위해 동맹자 혹은 지지자를 확보하는 것이 대단히 중요하다는 것이다. 조직 내 모든 사람이 당신이 성취하려는 목표의 필요성을 당연하게 여기도록 정보 환경을 관리하는 것이 중요하다. 이것은 어느 정도의 아이디어와 메시지를 반복하여 전달하고, 누가 당신의 생각에 동의하는지를 알려주는 식으로 할 수 있는 일이다. 그리고 사회적 증거가 영향력을 발휘할 수 있는 집단 상황에서 대인 영향력이 때로는 가장 효과적으로 행사된다는 것은 틀림없는 사실이다.

목표를 달성하기 위해 (호혜주의뿐만 아니라) 사회적 증거를 사용한 가장 인상적인 사례로는 첫 번째 닉슨 행정부 시절에 헨리 키신저가 국가안보 특별보좌관 자리를 얻기 위해 노력했던 것을 들 수 있다.[12] 키신저는 닉슨 선거운동본부에 파리 평화 협상의 진행 과정을 보고함으로써 적절한 선거 전략을 수립할 수 있도록 지원했을 뿐만 아니라 신임 대통령에게 자신에 대하여 좋게 말해줄 지지자들을 확보하는 데도 노력을 아끼지 않았다.

예를 들어, 닉슨 선거운동본부에서 대외 정책을 담당했던 리처드 앨런(Richard Allen), 칼럼니스트 조셉 크래프트(Joseph Kraft), 존 미첼(John Mitchell), H.R. 홀더먼, 닉슨 선거운동본부의 부본부장 피터 플래니건(Peter M. Flanigan)이 바로 그런 사람들이었다. 키신저가 그 자리의 적임자가 된 것은 선거운동을 지원했던 사실뿐만 아니라 그의 광범위한 인맥 덕분이었다. 허시(Hersh)는 이렇게 말했다.

"닉슨 대통령은 키신저의 광범위한 지식과 인맥뿐만 아니라 이러한 자산을 활용하려는 그의 의지에도 깊은 인상을 받았다." [13]

호감과 비위 맞추기

치알디니는 말했다.

"우리가 잘 아는 사람 혹은 좋아하는 사람의 요청을 대체로 수락하게 된다는 것은 그리 놀라운 일이 아니다. 그러나 놀라운 사실은 우리가 다른 사람의 요청에 응하도록 하는 데 이처럼 간단한 원리가 수백 가지 방식으로 작동된다는 것이다." [14]

다른 사람에게 호감을 갖는 데는 다음에 나오는 것들을 포함하여 수많은 요인이 작용한다.

1. 사회적 유사성(자신과 닮은 사람이나 동일한 사회적 범주 혹은 집단 출신의 사람을 더 좋아하는 경향이 있다).
2. 신체적 매력(매력적으로 생긴 사람에게 호감이 간다).
3. 찬사와 비위 맞추기(자신을 좋아하는 사람, 자신에게 좋은 감정을 표현하는

파워

사람을 좋아한다).

4. 접촉과 협력(자신이 잘 아는 사람을 좋아하는 경향이 있다. 특히 공동의 과제 혹은 목표를 두고 그들과 협력하는 경우에는 더욱 그렇다).

5. 그 밖의 긍정적인 것들과의 연상(좋은 소식을 전하는 사람을 좋아하고, 반대로 나쁜 소식을 전하는 사람을 싫어한다).

호감은 호혜주의 원칙을 작동시키기 때문에 대인 영향력에서 중요하게 작용한다.

호감의 중요성을 이해하면 왜 애플컴퓨터의 공동 창업자이자 주요 주주였던 스티브 잡스가 1985년에 사내에서 형식적인 자리를 제외하고 모든 자리에서 축출되었는지 알 수 있다. 잡스는 "냉소적이거나 계산적이거나 용의주도한 인물이라기보다는 지나칠 정도로 자기중심적인 인물이었다. 그는 세상을 다른 사람의 관점에서 바라볼 줄 몰랐다."[15] 앞서 살펴봤듯이 그는 처음부터 자신을 지지하던 이사회 이사들과 친밀한 관계를 형성하는 데 전혀 관심이 없었다. 또한 그는 스컬리와의 싸움에서 자신을 지지해줄 수도 있었던 동맹자가 될 만한 사람들을 배려해야 할 필요성을 전혀 인식하지 못했다. 그가 애플 II 사업부에서 운영과 제조를 책임지던 델 요캄(Del Yocam)을 대하던 모습은 혐오를 낳았고, 그 결과 영향력을 약화시키는 잡스 특유의 대인관계 스타일이 여실히 드러났다.

그는 델과 함께 주차장 부지를 오랫동안 거닐었는데 처음에는 델이 그가 하는 말에 상당히 동의하는 것처럼 보였다. 그러나 어느 순간부터 잡스는 자제력을 잃고 말았다. 그는 자신이 직접 운영을 맡으려 했고, 델보다 자신이 훨씬 더 적임자라고 말했다. 델이 방금 무슨 말을 했는지 묻자 잡스는 같은 말만 되풀이했다. 결국 잡스는 모두가 당연하게 생각하는 사실을 말했을 뿐이었다. 그러나 델은 그렇게 생각하지 않았다. 당연히 델은 화가 났다.[16]

대인 영향력을 확립하고 행사하는 데 있어서 호감의 원리를 활용하려면 앞서 언급했던 호감을 갖게 하는 한 가지 이상의 요인이 영향력을 행사하게 될 대상과의 관계에서 작용하도록 해야 한다. 상대방에게 매력적으로 보이도록 자신의 신체를 당장 변화시키기는 어렵다. 그러나 접촉, 긍정적인 연상, 특히 비위 맞추기는 상대방에게 영향력을 발휘하려는 사람들이 쉽게 받아들일 수 있는 전략적 행동이다.

영향력을 확립하고 행사해야 하는 여러 가지 상황에서뿐만 아니라 영업 활동에서도 호감의 원리를 활용하는 사례는 상당히 많다. 터퍼웨어, 암웨이, 메리케이 화장품 등이 개최하는 판촉 행사는 호감의 원리에 기초하여 진행된다. 물론 판촉 행사에서 사회적 증거(다른 사람도 구매하는 것)와 몰입(사람들이 터퍼웨어 제품을 얼마나 다양하게 사용할 수 있는지에 대한 설명을 끝까지 듣는 것)의 원리를 활용하지만 호감의 원리는 먼저 사람들을 판촉 행사장으로 끌어들이는 데 활용된다.

내가 맡은 MBA 강의에서 이러한 원리를 설명하기 위해 홈 파티(Home Party)의 예를 든 적이 있다. (스탠퍼드 MBA과정 학생들은 이런 행사를 경험하지 않았거나 기꺼이 참석하지는 않았기 때문에) 어느 여학생이 조금은 겸연쩍은 표정으로 이전 직장의 동료가 자신을 메리케이 파티에 초대했던 일을 설명했다. 이 여학생은 그 자리에 특별히 가고 싶지는 않았지만 친구의 요청을 거절할 수 없었다. 물론 파티에 가서는 다른 지인들과 담소를 나누었고, 가장 싼 제품을 하나 구매했다. 당연한 이야기지만 가장 싼 제품이 마진이 가장 많이 남는다. 기업들은 사람들이 적어도 하나 정도는 구매하여 그 자리를 마음 편히 떠나려고 한다는 것을 잘 안다. 따라서 가장 싼 제품이 회사에 가장 많은 마진을 남겨준다.

신체적 매력이 호감을 자극하고 대인 영향력을 행사하기 위한 능력을 키워줄까? 로스(Ross)와 페리스(Ferris)는 회계법인 두 곳을 대상으로 회계사의 실적 평가와 연봉을 조사했다.[17] 그들은 실적 평가에 영향을 미칠 수 있는 다른 요인들을 통계적으로 통제하더라도 신체적으로 매력적인 회계사(회계법인에서 근무하지 않고 이번 연구에 대해 아무것도 모르는 사람들에게 회계사의 사진을 보여주고 그들의 신체적 매력을 판단하도록 했다)가 실적 평가에서 높은 점수를 받는다는 사실을 확인했다.

에프란(Efran)과 패터슨(Patterson)은 1974년 캐나다 연방 선거를 조사하고는 신체적으로 매력적인 후보가 그렇지 않은 후보보다 표를 더 많이 얻은 사실을 확인했다.[18] 치알디니도 "다른 여러 실험에서 신체적으로 매력적인 사람이 어려운 상황에 처했을 때 도움을 받을 가능성이 더 높고, 상대방의 생각을 바꾸는 데 있어서도 설득력이 더 있다는 것을 보여준다"고 지적했다.[19]

또한 치알디니는 사람들이 자신과 의상, 연령, 종교, 정치적 견해가 비슷한 사람이 부탁을 하면 이에 응할 가능성이 더 높다는 것을 보여주는 실험 결과들을 잘 요약해놓았다.[20] 따라서 캘리포니아 주의 실리콘밸리와 같은 곳에서 은행 대출 담당자와 지점장의 연령이 점점 낮아지는 현상은 결코 우연이 아니다. 이것은 고객들의 연령이 낮아지기 때문이다. 나는 정규 과정과 경영자 프로그램의 강의 평가에서 인구통계학적 요인이 작용할 것이라는 생각을 가끔 해본다. 수강생들이 당신과 비슷한 점이 많다면 당신의 강의에 더욱 열중할 것이다.

물론 비슷한 점이 많다는 것은 어느 정도는 인위적으로도 만들어질 수 있다. 내비스코가 RJ 레이놀즈에 합병되고 로스 존슨이 사장 겸 최고운영책임자로 임명될 때 그는 당장 레이놀즈 사람들과 비슷하게 보이기 위한 방법을 찾기 시작했다.

내비스코 임원 중에서 오직 존슨만이 윈스턴세일럼으로 이사를 갔다. 그는 상당히 매력적인 인물로 비쳤다. 그는 윈스턴세일럼에 도착하고 나서 처음 몇 주 동안 사람들에게 좋은 인상을 심어주기 위해 총력을 기울였다. 지프 웨거니어를 타고 곳곳을 누볐고, 사람들을 저녁 식사에 초대했으며, 노스캐롤라이나 동물원 이사회에 가입하기도 했다.[21]

존슨은 성공을 위해서는 호감을 얻는 것이 중요하다는 사실을 어느 누구보다도 잘 알고 있었다. 그리고 다른 사람들이 자기를 좋아하거나 최소한 편하게 생각하도록 만드는 데서 유사성이 중요한 역할을 한다는 사실도 잘 알고 있었다.

아부 또는 비위 맞추기는 대인 영향력을 확보하는 데 있어서 아주 효과적인 기법이다.[22] 먼저 아부가 호감을 얻기 위한 속이 빤히 들여다 보이는 전략으로 여겨질 수 있기 때문에 이것이 왜 효과적인지 궁금하게 여기는 사람도 있을 것이다. 그러나 당신이 상대방에게서 찬사 혹은 당신의 비위를 맞추기 위한 말을 듣고 나서 어떻게 반응할 것인지 곰곰이 생각해보라. 두 가지 선택이 가능하다. 당신은 이런 찬사를 진심 어린 것으로 받아들일 수도 있고, 숨은 목적을 달성하기 위한 수단에 불과한 것으로 받아들일 수도 있다. 물론 당신이 느끼는 감정은 당신이 그것을 어떻게 해석하고 받아들이는가와 무관하지 않다. 실제로 우리에게는 이런 찬사를 진심 어린 것으로 믿게 만드는 동기적 편향(Motivational Bias)이 존재한다.

당신이 당신의 비위를 맞추기 위한 말을 믿는다면 자신에 대하여 긍정적인 기분을 가질 것이다. 반면, 당신이 그런 말을 어떤 수단에 불과한 것으로 생각한다면 자신에 대해 좋은 감정을 갖지 않을 것이고, 당신에 대한 상대방의 생각에 의문을 품을 것이며(상대방이 당신을 아부에 쉽게 속아 넘어가는 사람이라고 생각한다면 당신에게 어떤 문제가 있는 것은 아닌가?), 그렇게 말한 사람에 대해서도 좋은 기분을 갖지 않을 것이다. 그러나 우리의 대다수가 나쁜 쪽보다는 좋은 쪽으로 생각하기 때문에 찬사나 아부를 진심 어린 것으로 받아들이려고 한다.

아부는 특히 정치권에서 많이 나타난다. 로버트 모제스와 라구아디아 시장과의 관계가 가끔은 갈등과 대립으로 얼룩지기는 했지만 비위 맞추기를 효과적으로 했던 사례를 보여주기도 한다. 공사가 한창 진행 중일 때 모제스는 라구아디아 시장이 현장 시찰에 동행해야 한다고 주장했다.[23] 그는 라구아디아 시장이 볼거리를 좋아하고 관심의 중심에 있길 원한다는 점을 십분 활용했다. 예를 들어, 뉴욕시의 어느 소규모 유원지 개장식은 시장에게 아부하여 시장 자신이 중요한 사람이라는 기분을 갖도록 하기 위한 좋은 기회였다.

주변 건물에는 빨간색, 흰색, 파란색의 휘장이 드리워져 있었다. 2만 5000송이 국화를 심은 화분들이 유원지 담벼락을 화사하게 에워쌌으며, 도처에 깃발이 나부끼고 있었다. 시장을 태운 리무진이 도착하자 관악대의 우렁찬 연주 소리가 들렸다. 놀랍게도 '대통령 찬가'였다. 모제스가 유원지 현황을 간략하게 낭독하고서 "이제 우리 뉴욕 시장님을 모시겠습니다"라는 말로 자기 역할을 마무리했다. 시장이 연단을 향해 다가가면서 이제는 연설자가 오직 자기뿐이라는 것을 깨달았다. 바로 이 장면이 라구아디아 시장이 모제스를 가장 이상적인 행사 진행자라고 치켜세웠던 대목이다. 시장이 리본 커팅을 위해 앞으로 다가가자 아이들이 물보라를 향해 달려왔다. 시장이 리본을 자세히 살펴보니 흔히 볼 수 있는 것과는 달랐다. 빨간색, 흰색, 파란색의 실로 꼬고 술을 단 것이었다. 근처에 사는 어린 소녀가 건넨 가위도 마찬가지였다. 순은으로 만든 이것은 왕실에서나 볼 수 있는 최고급 벨벳 위에 놓여 있었다.[24]

모제스는 유원지 한 곳을 '라구아디아'라고 명명하도록 조치를 취하고, 시장에게 이렇게 알렸다.

"이 유원지에서 가장 큰 자랑거리는 바로 그곳입니다."[25]

모제스는 언론과도 좋은 관계를 유지하려고 했다. 오찬과 만찬 행사, 공공사업 개막식 행사에 발행인부터 기자에 이르기까지 모든 언론인을 초대했다. 또한 그들이 존스 비치에서 수영과 야외 만찬을 즐길 수 있도록 배려했다.[26] 모제스는 자기한테 중요한 사람들에게 특별히 신경을 썼고, 따라서 그들은 모제스를 비난하기가 어려웠다.

비위 맞추기는 공공 부문에만 국한된 기법이 아니다. OPM의 컴퓨터 임대 사기는 어느 정도 OPM이 중요한 고객과 주변 관계자들에게 좋은 인상을 심어주었기 때문에 가능한 일이었다. 또한 이것은 어느 정도는 와이즈먼의 능숙한 행동을 통해 이루어졌다.

OPM의 급속한 성장에는 와이즈먼의 대인 관계 기술이 중요한 역할을 했다. 그는 고객에게 즐거움을 주기 위해 열심히 노력했다. 고객에게 컴퓨터 장비를 설치하지 못하도록 방해하는 플로리다의 건물주에게 뇌물을 건넨 적도 있었다. 그는 확실히 매력적인 사람이었다. 그는 주변 사람들과 잘 어울리면서 인맥 키우는 것을 중요한 일이라고 생각했다.[27]

그러나 호감을 주려면 능숙한 행동 이상의 것이 필요하다. 갠도시에 따르면 OPM이 고객사와 판매 회사에 뇌물을 제공하거나 특정 기업의 임직원에게 성적 향응을 제공하는 등 다른 경쟁업체들이 도저히 생각할 수 없는 '서비스'를 제공했다고 한다. 성적 향응을 제공받은 임직원 중에는 〈포춘〉이 선정한 500대 기업에서 근무하는 사람도 있었다.[28]

1960년대에 벡텔 코퍼레이션의 스티브 벡텔(Steve Bechtel)도 수출입은행 은행장 헨리 컨즈(Henry Kearns)의 호감을 얻기 위해 그의 비위를 맞추려고 했다. 이 은행은 미국 기업의 해외 사업을 지원하기 위해 연방정부가 보증하는 시장 금리보다 낮은 금리의 융자를 제공했다.

예를 들어, 이 은행은 외국에서 미국 기업이 만든 제품과 서비스를 구매할 수 있도록 융자를 제공했다. 이처럼 좋은 조건의 융자를 얻는 것이 벡텔의 성공에 중요한 열쇠가 됐다. 당시 닉스 행정부는 이 은행이 사업을 크게 확장하길 원했다. 이것은 컨즈가 미국 기업을 대상으로 융자를 많이 해야 한다는 것을 의미했다. 컨즈와 친한 사이였던 스티브 벡텔의 부친도 이처럼 좋은 기회를 십분 활용하려고 했다. 다른 여러 사업에서와 마찬가지로 특히 건설과 관련된 사업에서는 융자를 얻는 능력이 때로는 계약을 따내는 데 중요하게 작용했기 때문이다.

벡텔은 컨즈를 치켜세우기 시작했다. 컨즈가 아주 대단한 일을 하고 있다는 찬사의 말을 늘어놓으면서 최대한 도움이 되고 싶다고 했다. 벡텔은 컨즈가 유명해지고 싶어 한다는 것을 알고는 수출입은행의 활동을 담은 신문 기사 스크랩과 함께 이에 경의를 표하는 메시지를 보내기 시작했다. 여기서 한 걸음 더 나아가서 수출입은행에 관한 영화를 만들 생각도 있다고 했다. 이 영화의 주연은 당연히 컨즈가 맡아야 한다는 말도 잊지 않았다.[29]

벡텔은 컨즈와 수출입은행뿐만 아니라 그 고객사와 임직원에게도 호의를 베풀었다. 벡텔은 의회 청문회에서 수출입은행을 위한 증언을 하는 등 수출입은행을 위한 일이라면 무엇이든 하려고 했다. 호의와 끊임없는 비위 맞추기를 통해 끈끈하게 맺어진 이러한 관계는 벡텔이 융자를 얻고 이러한 융자를 토대로 사업 계약을 따낼 수 있게 되어 회사에 엄청난 이익이 됐다.

좀 더 미묘하지만 효과적인 형태의 비위 맞추기는 상대방에게 좋은 반응과 깊은 관심을 보이는 것이다. 신분이나 지위가 높은 사람이 당신에게 이러한 관심을 보일 때는 그 사람이 당신의 감정을 그만큼 중요하게 여기고 있다는 즐거운 인상을 받게 된다.

조지 볼(George Ball)은 허튼증권의 증권 중개 사업부에서 일하면서(나중에 그는 허튼증권의 사장이 되고, 이어서 푸르덴셜 바체 시큐리티즈의 사장이 되었다) 이 부서 직원들의 사기를 드높이는 데 주력했다. 그는 증권 중개 사업부의 모든 직원에게 끊임없는 관심을 보임으로써 허튼증권의 소매 부문에서 강력한 권력 기반을 형성했다.

"그는 작은 것들이 충성심을 만들어낸다는 사실을 잘 알고 있었기 때문에 어떠한 부름에도 빠짐없이 응했고, 어떠한 요구도 다 들어주었다."[30]

볼의 매력은 주로 주변 사람들의 일상에서 벌어지는 사소한 일들을 기억하여 그들을 즐겁게 해주는 능력에서 나왔다.

허튼증권에서 경리 담당 임원을 지낸 사람은 조지에 대해 이렇게 말했다.

조지는 당신 주변에서 일어나는 모든 일을 기억하는 비범한 능력을 지녔습니다. 그는 당신을 매혹하고 즐겁게 하여 당신이 특별한 사람이라는 기분을 갖게 합니다. 조지를 처음 만나고 몇 년이 지나 어느 영업 회의에서 그와 우연히 마주쳤을 때였습니다. 조지가 나를 알아보지 못할 것이라고 생각하고 내 소개를 다시 하려 했죠. 그런데 그럴 필요가 없었습니다. 조지는 나를 보자마자 악수를 청하면서 이렇게 말했습니다.

"오랜만입니다. 벳시와 아이들은 잘 있죠?"[31]

조지 볼은 기억력이 뛰어나기도 했지만 출장 가서 만날 사람의 사진과 자세한 신상 정보를 꼼꼼히 검토했다.[32] 뿐만 아니라 상대방의 비위를 맞추는 데도 그만큼의 노력을 기울였다. 그가 모든 사람에 대해 겉으로 보이는 만큼 잘 알지 못했을 수도 있다. 하지만 그가 그들의 이름과 그들 가족에게 일어나는 자세한 사항들을 기억하려고 노력할 만큼 그들을 중요한 사람으로 여기는 것은 엄연한 사실이었다.

호감은 공동의 목표를 지향하거나 공동의 적에 대항하기 위해 다른 사람과 함께 노력하는 데서도 나온다. 1980년대 중반, 애플컴퓨터는 내부의 단결을 꾀하고 외부의 위협을 자각하기 위해 IBM을 효과적으로 이용했다. 스티브 잡스는 IBM 종업원은 30만 명이 넘지만 애플 종업원은 6000명에 불과하다는 말을 입에 달고 살았다. IBM은 규모가 워낙 커서 컴퓨터 산업 전체를 지배할 수 있는 위협적인 존재지만 애플은 미래의 자유를 위한 유일한 희망이라는 것이었다. 매킨토시팀은 그들이 갖는 동기의 대부분이 사내의 다른 팀과는 분리된 별도의 공간에서 근무하며 그들 간 긴밀한 접촉을 하고, 컴퓨터에 대하여 그들과는 다른 관점을 지닌 IBM의 경쟁 위협에 맞서 세상을 바꾸고자 하는 '비전의 공유'에서 나온다고 주장했다.

무자퍼 셰리프(Muzafer Sherif)와 그의 동료 연구자들은 지금은 고전이 되어버린 실험에서 목표를 향해 가는 사람들 사이에 긍정적인 감정이 발현하려면 '공동의 목표'가 매우 중요하게 작용한다는 사실을 분명히

파워

보여주었다.[33]

그들이 어느 청소년 여름 캠프에서 첫 번째로 했던 작업은 갈등을 조장하는 것이었다. 청소년들을 두 그룹으로 나눈 뒤 그룹에 서로 다른 이름을 붙이게 하고, 그룹마다 숙소를 따로 배정했으며, 경쟁적인 활동을 하도록 만들었다.[34] 그다음 연구자들은 두 그룹을 다시 한데 묶기 위해 두 그룹 모두에게 바람직한 목표를 달성하려면 서로 협력해야 하는 과제를 만들어냈다.

"공동의 목표를 향해 서로 함께 노력하면서 두 그룹 사이의 틈이 서서히 메워졌다."[35]

접촉과 친밀함은 호감을 자극했다. 우리가 친숙한 환경을 좋아하게 되는 것과 마찬가지로 친숙한 사람을 좋아하게 된다.

다양한 종류의 즐거움도 호감을 낳는다. 오찬, 만찬 혹은 그 밖의 즐거운 사회적 경험을 제공하면서 기부 요청을 하는 이유는 이것이 호혜주의의 규범을 작동시킬 뿐만 아니라 좋은 장소에서 훌륭한 식사를 하는 즐거움이 이런 경험을 제공한 사람에게 호감을 갖도록 하기 때문이다. 따라서 우리는 상대방이 우리의 행동에 영향을 미치려고 하는 시도에 기꺼이 응하게 된다.

대인 영향력에서 호감의 원리가 가장 직접적으로 관련되는 것이 바로 경영 스타일이다. 로버트 맥나마라(Robert McNamara)나 해롤드 제닌처럼 오직 실적만을 지향하는 냉정하고도 때로는 거칠게 행동하는 관리자를 예찬하는 경영서의 발간이 한창 유행하던 시절이 있었다. 그 시절에는 기업들이 규율을 강조했고, 이스턴 항공의 인사 담당 부사장이 영화 〈충돌 코스(Collision Course)〉에서 말했듯이 그 바닥에서 가장 비열하고 거친 사람이 승진에 승진을 거듭하며 높은 자리를 차지했다. 성공한 관리자들 중 온화하고 호감을 주는 사람은 별로 없었다.

그러나 호감의 원리에 따르면 온화하고 유머 감각이 있는 사람이 다른 조건이 같다면 영향력을 훨씬 더 쉽게 행사할 수 있다. 하지만 냉담하고 겁을 주기로 악명이 높았던 관리자들은 그들이 공식적인 권력을 갖고 이것을 행사할 때 설득보다는 위계질서가 더 중요하게 작용하는 조직에서 일했다는 사실에 주목해야 한다. 사회 규범과 가치가 변하면서 이제 이러한 조직은 점점 사라지고 있다.

호감의 원리가 갖는 또 다른 의미는 제3자에게 영향력을 행사하기 위해 친구 혹은 서로 잘 아는 지인을 통하는 것이 중요하다는 것이다. 사람들은 자기가 믿는 사람이 어떤 사람의 매력 혹은 신뢰성을 보장한다면 이렇게 하여 알게 된 사람에게 더욱 따뜻한 감정을 느끼기 마련이다.[36] 바로 이런 이유 때문에 사회적 관계의 네트워크가 대인 영향력을 행사하는 데 유용하다.

감정을 통한 영향력

우리는 지성뿐만 아니라 감정에 의해서도 감동과 영향을 받는다. 대인 영향력 전략은 때로는 행동에 영향을 미치기 위해 사회 활동의 인지적 측면뿐만 아니라 감정적 측면에도 의존한다. 조직 내에서의 감정에 관한 연구는 아직 미개척 분야이기는 하지만 대인 영향력의 감정적 기반을 이해하는 데 도움이 되는 중요한 연구 사례가 없지는 않다.

감정 표현이 대인 영향력의 중요한 기법이라고 주장하는 데는 다음 세 가지 근거가 있다.

첫째, 다른 사람에게 표현하는 감정을 관리하고 통제하는 것이 가능하다는 것이다. 적어도 우리가 상호작용하는 다른 사람에게 드러나는 감정에 대해 통제가 가능하지 않다면 감정 표현을 전략적으로 이용할 수 있는 여지는 거의 없을 것이다.

둘째, 다른 사람의 행동은 적어도 어느 정도는 우리가 표현하는 감정에 달려 있고, 따라서 이러한 감정이 그들의 행동에 효과적으로 영향을 미칠 수 있다는 것이다. 이 두 가지 사실은 모든 사람이 감정을 전략적으로 사용하여 다른 사람에게 영향을 미치는 능력을 동등하게 보유하지는 않을 것이라는 점을 시사한다.

마지막으로, 우리가 이러한 능력을 어느 정도는 학습을 통해 혹은 후천적으로 가질 수 있고, 이것은 조직 내에서 상대적으로 유능하거나 유능하지 못한 구성원을 구분하게 해주는 자질 중 하나라는 점이다.

표현되거나 드러나는 감정을 전략적으로 사용할 수 있을까? 다시 말하자면, 이러한 감정을 개인의 의지에 따라 통제할 수 있을까? 확실히 조직은 감정 표현을 관리할 수 있고, 조직에 대한 고객의 인식에 영향을 미치기 위해 사용할 수 있다고 생각한다.

피플 익스프레스(People Express)가 한창 영업하던 시절에 쾌활하고 활기찬 태도를 기준으로 '고객 서비스 매니저(객실 승무원 및 탑승 수속 직원)'를 선발했다. 앨리 혹실드(Arlie Hochschild)는 자신의 저서 〈감정노동(The Managed Heart)〉에서 감정 표현을 직원 선발의 기준으로 채택했던 델타 항공(Delta Airlines)을 비롯한 다양한 조직의 사례를 제시했다.[37] 델타 항공을 비롯한 그 밖의 항공사들은 15시간에 달하는 비행시간 혹은 온갖 악천후에서도 계속 미소 지을 수 있는 직원을 원했다. 한 예로 팬아메리칸 항공(Pan American Airlines)에서는 쾌활하고 활기찬 객실 승무원을 선발하기 위한 절차를 다음과 같이 진행했다.

> 면접관은 지원자 6명을 호출했다. 남자 3명에 여자 3명이었다. 면접관은 지원자 모두에게 미소 지으며 이렇게 말했다.
> "잠시 여러분의 서류를 살펴보겠습니다. 그동안 옆 사람과 서로 이야기를 나누도록 하세요. 면접은 3~4분 정도 후에 진행할 예정입니다."
> 곧 밝고 명랑한 대화가 이어졌고, 고개를 끄덕이기도 하고 온갖 자세를 취하더니 웃음이 터져 나왔다. 그들 모두 기대에 차서 면접관을 바라보았다. 활기 테스트를 잘 치렀는지 궁금해하면서 말이다.[38]

디즈니월드는 긍정적이고 쾌활한 성격을 기준으로 직원을 선발하여 그들을 친절하고 예의 바른 사람, 항상 행복한 모습을 보여주는 사람으로 키우기 위해 공을 들였다.

디즈니월드 종업원들의 사례는 역할 담당자들의 성격과 내적 감정이 계속 남아 있더라도 그들이 감정 표현에 대한 재량권을 갖지 못했을 때는 영향력을 거의 발휘하지 못한다는 것을 뚜렷이 보여주었다. 종업원들은 그들의 감정과는 상관없이 조직의 감정 표현 규정을 따르도록 훈련받았다. 교육 담당자들은 신참자들에게 디즈니 손님과 함께 무대 위로 올라갈 때는 손님이 아무리 무례하더라도, 자신이 아무리 화가 나더라도 항상 친절해야 한다는 점을 강조했다. 교육 담당자들은 신참자들에게 이렇게 말했다.

"우리 모두 손님을 VIP로 대접해야 합니다. 지금 우리가 이 자리에 있는 유일한 이유는 손님이 우리와 우리의 쇼를 보기 위해 찾아오기 때문입니다. 손님의 99퍼센트는 좋은 사람들입니다. 하지만 얼마 안 되는 1퍼센트와 다퉈서는 안 됩니다."

실제로 디즈니월드 종업원들은 이처럼 얼마 안 되는 1퍼센트와 다투게 되면 이것이 해고 사유가 된다는 것을 배운다.[39]

세븐일레븐 프랜차이즈를 운영하는 사우스랜드 코퍼레이션(Southland Corporation)에서는 매장 점원들이 고객들에게 친절하고 긍정적인 감정을 표현하도록 권장하기 위한 다양한 방안들을 일정 기간 채택한 적이 있다.

대부분의 지역에서 매장 점원들은 종업원들의 친절 수준을 관찰하기 위해 일명 '미스터리 고객'이 불시에 방문한다는 이야기를 들었다. 어떤 지역에서는 고객을 즐겁게 해주는 점원이 25달러를 보너스로 받았다. 또 다른 지역에서는 고객이 들어오면 먼저 웃는 얼굴로 인사를 하고 고객과 눈을 마주치는 점원이 그 즉시 새 차를 상으로 받을 수 있었다.[40]

사우스랜드는 긍정적인 감정을 표현하는 매장 관리자와 점원을 위한 보상 프로그램에 1000만 달러를 지출했다. 종업원들이 이러한 감정을 표현하게끔 만들기 위한 수단은 선발, 사회화, 보상 혹은 이 세 가지의 조합에 있다. 많은 기업에서 종업원들이 감정 표현을 통제할 수 있고, 이것을 고객에게 영향력을 발휘하기 위해 사용할 수 있다고 믿는 증거들은 상당히 많다.

이런 전략이 과연 효과가 있을까? 물론 많은 경우에 확실히 효과가 있다. 조직 구성원들의 감정 표현의 효과에 관한 어느 연구에서는 감정 표현이 행동에 영향을 미치는 다양한 사례들을 제시한다.[41] 예를 들어, 경찰관들에게 심문 기법을 가르치기 위한 지침서에서는 다음과 같은 침묵 접근법을 제시한다.

이 접근법을 사용하기 위해 먼저 얼굴에 엷은 미소를 띠면서 심문실에 들어와 의자에 편한 자세로 앉는다. 그런 다음 피의자의 눈을 정면으로 바라보면서 아무 말도 하지 않는다. 이 지침서의 책임 집필자는 25분 동안 가만히 앉아서 피의자의 얼굴을 쳐다보기만 했던 적도 있었다. 심문 전에 큰 소리로 떠들던 피의자는 갑자기 감정을 주체하지 못하고 울음을 터뜨리기 시작했다. 그는 3분 만에 사건 전모를 완전히 자백했다.[42]

칵테일바 웨이트리스에게 남성과 여성 고객 각각 48명씩을 접대하게 하여 웃음이 팁에 미치는 효과를 조사한 연구도 있다.[43] 웃음이 칵테일 주문 횟수에 영향을 미치지는 않았지만 웨이트리스가 벌어들인 팁 액수에는 상당한 영향을 미쳤다. 활짝 웃을 때는 팁으로 총 23.20달러를 벌었지만 살짝 웃을 때는 총 9.40달러를 벌었다.

로버트 서튼(Robert Sutton)은 수금원들을 대상으로 조사한 결과 집요하게 재촉하면서도 (때로는 친절하고 때로는 위협하는 식으로) 감정적 대비를 잘 활용하는 사람들이 놀라운 수금 실적을 보여준다는 것을 확인했다. 심지어 그들은 6개월이나 연체된 사람에게도 밀린 대금을 받아냈다.[44]

감정은 우리가 앞서 살펴본 여러 심리학적 원리를 통해 행동에 영향을 미친다. 예를 들어, 수금원뿐만 아니라 이스라엘 경찰의 수사관도 감정적 대비를 활용한다.[45] 두 사람이 짝을 이루어 한 사람은 좋은 경찰이 되고, 다른 사람은 나쁜 경찰이 되거나 한 사람이 좋은 경찰 역과 나쁜 경찰 역을 번갈아가면서 하는 식으로 말이다. 이러한 전략은 대비의 원리에 따라 좋은 행동이 훨씬 더 좋게 보이도록 만든다. 따라서 좋은 행동을 접한 사람이 밀린 대금을 납부하거나 범죄 사실을 자백하는 식으로 이에 보답할 가능성이 높다. 또한 나쁜 경찰의 행동이 혐오감을 일으키기 때문에 피의자가 이런 압박을 받기 싫어서 그들의 요구에 응할 수도 있다. 결과적으로, 감정적 대비 전략은 감정 표현으로 상대방에게 영향력을 행사할 수 있다는 뚜렷한 증거를 제시한다.

비록 감정 표현을 활용하는 것이 대인 영향력의 효과적인 기법이기는 하지만 누구든지 활용할 수 있는 것은 아니다. 실제로 감정의 전략적 표현과 관련하여 몇 가지 기술이 있다. 이것은 엄청난 자기 통제력을 요구할 뿐만 아니라 당신과 상호작용하는 사람에게서 당신이 어떤 효과를 일으키길 원하는지 인식할 것을 요구한다. 그리고 당신의 감정 표현을 지속적으로 통제하는 데는 일정한 대가를 치러야 한다.

혹실드의 저작에서는 특히 상황이나 자신의 감정과는 상관없이 계속 웃어야 하고, 명랑하고 친절해야 하는 저임금 서비스 노동자들에게 이러한 행동이 요구하는 대가를 다루고 있다. 혹실드는 이렇게 주장한다.

"결국 감정 노동이 가하는 지속적인 압박이 마약 중독, 폭음, 두통, 장기 결근, 성기능 장애로 이어질 수 있다."[46]

감정 노동에 대한 이러한 통찰이 매우 훌륭하기는 하지만 때로는 지나치게 좁은 영역만을 다루고 있다는 생각이 들기도 한다. 자신의 감정 표현을 관리하고, 실제로 느끼는 감정을 숨기고 다른 사람에게 영향을 미치기 위해 감정을 활용하는 것은 디즈니월드 종업원, 수금원, 경찰 수사관, 객실 승무원에게만 국한된 행동은 아니다. 조직에서 영향력을 행사하려는 관리자들은 때로는 전략적으로 자신의 감정을 드러내거나 드러내지 않는 기술을 개발한다.

내가 여러 해 동안 MBA과정 학생들과 관리자들을 가르치면서 알게 된 것 중 하나는 나 자신이 강의를 얼마나 잘하고 있는지는 MBA과정 학생들의 태도에서 훨씬 더 잘 나타난다는 것이다. 그들은 아직 이러한 기술, 즉 많은 경우에 관리자들이 개발한 것으로 마음속으로는 따분하게 생각했더라도 강의를 재미있게 들었고, 많은 것을 배웠으며, 강의를 준비한 사람의 노고에 감사한 마음을 가졌다고 웃으면서 말할 수 있는 기술을 터득하지 않았다.

조직 내에서 성공하려면 당신이 좋아하지 않는 사람, 도저히 존경할 수 없는 사람이지만 일을 성취하기 위해서는 협조를 구해야 하는 사람과도 유쾌하고 효과적인 방식으로 일을 해나갈 수 있어야 한다. 당신이 표현하는 감정이나 기분은 중요하지만 우리 모두 어린 시절부터

"예의 바르게 행동하라" "자기감정을 드러내지 말라"고 배웠다. 그리고 심지어는 상대방이 우리가 원하는 대로 행동하도록 영향력을 행사하기 위해 감정 표현을 의도적으로 활용하라고도 배웠다.

우리가 감정 표현을 활용할 계획이든, 실제로 다른 대인 영향력 전략을 활용할 계획이든 이러한 전략들을 인식하고 이해하는 것은 도움이 된다. 적어도 이것은 우리 주변에서 사회적 영향력이 어떻게 전개되는지 더 잘 관찰할 수 있게 해주고, 조직의 성과를 더 정확하게 이해하고 예측하는 데 도움을 주기 때문이다.

결론

이전 장과 이번 장에서 설명한 대인 영향력에 관한 다양한 기법들을 마케팅 술책 혹은 기껏해야 정확한 의사결정에 도달하는 우리의 능력을 왜곡하는 힘 정도로 간주하고 싶은 생각이 들 수도 있다. 그러나 이것은 근본적으로 잘못되었고 타당하지도 않다. 이러한 기법들은 술책이 아니라 우리가 살고 있는 세상에서 매일같이 작동하는 중요한 아이디어다. 때로는 이러한 기법들이 조직에 유익하기까지 하다. 이러한 기법들은 정보 처리를 효율적으로 할 수 있게 해준다. 우리가 직면하는 모든 상황을 처음부터 다시 자세히 검토할 수는 없는 노릇 아닌가? 우리와 우리의 조직이 일을 성취할 수 있는 유일한 방법은 정보 처리 과정에서 지름길에 의존하는 것이다. 따라서 다른 사람들의 합의는 상황을 이해하고 이에 따라 행동을 결정하기 위한 합리적인 지침으로 여겨진다.

희소성은 희소한 것이 바람직한 성질을 갖고 다른 사람들이 이것을 갖고 싶어 한다는 것을 의미한다. 그리고 일관성의 원리는 행동의 분산으로 인한 노력의 낭비가 발생하지 않도록 해준다. 대인 영향력은 사회 활동을 하다 보면 늘 발생하는 것이므로 우리가 회피하려고 해도 안 되고 없어지기를 소망해서도 안 된다.

사회적 영향력 역시 회피하려고 해서는 안 된다. 우리는 사회적 세계에서 살고 있고, 조직이 상호의존적인 사회 체제라는 사실은 우리가 다른 사람에게서 도움을 얻어야만 일을 성취할 수 있다는 것을 의미한다. 우리는 어떤 상황에 대한 다른 사람들의 정의를 수용해야 하고, 협력에 바탕을 둔 상호작용을 하게 만드는 행동 규칙을 따라야 한다. 여기에 나오는 기법들이 때로는 우리의 눈을 속이는 데 쓰일 수도 있다는 사실이 그 타당성을 부정하는 근거가 되지는 않는다. 각각의 기법들은 타당한 심리학 원리, 더욱 중요하게는 가치 있는 사회적 관계에 기반을 둔 것들이기 때문이다. 대인 영향력에 관한 이러한 전략들은 사회적, 상호의존적 세계가 낳은 산물이다. 따라서 이러한 전략들은 개인과 조직의 능력을 신장시킬 수 있는 중요한 요소들이다.

12장

●

타이밍이 중요하다

권력과 영향력의 전략과 전술을 활용할 때 무엇을 할 것인가뿐만 아니라 그것을 언제 할 것인가를 결정하는 것 또한 아주 중요하다. 이번 장에서는 타이밍이라는 중요하지만 때로는 간과되었던 측면을 살펴보려한다. 같은 행동이라도 타이밍을 잘못 선택한 행동은 실패할 가능성이 높지만 이를 잘 선택한 행동은 성공할 가능성이 높다.

이번 장에서는 타이밍과 관련된 전략을 염두에 두고 가장 먼저 행동을 취하는 데 따르는 장점과 단점은 무엇인가, 지연과 관련된 전략에는 어떠한 것들이 있는가, 권력을 나타내고 형성하기 위해 기다림을 어떻게 활용할 것인가, 마감 시한이 의사결정에 어떻게 영향을 미치는가, 어떻게 하여 의사결정이 검토 순서에 좌우되는가, 마지막으로 시기가 무르익을 때 개입하는 것이 왜 중요한가를 살펴볼 것이다.

가장 먼저 행동을 취하라

물론 가장 먼저 행동을 취하는 데는 불리한 점이 있다. 행동을 지연시 키면 다른 사람들의 관점을 더 잘 알 수 있는 기회가 생기고, 이러한 정보를 성공 가능성이 더 높은 전술을 개발하는 데 활용할 수 있다. 당신이 무엇인가를 가장 먼저 하면 당신은 노출된다. 최초가 되는 것 은 눈에 띄고, 맨 앞에 서고, 따라서 다른 사람의 표적이 되는 것을 의 미한다.

반면, 가장 먼저 행동을 취하는 데는 장점도 상당히 많다. 어떤 입 장을 먼저 취하고 원상태로 되돌리기 어려운 조치를 취함으로써 나중 에 들어오는 사람에게 우리의 입장을 수용할 것을 요구할 수 있다.[1]

예를 들어, 프로젝트가 시작되면 이것을 중단하기가 훨씬 더 어렵 다. 누군가를 고용하면 그 사람을 해고하기가 쉽지 않다. 건물을 짓고 나면 그것을 허물기는 거의 불가능하다. 컴퓨터를 구매하고 정보 시스 템을 구축하면 이것을 변경할 가능성이 상당히 줄어든다. 당신이 했던 일을 원상태로 되돌리기 어렵게 되었을 때 당신의 행동은 앞으로의 협 상을 위한 기반이 된다. 당신이 논쟁의 조건과 후속 조치에 대한 프레 임을 설정할 수도 있다.

또한 최초가 된다는 것은 기습 공격의 장점을 제공한다. 상대방이 준비가 되어 있지 않을 수도 있기 때문이다. 때로는 기습 공격이 조직 내 정치에서 결정적인 한 방이 될 수도 있다. 윌리엄 아지는 벤딕스 의 최고경영자 시절에 최고운영책임자이자 사장인 윌리엄 패니(William Panny)와 대립하던 모습에서 몸소 보여주었듯이 '먼저 행동하기'의 대

가였다.[2]

1980년 9월에 아지가 패니를 해고했는데 이러한 조치는 어느 누구에게도 그를 비난할 틈을 주지 않을 정도로 신속하게 취해졌다. 두 사람이 어떤 말을 주고받았는지에 대해서는 구체적으로 알려지지 않았지만 그 결과는 분명했다.

아지와 패니의 최후의 대결은 메리 커닝햄(Mary Cunningham)과 관계가 있었다. 디트로이트에서 떠도는 소문에 의하면 벤딕스 경영진 다수가 패니를 찾아와서 커닝햄과 아지의 부적절한 관계에 불만을 털어놓았고, 패니가 이 문제를 이사회에 보고할 계획이었다. 다음 날 아지는 패니가 그럴 기회를 갖기 전에 그를 먼저 해고했다.[3]

같은 이야기의 또 다른 버전이 전하는 메시지도 본질적으로는 똑같다.

패니는 그녀(커닝햄)를 자기 사무실로 불러서 호되게 꾸짖었다. 아지와 패니가 곧 심한 언쟁을 벌였다. 여기에는 아지와 커닝햄과의 관계도 포함되어 있었다. 다음 날 아지는 패니에게 사퇴를 종용했고, 패니가 이를 거절했다. 하지만 아지는 그의 사임을 일방적으로 공표했다.[4]

이 사례에서 주목해야 할 것은 아지가 자신을 심각한 곤경에 빠뜨리기 전에 먼저 행동하여 패니를 제거했다는 것이다. 또한 아지는 패니의 사임을 공표하는 데도 신속하게 행동했다. 일단 사임을 공표하고 나면 패니가 공식적으로 이에 반론을 제기하는 것이 무의미해진다. 그의 평판과 이미지는 이미 실추되었고, 해고 역시 기정사실화 되었으니 말이다.

2장에서 잠깐 언급했던 아지와 이사회 이사들과의 싸움에서 그는 다시 한 번 조기에 행동을 취하여 우위를 점했다. 아지와 메리 커닝햄과의 부적절한 관계도 이미 당연시되었고, 그가 벤딕스 고위 관리자들 사이에서 신망을 잃었기 때문에 이사회가 회사의 재무 실적이 뛰어남에도 불구하고 아지를 해고할 가능성이 있었다. 디트로이트 출신 이사들로 버로우즈(Burroughs)의 최고경영자 폴 미라비토(Paul Mirabito), 벤딕스 외에도 9개 기업에서 사외이사직 맡고 있는 앨런 슈바르츠(Alan Schwartz) 변호사, 크레스지(Kresge)의 해리 커닝햄(Harry Cunningham)이 아지가 자신들이 총애하는 사람과 놀아난다는 소문을 특히 불편하게 받아들였다.

또한 아지가 벤딕스 회장으로 있으면서 버로우즈의 회장 자리까지도 넘보고 있다는 소문이 돌았다. 아지에게는 벤딕스 최고경영자를 역임하고, 지금은 버로우즈의 추정 상속인으로 인정받는 마이클 블루멘탈(Michael Blumenthal, 그는 카터 행정부 시절에 각료직을 맡기 위해 벤딕스를 떠났다)이 유력한 적수로 떠올랐다. 특히 워싱턴에서 디트로이트로 돌아온 블루멘탈을 아지가 벤딕스 이사회로 돌아오지 못하게 한 이후로 두 사람의 관계가 상당히 불편해졌다. 주로 버로우즈 혹은 블루멘탈과 인연이 있는데다가 아지와 커닝햄과의 스캔들이 확대되는 것을 우려하던 디트로이트 출신 이사들 사이에서 아지는 문제의 중심에 서 있었다. 따라서 아지는 이사회 이사들이 조직적으로 행동하기 전에 먼저 행동하기로 결심했다.

아지는 해리 커닝햄을 찾아갔다. 커닝햄은 이사회 위원장으로 그가 맡은 역할은 이사들의 보상을 결정하고, 이사 후보자를 추천하며, 경영진의 연임과 선발을 최종 결정하는 것이었다. 아지는 그에게 "미라비토와 슈바르츠가 버로우즈 이사회 이사도 겸직하고 있기 때문에 다가오는 연차 주주총회에서 그들을 벤딕스 이사로 재선임하지 말아야 한다"고 제안했다.[5] 커닝햄은 이 문제를 나중에 처리하려고 했지만 벤딕스 고위 관리자들로부터 익명의 편지가 계속 도착하자 그의 우려는 점점 커져만 갔다. 그는 아지에게 3월 6일에 조직, 보상, 이사 지명에 관한 위원회를 개최할 예정이고, 그 자리에 참석하지 말 것을 지시했다. 그러나 아지는 위원회가 열릴 때까지 기다릴 생각이 없었다.

아지는 신속하게 대처했다. 2월 25일에 자신이 주최하는 특별위원회를 소집한 것이다. 회의가 시작되자 그는 벤딕스가 어느 첨단기술 기업을 인수할 예정이고, 버로우즈 이사회 이사를 겸직하고 있는 벤딕스 이사들이 이해관계의 상충이라는 문제에 직면할 수 있다고 주장하면서 이번 특별위원회가 미라비토와 슈바르츠에 대한 사임 요구안을 승인해줄 것을 촉구했다. 그다음 아지는 해리 커닝햄도 과거에 버로우즈 이사회 이사를 지냈으므로 사임해야 한다고 주장했다. 깜짝 놀란 커닝햄은 격분하여 자신은 기꺼이 이사회를 떠날 것이라고 말하며 맞대응했다.[6]

커닝햄은 하룻밤 사이에 마음을 바꾸기로 결심했다. 그러나 그가 아지에게 연락을 취했을 때는 이미 아지가 미라비토와 슈바르츠에게서 구두로 사임 약속을 받아낸 상황이었고, 이제 와서 자신의 결정을 번복할 수가 없게 됐다. 벤딕스 이사회에 남아 있는 또 한 가지 문제는 커닝햄의 친구로서 그의 추천으로 크레스지 이사회 이사를 맡은 로버트 퍼셀(Robert Purcell)을 처리하는 것이었다. 퍼셀은 이사회에 동지들이 거의 없는 상황이었지만 아지에 맞서 싸우기로 결심했다. 그는 동료 이사들에게 신랄한 내용을 담은 편지를 보냈는데 여기서 그만 중대한 과오를 저질렀다.

> 퍼셀은 편지를 마무리하면서 해리 커닝햄 사태에서 아지가 취한 조치에 대하여 이사회가 재검토해줄 것을 요청했다. 추신에서 그는 당시 유럽에 있는 이사회 이사가 참석할 수 있도록 3월 16일 이후에 회의를 개최하자고 했다. 그러고는 스키를 타러 버몬트 주 슈거부시로 떠났다.[7]

아지는 3월 11일에 이사회를 소집했다. 아지가 이사회뿐만 아니라 이사회 개최 타이밍까지 장악하고 있는 상황에서 퍼셀이 아지를 제거하기에는 역부족이었다. 오히려 아지가 그에게 사퇴할 것을 요구했다. 퍼셀은 당장 이를 거부하고, 또다시 아지를 제거하려고 했다. 그러나 이사로서 정년퇴직이 가까워지면서 결국 70번째 생일을 맞이하기 전에 사퇴하고 말았다.

물론 나쁜 사람이 항상 일등을 차지하는 것은 아니다. 그러나 정치 투쟁에서는 반대파에게 조직을 정비하고 힘을 결집할 시간을 주는 것은 그다지 좋은 전략이 아니다. 아지의 기습 전략은 특히 효과가 있었다. 누구든 기습을 당하면 이러한 상황에 전략적이기보다는 감정적으로 대처할 가능성이 높기 때문이다.

지연 전술도 효과적이다

무엇인가를 중단시키기 위한 최선의 방법은 그것을 지연시키는 것이고, 무엇인가를 지연시키기 위한 가장 성공적인 방법은 추가적인 연구나 검토를 요구하는 것이다. 따라서 지연 전술은 주어진 상황에서 무엇을 할 것인가에 대해 논쟁을 벌일 때 흔히 사용된다. 지연 전술은 다음의 몇 가지 이유로 인해 효과가 있다.

첫째, 새로운 계획을 제안한 사람은 노력을 하다가 쉽게 지쳐버린다. 특히 그런 계획이 아무런 성과가 없을 때는 더욱 그렇다. 사람들이 어느 한 가지 프로젝트를 진척시키기 위해 오랫동안 열심히 노력하는 데는 일정한 한계가 있기 마련이다.

둘째, 단순히 이런 노력에 쉽게 지쳐버릴 뿐만 아니라 지연 시간이 지나치게 길어지면 프로젝트 후원자들이 빠져나갈 수도 있다. 정부 부처의 일반직 공무원들이 상대적으로 커다란 영향력을 가지는 이유 중 하나가 정책과 실행에 영향력을 행사하려고 하는 (선출직 지도자를 포함하여) 다른 공무원보다 더 오랫동안 그 자리를 지키기 때문이다.

셋째, 지연 전술이 효과적인 이유는 의사결정과 함께 마감 시한이 정해지는 경우도 있는데 이럴 때 지연이 결국 거부로 이어지기 때문이다. 예를 들어, 의사결정이 어떤 프로젝트를 추진할 것인가 혹은 추진하지 말 것인가에 관한 것이라면 제안서와 가격 견적서 제출에는 틀림없이 마감 시한이 정해질 것이다. 의사결정이 입찰 유효기한이 지나도록 지연된다면 이러한 의사결정은 자동적으로 배제되거나 새로운 가격을 결정하기 위해 협상을 새롭게 시작해야 한다. 기업이 신제품 도입을 지연하다가 시장에 전혀 진입하지 못할 수도 있다. 이런 기업이 시장에 진입하기로 결정했을 때는 다른 여러 기업이 이미 시장에 자리를 잡고 있어서 진입이 완전히 차단될 수도 있다.

마지막으로, 지연은 눈앞에 있는 쟁점에 대한 기업의 관심을 나타내는 신호일 수도 있다. 구직자에게 입사 제의를 지연하는 것은 그 사람에 대한 열의나 확신을 갖고 있지 않다는 것을 나타내는 신호다. 자본 투자 혹은 신제품 도입에 관한 의사결정을 지연하는 것은 이러한 모험을 회의적으로 보고 있다는 신호다. 이러한 신호는 제안자들이 갖는 믿음을 약화시키고, 상대방이 지연 전술을 통해 우위를 점할 가능성을 높여준다.

나는 마음에 드는 지원자를 선발할 목적으로 특정 지원자를 선발하는 것을 미연에 방지하기 위해 지연 전술을 쓰는 것을 본 적이 있다. 지원자들을 철저하게 탐색하여 완전한 정보를 바탕으로 논의하겠다는 미명 하에 탐색 과정을 일부러 지연하여 일부 면접관들이 선호하는 특정 지원자로 하여금 스스로 포기하게 만들었던 것이다. 반면 다른 지원자는 포기하지 않았다. 그녀는 자기를 마음에 들어 하는 면접관들에게 본인이 선발될 수 있도록 고의적으로 지연 전술을 구사하고 있다는 말을 전해 들었기 때문이다. 그녀는 이러한 전술을 비밀리에 알게 된 덕분에 다른 지원자가 포기할 때까지 기다리고 나서 선발될 수 있었다.

이러한 지연 전술을 능숙하게 구사하는 사람들은 대부분 이것을 정당화하기 위한 변명거리를 찾는다. 그들은 다른 문제가 더 긴급하고 중요하다는 주장을 내세우거나 추가 정보를 얻는 것이 바람직하고, 이러한 정보를 얻으려면 시간이 필요하다는 식으로 겉보기에 합리적인 주장을 내세운다. 더 많이 조사하고 생각하는 것이 더 나은 선택을 할 수 있게 해준다는 것이다. 물론 시간이 많을 경우 정보와 분석이 유용하다. 그러나 지연 전술을 구사하는 사람들이 시간의 흐름 자체가 의사결정 과정을 변화시키고, 때로는 그들에게 유리한 방향으로 변화시킨다는 사실을 공개적으로 밝히는 경우는 매우 드물다.

프로젝트를 중단시키기 위해 지연 전술을 사용했던 명백한 사례로는 미국의 초음속 여객기 프로그램을 들 수 있다. 1961년 나지브 하라비(Najeeb Halaby) 연방항공국(Federal Aviation Administration/FAA) 국장은 국가 항공 산업의 목표를 설정하는 대책 본부를 이끌고 초음속 여객기의 개발을 촉구하는 보고서를 발간했다. 1962년 영국과 프랑스 정부는 콩코드 프로그램을 공동으로 추진할 계획이라고 발표했고, 1963년 6월 팬아메리칸 항공이 콩코드기 여섯 대를 주문했다. 1963년 6월 5일 케네디 대통령이 미국 공군사관학교 졸업식에서 미국도 민간용 초음속 여객기 개발 프로그램을 추진할 것이라고 선언했다. 1963년 7월에 작성된 원래의 계획표에 따르면 이번 개발 프로그램은 세 단계로 구성되어 있었고, 세 번째 단계에서 1965년 중반까지 실제 시제품 여객기가 제작될 예정이었다.

항공기 제작사들은 그들이 비용의 25퍼센트를 부담하고 정부가 75 퍼센트를 부담하게 되어 있는 비용 분담 계획에 불만을 가졌다. 비용 분담 원칙을 검토하고 초음속 여객기 프로그램에 대한 신뢰성을 제고하기 위해 세계은행 총재 유진 블랙(Eugene Black)과 올린 매터슨(Olin Matheson) 회장 스탠리 오즈본(Stanley Osborne)에게 이 프로그램에 대한 검토를 의뢰했다. 블랙과 오즈본이 정부가 비용의 90퍼센트를 부담하게 하여 항공기 제작사들에 좀 더 관대한 비용 분담 원칙을 권고했지만 그들이 제출한 보고서가 결과적으로 이 프로그램 자체를 사라지게 하는 계기가 됐다.

그들은 단기 속성 계획에 반대했고, 더 중요하게는 항공기 인가 업무를 담당하는 기관이 항공기 개발에 관여하는 것은 이해관계의 상충을 야기한다고 주장하면서 이 프로그램을 연방항공국의 감독 대상에서 제외할 것을 권고했다. 그렇게 보고서 작성이 완료되었고 보고서 내용에 관한 의견을 듣기 위해 배포만을 남겨 두고 있었다. 보고서가 배포되기 전인 1964년 2월, 이 프로그램이 연방항공국의 감독 대상에서 제외되지 않았음에도 로버트 맥나마라를 위원장으로 하는 초음속 여객기 자문위원회가 구성됐다.

초음속 여객기 프로그램의 나머지 역사는 경제적 타당성에 관한 연구, 초음속 비행이 만들어내는 음속 폭음 효과에 관한 연구, 초음속 여객기의 제작 여부가 무역 수지에 미치는 효과에 관한 연구, 초음속 여객기에 반대하는 사람들이 실시한 연구 등 다양한 연구들로 채워졌다. 물론 이러한 연구들에 시간이 많이 걸렸고, 맥나마라가 이끄는 자문위원회도 이 프로그램을 지연시키는 데 중요한 역할을 했다.

1965년에 하라비가 연방항공국 국장에서 물러났다. 그 후임으로 연방항공국 내의 고든 베인(Gordon Bain)이 초음속 여객기 프로그램을 감독하기로 되어 있었지만 그도 역시 같은 해에 물러났다. 따라서 지연 전술은 처음부터 효력을 발휘했다. 애초에 이 프로그램을 후원해오던 국장들의 재임 기간보다 더 오래 지속되었던 것이다. 또한 지연 전술은 초음속 여객기의 개발을 1960년대 후반으로 미루도록 했는데 그때는 베트남 전쟁 반대 시위와 환경 운동이 활발하게 전개되면서 이 프로그램은 정치적 동력을 잃고 말았다. 연구와 계약으로 인한 지연은 이 프로그램의 수명을 대통령 3명(케네디, 존슨, 닉슨)의 재임 기간으로 늘려놓았다.

결국, 이 프로그램은 1971년에 시제품 제작도 없이 사라지고 말았다. 비록 이 프로그램이 실제로 경제적, 기술적 쟁점으로 시달리기는 했지만 초음속 여객기보다 타당성이 떨어지는 다른 프로그램들이 특히 국방부의 후원으로 진행되고 있었다. 이 프로그램의 두드러진 특징은 타이밍에 대한 통제권을 상실했다는 점과 연구와 지연으로 추진력이 사라졌다는 점이다. 시제품을 신속하게 제작했더라면 그리하여 상하원의원들을 거기에 탑승시킬 수 있었더라면 그 결과는 크게 달라졌을 것이다.[8]

법의 영역에서도 지연 전술을 효과적으로 사용할 때가 많다. 이것은 한쪽 당사자가 다른 쪽 당사자의 재정 자원과 인내력을 고갈시키기 위한 목적으로 사용된다. 이러한 전술은 상대방보다 더 오래 버틸 수 있는 자원을 확보했을 때 대부분 승리를 보장해왔다.

로버트 모제스가 1920년대 중반에 공원관리국장으로 취임하면서 가장 먼저 취했던 조치는 테일러 에스테이트(Taylor Estate)를 몰수하여 공원 부지로 전환하는 것이었다. 모제스는 이 땅을 공용 수용(국가나 공공단체가 공공사업이나 기타 공공 목적을 위해 개인의 특정한 재산권을 법률에 의거하여 강제로 취득하는 일 또는 그 제도 - 옮긴이)의 절차를 통해 몰수했는데 이것은 비록 그가 이 영역에서 자신에게 광범위한 권한을 부여하는 법안을 입안했지만 이러한 권한조차도 뛰어넘는 것이었다. 그는 토지 소유주와 협상도 하지 않았고, 당시 자기가 전결할 수 있는 자금으로 토지 보상금을 책정해두지도 않았다. 토지 소유주가 소송을 걸어왔을 때 모제스는 재판을 연기하기 위해 자신이 할 수 있는 모든 것을 했다. 이와 관련하여 카로는 다음과 같이 적었다.

"모제스는 심문이 예정된 날에 법정에 출석하지 않았다. 그의 변호사가 소송 절차를 1월까지 중단시키기 위해 일련의 지연 조치를 취하기 시작했다."[9]

모제스는 지연 전술을 통해 상대방이 돈을 쓰려는 의지를 꺾어놓았다. 더구나 그는 공원 건설에 대한 재판이 진행되는 동안 공원 건설 공사를 완료했다.

상대방의 자원을 고갈시키기 위한 지연 전술이 돋보인 또 다른 사례로 이스턴 항공의 노사 교섭을 들 수 있다. 당시 프랭크 로렌조는 찰리 브라이언과 치열한 지략 대결을 펼치고 있었다. 기계공 노동조합을 파괴하기 위한 로렌조의 전략은 상당히 단순했다. 기계공들이 도저히 받아들일 수 없는 계약 조건을 제시하면 그들이 작업을 중단하고 파업을 일으킬 것이고, 그렇게 되었을 때 저임금 대체 인력을 고용하면 된다는 것이었다. 자신이 몇 년 전 콘티넬탈 항공(Continental Airlines)에서 파

파워

산 선언을 하고 나서 그랬던 것과 마찬가지로 말이다.

로렌조는 파업에 대비하고, 그 이후로 대체 인력이 항공사를 충분히 가동시킬 수 있을 때까지 발생하게 될 비용을 마련할 목적으로 어려운 시기를 헤쳐나가기 위한 비상 자금을 조성했다. 그러나 이 자금도 이내 바닥이 날 것이었기 때문에 이 전략의 핵심은 저임금 대체 인력을 얼마나 오랫동안 확보할 수 있는가에 달려 있었다. 그러나 파업이 일어나지 않으면 대체 인력을 고용할 수 없었다.

찰리 브라이언은 로렌조의 전략을 알고 있었고, 파업을 부추기기 위한 술수에 넘어가지 않았다. 1988년 1월 기계공들과 그 밖의 노동조합들이 미국조정위원회에 청원서를 제출했다. 콘티넨탈 항공과 이스턴 항공을 단체 교섭을 위한 단일 사업장으로 인정해달라는 내용이었다. 여기에는 위험이 따르기도 했지만(당시 콘티넨탈 항공에는 노동조합이 없었고, 이스턴 항공과 콘티넨탈 항공에서 합동 선거를 실시하면 두 곳 모두에서 노동조합 대의원을 필요한 만큼 확보한다는 보장도 없었다) 다음과 같은 계산이 깔려 있었다.

단일 사업장으로 인정해달라는 청원으로 이스턴 항공에서 단체 교섭이 지연됐다. 브라이언은 파업을 통해서는 승리할 수 없다는 사실을 잘 알고 있었다. 조종사들이 파업을 지지하지 않을 가능성도 여전히 있었다. 파업에 돌입하는 것을 계속 지연할 수만 있다면 로렌조가 확보한 현금이 서서히 바닥을 드러낼 것이었다. 브라이언과 조정위원회는 로렌조가 준비해온 파업 이후의 최후의 결전을 허락하지 않았다.[10]

브라이언은 계속 지연 전술을 펼쳤다. 더구나 로렌조가 강경한 태도를 계속 유지했기 때문에 조정위원회가 협상이 교착 상태에 이르렀다는 선언을 할 수 없게 됐다. 기계공 노동조합이 수정 제안을 제출해야 할 때 브라이언은 이것을 계속 지연시켰다. 로렌조의 제안을 노동조합원에게 알려야 할 때도 이것을 최대한 뒤로 미루었다.

로렌조는 확보한 현금이 서서히 바닥을 드러내자 또다시 자금을 조달하거나 항공사를 매각해야 했다. 문제는 그가 매각과 관련된 협상을 진행하는 동안에는 조정위원회가 협상이 교착 상태에 이르렀다는 선언을 할 수 없고, 이스턴 항공의 사업에서 (정기 왕복 노선과 같은) 일부분을 매각할 때마다 시간을 많이 잡아먹는 소송이 뒤따른다는 것이었다.

이스턴 항공의 파업은 1989년 3월이 되어서야 일어났다. 그때까지 이스턴 항공은 부정적인 평판이 커져가던 중에도 1년이 넘도록 영업을 계속했다. 로렌조가 파업에 대비하여 마련해둔 비상 자금은 이미 오래전에 바닥이 났다. 조종사들이 기계공들의 파업을 지지하자 사측은 당장 파산을 선언했다. 브라이언의 지연 전술은 기계공들에게 아무것도 가져다주지 않았지만 로렌조에게는 엄청난 대가를 치르게 했다. 지연 전술과 그 결과로 나타난 항공사 측의 자원 고갈로 로렌조는 회사 자체를 내놓아야 했기 때문이다.

기다림 게임, 암묵적 권력의 신호

의사결정의 과정에서 전술로서의 지연 전술은 때로는 우연히 발생한 것으로 보이기도 한다. 그러나 지연 전술을 고의적으로, 그리고 공개적으로 사용할 수도 있다. 우리가 다른 사람으로 하여금 우리의 도착을 기다리게 할 때처럼 말이다.

> 기다림의 패턴은 사회 체제 내의 권력 분포에 의해 결정된다. 이러한 주장은 권력이 사회적 자원으로서 개인이 갖는 희소성과 직접적으로 연관되고, 이에 따라 사회적 단위의 구성원으로서 그가 갖는 가치와 연관된다는 가정에 근거한다.[11]

다른 사람이 당신을 기다리게 하는 것, 혹은 당신이 다른 사람을 기다리지 않는 것은 당신이 갖는 권력 그 이상의 것을 상징한다. 이것은 당신의 권력을 확대하기 위해 사용할 수 있는 전술이기도 하다. 당신은 늦게 등장함으로써 당신에 대한 관심을 불러일으키고, 남들의 이목을 집중시킨다는 사실 자체가 영향력을 형성할 수 있다. 또한 다른 사람들에게 당신을 기다리게 함으로써 그들로 하여금 자신에게 미치는 당신의 암묵적인 권력을 생각하게 만든다. 당신이 도착할 때 다른 사람들은 당신이 앞으로는 정시에 도착하도록 설득하기 위해 당신에게 더 많은 관심을 가질 수 있다. 이것이 그들로 하여금 당신에 대한 의존성을 다시 한 번 깨닫게 한다.

당신이 상대방을 기다리게 하려면 무엇보다도 상대방이 당신의 이해관계에 부합되는 방식으로 행위를 수정하게 만들 수 있는 역량을 가져야 한다. 이러한 관점에서 보자면 누군가를 기다린다는 것은 기다리는 대상의 처분에 의존한다는 것이다. 따라서 누군가를 기다리는 사람은 이러한 의존이 갖는 특성 때문에 자신의 권력상의 위치를 다시 한 번 확인하게 된다.[12]

기다림은 몰입 행동이기도 하다. 당신이 누군가를 기다리게 되면 이에 따라 이러한 기다림을 정당화해야 한다. 이러한 시간 낭비를 정당화하다 보면 당신이 기다리는 대상의 가치를 인지적 측면에서 드높이게 된다.

희소한 서비스에 대한 기다림을 혜택을 얻기 위한 투자 혹은 희생으로 간주한다면 희생의 정도를 평가함으로써 혜택이 갖는 가치의 일부분을 측정할 수 있다. 이러한 혜택의 주관적인 가치는 객관적인 가치뿐만 아니라 그것을 얻기 위해 투자한 시간에 의해서도 결정된다. 상대방의 서비스가 가치를 갖는 것(그리고 그가 권력을 갖는 것)은 정확히 말해 그가 기다림의 대상이기 때문이다.[13]

따라서 누구든지 상대방을 기다리게 함으로써 자신의 중요성을 강조할 수 있다.[14] 스탠더드 브랜즈를 이끌던 시절에 로스 존슨은 자신이 권력을 행사하는 데 도움이 되는 개인적 스타일을 개발했는데 그중에는 '성대한 등장'이라고 이름 붙인 것이 있었다.

존슨은 어느 곳을 가든 정확히 20분 늦게 도착했다. 그리고 이런 말을 하곤 했다.

"정시에 도착하면 아무도 당신을 주목하지 않는다. 늦게 도착하면 그들은 당신을 주목한다."[15]

기다림의 주체와 대상이 바뀌는 것이 권력 관계의 변화를 의미하는 것일 수 있다. 해리 트루먼은 대통령직이 주는 권력과 영광을 누리면서도 때로는 기다림 게임을 즐겼다.

1948년부터 1952년까지 백악관 연구보좌관을 지낸 켄 헤클러(Ken Hechler)는 트루먼 대통령이 체이스뱅크 은행장 윈스럽 올드리치(Winthrop Aldrich)를 불러놓고 백악관 집무실 밖에서 30분 동안 기다리게 했던 일을 기억하며 당시 트루먼 대통령이 했던 말을 이렇게 전했다.

"내가 상원의원이었을 때 전쟁조사위원회를 이끌었던 적이 있지. 그때 올드리치라는 친구를 만나러 뉴욕으로 가야 했어. 내가 약속을 하고 갔는데도 그 친구가 나를 한 시간 반 동안 기다리게 했지. 그러니 염려 말게. 아직 한 시간이나 남았으니 말이야."[16]

권력을 확대하기 위해 사용하는 전술로 늦게 도착하는 것을 택한 고전적인 사례가 닉슨 행정부의 출범 초기에 헨리 키신저가 보여준 행동이었다. 닉슨 대통령은 정보의 중앙 집중적이고 질서 있는 흐름을 원했고, 이에 따라 그의 수석 보좌관들이 커다란 영향력을 행사하게 될 것이 분명했다. 따라서 대통령과의 접촉 기회가 중요해졌다.

홀더먼과 에를리히맨이 막강한 영향력을 행사할 것이 분명했고, 따라서 키신저에게는 이 두 참모들에게 고개를 숙이지 않는 것이 중요했다. 이러한 권력 투쟁 속에서 그는 지연 전술을 효과적으로 사용했다.

브라이스 할로우(Bryce Harlow)는 닉슨 행정부의 출범 초기에 키신저가 홀더먼의 통제권에서 어떻게 요리조리 잘 빠져나가게 되었는지를 기억한다. 대통령 취임식 이후 처음 몇 달 동안 할로우는 키신저, 홀더먼, 에를리히맨와 함께 매일 오전과 오후 시간에 대통령 집무실에서 열리는 회의에 참석하곤 했다. 처음부터 홀더먼은 자신이 모든 것을 통제하길 원했고, 얼마 지나지 않아 닉슨 대통령과의 회의에 앞서 자기 사무실에서 간단한 기획 회의를 갖자고 제의했다. "키신저는 당장 그 회의를 빼먹기 시작했습니다. 홀더먼은 키신저에게 그 회의에 참석해야 한다고 압박했죠. 그러고 나서 키신저가 슬며시 들어오기 시작했는데 이후로는 점점 늦게 들어왔습니다. 결국 키신저가 닉슨 대통령과 단둘이서 만나는 것으로 결말이 났습니다."[17]

키신저는 회의에 늦게 도착하고 이를 회피하는 전술을 사용하여 자신이 권력을 행사하기 위해 원하는 것, 즉 대통령과의 독대 기회를 얻었던 것이다.

마감 시한, 우세를 점하라

지연의 반대쪽에는 마감 시한이 있다. 마감 시한은 항상 강세를 보이거나 우위를 가진 쪽에 유리하게 작용한다. 바로 이런 이유로 회의장에서 논의가 특정한 입장을 가진 쪽으로 기울 때 그런 입장을 지지하는 사람들이 '지금 결정을 내려야 한다'는 식의 주장을 하게 된다. 마감 시한은 일을 성취하기 위한 탁월한 수단이다. 이것은 긴급하고 중요하다는 의미를 전달하고, 지루하게 전개되는 지연 전술에 효과적으로 대처할 수 있는 수단이다.

새로운 계획을 마감 시한에 임박하여 제안하면 이것이 이전에 제안했을 때만큼의 면밀한 검토와 주목의 대상이 되지 않는다. 따라서 의사결정을 위한 마감 시간에 임박하여 제안하면 이전에 제안했을 때와 비교하여 통과될 가능성이 때로는 더 높다. 의회는 이러한 사실을 잘 알고 있다. 지역구 주민들을 위한 터무니없는 세금 우대 법안, 소수에게 유리한 법안이 의회가 폐회되기 직전에 급하게 상정되는 이유가 바로 여기에 있다.

로버트 모제스는 롱아일랜드 주 공원관리국장으로 재직하던 1924년에 자신에게 엄청난 권력을 부여하는 법안을 마련해놓고, 젊고 세상물정 잘 모르는 어느 의회의원에게 이 법안을 회기 마지막 주에 상정하도록 했다. 게다가 그 의원이 이 법안을 상정하기 직전에서야 그에게 전달했다. 이 법안은 아무런 논의도 없이 만장일치로 통과됐다. 의원들은 회기가 끝날 무렵에 자신들이 그처럼 서둘러서 했던 일이 어떤 효력을 갖게 되었는지 나중에서야 알게 됐다.

1975년 앨라배마 주에서는 주법 949조에 따라 재정과 세금에 관한 임시위원회가 결성됐다. 이 조항이 이전에 다른 위원회들이 갖고 있던 권력과 권한을 바꾸어놓았기 때문에 이 위원회를 싫어하는 의원들이 있었고, 결국 누군가가 총대를 멨다. 1977년 회기 마지막 날, 앨라배마 주 의회 폐회를 얼마 앞두고 다음 결의안이 상정되어 구두 표결로 급하게 통과됐다. 이때 자신이 무슨 일을 하고 있는지 깨달은 의원들은 거의 없었다. 그날 주지사 집무실로 향한 마지막 결의안은 다음과 같았다.

주 의회 합동결의안(House Joint Resolution(H.J.R.) 제621조. 오번대학교 하비 글랜스(Harvey Glance)가 육상경기대회에서 거둔 탁월한 성적을 치하한다.

앨라배마 주 의회는 오번대학교 하비 글랜스가 사우스이스턴 경기연맹이 주최한 제45회 육상경기대회에서 또다시 뛰어난 성적으로 명예를 드높인 것에 무한한 기쁨과 함께 긍지의 뜻을 표한다.

오번대학교는 이번 대회에서 총점 148점을 기록했으며, 하비 글랜스는 멀리뛰기에서 우승한 것을 비롯하여 오번대학교가 승리하는 데 네 차례나 기여했다. 그는 100미터와 200미터 달리기에서 각각 10초 36, 20초 47의 기록으로 우승하고, 400미터 계주 주자로 나서 39초 24를 기록하여 대회신기록을 세 차례나 경신했다.

앨라배마 주 피닉스시 출신으로 올림픽에 출전하여 금메달을 차지한 이 뛰어난 청년은 총점 32.5점을 기록하여 최우수 선수상을 수상함으로써 선수 자신뿐만 아니라 소속 대학인 오번대학교와 고향 앨라배마 주의 영예를 드높였다.

이에 앨라배마 주 의회 상하원 모두 다음과 같이 결의한다. 앨라배마 주 상원 의회와 하원 의회는 우승자 하비 글랜스가 육상경기대회에서 거둔 뛰어난 공적을 다시 한 번 치하한다. 우리는 하비 글랜스가 제45회 사우스이스턴 육상경기대회에서 뛰어난 성적을 거둔 것에 대하여 찬사를 보내며, 그의 명예를 드높이기 위해 제949조를 철회하고, 10월 10일부로 제1975조를 채택하여 그가 최우수 선수상을 수상한 데 축하의 뜻을 전하며, 본 결의안의 사본을 그에게 발송하여 우리의 자부심, 찬사, 깊은 존경의 뜻을 전하고자 한다.

홈즈 의원의 발의에 의하여 해당 법령들의 효력을 정지하며, 주 의회 합동결의안 제621조를 채택한다.[18]

모두가 폐회 시간에 쫓긴 나머지 축하의 말을 다 읽은 의원은 거의 없었다. 어느 누구도 이러한 찬사의 말 속에 깊숙이 파묻혀 있는 철회 문구를 찾으려고 하지 않았을 것이다.

이스턴 항공이 프랭크 로렌조의 텍사스 항공에 매각된 사례에서도 알 수 있듯이 때로는 마감 시한이 협상에서도 효력을 발휘한다. 이스턴 항공 최고경영자 프랭크 보먼과 이스턴 항공 이사회는 임금 양보를 얻어내기 위한 방편으로 회사를 로렌조에게 매각할 가능성을 언급하면서 노동조합을 압박했다. 이것은 협공 작전에 해당됐다. '노동조합이 임금을 양보할 것인가 아니면 노동조합 파괴자로 악명 높은 자에게 회사를 매각하는 것을 가만히 지켜보고만 있을 것인가.' 그러나 보먼에게 로렌조는 감당하기 힘든 상대였다. 로렌조는 협상의 대가였고, 로렌조가 이스턴 항공을 헐값에 사들이는 데는 마감 시한이 중요한 역할을 했다.

로렌조는 보먼이 자신을 노동조합을 위협하는 도구로 사용하지 않도록 하기 위해 메릴린치 플랜에 두 가지 조건을 보탰다. 첫째, 이스턴 항공은 텍사스 항공에 매각 제안을 하는 조건으로 2000만 달러를 지급해야 한다. 이 금액은 반환되지 않는다. 둘째, 이스턴 항공은 이틀 이내, 즉 일요일 자정까지 이에 대한 답을 내놓아야 하고 그렇지 않으면 텍사스 항공은 협상을 철회한다. 이것은 미국의 3대 항공사를 매각하기에는 터무니없이 짧은 시간이었다. 그러나 로렌조는 사태의 흐름을 정확히 꿰고 있었다. 이스턴 항공의 거래 은행이 마감 시한을 설정하기 전에 자신이 먼저 마감 시한을 설정함으로써 사태의 흐름을 완전히 장악한 것이다.[19]

보먼은 주도권을 내주고 사태의 흐름을 장악하지 못했다. 결국 자신이 운영하던 항공사를 내놓아야 했는데, 이것은 프랭크 로렌조에게 의표를 찔렸기 때문이었다. 마감 시한은 다가오고 매입 동의서의 초안은 이미 작성되었기 때문에 로렌조는 자기에게 유리한 조건을 강요할 수 있었다.

파워

검토 순서는 의사결정에 영향을 준다

10장에서 나는 대비의 원리와 쟁점의 프레임을 설정할 때 이 원리의 사용법을 설명하면서 의사결정에 영향을 미치기 위해 검토 순서를 활용할 수 있다는 점을 지적했다.

예를 들어, 첫 번째 지원자가 아무리 유능하게 보이더라도 당신은 당장 그 사람을 고용하지는 않을 것이다. 그 사람이 첫 번째 지원자이므로 지원자 전체의 자질을 알기 위해 다른 지원자들과 함께 살펴보는 것이 더 나을 것이기 때문이다. 동일한 지원자를 나중에 보게 된다면 그 자리에서 고용 제의를 할 가능성이 있다. 특히 매우 취약한 지원자들을 보고 난 다음 그 사람을 보게 된다면 말이다.

또한 고정 금리 9.5퍼센트의 주택담보대출 상품이 요즘에는 저렴해 보이겠지만 20년 전이라면 아무도 쳐다보지 않았을 것이다. 수익률 15퍼센트짜리 투자 프로젝트는 비교 대상이 되는 최근 프로젝트에 따라 평가가 달라진다.

검토 순서가 단순히 우리가 대상을 어떻게 인식하는가에만 영향을 미치는 것은 아니다. 의사일정은 의사결정의 순서를 나타낸다. 일단 의사결정을 하고 나면 이것이 이후의 의사결정을 어떻게 할 것인가에 영향을 미치는 몰입 행동을 낳는다.[20] 의사일정은 이것이 없었더라면 불가능했을 일련의 몰입 행동을 낳는 데 사용될 수 있다. 선택의 순서가 갖는 몰입과 정박 효과(Anchoring Effect, 배가 어느 한 지점에 닻을 내렸을 때 일정 거리 이상 움직이지 못하는 것처럼 사람들이 최초에 습득한 정보에 몰입하여 새로운 정보를 수용하지 않거나 부분적으로 수용하는 성향 – 옮긴이) 때문에 발표의 순서가 중요한 전술적 결정이 된다.

당신이 두 가지의 자본 예산, 두 가지의 제품 아이디어, 2명의 업무 지원자, 2명의 정년 보장직 혹은 파트너십 지원자 등과 같이 흔히 발생하는 쟁점에 대한 두 가지 제안을 가지고 논의하고 결정해야 한다고 생각해보자.

두 가지 제안 중 유력한 것이 확실한 것이라고 말할 수는 없더라도 당신이 이들 모두에 대하여 찬성 결정을 받아내길 원한다고 가정하면, 당신이 약한 제안을 먼저 제시하면 이것이 지닌 장점에 대해 많은 논쟁이 벌어질 것이다. 논쟁이 끝날 무렵에 이 제안이 탈락한다면 이러한 선택이 유력한 제안에 미치는 영향은 제한적이다.

유력한 제안은 확실히 다르다. 사람들은 첫 번째 제안을 거부했다고 해서 두 번째 제안도 역시 거부해야 한다고 생각하지는 않을 것이다. 게다가 사람들은 첫 번째 제안을 가지고 어려운 시간을 보냈기 때문에 두 번째 제안에 대해서는 마음이 누그러져서 편한 시간을 보내고 싶어 할 수도 있다. 두 번째 제안은 어쨌든 첫 번째 제안보다 더 유력하고, 대비의 원리에 의해 훨씬 더 유력하게 보일 것이다. 시간은 계속 흘러가고 사람들의 머릿속에는 공정한 취급과 호혜주의가 떠오르면서 당신이 이 회의를 통해 무엇인가를 얻어가게 해주어야 한다는 생각을 하게 된다.

결과적으로 최소한 두 번째 제안, 즉 유력한 제안이 채택될 가능성이 상당히 높아지고 첫 번째 제안도 호의적으로 보인다면 두 가지 제안 모두 채택될 것이다. 따라서 약한 제안을 먼저 제시하면 유력한 제안이 호의적으로 여겨지는 경향이 있다.

반대로 유력한 제안을 먼저 제시하면 상당히 많은 논쟁이 벌어질 것이다. 이것이 첫 번째 의제이기 때문에 시간도 상대적으로 많다. 이것이 확실한 것은 아니기 때문에 집중적인 검토가 이루어질 것이다. 만약 이것이 탈락한다면, 두 번째 제안은 틀림없이 탈락할 것이다. 공식적인 의사결정의 과정을 통해 기준을 정했기 때문에 약한 제안을 채택하기 위해 이러한 기준을 당장 낮출 수는 없는 노릇이다.

그러나 첫 번째 제안이 통과되면 이러한 선택이 두 번째 제안에 미치는 영향은 제한적이다. 사람들이 첫 번째 제안에 대한 의사결정에 적용되는 기준을 충실히 준수했고, 따라서 이러한 기준을 충족시키지 못하는 두 번째 제안은 당연히 탈락시킬 것이다. 게다가 사람들은 당신이 원하는 한 가지를 주었기 때문에 두 번째 제안까지도 통과시켜 그 이상의 호의를 베풀어야 한다는 의무감을 갖지 않을 가능성이 높다. 결국 검토 순서는 무엇이 채택될 것인가에 중요한 영향을 미칠 수 있다.

검토 순서는 의사결정이 때로는 상호의존적이기 때문에 의사결정의 방식에도 영향을 미칠 수 있다. 어느 경영대학에서 다음과 같은 쟁점에 관하여 의사결정하는 경우를 생각해보자.

1. 교수 1인당 등록 학생 수를 감소시킨다.
2. 학기당 학생들의 수강신청 학점 수를 증가시킨다.
3. 교과 과정을 확대하고, 전공 과목을 축소하며, 자유 선택 과목을 확대한다.

분명히 이러한 제안들에는 최적의 순서가 있다. 교수들은 수강신청 학점 수를 증가시키는 데 이미 동의했다면 교과 과정 확대에 찬성할 것이다. 그러면 개설 과목이 더 많아질 것이기 때문에 학생들에게 여전히 같은 수의 전공 과목을 이수하도록 요구할 수 있다.

마찬가지로 등록 학생 수가 감소했다면 개설 과목을 늘리자는 제안이 더욱 바람직하게 여겨질 것이다. 그렇지 않으면 개설 과목을 늘리는 것이 업무 부담이 커지는 결과를 낳을 것이다. 따라서 이 세 가지 변화를 모두 일으키려면 교수 1인당 등록 학생 수의 감소를 먼저 제안하고, 그다음 학기당 학생들에게 요구되는 수강신청 학점 수를 증가시켜야 하며, 마지막으로 교과 과정의 확대를 요구하는 것이 필요하거나 최소한 유용할 것이다.

또 다른 사례로 1970년대 중반 브리티시 스틸 코퍼레이션(British Steel Corporation)이 직면했던 의사결정을 살펴보자. 당시 브리티시 스틸 코퍼레이션은 새로운 형태의 제철 공장을 건설하기 위해 서독 엔지니어링 기업인 코르프(Korf)와 계약할 것인가를 두고 고민하고 있었다. 이 공장에서는 석탄이 아닌 천연 가스를 사용하여 철광석을 펠릿(Pellet, 철광석 분말을 작은 알로 뭉쳐 구운 것 - 옮긴이)으로 만드는 직접환원법이라고 불리는 공법을 적용하기로 되어 있었는데, 이 공법은 코르프가 보유한 특허 기술로서 철강 제조 기술의 발전을 상징하는 것이었다. 브리티시 스틸 코퍼레이션이 직면한 의사결정은 공장을 아예 구매하지 않을 것인가, 공장 1기를 구매할 것인가, 공장 2기를 한꺼번에 구매할 것인가에 있었다.

1기를 구매하면 2600만 파운드의 비용으로 매년 40만 톤의 철강을 생산할 수 있다. 2기를 한꺼번에 구매하면 각각 구매할 때와 비교하여 할인된 가격인 4300만 파운드의 비용으로 매년 80만 톤의 철강을 생산할 수 있다. 이와 같이 자본 비용을 절감할 수 있기 때문에 1기를 구매할 때보다 철강 생산 비용이 저렴하다.

톤당 철강 생산 비용을 계산하면 1기를 구매할 경우에는 65파운드지만 2기를 한꺼번에 구매할 경우에는 54파운드였다. 여기서 검토 순서가 미치는 영향을 이해하는 데 있어서 또 다른 중요한 사실이 있다. 그것은 기획부서가 철강 수요와 이에 따른 철광석 수요를 고려할 때 직접환원법을 적용하여 철강을 생산할 필요가 있는지가 분명하지 않다는 예측 결과를 내놓았다는 것이다. 이런 상황에서는 검토 순서가 의사결정을 분명히 좌우한다. 첫 번째 의사결정이 이 회사가 전략적인 이유로 이러한 신기술을 도입할 것인가에 있었고, 결국 도입하기로 결정했다면 그다음에는 2기를 한꺼번에 구매할 가능성이 커진다. 이제 이 회사가 신기술에 투자할 예정이라면 비용을 절감하는 방식으로 투자하자는 주장이 힘을 얻을 것이다.

반면, 첫 번째 의사결정이 철강 생산을 늘리기 위해 공장 2기를 한꺼번에 구매할 것인가에 있었다면 이 회사가 구매하기로 결정할 가능성이 훨씬 더 작아진다. 철강 수요가 있는가에 대한 답이 '아니오'라고 나와 있기 때문이다. 따라서 의사결정은 상호의존적이고 상호구속적이기 때문에 검토 순서는 상당히 중요하다.

이번 논의에서 분명한 사실은 무엇을 승인받기 위해서는 그것이 검토해야 할 의제에 포함되어 있어야 한다는 것이다. 그러나 이처럼 명백한 사실을 제대로 이해하지 못할 때가 더러 있다. 브리티시 스틸 코퍼레이션의 의사결정 과정은 그라나다 필름(Granada Films)이라는 영화사에 의해 영화로도 제작됐다. 이 영화에서는 사람들이 의사결정을 해나가는 과정을 담아냈는데, 나는 이 영화를 권력과 영향력을 주제로 하는 강의에 자주 활용한다.

영화를 보면 회의 중간에 "공장 1기 혹은 2기 중에서"라는 표현이 자주 나오고, 분석은 1기를 건설할 것인가 또는 2기를 건설할 것인가에 대한 비교 평가에 집중된다. 그런데도 내가 학생들에게 공장을 몇 기나 건설할 것인지 물어보면 "1기도 건설해서는 안 된다"고 대답하는 학생이 적어도 3~4명은 나온다. 이런 대답이 무엇이 정확한 의사결정인지에 대한 그들의 생각을 보여줄 수는 있겠지만 의사결정의 결과가 그렇게 나오지는 않을 것이다. 의제에 포함되지 않은 사항이 지지를 얻거나 실행으로 이어질 가능성은 별로 없기 때문이다.

바흐라흐(Bachrach)와 바라츠(Baratz)는 넓은 의미의 정치 영역에서 권력을 이런 식으로 사용하는 모습을 확인했다.[21] 그들은 쟁점이 애초에 의사결정의 중심에 놓이지 않도록 하는 것만으로도 그것을 억누를 수 있다는 사실에 주목했다. 지난 수년 동안 미국 기업에서는 재무부서의 권력이 확대됐다.[22] 이처럼 재무부서의 권력이 확대된 이유는 기업 통제, 차입 경영, 다변화된 사업의 결과로서 더욱 역동적인 시장에 직면한 기업의 입장에서 자금 조달이 점점 중요해지기 때문이다.

이러한 상황에서 재무부서는 다변화된 제품 라인과 시장에 걸쳐서 의사소통이 가능한 언어를 제공한다. 그러나 권력의 또 다른 원천은 이 사회 의제에서도 비롯된다. 여기서는 항상 재무 상황에 대해 논의하는데 때로는 상당히 자세하게 논의한다. 재무 결과는 계획과 계획 이전 기간의 그것과 비교된다. 이제는 경영 정보 시스템을 통해 제품 라인별, 지역별, 사업 라인별 등의 재무 정보를 쉽게 산출할 수 있게 됐다. 의사결정은 재고 손실 및 감가상각에 대한 정책과 실행에 관한 보고가 포함된 감사 보고와 함께 자본 지출 승인을 중심으로 이루어진다. 조직의 인사 정책 혹은 인적 자원 정책에 관한 사항들이 의제에 많이 포함되어 있는 경우는 드물다. 이런 상황에서는 "눈에서 멀어지면 마음도 멀어지게 된다"는 말이 타당성을 갖는다.

재무부서가 권력을 휘두르게 된 것은 무엇이 논의의 대상이 되고, 무엇이 논의의 대상이 되지 않는가의 차이 때문이다. 심지어는 노동력에 크게 의존하는 기업에서도 상황은 마찬가지다. 이러한 기업조차도 "우리에게 가장 중요한 자산은 사람이다"라는 말을 일상적으로 사용한다.

적절한 타이밍

베트남 전쟁 초기에 정책기획위원회(Policy Planning Council)의 로버트 존슨(Robert Johnson)은 북베트남 폭격의 타당성에 관한 연구보고서를 작성했다. 진정한 전문가라 할 만한 사람들이 이 연구를 진행했는데, 그들은 특정한 결과나 결론에 대해 아무런 이해관계가 없는 사람들이었다. 연구보고서에는 폭격에 관해 상당히 부정적인 내용이 적혀 있었다.

기본적으로 이 연구는 폭격이 실패하게 될 것이라는 점을 보여준다. 그 이유는 북베트남이 물리적 변화와 피해로는 영향을 받지 않는 요인들에 의해 동기를 부여받기 때문이다. 만약 북베트남에 대한 위협 수준을 단계적으로 높인다면 이것이 효과가 있는지의 여부를 금방 알게 될 것이다. 왜냐하면 우리가 시작하기도 전에 그들이 이러한 위협에 대처할 것이기 때문이다. 그들은 위협을 받고서 결코 가만히 있지는 않을 것이다. 폭격이 남베트남의 사기를 진작시킬 것이라고는 아무도 낙관하지 않았다.

또한 이 연구는 미국이 북베트남을 폭격할 경우 국제적으로 상당한 비난에 직면하게 될 것임을 보여준다. 이것은 폭격이 효과가 없을 것이라는 예상과 함께 이러한 압박에 대한 하노이의 반응, 즉 북베트남의 반대 압박을 예상했을 뿐만 아니라 폭격이 미국 정부에 미치는 영향까지도 예상했기 때문에 매우 중요한 연구였다.[23]

정책 분석의 측면에서 보자면 이 연구는 훌륭했다. 신중한 추론과 광범위한 자료 조사는 물론이고, 다수의 연구진이 참여했음에도 결론 부분에서 주목할 만한 합의가 있었다. 그러나 이 연구가 북베트남을 폭격하기로 했던 최종 결정에는 거의 영향을 미치지 못했다. 적절하지 못한 타이밍에 보고서 작성을 완료했기 때문이다.

두 번째 문제는 타이밍이었다. 연구진이 폭격에 관한 맥나마라 보고서가 나오는 시기에 맞춰 보고서를 제출하기 위해 작업을 서둘러서 진행했지만 대통령이 맥나마라에게 현재로서는 중요한 결정을 하고 싶지 않다고 귀띔했고, 따라서 폭격은 보류되고 결정도 연기됐다. 마찬가지로 이처럼 방대하고 중대한 보고서가 적절하지 못한 타이밍에 나왔기 때문에 관심을 받지 못했다. 보고서는 적절한 타이밍,

즉 사람들이 쟁점을 논의하고 결정을 하려는 때에 나와야 한다. 오직 이럴 때만 사람들이 중대한 보고서를 읽으려 할 것이고, 이럴 때가 아니면 그것을 읽을 시간이 없다.[24]

쟁점과 사건은 무르익을 때가 있는 법이다. 행동해야 할 때가 있고, 연기해야 할 때가 있다. 로버트 모제스가 롱아일랜드 공원을 조성하기 위해 테일러 에스테이트를 초법적으로 몰수하려고 할 때 앨 스미스가 이에 대하여 대중들의 지지를 얻고자 뉴욕 주민들을 대상으로 라디오 방송을 했던 적이 있다. 그가 선택한 시점은 3월이나 4월이 아닌 덥고 습한 6월의 첫째 주 일요일 밤이었다. 뉴욕 시민들이 도심을 떠나 자동차가 붐비는 도로를 이용하여 사람들이 북적이는 공원에서 이틀 동안 지내다가 방금 돌아왔을 때였다. 다시 말하자면, 사람들이 공원과 해변을 특별히 더 많이 원하고, 헌법 정신에 대해서는 관심을 덜 가질 때였다.

대형 식료품 체인업체에서 근무하는 어떤 친구는 자신의 고용주가 노사관계에 관심을 갖게 하려고 몇 년 동안 노력했지만 아무런 성과가 없었다. 그는 고용기회균등위원회가 회사에 고용 차별에 대하여 1200만 달러의 과징금을 부과한 직후에 한 번 더 이 문제를 거론하기로 했다. 이번에는 최고경영진과 이사회가 그의 제안을 훨씬 더 많이 수용하려고 했다.

미국에서 영업하는 일본 기업들의 성공 기반이 된 새롭게 발견되고 열정적으로 실행에 옮겨지는 경영 기법들이 있지만 이것이 특별히 새롭거나 일본식 기법은 아니다. 사회심리학, 조직행동론의 탄탄한 원리에 기반을 둔 이 기법들은 미국을 비롯하여 여러 나라의 학자들이 여러 해에 걸쳐서 주장해왔던 것이다. 새로운 것은 경쟁 위협이 이러한 쟁점과 제안에 더 많은 관심을 갖도록 했을 뿐이라는 사실이다.

조직 내에서 가장 희소한 자원을 꼽으라면 어쩌면 '관심'일 것이다. 어느 한 가지 쟁점에 시간을 쓰고 관심을 기울이면 다른 쟁점에는 그렇게 하지 못한다. 따라서 자신의 아이디어를 펼치기에 적절한 타이밍을 찾는 것이 중요하다. 북베트남 폭격에 관한 보고서처럼 적절하지 못한 타이밍에 좋은 아이디어를 내놓으면 관심을 끌지 못한다.

반면, 경쟁이 치열하여 전망이 좋은 신제품에 대한 관심이 고조되는 타이밍에 신제품 아이디어를 내놓으면 많은 관심을 끌게 된다. 그렇지 않은 타이밍이라면 무시당했을 아이디어가 말이다. 바로 이런 이유로 인내가 때로는 보상을 받게 된다. 어떤 아이디어를 한 번만 제안하면 적절한 타이밍을 맞출 가능성이 그다지 높지 않다. 그러나 똑같은 계획, 목표, 조치를 지속적으로 밀어붙이다 보면 결국에는 우연한 기회에 이것이 적절한 제안으로 여겨져 호의적인 관심을 끌 만한 상황을 맞이하게 된다.

정치적 전략과 전술에서 가장 중요한 요소는 타이밍이다. 벤딕스 이사들이 행동을 취할 타이밍을 좀 더 신중하게 선택했더라면 윌리엄 아지를 퇴출시킬 수도 있었을 것이다. 폭격 무용론을 주장하는 연구보고서가 실제로 폭격을 하기로 결정할 타이밍에 맞춰서 나왔더라면 미국이 북베트남을 폭격하지 않았을 것이고, 따라서 전쟁의 수렁에 깊이 빠져들지도 않았을 것이다. 키신저가 국무부와 닉슨 대통령의 고위 보좌관들을 다루는 데 처음부터 대단한 수완을 발휘하지 않았더라면 닉슨 행정부 시절에 그의 권력이 그처럼 막강하지는 않았을 것이다.

우리가 이후의 장들에서 살펴보게 될 다른 전략과 전술들도 물론 중요하겠지만 그것들을 적절한 타이밍에 구사한다면 그 효과는 틀림없이 더 높아질 것이다.

13장

●

정보는 권력의 중요한
정치적 전략이다

정보와 이것이 가져다주는 확실성이 권력의 원천이라는 데는 의심의 여지가 없다. 정보는 분석을 통해 권력을 행사할 수 있게 함으로써 매우 중요한 정치적 전략의 한 부분으로 사용될 수 있다. 최근 기업과 공직 사회에서 로버트 맥나마라만큼 사실과 분석을 통한 권력 행사의 모범이 될 만한 인물은 없을 것이다. 그는 포드자동차 사장을 거쳐 케네디와 존슨 대통령 시절에 국방부 장관을 지냈고, 가장 최근에는 세계은행 총재를 역임한 뒤 은퇴했다. 그가 포드자동차에서 빠르게 승진하여 성공가도를 달린 것은 정보와 분석에 능통했기 때문이다.

헨리 포드 2세는 특히 재무 부문에 대해서는 미숙하고 자신이 없었다. 맥나마라는 이렇게 불편하고 불안했던 포드 2세를 안심시켜주

파워

었다. 문제가 생기면 그는 항상 막연한 추정이 아닌 확실성, 사건, 수치 등으로 이루어진 답을 가지고 왔다. 그를 비판하는 사람들은 그가 대중이 무엇을 바라는지 혹은 무엇을 하고 있는지 잘 알지 못한다고 생각했지만 그는 대중과 포드 2세와의 방정식에서 포드 2세 쪽을 항상 정확히 예측할 수 있었다.[1]

조직 내에서의 권력을 다루는 책에서 정보와 분석에 관한 장이 있다는 사실이 이상하게 보일지도 모르겠다. 하지만 우리는 대부분의 상황에 대하여 정답이 있고, 분석을 통해 이러한 정답을 찾아낼 수 있으며, 더 많은 정보를 통해 명쾌하게 설명할 수 있다고 믿는다. 앞으로 살펴보겠지만 이러한 믿음은 사실과 분석을 장악한 사람이 실질적인 영향력을 행사할 수 있다는 것을 의미한다. 사실들은 우리가 생각하는 것과는 다르게 좀처럼 분명하지도 명확하지도 않다. 사실과 분석을 능숙하게 다루고 제시하는 것이 권력을 효과적으로 행사하기 위한 전략에서 때로는 중요한 요소가 되기도 한다.

정보와 분석은 유용할 수 있다. 그러나 피터 드러커(Peter Drucker)가 말했듯이 21살이 넘은 사람이라면 누구든지 자신의 입장을 뒷받침하기 위해 사실을 찾아낼 수 있다는 것을 인식해야 한다. 정보와 분석은 일을 성취하는 데 중요하다. 우리가 정보와 분석을 믿을 뿐만 아니라 이 두 가지에 통달한 사람까지도 믿기 때문이다. 그러나 정보와 분석이 항상 정답 혹은 바람직한 답을 제시하는 것은 아니다. 핼버스탬이 기록한 베트남 전쟁의 역사가 이를 잘 입증한다.

당시 미국 정부에는 똑똑한 사람들이 넘쳐났지만 불행하게도 그런 사람들이 건전한 판단이나 상식 혹은 합리적인 가정에 근거하지 않고 정보를 대량으로 수집하여 분석하는 경우가 많았다. 정보의 사용을 일종의 정치적 전략으로 이해하는 것도 중요하지만 정보와 분석의 한계를 이해하는 것도 마찬가지로 중요하다.

여기서 린든 존슨의 이야기를 하는 것이 좋을 것 같다. 케네디 대통령이 암살당하고 나서 케네디 행정부의 똑똑한 각료들과 보좌관들을 물려받은 린든 존슨은 자신의 친구이자 멘토이기도 한 샘 레이번 하원의장과 함께 이 사람들에 대하여 이야기를 나눈 적이 있다.

> 그들의 매력과 지성에 깜짝 놀란 그(존슨)는 당장 자신의 위대하고도 영리한 멘토, 레이번에게 달려가 하버드에서 온 번디, 록펠러에서 온 러스크, 포드자동차에서 온 맥나마라 등 모두를 거명하며 그들이 얼마나 똑똑한지에 대해 이야기했다. 레이번은 이렇게 말했다. "여보게, 린든. 자네 얘기가 옳을지도 모르지. 자네 말처럼 그 친구들 모두 똑똑한 사람들인지도 몰라. 그런데 말이야. 그 친구들 중에 단 한 사람만이라도 예전에 보안관직에 출마한 적이 있다면 내 마음이 한결 편해질 것 같은데."[2]

정보와 분석을 정치적 전술로 활용할 때 네 가지 유익한 점이 있다.

첫째, 모든 조직은 합리성의 외관을 갖추고 적절한 절차를 따르는 것으로 보이기 위해 노력하는데 여기에는 의사결정에 타당성을 부여하기 위해 정보와 분석을 사용하는 것도 포함된다. 비록 이러한 정보와 분석이 다른 이유로 하게 된 의사결정을 승인하기 위해 사후적으로 동원되더라도 말이다. 정당하고도 합당한 의사결정 과정의 외관을 갖추려면 외부 전문가(특히 컨설팅 수임료를 많이 요구하는 외부 전문가)를 활용하는 것이 상당한 도움이 된다. 이러한 전문가들은 당장 정보와 분석에 정당성을 부여할 뿐만 아니라 조직 내 특정 고객의 요구에 빠르게 반응한다는 장점이 있다.

둘째, 최고경영진이 직면한 복잡하고도 다차원적인 의사결정에서는 단순하고도 분명한 분석 과정이 무엇을 할 것인가에 관한 쟁점을 명확하게 해결할 가능성이 거의 없다는 것이다. 이것은 셋째로 자신의 입장에 유리한 기준과 정보를 옹호할 수 있는 여지가 있다는 것을 의미한다. 다시 말하자면, 정보와 분석을 선별적으로 사용할 기회가 있다는 것이다.

어떤 사람은 이렇게 주장할 수도 있다. 정보와 분석이 의사결정을 하기 전에 그 결정의 질을 완전히 알려주지는 않더라도 사후적으로는 그것이 알려지게 되므로 시간이 지나면서 이러한 과정이 학습 과정으로 이어지게 된다고 말이다. 또한 그 사람은 이렇게도 주장할 것이다. 정보와 분석을 자신의 정치적 목적을 위해 잘못 사용하여 의사결정이나 그 결과가 안 좋게 나타날 때는 결국 이런 사실이 밝혀지기 마련이라고 말이다. 이러한 학습 과정이 시간이 지나면서 더 나은 정보와 분석이 합당한 보상을 얻고, 조직의 표준 운영 절차의 한 부분이 되는 것을 보장한다는 이야기다. 그러나 앞으로 살펴보겠지만 이러한 가정이 옳다는 증거는 거의 없고, 너무나도 당연한 이유로 조직들이 정반대의 방식으로 움직이는 사례는 상당히 많다.

그렇다면 마지막으로 유익한 점은 다음과 같다. 의사결정의 질을 확인하는 것은 어려운 과정일 뿐만 아니라 때로는 모든 형태의 조직이 끈질기게 회피하는 과정이기도 하다. 결과적으로 정보와 분석을 강력한 정치적 무기로 이용할 기회가 열려 있고, 로버트 맥나마라처럼 이러한 기회를 이용하는 기술과 지식을 가진 사람들이 조직 내에서 대단한 권력과 영향력을 확보할 수 있다.

합리적인 모습을 띠어라

권력은 눈에 띄지 않을 때 가장 효과가 크게 나타난다. 합리적이거나 합리적으로 보이는 분석 과정을 활용하면 권력과 영향력 행사가 눈에 띄지 않도록 하는 데 도움이 된다. 중요하게는 의사결정이 규정과 정당한 절차에 따라 이루어진다면 더 낮게 인식되고, 더 쉽게 수용된다는 것이다.

존 메이어(John Meyer)와 그의 동료 연구자들은 조직이 정당성을 갖춘 것으로 보이기 위해서는 관료적 합리성의 외관이 반드시 필요하지는 않더라도 중요하다고 주장했다.[3] 그리고 이러한 정당성의 외관은 지원과 자원을 끌어들이는 데 중요하다. 따라서 많은 경우에 조직 구성원들이 의사결정을 위해 정보를 찾으려고 하기보다는 오히려 의사결정이 옳은 방식으로 이루어진 것, 즉 정보에 기초하지 않은 선호나 예감에 의존하기보다는 정보에 기초한 것으로 보이기 위해 정보를 축적한다.[4] 공공 정책의 분석에 관한 글을 썼던 크레이머(Kramer)도 이와 비슷한 주장을 했다.

분명 정치적 편향에 기초한 행동을 정당화하기 위해 분석을 주로 사용한다. 여기에 사용되는 기법, 정량화에 대한 강조는 분석 결과에 '과학적' 외관, 즉 가치중립적인 합리성이 작동하고 있다는 외관을 제공한다.[5]

기업의 컴퓨터 구매에 관한 결정을 다룬 어느 논문에서는 합리적 선택 접근법에 입각한 규정을 무시하고, 이미 선호하는 결정을 뒷받침하기 위해 의사결정 과정에서 정보를 선별적으로 수집하고 사용하는 모습을 보여주었다.[6]

'굳이 그럴 필요가 있을까?'라고 당연히 의문을 품는 사람도 있을 것이다. 이미 결정된 선택을 뒷받침하기 위해 정보를 선별적이고 전략적으로 수집할 필요 없이 '그냥 원하는 컴퓨터를 구매하면 되지 않을까?'라고 말이다. 그러나 그렇지 않다. 정보 없이 혹은 윗선의 지시 없이 진행되는 의사결정은 정당성을 갖지 못하거나 정보와 분석에 기초한 의사결정만큼의 위안을 주지 못한다. 우리는 '올바른' 선택을 하기 위해 사실과 분석적인 기법에 의존한다. 이처럼 위안이 되는 확실성 없이 올바른 선택을 어떻게 할 수 있단 말인가?

우리가 원하는 의사결정에 도달하는 데 정보가 반드시 필요한 것이라면 우리가 의도하는 행동 방침을 뒷받침하는 사실을 얻어내기 위한 능력을 개발하는 것이 바로 조직에서 일을 성취하기 위한 관건임이 분명하다. 벨 앤 하우웰(Bell & Howell)에서 최고경영자와 회장을 역임하고, 포드자동차에서 임원을 역임한 도널드 프레이(Donald Frey)가 그랬던 것처럼 때로 우리는 자신의 사회적 연대와 동맹 덕분에 자신이 원하는 사실을 얻어낼 수 있다.

나는 다른 사람들에게 (때로는 변화에 대한 저항에 맞서서) 내 생각을 설득시키는 데 관심이 많은 사람이지만 이것은 마치 다른 나라 말을 배우는 것과 같았습니다. 나는 오리지널 '무스탕'에 대한 승인을 얻기 위해 부단히 노력하는 과정에서 '이 자동차를 통하여 판매량의 비대체적인 순증가가 얼마나 발생할 것인가' 다시 말하자면 '우리의 기존 시장을 잠식하지 않고 판매할 수 있는 자동차가 몇 대나 되는가'에 관한 질문을 받았습니다.

무스탕은 완전히 새로운 콘셉트의 자동차였기 때문에 이에 대해 제대로 아는 사람이 아무도 없었습니다. 시장 조사팀의 누군가가 이와 같은 대체에 관한 질문을 받은 적이 있었습니다. 그는 무스탕의 경우 독자적으로 약 8만 4000대를 팔아야 손익분기점에 도달한다는 것을 나를 통해 알고 있었죠.

일주일이 지나서 그는 순대체량이 8만 6000대가 될 것이라고 보고했습니다. 나는 그 친구에게 어떻게 하여 그런 수치가 나왔는지 물었습니다. 그랬더니 그 친구가 자기는 그 차도 마음에 들었지만 그 차가 갖는 콘셉트도 마음에 들었다고 대답했습니다.[7]

무스탕은 첫해에만 40만 대가 팔려 무스탕 프로젝트는 그야말로 대박을 터뜨렸다. 때로는 이런 식으로 의사결정을 뒷받침하기 위한 답을 얻는 과정이 좋지 않은 결과를 낳기도 하지만 어쨌든 전술은 동일하다. GM의 캐딜락 사업부는 알란테 모델의 출시 여부를 결정하면서 가격을 5만 5000달러로 책정했다. 당초에 책정된 가격으로는 예상했던 판매량과 수익을 달성할 수 있을 것인가에 대한 의문이 생겼던 것이다.

원래 GM 내부에서는 가격을 4만 5000달러로 책정하고 3000대가 팔릴 것으로 예상했다. 그러나 이러한 판매량과 가격으로는 투자수익률 15퍼센트를 맞출 수 없었다. 따라서 캐딜락 사업부는 이번 프로젝트가 서류상으로 효과가 있는 것처럼 보이기 위해 두 가지 추정치를 모두 높게 잡기로 했다.[8]

물론 이처럼 자신의 입장을 뒷받침하기 위해 내부적으로 수치를 조작하는 것은 바람직하지 않을 뿐만 아니라 누군가에게 발각될 수도 있다. 이보다 더 나은 전략은 당신이 원하는 수치 혹은 답을 얻기 위해 컨설턴트와 같은 외부 전문가에게 의뢰하는 것이다. 당신이 보고서를 작성하기 위해 엄청난 비용을 들여 제3자를 활용한다면 조직이 그만한 돈을 들여 작성한 연구보고서를 과연 무시할 수 있겠는가? 더구나 전문성과 평판을 갖춘 컨설팅 기업이 작성한 연구보고서라면 당연히 정확한 분석 결과를 담고 있을 것이다. 또한 외부 기관이 연구보고서를 작성했기 때문에 그 결과에 특정한 정치적 이해관계가 반영될 이유가 없고, 객관적이고 공정한 제안을 하게 될 것이다.

1981년 당시 GM의 자회사 델코 머레인(Delco Moraine)에서 부장으로 재직하던 존 데빙크(John Debbink)에게 모든 엔진 공장과 엔지니어링부서를 하나의 조직으로 개편할 수 있는지를 검토하라는 과제가 주어졌다.

데빙크 팀에 주어진 과제는 조직에 요구되는 급격한 변화를 일으키는 과정에서 문화적 변화가 일어날 수 있는가를 검토하는 것이었다. 그들은 컨설팅 기업 맥킨지에 다양한 선택안에 대한 평가를 의뢰했다. 맥킨지는 GM 운영을 분석하고 이미 결정된 사항을 공식화하기 위한 논리적 기반을 제공했다. 맥킨지가 내놓은 최종 접근 방식은 데빙크가 애초에 갖고 있던 생각과 큰 차이가 없었다.[9]

컨설턴트를 활용할 때 좋은 점은 당신이 마음속에 품고 있던 결정을 굳히기 위해 그들에게 기댈 수 있다는 것이다. 나는 한 가지 예외를 제외하고는 컨설팅 기업이 고객의 업무 혹은 사업 부문을 폐지할 것을 권고한 사례를 본 적이 없다. 이것이 바로 '고객 관계'가 무엇을 의미하는지 말해준다. 컨설팅 기업은 누가 자신을 불러들였는지 잘 알기 때문에 고객이 원하는 답을 내놓는다.

한 가지 예외는 장거리 전화회사의 어느 부서를 폐지할 것을 권고했던 컨설팅 기업이었다. 비록 이 부서의 부서장이 자신들을 불러들여 연구를 의뢰했지만 말이다. 그러나 이것은 매우 드문 사례다. 나는 외부 전문가들이 고객과 그 고객이 이끄는 부서의 발전과 강화를 도모하기 위한 권고를 하는 모습을 훨씬 더 많이 보아왔다.

컨설턴트들은 선택에 정당성을 부여하기 위해 자주 동원되기 때문에 '청부 총잡이'라고 불리기도 한다. 그리고 우리는 모두 총을 보면 어디에 서 있어야 하는지 잘 안다. 총구의 앞쪽이 아니라 뒤쪽에 서 있어야 한다는 것을 말이다.

따라서 컨설턴트들은 내부의 정치 투쟁에서 강력한 동맹자가 될 수 있다. 조지 볼이 허튼증권을 떠나 푸르덴셜 바체 시큐리티즈로 가고 나서, 그리고 허튼증권에서 공수표 발행 스캔들이 터지고 나서 로버트 리터라이저(Robert Rittereiser)가 사장으로 취임했다. 허튼증권의 재무 상황은 계속 악화되기만 했는데 이것은 증권업계 전체가 침체를 겪고 있는데다가 공수표 발행 스캔들의 여파가 채 가시지 않았고, 내부 관리에서도 문제가 발생했기 때문이었다. 이 중 마지막 문제는 어느 정도 리터라이저에게서 비롯된 것이기도 했다.

허튼증권은 다른 기관과의 합병을 통하든, 투자를 유치하기 위해 다른 기관을 설득하든 자본을 동원하기 위해 필사적으로 움직여야 했다. 리터라이저는 자기 자리를 보전하고 이사회에 영향력을 행사하기 위해 이 과정에서 자기를 도와줄 투자은행 경영자들을 끌어들이는 작업을 자신이 직접 챙기기로 결심했다. 그는 리먼 브라더스의 경영 파트너였던 피터 피터슨과 그가 운영하는 블랙스톤 그룹(Blackstone Group)과의 관계를 돈독히 했다.

리터라이저는 자기가 바라던 대로 피터슨의 후광을 등에 업고 이사회 이사들에게서 잃었던 신뢰를 회복할 수 있었다. 그는 자신이 "특정 조치를 취하거나 특정 구매자에게 접근하고 싶다. 피터 피터슨도 그렇게 하는 게 좋을 거라고 했다"라고 말할 수 있다면 이사회가 자기편을 들어줄 것이라고 생각했다. 실제로 그는 회사의 동맹자로서 피터슨을 고용한 셈이었다.[10]

겉보기에 공정한 판단을 얻고 이러한 목적을 달성하기 위해 외부 전문가를 활용하는 것이 중요하다는 사실은 애플컴퓨터의 사례에서도 잘 나타난다.

1980년대 후반 애플컴퓨터는 직원 수, 특히 정규직 직원의 수를 통제하려고 했다. 존 스컬리는 애플의 1인당 매출이 얼마나 되는지에 대해 자주 이야기했다. 그리고 애플도 다른 기업과 마찬가지로 정규직 직원의 수를 관리하여 비용을 통제할 수 있을 것으로 믿었다.

물론 일이 많고 인원이 부족할 때는 대안을 찾게 된다. 애플의 경우에는 그것이 독립 계약직 노동자와 파견 노동자를 한꺼번에 많이 고용하는 것이었다. 특히 계약직 노동자의 경우에는 애플이 주 노동법, 연방 노동법, 세법 규정에서 많은 부분을 위반한 것으로 나타났다. 이런 노동자들은 독립 하청업자로 취급되더라도 실제로는 법적으로 노동자 신분이었기 때문이다.

애플 인사부는 다음과 같은 여러 가지 이유로 이러한 상황을 우려했다.

1. 애플은 자체 관행 때문에 법적으로 중대한 위험에 직면했다.
2. 임시직과 계약직 노동자를 고용할 때 고용 조건과 임금 결정에 대해서는 인사부의 통제를 받지 않는다. 실제로 어떤 사람이 금요일에 애플 정규직 직원의 자격으로 퇴사하여 월요일에 독립 계약직 노동자의 자격으로 입사하는 경우도 있다. 이때 자신이 지난주에 받던 임금이나 애플에 정규직 직원으로 계속 남아 있는 동료 직원들이 받는 임금보다 더 많은 임금을 받았다.
3. 계약직 노동자의 상당수가 급하게 채용되어 정규직 직원만큼 실

력이 검증되지 않았다.

4. 계약직과 임시직 노동자를 많이 채용하는 것은 애플 조직 문화에 위협이 될 뿐만 아니라(인사부는 스스로를 이러한 문화의 지킴이라고 생각한다) 기업을 전략적으로 중대한 위험에 노출시키게 된다. 하드웨어와 소프트웨어 설계에 참여했던 애플 기술 인력의 상당수가 정규직 직원만큼 조직에 대한 애착을 갖지 않기 때문이다.

인사부가 이러한 문제들을 거론했지만 그들의 우려는 대체로 무시됐다. 그러나 회사 측은 법적으로 문제가 발생할 수도 있을 것이라는 우려 때문에 그들이 거래하는 로펌인 필스버리, 매디슨 앤 수트로 (Pillsbury, Madison & Sutro)에 이러한 관행들을 검토할 노동법 전문 변호사들을 보내줄 것을 요청한 것에는 동의했다.

이 외부 전문가들은 적어도 법률과 세무 쟁점에 있어서는 인사부가 우려하는 것이 타당한 근거가 있다는 사실을 밝혀냈다. 따라서 회사 측은 이러한 법률 분석에 근거하여 시간제, 임시직, 계약직 노동자에 대한 연구를 의뢰했다. 결과적으로 고용과 보상 관행이 바뀌었고, 이러한 노동자들 중 상당수가 정규직 노동자가 되었으며, 나머지는 회사를 떠나야했다. 그 후로 인사부는 그 역할, 즉 노동법 전문 변호사와의 접촉점 역할이 강화되었고, 다양한 프로젝트를 수행하여 더욱 주목받게 됐다.

현실은 그렇지 않더라도 의사결정 과정에서 합리성의 외관이 필요하기 때문에 분석과 정보는 권력과 영향력을 두고 벌이는 싸움에서 중요한 전략적 무기가 된다. 이러한 싸움에서 신뢰성과 객관적인 분위기를 지닌 '유력한 외부 전문가를 동원할 수 있는 능력'이 효과적인 전략으로 작용한다.

사실과 분석에도 한계가 있다

의사결정과 행동에 영향을 미치기 위하여 분석과 외부의 전문성을 전략적으로 동원할 수 있다는 것은 분명하다. 어떤 사람은 어쨌거나 이런 식의 연구가 바람직하다고 주장할 수 있다. 비록 수치와 분석이 정치투쟁의 한 부분으로 사용되더라도 이것들이 조직의 문제를 해결하기 위한 중요한 실마리를 제공한다는 것이다. 그러나 늘 그런 것은 아니다. 조직 생활에서는 상식과 판단이 사실과 분석보다 더 중요할 때가 더러 있다. 다음의 세 가지 사례가 이러한 사실을 잘 보여준다.

훌륭한 의사결정이 오직 지적 능력에서 나온 결과라면 베트남 전쟁에서의 오류는 거의 없어야 했다. 맥나마라는 베트남 전쟁과 이를 위한 정책을 채택하는 데 엄청난 영향력을 행사했다. 그리고 그는 사실, 분석, 데이터를 진심으로 믿었다. 물론 의사결정을 하는 다른 어떠한 상황에서와 마찬가지로 여기서도 쟁점은 정보를 수집하는 것이 합당한가 혹은 그렇지 않은가가 아니라 '검토해야 할 정확한 지표와 적절한 정보가 무엇인가'라는 좀 더 예리한 질문이다.

당신이 사실상 어떠한 의사결정이라도 이를 뒷받침하는 사실을 찾을 수 있다면 당신의 유일한 관심사는 수집한 정보를 어떻게 분류하고 평가할 것인가에 있다. 이보다 더 큰 위험도 있다. 사실과 분석이 아예 부재하다면 당신은 확신이 없다는 것을 인정할 것이다. 그러나 당신이 정보에 둘러싸여 있다면 그것이 쓸모 없고 오해를 일으키는 것이라 하더라도 이제는 더 이상 확신이 없거나 잘 모르겠다는 생각을 하지는 않을 것이다. 이러한 의미에서 나쁜 정보 혹은 오해를 일으키는 정보는 그것이 전혀 없는 것보다 훨씬 더 위험하다.

맥나마라는 상황을 직접 확인하기 위해 베트남으로 떠났다. 데이터를 사랑하고 신뢰하던 그가 그것을 직접 얻고 싶었던 것이다.

그에게는 자만에 가까운 확신, 자기가 그것을 다룰 수 있다는 믿음이 있었다. 어쩌면 미군이 그처럼 대단하지는 않더라도 어쨌든 가공되지 않은 데이터를 만들 수는 있었다. 그리고 '데이터를 잘 아는' 맥나마라가 그것을 주의 깊게 검토하여 진흙 속에서 진주를 찾으려고 했다. 그는 기자들에게 모든 지표가 좋다고 말했다. 심한 착각을 하고 있었던 것이다. 그가 가진 지표는 모두 엉터리였다. 아시아 정치혁명의 장에서 미군이 만든 지표를 찾고 있었으니 말이다.

그는 베트남에서 자신이 보고 싶은 것들을 찾아다녔다. 그는 오직 자신의 배경 안에 파묻혀 지냈다. 그에 대한 기억이 지금도 뚜렷하게 남아 있다. 1962년 맥나마라는 최초로 복구된 마을인 오퍼레이션 선라이즈(Operation Sunrise)를 방문했다. 당시 이 마을 사람들은 증오심으로 가득 차 있었고, 누군가가 전하는 말에 의하면 서양 사람이 눈앞에 나타나기만 하면 금방이라도 목을 베어버릴 것 같았다. 그런데 맥나마라는 이런 분위기를 전혀 눈치채지 못하고 바보같이 계속 질문만 해댔다.

"이건 얼마입니까?" "저건 얼마입니까?"[11]

그는 결국 전쟁에서 손을 떼고 나서 자기가 생각하기에 자신을 잘못 인도한 장군들을 비난하기 시작했다. 그러나 그는 자기가 원하는 데이터를 얻었고, 자기 주변에 있는 최고의 시스템 분석가들에게 그것을 분석하게 했다. 문제는 수치 혹은 분석에 있지 않았고, 이에 대한 해석에 있었다.

이렇게 하여 미국인들은 이번 전쟁의 가장 기본적인 요인을 무시했고, 헛발질을 거듭하며 계속 당황하기만 했다. 맥나마라의 통계와 계산은 아무런 가치가 없었다. 그 이유는 정부에 대한 찬성 비율이 10퍼센트라면, 이것은 다시 말해 10명은 그렇지 않더라도 1명이 싸우다가 죽을 의지가 있기 때문에 아무런 의미가 없었고, 맥나마라의 통계와 계산에는 이러한 사실이 전혀 포함되어 있지 않았기 때문이다.[12]

분명히 우리는 1960년대 베트남 전쟁에서 분석의 한계에 대해 배운 것이 별로 없다. 그 이유는 1970년대의 기업들이 똑같은 오류를 범했기 때문이다. 1970년대 제록스의 재무 담당 사장과 재무 전문가들은 포드자동차 출신으로 로버트 맥나마라의 시스템 분석과 정량화를 신봉하는 사람들이었다.[13]

1966년 아치 맥카델(Archie McCardell)은 그룹 재무 관리 담당 부사장으로 취임하여 1971년에는 사장으로 승진했다. 당시 최고경영자였던 맥콜로우가 외부와의 관계에만 점점 몰두하면서 맥카델과 그의 수치를 지향하는 사고방식이 제록스의 조직 문화를 지배하게 됐다. 그런데 문제는 이러한 수치와 이것에 근거한 의사결정이 과연 타당한가에 있었다. 10장에서 설명했듯이, 제록스가 일본 소형 복사기 업체들의 위협에 제대로 대처하지 못한 것은 수치와 분석의 한계를 보여주는 또 하나의 사례가 됐다.

제록스는 복사 수요량에 따라 고객을 분류하고 각각의 고객 계층에 부합하는 복사 속도를 가진 복사기를 설계, 제작, 판매하는 전략을 채택했다.[14] 이러한 시장 세분화 전략 때문에 제록스는 일본 기업이 소형 복사기를 가지고 복사 수요량이 적은 영역으로 침투했을 때 이에 제대로 대처하지 못했다.

반면, 사빈/리코(Savin/Ricoh)는 사무기기 판매업자들을 통해 자사 제품을 유통시키고, 서비스 문제는 고장률을 3분의 1수준으로 줄인 다음 모듈 부품을 적용하여 수리하기 쉽도록 하는 식으로 해결했다. 또한 제조원가를 절감하기 위해 표준화된 부품을 설계하여 제록스를 순식간에 앞질렀다. 처음에는 중앙 집중형 복사부서와 아무런 관계가 없는 저가 제품 시장으로 진출하여 거의 모든 제록스 고객사의 시설에 자사 제품을 설치할 수 있었다. 신뢰성과 제품 혁신에 대한 평판이 형성되면서 고가 제품 시장으로 진출하는 것은 쉬운 일이었다.

제록스는 1972년부터 1977년 사이에 시장의 3분의 1을 잃었다. 이 것은 잃어버린 시장 영역이 어쨌든 걱정할 만한 부분은 아니라는 자체 분석을 단순히 따르기만 하다가 생긴 결과였다.

마침내 제록스가 마진이 떨어지고 있다는 것을 깨닫기 시작했을 때

또다시 답을 내놓기 위한 분석에 따르면 제조원가를 절감하자는 것이었다. 포드자동차가 거의 같은 시기에 경험했듯이 이러한 전략이 갖는 문제는 비용을 산정하는 방식에 있었다. 물론 제조원가는 제품을 설치하고 유지하고 보수하는 비용의 일부에 불과하다. 그 이유는 고객에게서 호감을 얻고 시장에서 인정을 받는 것이 중요한 만큼 품질 보증과 서비스에 소요되는 비용도 마찬가지로 중요하기 때문이다.

제록스가 제조원가 절감을 추진하는 과정에서 부품을 저렴한 것으로 대체한 것이 원인이 되어 품질 보증과 서비스에 소요되는 비용이 제조 과정에서 벌어놓은 것을 완전히 다 까먹을 정도로 증가했다. 비용 분석에서는 복사기를 출고하기까지 소요되는 비용에만 집중하기 때문에 이러한 사실이 포착되지 않는다. 제록스의 시장 점유율은 품질 저하로 계속 하락하기만 했다. 1972년 95퍼센트였던 것이 1977년에는 65퍼센트로 하락했고, 1978년에는 54퍼센트, 1979년에는 46퍼센트로 하락했다.[15] 7년 사이에 제록스는 시장의 절반을 잃었던 것이다. 그동안 제록스는 수치와 재무 분석에만 관심을 기울였다. 이러한 사례가 수치와 분석이 항상 좋지 않은 결과를 초래한다는 것을 의미하지는 않는다. 그러나 좋은 결과가 반드시 수치와 분석에 따른 것은 아니라는 사실을 보여준다.

지금까지 우리는 정보와 분석이 대안적 관점의 중요성을 평가하는데 있어서 크게 도움이 될 수 없다는 사실을 살펴보았다. 또한 수치, 특히 전통적인 원가회계 시스템에서 나온 수치가 건전한 생산과 마케팅 전략의 개발과 이행을 오도할 수도 있다는 사실을 살펴보았다.[16]

마지막 사례에서는 정보와 분석에 열중하다 보면 결국 분별력이 있어야 할 사람들, 심지어는 정보를 수집하고 분석을 수행하는 사람들조차도 잘못된 길로 갈 수 있다는 사실을 말해준다.

〈타임〉지가 〈TV 케이블 위크〉를 창간하려고 했던 불행한 시도는 2명의 하버드 MBA 출신들의 분석에 기반을 둔 것이었다. 유선 방송사들의 방송 편성 시간표를 게재하려면 편집과 제작에 비용이 많이 소요됐다. 이것은 특히 편집자인 리처드 버그하임(Richard Burgheim)이 고품격 잡지만을 고집했기 때문이기도 했다. 이런 잡지는 아마도 유선 방송사들에 의해 마케팅이 이루어질 것이고, 문제는 수지를 맞추기 위해 유선 방송사들의 시장 침투가 얼마나 잘 이루어질 것인가에 있었다.

아무도 모르는 일이기에 그들은 다양한 시장 침투율을 가정하고 실험을 시작했다. 3퍼센트(〈타임〉지가 자체 시장에서 기록하던 침투율과 비슷했다)에서는 매년 수백만 달러의 손실이 꾸준하게 발생할 것이다. 시장 침투율을 8퍼센트로 가정하면 어떨까? 여전히 손실이 발생한다. 15퍼센트로 해도 아직 수지가 맞지 않는다. 20퍼센트로 해도 마찬가지다. 60퍼센트로 하면 드디어 이익이 발생한다. 60퍼센트의 시장 침투율은 대중 잡지 마케팅에서는 전대미문의 수준으로 홈 박스 오피스(Home Box Office/HBO, 미국의 프리미엄 영화채널로서 1972년부터 운영해 온 민영 유선 방송사를 말한다 – 옮긴이)가 유선 방송 시장에서 기록한 시장 침투율과 거의 비슷한 수준이다.

그들은 다음과 같은 논리를 펼쳤다. HBO가 이 정도의 시장 침투율을 기록할 수 있다면 시청자들에게 HBO가 무엇을 방송하는지 알려주는 방송 편성 시간 안내가 거기에 미치지 못하라는 법이 있는가?

이러한 생각은 논리가 있었고 계산도 정확했다. 그러나 결론은 현실과는 완전히 동떨어져 있었다. 대중 잡지 시장에서는 어떤 잡지든 시장 침투율이 그들이 이익을 발생시키는 데 필요한 시장 침투율, 즉 60퍼센트의 5분의 1 수준을 넘긴 적이 없었다.[17]

일단 흑백 논리에 빠져들기도 하고 견적을 내기도 하면서 분석이 자생력을 얻었다. 밑바탕에 깔려 있는 가정이 엉터리인데도 이것과는 상관없이 분석이 현실이 되었고, 결국 잡지가 창간됐다. 물론 시장 침투율은 3퍼센트에도 못 미쳤다.

정보를 선별적으로 사용하라

의사결정 과정이 합리적인 것으로 여겨져야 하기 때문에 이러한 과정이 본질적으로 애매할 경우에는 개인이 자신과 부서의 이익에 유리한 기준을 선별적으로 주장할 수 있는 여지가 있다. 거의 모든 의사결정이 가능한 대안들 중에서 선택하는 것뿐만 아니라 적합한 기준을 선별할 것을 요구한다. 조직은 필연적으로 때로는 다양한 대상들, 때로는 서로 경쟁하는 대상들에 직면하기 때문에 조직의 선택이 갖는 효과를 평가하는 것이 본질적으로 애매하고 불확실하다.[18]

의사결정을 위해 다양한 근거를 활용할 수 있다는 점을 고려할 때 자신의 입장에 유리한 기준을 적용할 것을 주장하는 것도 권력과 영향력을 전략적으로 사용하기 위한 한 가지 방법이다. 일리노이대학교에서 실시한 자원 할당에 대한 연구가 이러한 사실을 잘 뒷받침한다.

데이터는 다음과 같은 생각을 뒷받침했다. '무엇이 예산 할당의 기준이 되어야 하는가'라는 질문을 받았을 때 응답자들이 자기 부서에 상대적으로 유리한 기준을 지목했다는 것이다. 학과장들이 자신의 학과가 보조금과 연구 과제 수입을 확보하는 측면에서 상대적으로 우위에 있다고 생각할 경우에는, 그리고 자신의 학과가 용도가 지정된 기금을 실제로 더 많이 받을 경우에는 보조금과 연구 과제 수입을 예산 할당의 근거로 삼으려는 경향을 보였다. 학부생 수를 예산 할당의 근거로 삼으려는 경향과 학부 수업 단위가 차지하는 비율과의 상관계수는 0.34를 기록했다. 학과의 전국 순위(명성)를 예산 할당의 근거로 삼으려는 경향과 1969년 해당 학과의 전국 순위와의 상관계수는 0.43을 기록했다. 이 데이터는 특정 영역에서 상대적으로 우위에 있는 학과가 이러한 기준을 예산 할당의 근거로 삼으려는 경향이 있다는 것을 보여준다.[19]

데이터를 선별적으로 사용하는 것은 단순히 이기적인 행동에서 비롯된다. 그러나 이것은 데이터와 특정 관점을 선별적으로 사용하게 만드는 이기심 이상의 것이다. 사람들은 몰입 과정을 통해 자신이 하고 있는 것을 믿게 된다. 그리고 때로는 관리자들의 의사결정이 그렇듯이 불확실성의 조건 하에서 사람들은 자기가 편하게 다룰 수 있는 데이터와 의사결정 과정을 채택하려는 경향이 있다.[20] 따라서 엔지니어링이나 생산 공정에 익숙하지 않은 재무 전문가들이 양적인 운영 지표와 경제성 예측 지표에 의존하고, 엔지니어들이 기술적 요소나 제품 설계 혹은 운영 체제 설계에 대한 그들의 감각에 의존하는 것은 그다지 놀랍지 않다.[21]

우리는 스스로 어떻게 해야 하는지 알고 있는 것을 하고, 우리에게 가장 익숙한 기준에 따라 선택을 한다. 그러나 특정 데이터를 선별적으로 선호함으로써 추진하게 되는 전략적 목표에 우리가 모두 똑같은 수준으로 예민한 것은 아니며, 그 과정에서 똑같은 수준으로 숙련되어 있는 것도 아니다.

어떤 연구에서는 일리노이대학교를 대상으로 학과별 권력과 객관적 요인들을 고려하고 난 뒤 다음 세 가지 요인들이 자원 할당에 미치는 영향을 살펴보았다.

1. 학과장이 자원 할당에 사용되는 다양한 기준에서 자기 학과의 상대적 위치를 어느 정도로 정확하게 인식하는가.
2. 학과장이 자신의 학과가 상대적으로 좋은 점수를 얻는 자원 할당의 기준을 어느 정도로 주장하는가.
3. 학과장이 대학 내 학과별 권력 분포를 어느 정도로 정확하게 인식하는가.[22]

이 연구에서는 자신의 학과에 유리한 기준을 주장하는 것과 자원 할당에 사용될 만한 기준에서 자신의 학과가 어느 위치에 있는가를 정확하게 인식하는 것은 모두 학과의 자원 확보 능력과 정의 상관관계가 있음을 확인했다. 이러한 결과는 자원이 덜 중요하고 덜 희소할 때 그리고 학과의 권력이 더 강력할 때 특히 강하게 나타났다.

이러한 증거는 학과장이 자신의 학과에 유리한 의사결정 원칙을 적용할 것을 주장함으로써 어느 정도는 권력을 효과적으로 사용할 수 있고, 이러한 전략을 사용하려면 학과장이 대안적 기준을 적용할 때 얻을 수 있는 상대적인 이익이 얼마나 되는지 정확하게 이해해야 한다는 것을 시사한다.

특정한 기술적 역량을 확보함으로써 분석과 정보를 자신의 입장에 유리하게 활용하는 능력을 향상시킬 수 있다. 나는 언젠가 〈워싱턴 포스트(Washington Post)〉에 취업한 옛 제자와 대화를 나눈 적이 있다. 〈워싱턴 포스트〉는 MBA 출신들을 많이 뽑았는데 그들 중 상당수가 스탠퍼드대학교와 비교했을 때 계량 분석을 그다지 중요하게 취급하지 않는 학교 출신이었다. 나는 그에게 잘 지내고 있는지, 특히 다른 학교 출신 동료 기자들과의 관계는 어떠한지 물었다. 그는 아주 잘 지내고 있고, 자기가 내놓은 제안이 채택될 때가 유난히도 많다고 대답했다. 내가 그 비결을 묻자 그는 통계학, 오퍼레이션스 리서치, 계량 분석에 관한 지식이 도움이 되었다고 말했다. 이런 지식 덕분에 그는 정교하고도 세련된 발표를 하고, 자신의 관점에 대한 논리적 근거를 제시할 수 있었다. 물론 그는 추진해야 할 행동 방침을 결정하는 데 있어서는 분석을 사용하지 않았고, 오히려 남들에게 자기 생각의 타당성을 설득하기 위해 그것을 전면에 내세웠다.

이런 의미에서 분석 기법에 관한 지식은 조직 내에서 권력과 영향력을 행사하는 데 있어서 결정적이지는 않더라도 큰 도움이 된다. 중요한 것은 자신이 처한 특정한 상황에서 어떠한 형태의 주장이 설득력을 가질 것인지 이해하고, 자기주장을 적절한 방식으로 확립하는 능력을 갖추는 것이다. 이러한 상황에서 용인되는 분석과 데이터라면 무엇이든 사용하면서 말이다.

물론 정보를 선별적으로 채택하는 것은 자신의 관점을 뒷받침해주지 않는 정보를 전략적으로 무시하는 것을 의미한다. 어떤 정보가 우리의 편견, 우리가 이미 정해놓은 행동 방침에 부합하지 않을 때는 이 것을 무시하거나 왜곡할 가능성이 상당히 높다. 이와 관련하여 2차대전이 한창이던 1944년 네덜란드를 거쳐서 독일을 공격하기로 했던 연합군의 결정에 관한 다음 사례는 상당히 인상적이다.

이번 작전은 아른하임 지역과 남쪽에서 접근하는 길에 독일의 주력군이 없다는 사실에 전적으로 의존했다. 따라서 연합군 최고사령부는 네덜란드 지하조직이 보낸 보고를 받고 충격에 빠졌다. 얼마 전 수수께끼처럼 '사라졌던' 나치의 기갑사단 두 개가 낙하산 투하 지역에 다시 나타났다는 것이다. 이처럼 불쾌한 사실은 애초에 세웠던 계획과는 부합하지 않았기에 그들은 이런 보고를 계속 무시하기만 했다. 정보 장교가 독일 기갑사단의 모습을 담은 항공사진을 영국 제1공수사단 본부의 브라우닝(Browning) 장군에게 보여주었을 때 그는 이렇게 대꾸했다.

"내가 자네라면 이런 것들에 신경 쓰지 않겠네. 어쨌든 저 탱크들은 제 구실을 하지 못할 거야."

이런 일이 있고 나서 군단 군의관이 찾아와 이 정보 장교에게 몹시 지쳐 보이니 잠시 휴가를 다녀오라고 말했다.[23]

왜 지난 일을 통해 교훈을 얻지 못하는가

정보와 분석의 정치적 전략을 논의하면서 마지막으로 살펴봐야 할 쟁점이 바로 학습의 문제다. 데이터에 대한 왜곡이 일상적으로 발생한다면 왜 사람들이 분석을 좀 더 신중하게 취급하지 않는가? 그리고 이러한 오류를 바로잡기 위한 피드백이 왜 좀처럼 이루어지지 않는가?

예를 들어, 데이터가 누군가에게 유리한 의사결정을 하기 위한 기준에 따라 만들어지고 이러한 결정이 아무런 효과가 없다면 그 사람은 그 결과에 따른 책임을 지게 될 것으로 생각된다. 그러나 실제로는 정보를 전략적으로 이용하는 사람들이 그 결과에 따른 책임을 지는 경우는 극히 드물다. 여기에는 몇 가지 원인이 있다.

첫째, 때로는 의사결정이 올바른지 혹은 그렇지 않은지 알 수 있는 방법이 없다. 7장에서 설명했듯이 많은 상황에서 올바른 의사결정이라는 것이 별다른 의미 없이 마음속으로 구성한 생각에 불과하기 때문이다. 가령, 로버트 모제스와 같은 정부 기관이나 부서의 장이 자신의 기관이나 부서가 상대적으로 자원을 더 많이 받아낼 자격이 있음을 보여주기 위해 정보과 분석을 활용하고, 그 결과 예산을 파격적으로 많이 받아냈다고 하자. 이것이 올바른 의사결정인지 혹은 그렇지 않은지를 사람들이 어떻게 알 수 있을까? 뉴욕시에 공원이 지나치게 많은지, 소방서가 부족한지, 샌프란시스코시가 공중 보건에 예산을 지나치게 많이 지출하는지, 도로에는 적게 지출하는지, 일리노이대학교가 물리학과에 예산을 지나치게 많이 지출하는지, 로망스어학과에 적게 지출하는지를 사람들이 어떻게 알 수 있을까? 다양한 사람들이 다양한 관점을 가질 것이다. 예산 할당과 그 밖의 의사결정의 효과를 측정하는 데는 다양한 방법이 있지만 불확실성을 완전히 해결할 수 있는 방법은 없다.

그러나 영리를 추구하는 민간 기업에서는 상황이 확실히 더 명확하다. 수익 목표가 판단을 평가하기 위한 기준이 되므로 정보를 전략적으로 이용하는 사람들은 자기 관점이 조직의 수익을 위해 최선이 아니라는 사실이 드러나면 어려운 상황에 직면할 것이다.

물론 반드시 그런 것도 아니다. 우선 많은 의사결정은 조직에서 평가되고, 평가할 수 있는 결과와는 동떨어져 있거나 직접적인 관련이 없다. 예를 들어, 5장에서 살펴봤듯이 다수의 사람들은 자신의 동맹자들이 권력이 있는 자리에 앉을 수 있도록 도움을 주려고 하거나 다른 임원들이 그들에게 신세를 지게 만들려고 한다(조직 내에서 동맹자들은 권력의 중요한 원천이다). 그러나 당신의 동맹자들이 지독하게 무능하지 않는 이상 당신의 친구 혹은 당신을 지지하는 사람을 권력이 있는 자리에 앉힌다고 해서 이것이 조직의 성과에 뚜렷한 영향을 미치지는 않을 것이다.

조직의 성과에는 다양한 원인들이 작용한다는 점에서 조직의 성과가 중층 결정(Overdetermination, 프로이트의 정신분석학 작업에서 나온 용어로 몇 개의 독립된 혹은 관계된 원인들의 결과가 하나의 상징이 되는 과정을 이르는 말이다 - 옮긴이)된다는 점도 이와 관련된다. 여러 가지 가능한 원인 중에서 무엇이 조직의 성과를 낮게 하는 진정한 원인인지 확인하는 것은 불가능하지는 않더라도 어려운 작업이다.

1970년대에 제록스의 시장 점유율과 잠재적 수익성이 하락했던 사례를 생각해보자. 이렇게 된 데는 어떤 원인이 작용했을까? 맥카델을 사장으로 임명하고, 결과적으로 포드자동차에서 잔뼈가 굵은 재무 전문가들이 회사를 장악하게 만든 피터 맥콜로우의 탓일까? 제록스의 다른 부서들과 멀리 떨어진 팔로알토에 팔로알토연구소를 설립한 까닭에 연구 성과를 제품 개발에 접목시키기가 어려워진 탓일까? 맥콜로우가 외부 활동에만 몰두한 탓일까? 저가 복사기 시장에서 기회와 함께 이러한 기회를 활용하는 방안을 포착했던 일본 기업들의 전략적 통찰 탓일까? 아니면 다른 여러 가지 요인들 중 하나가 작용했던 탓일까?[24] 다양한 원인들이 작용하기 때문에 실패에 대한 책임을 전가하는 것 자체가 논리적 추론의 과정이라기보다는 하나의 정치 과정이라고 할 수 있다.

권력과 영향력의 행사와 정보, 분석, 외부 전문가의 전략적 사용을 제한할 수 있는 피드백을 가로막는 데는 세 가지 요인이 작용한다. 첫 번째 요인은 많은 의사결정이 확인 가능한 결과를 낳기까지 시간이 많이 소요된다는 것이다. 어쨌든 이러한 결과를 평가할 수 있다 하더라도 말이다. 원자력 발전소를 건설하는 데는 10년이 넘게 걸리고, 주요 건설 프로젝트도 수년 이상 걸린다. 신제품 출시, 지리적 확장, 제품 전략의 변경은 모두 실행을 하고 그 결과를 낳기까지 오랜 시간이 걸리는 조치들이다. 의사결정이 결실을 맺기까지 걸리는 시간 때문에 이에 대한 책임이 누구에게 있는지 분명하게 기억하기가 어려워진다.

두 번째 요인은 대부분의 경우 조직의 의사결정이 어느 정도의 집단적 책임을 강화하는 특징이 있다는 것이다. 이것은 계획이 실패로 돌아갔을 때 그 책임을 개인에게 전가하기가 어려워진다는 것을 의미한다. 지금까지 우리가 논의한 주목할 만한 실패 사례들의 대부분은 단한 사람의 입안자에게만 그 책임을 묻기 어려운 것들이었다.

예를 들어, 〈타임〉지가 〈TV 케이블 위크〉를 창간하기로 했던 것은 본질적으로 집단이 내린 결정이었다. 이 잡지의 창간을 위해 집행위원회 회의가 몇 차례 열렸고, 많은 사람이 이 과정에 참여했으며, 결국 이 사회가 프로젝트의 추진을 최종 승인했다. 실행한 것에 대한 책임 소재를 결정하기가 어렵다면 실행하지 않은 것에 대한 책임 소재를 결정하기도 거의 불가능하다. 제록스에는 자사가 보유했던 PC기술의 상업화를 신속하게 추진하지 않았던 사람들이 팔로알토연구소 연구원들을 비롯하여 매우 많았다. 그 결과, 애플과 같은 다른 기업들이 선점자의 우위를 누릴 수 있게 된 것이다.

세 번째 요인은 의사결정에 대하여 집단적 책임이 있는 것과 마찬가지로 지난 실패의 원인을 규명하는 데도 집단적 불편함이 있다는 것이다. 조직들은 평가와 지난 과거에 대한 반성을 불편하게 생각하는 경향이 있다. 이런 말을 해도 될지 잘 모르겠지만 조직들은 믿기 힘들 정도로 자기반성을 하지 않는다.

예를 들어, 학교나 병원이 최근에서야 실적 지표를 공개하기 시작한 것은 여론으로부터 극심한 압박을 받았기 때문이다(학교의 경우에는 표준화된 시험에서 학생들이 받은 점수가 실적 지표에 해당되고, 병원의 경우에는 비용, 유병률, 사망률이 실적 지표에 해당된다). 학교와 병원은 여러 해 동안 이러한 데이터를 공개하는 것뿐만 아니라 내부 용도로 수집하는 것조차 꺼렸다.

나의 동료 연구자인 짐 배런(Jim Baron)은 공무원을 대상으로 하는 성과급 제도의 실행을 검토하기 위한 자문단에서 일한 적이 있다. 그가 알기로는 지난 수년 동안 공공 부문과 민간 부문의 인사 관행에서 그야말로 수백 건의 혁신이 있었다고 한다. 그런데도 공공 부문과 민간 부문을 막론하고 이러한 혁신이 처음에 원했던 효과는 두말할 것도 없고, 효과 자체가 있었는지 확인하기 위한 평가는 별로 없었다.

나는 이 책의 독자 중 상당수가 성과 평가 체계와 보상 체계가 변경되었거나 조직 개편 혹은 개혁을 겪은 곳에서 근무하게 될 것으로 생각한다. 이러한 변화들에 대한 평가가 이루어졌거나 혹은 평가를 생각이라도 해봤던 사례가 과연 몇이나 될까? 비록 많은 사람이 공공 부문의 조직처럼 제도화된 조직에서 평가를 불편하게 생각하는 경향이 특히 심하게 나타난다고 생각하지만[25] 민간 기업에서도 변화의 결과에 대한 평가를 똑같이 불편하게 생각하는 현상을 자주 접하곤 한다.

우리는 (실제로 복잡한 조직에서 명백한 현상이라는 것이 상당히 드물기는 하지만) 명백하게 실패한 사업에 참여한 여러 관리자에게 어떤 일이 일어났는지 살펴보아야 한다. 맥카델이 사장으로 재직하던 무렵에 제록스는 시장의 절반을 잃었고, 기술 개발에서 선두 자리를 내주었다(고가 복사기 사업에서는 코닥에 선두를 내주었고, 저가 복사기 사업에서는 사빈/리코에 선두를 내주었다). 또한 품질이 떨어진다는 평판을 얻었고, 일본 기업의 생산 효율을 따라가지 못했으며, 팔로알토연구소에서 개발하고 있던 디지털 기술을 잘 활용하지도 못했다. 그럼에도 1977년 인터내셔널 하베스터(International Harvester)가 아치 맥카델을 최고경영자로 영입하면서 총 600만 달러가 넘는 보수가 보장되는 다년 계약을 체결했다.[26]

〈TV 케이블 위크〉가 폐간되고 나서 〈타임〉지는 약 5000만 달러의 손실을 본 것으로 드러났다.

34층의 주된 관심사는 우선 체면을 유지하는 것이었다. 어느 방송 기자가 〈타임〉지의 편집장인 그룬발트(Grunwald)에게 이번 실패에 대하여 한마디 해줄 것을 부탁하자 그는 이렇게 말했다.

"글쎄요, 우리 모두 한 번은 실수할 수 있습니다."

어느 산업부 기자가 클리퍼드 그럼(Clifford Grum) 전무에게 누가 이번 프로젝트에 대한 감독 책임을 지는지 묻자 〈타임〉지의 2인자인 그는 "이것은 한 사람이 책임질 일이 아닙니다. 이번 프로젝트는 집단 전체가 추진했던 것이지요"라고 대답했다. 그러고는 기자가 계속 질문하려고 하자 인터뷰를 마치려 했다.

〈타임〉지의 회장 겸 최고경영자 먼로(Munro)는 지난 3년 동안 자신이 승인했던 새로운 사업이 연이어 실패하면서 결국 누적 손실액이 〈타임〉지 순자산의 거의 10퍼센트에 달했다. 부채는 늘어만 갔고 주당순이익은 정체됐다. 투자분석가들은 회사가 방향을 상실한 것으로 보기 시작했다. 먼로의 저조한 실적에도 불구하고 5인으로 구성된 보상인사위원회는 그에게 해마다 일정한 연봉을 지급했을 뿐만 아니라 특별 배당주의 경우에는 확대하여 지급했다.[27]

게다가 먼로는 〈TV 케이블 위크〉가 폐간될 무렵에도 이번 실패와 밀접하게 관련된 비디오그룹 대표와 매거진그룹 대표를 이사회 이사로 임명했다.[28]

1980년대 중반 이스턴 항공이 재정적으로 심각한 어려움에 처하자 종업원들이 최고경영자 프랭크 보먼을 더 이상 신뢰하지 않고 약속받은 임금 인상을 양보하는 대가로 그의 사퇴를 요구했지만 이사회가 이를 거부했다. 오히려 이사회는 프랭크 로렌조에게 회사를 매각하고 보먼에게는 퇴직 수당으로 100만 달러를 지급하기로 결정했다.

1990년에 로저 스미스가 시장의 3분의 1을 잃고 GM 회장 자리에서 물러날 때도 GM 이사회는 그에게 퇴직 연금을 인상하여 매년 100만 달러가 넘는 금액을 지급하기로 결정했다.

이런 결과가 불가피한 것은 아니며, 지금 내가 기업이 실패와 재앙을 통해 성공의 길로 간다고 주장하는 것은 더더욱 아니다. 지금까지 다양한 근거를 제시하기는 했지만 조직의 결과와 조직 내 사람들에게 발생하는 결과 간의 관계가 상당히 미약하다는 사실을 인식하는 것이 중요하다. 이것은 우리가 조직 내에서 권력을 행사하기 위해 정보와 분석을 사용하는 데 주저함이 없어야 한다는 것을 의미한다. 그 이유는 이러한 전략이 효과적일 뿐만 아니라 우리가 취한 조치에 대해 스스로 책임져야 할 가능성이 그다지 높지 않기 때문이다.

14장

●

권력을 강화하기 위한
조직 구조의 변화

이전 장들을 통해 조직 구조가 권력의 원천이 될 수 있다는 것을 살펴보았다. 조직 내에서 당신의 위치가 정보에 접근할 수 있게 해주고, 이를 통해 당신은 권력을 얻을 수 있다. 위계질서에서 당신의 위치가 공식적인 권력을 제공해줄 수 있다. 그리고 특정한 쟁점이 조직 내 분업에서 당신의 관할권에 떨어질 때 이러한 쟁점이 조직에 특별히 중요하다면 당신에게 권력을 제공할 수 있다.

조직 구조와 권력의 관계를 고려하면 권력을 행사하기 위해 중요한 전략의 일환으로 구조 변화를 추진하는 것은 그다지 놀라운 일이 아니다. 당신은 경쟁자들을 분할하고 정복하는 데 조직 구조를 활용할 수 있다. 또한 당신 혹은 당신의 동맹자를 자원과 정보에 대한 통제권을 행사할 수 있는 자리에 앉힘으로써 당신의 권력을 강화하는 데도 조직 구조를 활용할 수 있다. 조직 구조와 직책이 동일시된다면 당신은 다른 사람을 임명하여 그들이 당신의 주도권을 뒷받침하도록 하는 데 조직 구조를 활용할 수 있다.

능숙한 관리자들은 조직 구조의 중요성을 이해하고, 이것을 전술적 우위를 다지는 데 활용한다. 이번 장에서는 영향력을 확립하고 행사하기 위해 조직 설계 및 재설계를 활용하는 몇 가지 사례를 제시할 것이다.

조직 구조에 관한 이러한 관점은 효율적인 기업 운영을 보장하기 위해 활동을 조직화하는 방법에 관한 합리적 의사결정 과정의 결과로서 조직 설계를 바라보는 다른 관점들과는 일치하지 않는다. 조직 설계에 따른 직위 분류와 책임 할당이 효율적인 조직 운영에 영향을 미칠 가능성은 상당히 높다. 그러나 정치적 권력을 확립하고 행사하기 위해 조직 구조를 설계하여 활용하고, 적어도 부분적으로는 이러한 근거에서 조직 구조를 이해해야 할 필요가 있다는 것도 분명한 사실이다.

분할하여 정복하라

존 스컬리가 스티브 잡스와의 권력 투쟁에서 승리한 것은 애플컴퓨터에서 독립적인 권력 중심의 역할을 잘 보여준다. 당시 잡스는 매킨토시 사업부의 총괄 관리자로서 매킨토시 사업부 소속 직원들의 독립성을 강조했다.

매킨토시 사업부는 짓궂고도 주류에서 벗어난 집단을 상징하는 해적 깃발이 나부끼는 별도의 건물을 차지하면서 일종의 컬트 집단처럼 움직였다. 건물 속의 직원들은 야근을 밥 먹듯이 하면서 그들이 만드는 제품에 대한 비전과 설계팀에 대한 충성심을 공유했다.

물론 그들은 스티브 잡스에게도 충성했다. 그리고 스컬리가 전년도에 조직 개편을 착수하지 않았더라면 잡스가 축출되고 나서 매킨토시 사업부의 독립성이 문제가 될 수도 있었다. 애플은 직능 조직(functional organization, 관리자가 담당하는 일을 전문화하여 각 기능(직능)별로 전문가를 두어 그 업무를 전문적으로 지휘하고 감독하게 하는 조직을 말한다 – 옮긴이)으로 출발하여 매킨토시의 개발과 함께 하나의 제품 라인, 즉 사업부제 조직으로 진화했다.

매킨토시 개발에 성공하면서 잡스가 얻은 교훈은 독립적인 팀을 운영하는 것이 제품 설계와 변경에 유리하다는 것이었다. 그러나 제품 라인 조직에서는 직원들이 제품 사업부와 자신을 동일시하는 경향이 두드러지게 나타났고, 이러한 사업부 중 하나가 매킨토시 사업부였다.

스컬리는 엔지니어링과 제조 부문에서 규모의 경제를 달성하고, 심도 있는 전문 기술의 개발 능력을 확충할 것을 주장하면서 직능 구조를 재확립하기 위한 조치를 취했다. 1984년부터 1985년 사이에 애플은 직능 조직으로 되돌아갔다. 잡스가 애플을 떠날 무렵에는 매킨토시 임직원들이 새로운 직능별 부서로 재배치되어 이전과는 다른 프로젝트, 다른 업무를 맡고 있었다. 비록 조직 개편과 재배치의 대부분이 효율성을 높이기 위한 것이었다고 하더라도 스컬리 측이 노력한 결실이 두드러져 보였다. 매킨토시 임직원들 중 상당수가 재배치되기보다는 회사를 떠나는 쪽을 선택했고, 남은 임직원들도 이제는 뿔뿔이 흩어지게 되어 스컬리의 권력과 위상에 더 이상 위협이 되지 않았다.

이처럼 조직 개편을 통해 제품 사업부의 권력이 약화된 사례는 GM에서도 찾아볼 수 있다. 1965년 GM 조립 사업부를 설립한 것은 표면적으로는(적어도 부분적으로는) 회사를 쪼개려는 독점 금지 조치에 맞서 사전 대책을 수립하기 위한 의도에서 나온 것이었다. 그 논리는 이러했다. 각 제품 사업부가 자체적인 엔지니어링부서와 전용 제조 시설을 갖춘다면 제품 라인에 따라 회사를 분사시키기가 비교적 수월해질 것이다. 그러나 제품 사업부 전반에 걸쳐서 예를 들어, 조립 공정이 통합되면 분사의 실현 가능성이 감소할 것이다. 그 이유는 새로 설립된 다양한 회사들에 별개의 제조부서와 조립부서를 배치하기가 너무 어려워지기 때문이다.

그 동기야 어떻든 간에 GM의 조직 개편은 제품 사업부의 권력을 약화시켰다. 결과적으로 다양한 사업부가 생산한 자동차들이 날이 갈수록 같아지게 됐다. 조립 공정이 중앙 집중화되면서 규모의 경제를 달성하기 위해 부품의 호환성을 요구하게 되었던 것이다. 또한 조립 사업부의 설립은 "또 하나의 자치적 관료주의를 발생시키는 결과를 낳았고, 자동차가 디자인실에서 전시실에 나오기까지의 지루한 공정에서 또 하나의 장애물이 됐다."[1] 의도했든 의도하지 않았든 제품 사업부의 권력이 약화된 것은 중앙 행정부서와 본부 건물 14층에 상주하는 기업 지배층의 권력을 강화하는 결과를 낳았다.

독립적인 사업부를 해체하거나 그 권력을 약화시키면 대부분 중앙에 있는 사람들의 권력이 강화된다. 때로는 이런 결과를 의도하지 않았지만 그럼에도 이런 결과가 발생했다. 미국 하원 의회는 오랫동안 연공서열을 엄격하게 지키면서 조직됐다. 위원회 위원장과 위원 자리는 의회 근속 연수에 따라 배정됐다. 그러나 1960년대와 1970년대 초반에는 젊고 근속 연수가 얼마 안 되는 의원들 사이에서 이런 관행을 도저히 용납하지 못하겠다는 분위기가 팽배해졌다. 그들이 영향력을 가진 자리까지 오르려면 수십 년씩이나 기다려야 했기 때문이다. 게다가 일부 나이든 위원장들의 역량이 부족하다는 불만도 있었고, 그들이 쥐고 있는 권력 때문에 의회 개혁이 가로막히고 수많은 법안이 통과되지 못하고 있다는 좌절도 있었다.

예를 들어, 1960년대 초 남부위원회 위원장이 시민권 법안의 통과를 방해했는데 이 법안은 린든 존슨이 정치적 역량과 결단력을 발휘하고 나서야 통과됐다. (리처드 닉슨 대통령을 권좌에서 물러나게 한 워터게이트 스캔들 이후로) 1974년 총선거를 통해 의회에 대거 진출한 민주당 초선의원들이 일종의 반란을 일으켰는데, 이들이 의회 운영 규정을 변경하여 위원회 위원장의 권력을 대폭 제한한 것이다. 그러나 이러한 개혁은 독립적인 권력 중심, 즉 위원회 위원장의 자치권을 약화시킴으로써 하원 의장의 권력을 크게 강화시키는 결과를 낳았다.

이러한 개혁은 권력을 세분화한 것처럼 보였지만 의장의 권력을 크게 강화시켰다. 이번 반란은 의장이 아니라 위원장을 겨냥한 것이었다. 의장은 의사운영위원회 위원들을 임명하고, 위원회가 법안을 제출하는 마감 시한을 설정할 권한(따라서 위원장들이 의장과 의원 총회의 뜻을 거스를 수 없게 되었다)과 함께 각종 정치적 무기들을 얻었다. 하원 세입위원회(Ways and Means Committee)는 의원들을 위원회로 배정하는 권한을 잃었다. 이 권한은 민주당 운영 및 정책 위원회(Democratic Steering and Policy Committee)로 넘어갔고, 하원 의장이 이 위원회를 통제하게 됐다.[2]

비록 카를 앨버트(Carl Albert)와 팁 오닐과 같은 일부 하원 의장들은 이처럼 새로운 권력을 강제로 사용하지 않았지만 짐 라이트는 기꺼이 사용했다. 그리고 라이트는 독립적인 권력 중심을 제거하면 중심의 자리에 있는 자신에게 더 많은 통제력이 주어진다는 사실을 예전부터 알고 있었다. 따라서 그는 하원 조직 구조에서 새로운 권력 중심이 등장하도록 내버려두지 않았다. 아마도 이것이 자신에게 적대적일 것이라고 생각했기 때문이다. 그리하여 한 예로, 리더로서의 입지와 권력을 놓고 자신과 경쟁했던 하원 세입위원회 위원장 댄 로스텐코우스키(Dan Rostenkowski)가 새로운 구조적 요소를 도입하려고 하자 라이트가 반발한 것은 당연한 일이었다.

로스텐코우스키가 자신의 권력 기반을 창출하기 위한 최후의 작전으로 '위원장 협의회'를 구성하려 했다. 위원장 협의회가 구성되면 이것은 당장 하원 의장에 맞서는 독립적인 권력의 중심이 될 것이었다. 라이트는 이것을 설치하는 데 동의할 생각이 전혀 없었다.[3]

권력을 창출하고 행사하려면 조직 구조 내에서 정보를 수집하고 자원을 확보하기 위한 기반으로서 별도의 어느 정도 보호받는 활동 영역을 확립해야 한다. 중심의 자리에 있는 사람들은 이러한 하위 단위를 약화시키거나 자신의 통제 하에 두려 한다. 반면, 별도의 활동 영역을 창출하는 것은 관료 집단의 정치 투쟁에서 권력을 차지하려는 사람들에게 반드시 필요한 작업이다.

영향력을 행사하기 위해 책무가 정의된 별도의 활동 영역을 확립하는 것이 중요하다는 사실은 1940년대 후반과 1950년대 초반 미국 국무부의 아시아 문제 담당자들이 직면했던 고충에서도 잘 나타난다. 미국 대외 정책의 중심은 유럽 지역에 있었고, 중국 공산 정권의 수립, 인도차이나 지역의 불안정, 일본의 재등장과 같은 태평양 지역의 중요한 사건들은 간과됐다. 이 지역을 향한 미국의 대외 정책은 제대로 갖추어지지 않았고, 때로는 상황에 따라 반작용하는 것에 불과했다. 문제는 아시아 문제 전문가들이 구조적 권력을 갖고 있지 않았다는 데 있었다.

당시 아시아 문제 담당자들에게 기본적인 문제는 국무부의 조직 그자체에 있었다. 아시아 지역은 별도의 활동 영역으로 확립되지 않았다. 대신 아시아 지역의 식민지 국가들은 유럽 국가들을 통해 관리되고 있었고, 정책 변화를 위해서는 동시관할권(Concurrent Jurisdiction, 서로 다른 시스템을 가진 두 개 이상의 법원이 특정 사건에 대하여 동시에 관할권을 갖는 경우를 의미한다—옮긴이)이 요구됐다. 이것은 식민지배로 발생할 수 있는 영토와 관련된 심각한 문제에 대해서는 이 문제가 상부로 올라가기 전 유럽 담당부서와 아시아 담당부서가 합의해야 하는 것을 의미했다. 결과적으로 이것이 현상 유지 세력과 유럽 담당부서에 유리하게 작용했다.[4]

자기 영역을 확장하라

구조적 권력을 확립하려면 한편으로는 자원, 정보, 공식적인 권위를 가진 하위 조직에 대한 통제권을 갖고, 다른 한편으로는 당신의 경쟁자가 권력의 구조적 기반을 구축하지 못하도록 해야 한다.

당신이 어떤 하위 조직에 대한 통제권을 갖게 되면 이 하위 조직의 영향력 범위를 확장하기 위한 구조 개편을 할 수 있고, 이를 통하여 조직 내에서 경쟁하는 다른 하위 조직을 희생시키면서 권력을 확대할 수 있다. 영역은 권력의 원천이고, 조직 내 영역(활동의 범위)은 구조 개편이 심대하게 영향을 미칠 수 있는 대상이다.

스탠퍼드대학교 부속병원에서 간호부서가 권력을 얻을 무렵 간호부장이 된 사람은 지금 이 병원의 최고운영책임자가 됐다. 그러나 우리는 당시 간호부서가 (병원 인력의 상당수가 환자 간호 및 이와 관련된 업무에 종사하므로) 병원 재정 상황과 입원 환자 치료에 미치는 영향력 덕분에 권력이 확대되었다는 사실을 알아야 한다. 따라서 얼마 지나지 않아 이 간호부장을 신설된 자리인 응급실과 수술실, 물리치료부서와 호흡치료부서(다시 말하자면, 의사가 아닌 병원 인력이 물리치료, 작업치료, 호흡치료와 같은 의료 서비스를 제공하는 부서)의 운영과 간호사와 간호 관련 인력이 체계를 잡고 일정을 관리하는 시설의 운영을 책임지는 환자치료 서비스 담당 부원장에 임명한 것은 지극히 당연한 일이었다.

일단 조직 개편이 시행되고 전직 간호부장이 이처럼 확장된 영역을 운영하는 데 뛰어난 능력을 발휘하자 그녀가 고위 관리자로 승진하는 일은 이미 보장된 것이나 다름없었다. 이번 조직 개편은 병원 행정 구조의 단순화를 가져왔지만 신설된 직책을 맡은 사람의 활동 영역과 권력을 확대하는 결과를 초래했다.

짐 라이트가 하원 의장으로서 권력을 휘두르는 한 가지 방법은 자신이 통제하거나 통제할 수 있을 것 같은 모든 직위와 직책을 영향력을 확대하기 위한 수단으로 활용하는 것이었다. 영역을 확장하는 것은 스탠퍼드대학교 부속병원의 간호부장이 그랬듯이 새로운 활동과 직책을 떠맡은 것과도 관련될 수 있다.

그러나 당신의 영역을 확장하기 위한 또 다른 방법은 새로운 활동을 떠맡지 않고, 이미 표면상으로 당신의 통제권에 있는 영역에서 최대한의 가치를 뽑아내는 것이다. 라이트가 하원 의장직을 맡기 전까지 전임 의장들은 권력을 휘두르는 데 라이트만큼 관심을 갖지 않았고, 친분이나 호혜주의에 입각한 개인적 네트워크에 기반을 두고 영향력을 행사했다.

라이트는 전임 의장들만큼 호감을 주는 사람은 아니었다. 그는 독불장군에 가까웠지만 자기만의 방식이나 관계만으로는 자기가 원하는 종류의 영향력을 행사할 수 없었을 것이다. 따라서 그는 공식적 조직 구조에 의존하려 했다.

민주당 원내 총무단은 투표수를 집계하여 그 결과를 지도부에 제공하고, 소속 의원들이 당의 정책을 준수하여 투표하도록 설득하는 책임을 진다.[5] 소속 의원들이 원내 총무를 선출하지만 수석부총무는 하원 의장이 임명하게 되어 있다. 라이트는 자신이 신뢰하는 사람을 이 자리에 임명했고, 이러한 임명 사실을 공표하고 나서도 원내 총무에게 알리지 않았다. 이렇게 하여 라이트는 원내 총무단을 자신의 손아

파워

귀에 넣을 수 있었다.

코엘료(Coelho)가 원내 총무였지만 원내 총무단은 라이트가 장악하고 있었다. 코엘료가 원내 총무단을 관리하고는 있었지만 명목상의 대표에 불과했다. 코엘료가 결정적으로 모욕을 당한 것은 의원 총회에서 그를 원내 총무로 선출하자마자였다. 의원들이 계속 박수를 치는 동안 박수 소리를 멈추게 하는 발표가 있었다. 부총무 10명을 함께 공표한 것이다.[6]

또한 라이트는 민주당 운영 및 정책 위원회를 통제하기 위한 조치를 취했다. 이 위원회는 의원들을 의사운영위원회를 제외한 다른 모든 상임위원회로 배정하는 권한을 지니고 있다. 위원회 배정이 의원들의 정치적 미래에 중요하기 때문에 민주당 운영 및 정책 위원회는 막강한 권력을 갖는다.

민주당 운영 및 정책 위원회는 31명의 위원들로 구성된다. 하원 의장이 이 위원회의 위원장을 겸하고, 세출위원회와 예산위원회, 의사운영위원회, 세입위원회의 위원장을 비롯하여 지도부 전체가 자동적으로 이 위원회에 소속된다. 또한 의장은 나머지 자리 중 8명을 임명할 권한을 갖는다. 그 밖의 12명은 지역별 투표로 선출된다.[7]

민주당 운영 및 정책 위원회는 라이트의 경쟁자라고 할 수 있는 세입위원회 위원장 로스텐코우스키에게 권력의 원천이었다. 라이트는 이 막강한 위원회를 자신의 영역에 확실하게 두고자 했다. 그는 자신의 재량권을 발휘하여 로스텐코우스키의 세입위원회 위원들을 임명했다.

"라이트가 로스텐코우스키의 영역에 침범하여 세입위원회 위원들을 갈라놓은 것이다." [8]

또한 그는 자기 사람들을 뽑아서 여러 선출직에 출마하도록 했다.

"이제 운영 및 정책 위원회는 완전히 라이트의 것이 됐다." [9]

라이트는 한편으로는 임명권을 전략적으로 사용하고, 다른 한편으로는 자신의 공식적인 권력을 공격적으로 사용하여 하원 지도부의 다양한 영역에서 자신의 영향력을 확실하게 강화하려고 했다. 이러한 사례들의 공통적인 주제는 우리가 다른 상황에서 살펴본 것과 같다. 최대한 다양한 영역에서 통제권을 확보하는 방식으로 권력을 구축하고, 주요 자리에 당신의 동맹자를 배치하며, 당신이 공식적으로 책임지는 활동을 확장하는 방식으로 이러한 통제권을 확보하는 것이다.

대책 본부와 위원회를 활용하라

권력을 행사하다 보면 당신이 조직에서 장기적으로 생존하는 데 위협이 되는 적들이 생기는 경우가 더러 있다. 따라서 권력을 확립하고 행사할 때 당신의 권력을 제도화하고 의사결정과 조치에 대한 책임을 분산시키는 구조적 메커니즘을 활용하는 것이 중요하다. 이러한 점에서 대책 본부와 위원회는 다른 사람들을 자기편으로 끌어들이는 수단으로 매우 유용하게 쓰일 수 있다.

파워

적응적 흡수(Co-optation, 조직의 안정이나 존속에 대한 위협을 제거하기 위한 수단으로 새로운 요소를 그 조직의 리더십이나 정책 결정 구조 속으로 흡수하는 과정을 말한다. 이것은 환경에 대한 조직의 적응 장치이며 조직의 생존 가능성을 높여 준다. 전직 관료를 기업체 이사로 초빙하는 것을 예로 들 수 있다-옮긴이)의 개념은 중요한 발상이다. 이러한 발상은 이사회에 대한 연구에서 비롯된 것으로[10] 내가 당신을 이사회, 위원회, 대책 본부 등에 임명하면 당신이 이러한 집단이 소속된 조직에 어느 정도 충성하게 될 것이고, 그 조직이 추구하는 목표에 어느 정도 헌신하게 될 것이라는 생각에서 나왔다.

비록 영향력이라는 것이 양방향으로 행사되는 것이지만(당신은 이사회 이사 혹은 위원회 위원으로서 의사결정에 영향을 미칠 수 있다) 적응적 흡수의 개념은 당신이 어느 정도는 당신이 소속된 조직에 포섭된다는 것을 의미한다. 더구나 이러한 대표 기구에 의한 의사결정은 집단적 의사결정으로 여겨진다. 따라서 강력한 경영자는 권력을 행사할 때 자신의 적들을 만들지 않기 위해 자신의 의사가 이사회 혹은 위원회에 의해 결정되거나 승인되도록 노력한다.

규모가 큰 예수회 대학교에서 노사관계를 담당하는 관리자의 사례를 살펴보자. 이 학교의 교수와 교직원은 노동조합에 소속되어 있다. 일반적인 경우라면 노사관계 사무실에 협상권이 집중되고 이곳에서 불만 사항이나 그 밖의 계약과 관련된 쟁점들을 다루게 될 것이다. 그러나 이 대학교에서는 단체 교섭이 특히 문제가 됐다. 우선 교수들이 전문직 종사자이면서 노동조합의 조합원이라는 사실이 늘 문제였다. 이 대학교는 재정적으로 압박을 받고 있었기 때문에 너무 많이 양보할 수는 없었다. 그러나 동시에 노동조합의 힘이 강력한 지역에 위치하고 있기 때문에 노동조합을 탄압하는 기관으로 인식되면 지역 공동체로부터 지원을 얻어낼 수 없는 상황이었다.

예수회 지도자들은 노동조합에 대하여 상반된 감정을 동시에 가졌다. 한편으로는 노동자들에게 우호적인 감정을 가졌지만 다른 한편으로는 예산상의 제약을 고려해야 했다. 이 대학교 예산에서 임금이 많은 부분을 차지하고 있고, 교수와 교직원들의 대다수가 노동조합에 가입했기 때문에 노사관계 담당자는 엄청난 권력을 가질 수 있었다. 그러나 쟁점들을 제대로 처리하지 않으면 합의에 도달하기 위한 교섭 과정에서 무엇인가를 잃게 되는 집단의 표적이 될 수도 있었다. 그러면 그가 어떻게 하여 조직 구조를 자신에게 유리하게 활용했을까?

그의 계획은 [표 14-1]에 잘 나와 있다. 그는 몇 개의 집단과 위원회를 설치하여 교섭 과정에 참여하도록 했다. 그는 이러한 집단을 설치하면서 교섭 과정에 참여하는 사람들에게 공식적인 책임을 부여했다. 또한 그는 각종 팀과 위원회의 인적 구성을 통제했다. 이것은 그가 자신을 곤경에 빠뜨릴 수도 있는 사람들을 흡수, 즉 포섭하고 싶을 때 이러한 집단들을 구성할 수 있는 권한을 갖게 된 것을 의미했다. 그리고 이러한 집단의 구성원들은 거의 예외 없이 노사관계 문제에 대한 전문 지식이 별로 없고, 관심 또한 적었으므로 그가 이러한 과정을 통제하는 것은 상당히 쉬웠다. 따라서 그는 그다지 눈에 띄지 않고도 차분하게 권력을 행사할 수 있었다.

이보다 훨씬 더 중요하게는 이 과정이 정당하게 공식적으로 진행되었고, 다양한 이해당사자들이 참여했기 때문에 그 결과가 제도적으로 받아들여지고 이에 대하여 집단적으로 책임을 지게 되었다는 것이다.

[표 14-1] 노사관계 조직

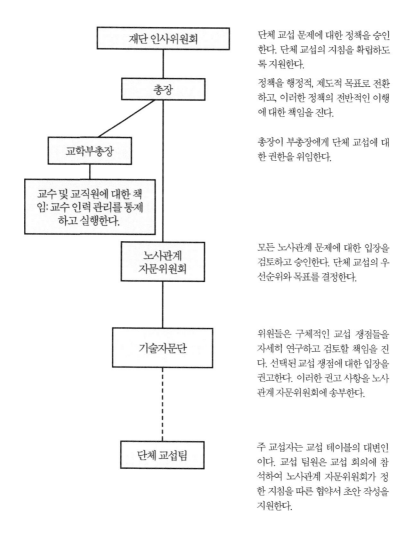

재단 인사위원회

단체 교섭 문제에 대한 정책을 승인한다. 단체 교섭의 지침을 확립하도록 지원한다.

총장

정책을 행정적, 제도적 목표로 전환하고, 이러한 정책의 전반적인 이행에 대한 책임을 진다.

교학부총장

총장이 부총장에게 단체 교섭에 대한 권한을 위임한다.

교수 및 교직원에 대한 책임: 교수 인력 관리를 통제하고 실행한다.

노사관계 자문위원회

모든 노사관계 문제에 대한 입장을 검토하고 승인한다. 단체 교섭의 우선순위와 목표를 결정한다.

기술자문단

위원들은 구체적인 교섭 쟁점들을 자세히 연구하고 검토할 책임을 진다. 선택된 교섭 쟁점에 대한 입장을 권고한다. 이러한 권고 사항을 노사관계 자문위원회에 송부한다.

단체 교섭팀

주 교섭자는 교섭 테이블의 대변인이다. 교섭 팀원은 교섭 회의에 참석하여 노사관계 자문위원회가 정한 지침을 따른 협약서 초안 작성을 지원한다.

따라서 적대자 혹은 정치적 적대자가 그에게 공세를 펼치기가 어렵게 됐다. 그들이 공격을 하더라도 여기에는 어느 한 개인이 아닌 많은 사람이 광범위하게 개입했고, 시종일관 정당하게 진행되었던 과정 자체를 공격하는 셈이 되기 때문이다.

나는 어떤 위원회를 맡은 사람이 비난의 표적이 되지 않고 자신이 성취하려는 변화를 제도화하고 정당화하기 위해 그 위원회를 설치한 다른 사례들도 자주 보았다. 이것을 권력 행사를 위한 효과적인 전략으로 사용하려면 위원회 위원들을 매우 신중하게 구성해야 한다. 또한 당신이 위원회 위원들보다 해당 쟁점에 관해 관심을 더 많이 갖고 전문 지식을 더 많이 갖추는 것도 도움이 된다. 그래야만 당신이 이 과정을 더 쉽게 이끌어갈 수 있기 때문이다. 만약 당신이 이 두 가지 조건을 충족시키지 못하면 당신이 감당할 수 없는 독립적인 권력 중심이 되거나 적어도 당신이 확실하게 통제할 수 없는 강력한 하위 단위가 되는 위원회를 구성할 가능성이 충분히 있다.

헨리 키신저는 조직 구조, 특히 이미 설치된 대책 본부와 위원회에 개입하여 권력을 행사하는 데 뛰어난 면모를 보였다. 그가 1968년 닉슨 행정부의 국가안보 특별보좌관으로 임명되었을 때 그와 닉슨 대통령은 백악관이 대외 정책에 대한 권력을 강화하길 원했다. 특히 그들은 국무부를 신뢰하지 않았고, 그들의 관점과 관심사를 국무부와 공유하지 않았다. 닉슨 대통령은 CIA도 신뢰하지 않았다. 그곳은 아이비리그 출신의 자유주의 지식인들로 가득 차 있다고 믿었기 때문이다. 따라서 키신저에게 최우선 과제는 대외 정책 기구를 장악하는 것이었다.

키신저는 30세의 국방부 부차관보 모턴 핼퍼린(Morton Halperin)을 자기 진영으로 끌어들인 뒤 그에게 대외 정책에 시스템 분석 기법을 활용하는 방안에 관한 보고서를 작성하도록 지시했다.

기회를 잡은 핼퍼린은 결과적으로 키신저의 손에 거의 모든 권력을 쥐어주게 될 광범위한 보고서를 작성하기 시작했다. 키신저가 자기 상관의 요구를 이해하는 만큼 핼퍼린 또한 자기 상관의 요구를 잘 이해했다. 핼퍼린이 기획한 시스템은 키신저가 국가안전보장회의 (NSC) 회의에서 의제를 설정할 권한을 갖게 해주었고, 관료들이 작성한 다양한 대안 보고서를 검토하는 평가 그룹의 의장이 되도록 했다. 또한 핼퍼린 보고서는 키신저에게 국무부와 그 밖의 기관들에게 특정 주제에 관한 대안 보고서를 작성하도록 지시할 수 있는 권한도 부여했다.[11]

핼퍼린의 보고서가 키신저의 이름으로 발간되었을 때는 닉슨 대통령이 이러한 조직 구조를 이미 승인한 상태였다.

키신저는 상당수의 대외 정책 기구에 대한 직접적인 권한을 가졌을 뿐만 아니라 이를 통하여 보고서의 마지막 부분에 묻혀 있는, 얼핏 보기에는 중요하지 않은 문구에서 알 수 있듯이 국무부가 주도하는 집단과의 경쟁을 종식시켰다.

내가 작성한 보고서의 마지막 부분에는 다음과 같은 악의 없는 문장이 등장한다.

"국가안전보장회의 기구가 정교해지면서 기존의 부서 간 고위 관리자 그룹(Senior Interdepartmental Group)의 지속적인 기능이 불필요해졌다."

각료 바로 아래의 최고위 공직자로 구성된 부서 간 고위 관리자 그룹은 1967년에 설치됐다. 국무부 차관이 주재했는데 국가안전보장회의에 제출할 대안 보고서를 검토하고 결정된 사항에 대한 후속 조치를 취하는 것이 이 그룹의 역할이었다. 당연히 국무부는 이러한 구조를 위대한 정치적 승리라고 생각했다. 이것이 대외 정책에서 국무부의 우위를 공식적으로 인정하는 것이었기 때문이다.[12]

키신저는 부서 간 고위 관리자 그룹을 제거함으로써 아무런 경쟁 없이 자신이 대외 정책 결정 과정을 통제할 수 있는 조직 개편안을 제출할 수 있었다. 게다가 키신저는 새로운 구조에서 허용하는 바에 따라 국가안보 연구보고서(National Security Study Memoranda)의 작성을 당장 요청하기 시작했다.

첫 번째 '요청'들은 세 가지 목표를 가진 것으로 보였다. 첫째, 이러한 요청들은 관료들이 대외 정책 문제에 관한 다양한 대안들을 생각하게 만드는 진지한 시도다. 둘째, 이러한 요청들은 키신저 기구의 주도권을 강력하게 주장한다. 그리고 마지막으로, 이러한 요청들은 장기간에 걸친 연구와 극단적으로 짧은 마감 시한을 요구하여 '얼굴을 드러내지 않는 공직자들'을 제압하려는 의도에서 나온 것이다. 키신저 진영 사람들은 처음 한 달 동안 중요한 모든 쟁점에 관한 광범위한 연구가 반영된 22건의 국가안보 연구보고서를 발간하여 새 행정부에 제출했다. 그러나 정작 가장 중요한 의사결정들은 관료들에게 알리지 않았고, 국가안보 연구보고서를 참고하지도 않은 채 이루어졌다.[13]

키신저는 자신에게 절차상의 통제권과 실질적인 통제권을 더 많이 부여하기 위해 위원회 구조를 변경했고, 이와 동시에 기존 경쟁자들에게는 바쁘기만 하고 쓸모 없는 업무를 맡김으로써 영향력을 행사하지 못하도록 하는 방식으로 이들을 제압했다.

그는 닉슨 대통령과의 관계 덕분에 권력을 갖게 됐다. 그가 이러한 권력을 확립하고 행사할 수 있게 된 것은 관료 정치의 게임에서 수준 높은 경기를 펼친 덕분이었다. 그는 이러한 노력을 통해 대책 본부, 위원회, 공식적 구조 설계의 중요성을 이해했던 것이다.

이번 장에서 우리는 시스템의 공식적 구조의 중요성을 민감하게 받아들이고 구조 설계와 재설계를 활용하는 능력을 갖추는 것이 미국 하원 의회에서부터 애플컴퓨터에 이르기까지 다양한 조직에서 권력과 영향력을 행사하기 위한 중요한 전략이었음을 살펴보았다.

우리가 권력의 행사에서 조직 설계의 역할을 인식해야 얼핏 보기에는 당연한 이유를 들어 착수하는 구조조정에 내재된 숨은 의제를 감지할 수 있다. 또한 이것은 우리가 이러한 재설계를 어떻게 진행하고 있는지 평가하는 데 있어서도 도움이 된다. 조직 구조를 이해하고 활용하는 능력은 일을 성취하기 위하여 권력을 확립하고 행사하기 위한 전략과 전술의 무기고를 채워주는 가치 있는 보완 요소다.

15장

•

감정을 움직이는 상징

내가 당신의 감성과 이성 중에서 무엇을 통해 당신에게 영향을 미칠 것인가를 선택해야 한다면 감성을 선택하겠다. 당신이 새 차를 구매할 때 〈컨슈머 리포트(Consumer Reports)〉를 펼치게 하는 것은 당신의 이성이다. 그러나 재규어나 포르셰를 구매하게 만드는 것은 당신의 감성이다. 선거 연설을 듣고 신뢰할 수 없다고 일러주는 것은 당신의 이성이다. 그러나 말솜씨가 뛰어난 사람에게 반응을 보이고 따분한 인상을 주는 사람에게 표 주기를 거부하게 만드는 것은 당신의 감성이다. 마치 이것이 정부를 대표할 사람에게 표를 줄 것인가 혹은 주지 않을 것인가를 결정하는 이유가 되기라도 하는 것처럼 말이다.

"사람들은 논리에 따라 설득된다. 그러나 감정에 따라 움직인다."[1]

우리는 사람들에게 그들이 하는 일에 대하여 좋은 느낌을 갖도록 언어, 상징, 의식, 배경을 섬세하게 다루어야만 권력과 영향력을 성공적으로 행사할 수 있다. 예전에 어떤 친구가 직원들이 조직의 발전을 위해 그들이 해야 할 일을 하고 싶게 만드는 것이 경영진이 해야 할 일이라고 말한 적이 있다. 이와 마찬가지로 권력과 영향력을 행사하는 데 관심 있는 사람들이 해야 할 일은 다른 사람들이 우리가 원하는 일에 대하여 좋은 느낌을 갖고 그 일을 하게끔 만드는 것이다. 이것은 '상징 관리'를 수행할 것을 요구한다.[2]

상징 관리는 정치적 언어, 배경, 의식을 사용하여 사람들로부터 강력한 감정을 효과적으로 이끌어내고, 이러한 감정이 합리적 분석을 방해하거나 흐리게 한다는 점에서 기본적으로 착각의 원리에 기초하여 작동한다. 머레이 에델만(Murray Edelman)은 이렇게 지적했다.

"한쪽에서는 미사여구를 동원하고, 다른 한쪽에서는 의사결정이 이루어지는 것이 드문 일은 아니다."[3]

에델만은 더 나아가서 정치 연설이 비판 능력을 날카롭게 하기보다는 무디게 하는 일종의 의식과도 같다고 말했다.[4] 그러나 당신이 다른 사람들에게 요구하는 행동이나 결정에 대하여 그들이 좋은 느낌을 갖도록 상징과 언어를 사용하는 것이 그들의 이익에 어긋나게 행동하는 것이라고 생각한다면 이것은 잘못된 생각이다. 어쨌든 의사결정과 행동이 중요하고 필요하다면 사람들이 이러한 것들에 대하여 좋은 느낌을 갖는 것이 훨씬 더 낫다.

이번 장은 설득과 권력 행사에 대한 합리적인 접근 방식과 감성적인 접근 방식을 비교하는 것으로 시작한다. 그다음에는 언어에 관한 중요한 쟁점에서 출발하여 권력과 영향력을 행사하는 데 있어서 배경과 의식의 활용에 대하여 설명하고, 상징 관리의 여러 형태를 보여주는 사례들을 제시할 것이다.

이성보다 감성을 섬세하게 다뤄라

정부 조직을 포함하여 다양한 형태의 조직에서 실시하는 모든 수준의 교육과 역량 개발 프로그램은 주로 의사결정 능력을 개발하는 데 중점을 두어왔다. 게다가 의사결정 능력은 합리적 선택 모델에 부합하는가의 관점에서 평가된다. 지금까지 사실, 수치, 논리, 분석적 기법을 갖춘 합리적 분석가들이 우리 사회에서 존경을 받아왔다. 우리는 '로켓 과학자'와 같은 표현을 써가면서 이러한 (때로는 젊은) 분석의 마법사들에게 경이로움과 존경의 뜻을 표했다.

포드자동차와 국방부의 시스템 분석 부서에서 근무하던 천재들은 수많은 조직을 대상으로 경영에 분석적 접근 방식을 전파한 새로운 유형의 분석가들 가운데 1세대에 해당한다. 포드자동차의 로버트 맥나마라와 리튼인더스트리스(Litton Industries)의 텍스 손턴(Tex Thornton)이 초창기의 이러한 접근 방식의 실천가이자 주창자였다. 데이비드 핼버스탬의 저작 〈최고의 인재들(The Best and the Brightest)〉에 나오는 맥나마라에 대한 다음 일화는 최고의 분석가에게서 엿볼 수 있는 자질을 잘 표현하고 있다.

육체는 긴장된 상태로 끌려다니지만 정신은 수학적이고 분석적이며

혼돈으로부터 질서와 논리를 이끌어낸다. 항상 논리다. 사실과 통계가 이러한 논리를 뒷받침한다. 그는 사실을 가지고 자신의 논리를 입증할 수 있고, 다른 사람들을 위협할 수 있었다. 도표와 통계를 다루는 그의 능력은 경이로움 그 자체였다. 언젠가 그는 태평양사령부에서 베트남 전쟁에서 이미 벌어졌던 모습과 한창 진행 중인 모습이 담긴 슬라이드 수백 장을 스크린에 비추며 8시간 동안 넘겨 보고 있었다. 7시간이 지나서 드디어 그가 입을 열었다.

"프로젝트를 멈추게. 이 868번 슬라이드가 11번 슬라이드와 앞뒤가 맞지 않아."

11번 슬라이드로 되돌아가 보니 그의 말이 옳았다. 11번 슬라이드와 868번 슬라이드는 서로 모순됐다. 모두 깊은 인상을 받았고, 적잖이 놀랐다. 당연히 그에 대한 평판이 높아졌고, 몇몇 사람들은 경외감을 느꼈다.[5]

권력을 이런 방식으로 행사하는 데 따르는 한 가지 문제는 핼버스탬의 저작에서 인용한 문단에 이미 잘 나타나 있다. 맥나마라는 사실을 철저하게 장악하고 다른 사람들이 자신의 탁월한 능력에 두려움과 경외감을 갖도록 하는 방식으로 권력을 행사했다. 그러나 우리가 누군가에게 경외감을 갖는다고 해서 그 사람에게 항상 좋은 감정을 갖는 것은 아니다. 우리가 지적 능력과 날카로운 지성에 감명받을 수는 있지만 이런 것들에서 좋아하는 감정이 반드시 생기는 것은 아니다. 지금은 사실이 거의 모든 의사결정을 정당화하기 위해 어떻게 도출되는가에 대한 논의는 잠시 접어두기로 하자. 위협이나 적을 압도하는 것으로 권력을 행사할 때 동맹자를 얻지 못하거나 원하는 만큼의 친구를 얻지 못하는 경우가 많다.

인간은 컴퓨터가 아니다. 그리고 감성이나 감정은 우리의 선택과 행동에 있어서 중요한 요소다. 우리는 자신을 둘러싼 이러한 현실에 직면하기를 꺼리고, 인생에서 감성적 측면을 두려워한다. 이것이 바로 우리가 때로는 정치적 언어, 의식, 배경의 사용에 관한 글을 읽거나 이에 대하여 논의하는 것을 불편하게 생각하는 이유다.

또한 이것은 어쨌든 우리를 당혹스럽게 하는 우리 자신의 한 부분이고, 우리가 그 존재를 부정하고 싶어 하는 그 무엇이다. 그러나 바로 이러한 부정이 우리가 감성적 호소에 더욱 민감하게 반응하도록 만든다. 우리는 방심한 상태에서 쉽게 흔들린다. 내가 경험하기로는 공학이나 경영학 교육을 받은 사람들이 문학이나 연극 교육을 받은 사람보다 감성적 호소에 더 쉽게 빠져들었다. 후자는 감성적 호소에 동원되는 기법을 정확히 이해하고 이것에 감탄하기는 했지만 반드시 속아 넘어가지는 않았다.

우리는 '조직의 역학을 누가 승리하고 누가 패배했는가'와 관련하여 얼마만큼의 희생을 치렀는가의 관점에서만 볼 수는 없다. 물론 이러한 것들도 중요한 고려 대상이지만 행동과 선택의 결과가 때로는 사람들이 상황에 대하여 느끼는 방식에 영향을 미치기 위해 행하는 상징적, 정치적 행위에서 비롯된다는 사실을 명심해야 한다. 이와 관련하여 머레이 에델만은 정치적 분석의 복잡성을 다음과 같이 설명했다.

정치적 분석은 두 가지 수준에서 동시에 진행되어야 한다. 그것은 정치적 행위가 어떻게 또 어떤 집단에 그들이 원하는 유형의 것들을 가져다주는지 검토해야 하고, 이와 동시에 바로 이러한 행위가 대중에게 무엇을 의미하고 그들을 어떻게 진정시키거나 각성시키는지 살펴보아야 한다. 힘멜스트란드(Himmelstrand)의 표현에 따르면 '정치적 행위는 도구이면서도 표현'이다.[6]

언어는 영향력을 행사하는 강력한 도구

나는 이 책을 읽는 미국 독자들이 세금 인상에 직면하는 일은 결코 없을 것이라는 합리적 믿음을 갖고 있다. 우리는 '세입 증대'와 (주택담보대출 이자, 의료비 등에 대한 세금 공제와 같은) '세금 우대'의 축소 혹은 철폐의 대상이 되거나 무엇보다도 '조세 평등과 개혁'의 기쁨을 또다시 누릴 수 있을 것이다. 허버트 스타인(Herbert Stein)은 레이건 행정부 시절에 통과된 엄청나게 많은 세금 인상안의 목록을 제시하면서 여기에는 '세금' 혹은 '세금 인상'이라는 표현이 전혀 나오지 않는다는 사실을 보여준다.

조세 평등과 재정책임법, 1982년 557억 달러

사회보장 개정안, 1983년 309억 달러

예산조정법, 1987년 139억 달러

조세개혁법, 1986년, 244억 달러[7]

'조세 평등과 재정책임'에 반대할 사람이 누가 있겠는가? 우리가 이처럼 고상한 단어들이 우리의 호주머니에서 얼마나 많은 돈을 빼가고 있는지를 알게 된다면 어떤 기분이 들까? 레이건은 재정적 보수주의자라는 자신의 이미지를 유지하면서 이 모든 일을 어떻게 해낼 수 있었을까?

레이건 대통령은 자신의 재임 기간에 시행했던 온갖 세금 인상에도 불구하고 세금의 적으로서 세계 챔피언 타이틀을 유지했다. 정치인들이 그에게서 배워야 할 교훈은 바로 세금 인상을 하지 않은 것처럼 말하면서도 세금 인상을 잘 해낼 수 있다는 것이다.[8]

언어는 사회적으로 영향력을 발휘하기 위한 강력한 도구이며, 정치적 언어는 모든 형태의 조직에서 영향력을 행사하는 데 요긴하게 쓰이는 경우가 많다. 우리는 대화와 토론에서 현상이 어떻게 묘사되는가에 따라 그 현상을 인식한다. 바로 이러한 이유 때문에 공자는 만약 한 나라를 통치하게 되면 무엇을 할 것인가라는 질문을 받고 "내가 가장 먼저 해야 할 일은 언어를 바로잡는 것이다"라고 대답했다. 모리스(Morris)는 이렇게 말했다.

"다른 사람들과 언어를 공유하게 되면 그 사람들의 행동을 자기에게 유리한 방향으로 통제하기 위한 가장 교묘하고도 강력한 도구를 갖게 된다."[9]

국가 정책에서 정치적 언어의 사용을 보여주는 또 다른 고전적인 사례로 지미 카터 대통령의 임기가 끝날 무렵, 즉 캘리포니아에서 납세자 반란이 시작되고 나서 감세 정책과 작은 정부를 표방하는 로널드 레이건이 대통령으로 선출되기 직전에 통과된 '불로 이윤세(Windfall Profits Tax)'라는 것이 있다. 이 세금 법안이 통과될 당시에는 10년 동안 2270억 달러에 달하는 조세 수입이 발생할 것으로 예상됐다. 이것은 국내 유가 통제가 철폐되고, 국내 유가가 세계 시장 가격으로 올라갈 때 미국 석유 회사들이 얻는 경제적 이익의 일부를 정부가 가져가도록 설계됐다.

그러나 이 세금은 석유 회사들의 이윤, 즉 전통적인 방식에 따라 수입에서 비용을 뺀 금액에 기초를 두지 않았다. 오히려 유가에 기초를 둔 판매세 혹은 소비세에 해당됐다. 최근에 이 세금을 폐지하자는 말이 나온 것도 바로 이런 이유에서였다(유가가 계속 하락하여 때로는 트리거 가격, 즉 매출과 함께 세금이 자동적으로 발생하는 기준 가격 아래로 떨어지기도 했다). 경제학자들이 법인세가 소비자들에게 전가되는가를 두고 논쟁을 벌이기도 하지만 수요와 공급의 탄력성에 대해 가정을 어떻게 하는가에 따라 소비세가 소비자들에게 지나칠 정도로 많이 전가될 수 있다는 점에 대체로 합의하고 있다.

그렇다면 석유와 석유 제품의 소비자들에게 부과되는 2270억 달러에 달하는 세금 법안이 어떻게 통과되었을까? 이 세금을 소비세 혹은 유류 판매세, 심지어는 노고 이윤세(Hard Earned Profits Tax)라고 불렀다면 통과되지 못했을 것이다. 이 세금 법안이 통과된 것은 여기에 붙여진 '불로 이윤세'라는 명칭 덕분이었다. 여론 조사에 따르면 대부분의 사람들에게 경제 시스템에서 이윤이 어떤 역할을 하는지 잘 모르는 사회에서 불로 이윤이라는 말은 상당한 불쾌감을 자아내게 하는 것으로 나타났다. 불로 이윤은 기대하지 않았던 갑작스러운 이윤을 의미한다.[10]

따라서 애초에 예상하지 않았던 이윤에 세금을 부과하겠다는 데 반대할 사람이 누가 있겠는가?

물론 이 세금이 이윤에 부과되는 것이 아니라는 사실을 잘 알고 있는 사람들도 많았다. 〈더 월스트리트 저널〉도 사설을 여러 차례 게재하면서 이 세금의 정확한 본질을 지적했다. 그러나 우리가 어떤 세금을 두고 '불로 이윤세'라고 상당히 오랫동안 자주 언급하다 보면 이러한 명칭이 갖는 함축적인 의미가 이성적이지는 않더라도 감성적으로 효력을 발휘하고, 이러한 효력은 매우 강력하게 작용한다.

언어는 영향력을 행사하는 데 중요하게 작용하고, 조직의 리더와 경영자가 해야 할 일은 목표를 달성하는 것이다. 따라서 조직 경영에 있어서 상징과 정치적 언어 사용의 중요성을 지적하는 저자들이 많다는 것은 놀라운 일이 아니다. 이와 관련하여 카를 웨이크(Karl Weick)는 다음과 같이 적었다.

경영자가 해야 할 일을 신화, 이미지, 상징, 꼬리표를 관리하는 것으로 생각할 수 있다. 조직에서 너무나도 자주 거론되는 순이익은 신화까지는 아니더라도 일종의 상징이다. 경영자들은 이러한 이미지들로 거래를 많이 하기 때문에 그들에게 적합한 역할은 회계사보다 복음 전도자일지도 모른다.[11]

톰 피터스는 "상징은 경영 활동의 본질이다. 경영자가 화합물을 합성하거나 화물 적재용 트럭을 운전하지는 않는다. 그들은 상징을 취급한다"라고 주장했다.[12] 닉슨 대통령도 "리더는 상징, 이미지뿐만 아니라 역사의 원동력이 되는 자극적인 아이디어를 광범위하게 다루어야 한다"라고 말했다.[13] 로우 폰디(Lou Pondy)는 리더십에 관한 저작에서 리더에게 주어진 가장 중요한 과제는 다양한 활동에 꼬리표를 붙이고 이러한 것들이 조직 구성원에게 커다란 의미가 되도록 하는 것이라고 말했다.

> 리더의 능력은 자신의 역할 범위에 있는 사람들에게 의미 있는 활동을 이루어내고, 다른 사람들에게 그들 자신이 하는 일을 이해하게 만들며, 특히 그 일을 명료하게 표현하여 그들이 자신의 행위가 갖는 의미에 대하여 소통할 수 있도록 하는 데 있다. 일의 의미를 깨닫고 그 일을 많은 사람에게 의미 있는 언어로 표현할 수 있는 이 두 가지 능력을 보유한 사람은 대단한 영향력을 지닌다.[14]

상징적 행위와 정치적 언어에 대한 논의에서 제기되는 중요한 문제 중 하나는 사실적, 합리적 분석에 따라 행동 혹은 선택을 제안하는 것이 얼마나 가치 있는가에 관한 것이다. 다수의 사람들이 광범위한 양적 지표와 분석을 가지고 자신의 제안을 잘 뒷받침할 수 있다고 생각한다. 내 강의를 듣는 경영자나 학생들에게 브리티시 스틸 코퍼레이션이 중요한 자본 투자에 관한 의사결정하는 모습을 담은 비디오테이프를 틀어주면 그들에게서 프로젝트를 지지하는 사람들이 수치는 전혀 제시하지 않고 그 대신 다양한 감성적 호소나 대인 영향력 기법에 의존한다는 말을 자주 듣는다.

어쨌든 정확하게 그런 방식으로 가장 잘 처리할 수 있는 상황들이 더러 있다. 특히 건드려놓은 감성이 강력하게 작용하는 경우, 프로젝트를 신속하게 완료할 수 있는 경우(혹은 적어도 조직으로 하여금 돌이킬 수 없을 정도로 그 프로젝트에 몰입하게 만드는 의사결정을 신속하게 완료할 수 있는 경우에) 수치가 아닌 상징으로 주장하는 데는 많은 이점이 있다. 수치는 항상 토론과 논쟁의 대상이 될 수 있다. 당신이 제시한 수치에 대하여 반론이 제기되면 누구의 가정이 더욱 합당한지 결정하기 위한 연구의 필요성이 제기된다. 문제는 이런 일이 진행되는 동안 프로젝트가 추진력과 시간을 잃어버리게 된다는 것이다. 상징보다는 수치에 대해 논쟁하기가 더 쉽다. 바로 이러한 사실이 상징만을 사용하거나 상징을 분석과 함께 사용해야 하는 적어도 한 가지 근거를 제공한다.

〈타임〉지가 〈TV 케이블 위크〉의 창간을 검토하던 시절에 창간작업팀에 참여한 사람들은 이번 프로젝트가 시장 잠재력 측면에서 갖는 의미를 간결하게 설명할 수 있어야 한다고 생각했다. 5명으로 구성된 창간작업팀은 최고경영진에게 발표할 자료를 준비하면서 프로젝트의 콘셉트를 단순하게 보여줄 수 있는 방법을 찾기 위해 고심했다. 그들 중 하버드 MBA 출신인 누군가가 이렇게 제안했다.

"비즈니스스쿨에서 자주 하던 게임을 해보면 어떨까? 그들과 함께 '단 한 가지만 말할 수 있다면'이라는 게임을 말이야."[15]

그가 누구인지는 아무도 기억하지 못했지만 그들 중 한 사람이 메모지에 두 개의 선을 긋고 1억 달러짜리 사업에 시동을 걸었다. 먼저 위에서 아래로 수직선을 그은 다음, 이것을 다음과 같이 수평선으로 갈라놓았다.

```
4.                    |                    1.
                      |
_____|_____
                      |
3.                    |                    2.
```

수직선의 오른쪽은 '자유 시장'으로 가판대 판매와 같은 전통적인 방식으로 독자에게 다가가는 잡지들이 있다. 왼쪽은 유선 방송사와 공동 마케팅을 하는 잡지들의 시장이다. 수평선의 위쪽은 주간지 시장이고, 아래쪽은 월간지 시장이다. 그렇다면 4번에 해당하는 사분면, 즉 유선 방송사와 공동 마케팅을 하는 주간지 시장에는 경쟁자가 전혀 없다. 들어가서 잡기만 하면 되는 완전히 비어 있는 곳. 경영자가 좋아할 최고의 보고서. 한 마디도 적혀 있지 않은 문서. 한 장의 종이 위에 교차하는 두 개의 직선.[16]

이 잡지의 콘셉트를 이처럼 단순하게 표현한 것은 아주 중요하게 작용했다. 〈타임〉지의 집행위원회와 이사회가 열리는 날 이 잡지의 콘셉트를 발표했고, 이러한 콘셉트를 상징적 표현을 써서 보여주는 능력은 이 프로젝트를 추진하는 데 강력한 힘이 됐다. 물론 회사에서 다음과 같이 너무 빤한 질문을 하는 사람은 아무도 없었다. '비어 있는 사분면이 하나 남아 있다면 왜 그럴까? 어쩌면 이 사분면은 상업적으로 실현 가능하지 않기 때문인지도 모른다(적어도 그 당시에는 이 말이 옳았던 것으로 드러났다).'

비슷한 시기에 미국 대륙 반대편의 또 다른 기업에서 언어의 중요성과 위력이 드러나고 있었다. 1983년 가을은 애플컴퓨터에 있어서 시련의 시기였다. 9월이 지날 무렵 〈비즈니스 위크(Business Week)〉 표지 기사에서는 IBM이 PC전쟁에서 승리했음을 선언했다. 소비자들이 IBM의 피넛(Peanut, 추후에 피시 주니어로 이름이 바뀐다) 출시를 기대하면서 애플 III는 실패했고, 리사는 잘 팔리지 않았으며, 애플 II의 판매마저도 감소했다. 영업팀은 이 상황을 매우 우려했고 사기는 떨어졌다. 컴퓨터 판매에서 예측은 자기 충족적이다. 신뢰 상실이 판매 감소로 이어지고, 판매 감소가 손실 증가로 이어지며, 손실 증가가 또다시 신뢰 상실로 이어져 사업 전체가 악순환에 빠져들고 결국 파산에 다다르기 때문이다.[17]

그해 가을 애플컴퓨터의 영업 회의에서는 그 자리에 모인 영업팀 직원과 독립 판매업자들에게 동기를 부여하는 것이 중요했다.

잡스와 머레이(Murray)는 바깥쪽 통로 바닥에 엎드린 채 잡스의 연설문을 쓰고 있었다. 매킨토시는 엄격한 논리 법칙에 따라 전자(電子)를 조작하도록 설계되고, 실리콘과 철이 결합된 인공적 장치다. 그러나 이것이 지닌 매력은 논리를 초월했고, 이것을 팔기 위한 잡스의 연설도 그랬다. 매킨토시는 단순히 '생산성을 증진시키기 위한 도구'가 아닌 인간의 정신을 자유롭게 하기 위한 기계다. 이것은 신비로운 체험이다. 이것을 사용하는 데 필요한 것(이것에 반응하는 데 필요한 것)은 오직 당신의 직관뿐이다. 잡스가 이것을 팔기 위해 하는 것은 오직 감성을 자극하는 것뿐이었다.[18]

매킨토시의 출시를 알렸던 1984년 1월의 연례 회의에서도 잡스의 연설은 계속 이어졌다. 이번에는 그가 주로 IBM이 저질렀던 실책, 즉 제로그래피(건식 복사)에 대한 특허권을 사들이지 않은 것과 미니컴퓨터 혹은 PC를 진지하게 취급하지 않은 것에 집중했다. 그다음에는 PC업계가 어려운 시기를 맞이했음에도 IBM이 시장을 독식하려는 야욕을 품고 있다는 사실을 강조했다.

마침내 잡스가 이렇게 소리쳤다. "빅 블루(Big Blue)가 정보화 시대 전체를 지배하게 될까요? 조지 오웰(Orwell right)이 옳다는 말입니까?(잡스가 파란색 로고로 상징되는 IBM의 별칭, 빅 블루를 조지 오웰의 소설 《1984년》에 등장하는 절대 권력을 지닌 통치자 빅 브라더에 비유한 것이다 – 옮긴이)" 청중들이 "아니요!"라고 외쳤다. 그리고 그들이 이렇게 소리칠 때 천장에서 거대한 스크린이 내려왔다. 60초짜리 순간돌풍(1984년 매킨토시 출시 광고) 속에서 드라마가 펼쳐졌다. 영업 회의가 한순간에 변했다. 모든 패배주의가 사라지고 그 자리는 도취감으로 채워졌다.[19]

시장에서 애플의 입지가 변한 것도 아니고, 애플의 기술이 변한 것도 아니었다. 물론 애플의 실제 은행 잔고가 변한 것도 아니었다. 영업 회의 혹은 쿠퍼티노에서 열린 연례 회의에서 상징 관리를 이처럼 능숙하게 해낸 것이 이유였다. 변한 것은 조직이었고, 조직의 종업원들이 (그리고 경쟁 기업과 잠재 고객들이) 조직에 대해 느끼는 감정이었다. 그것이 전부였고 그것으로 충분했다.

언어를 능숙하게 사용하면 조직이 이에 대해 보상을 해줄 때가 많다.

당신의 제안서가 깔끔하고 간결하고 선견지명이 있는 반면, 다른 사람의 제안서가 혼란스럽고 결론이 분명하지 않다는 말이 떠돌면 당신의 제안은 거의 틀림없이 받아들여질 것이다.

또한 언어는 조직 내의 변화 때문에 겪을 수 있는 고통이나 어려움을 완화하는 데도 도움이 된다. 자동차 영업팀 관리자는 해고라는 단어를 절대 사용하지 않고 '경력 재조정'이라고만 표현한다. 1990년 스탠퍼드대학교에서는 해고를 동반하는 행정 인력 감축이라는 표현 대신 '재배치'라는 표현을 썼다. 대형 병원에서는 실수, 의료 과실이라는 표현을 쓰지 않고 '보상이 가능한 사건(Potentially Compensable Events/PCEs)'이라는 표현을 쓴다.

린든 존슨은 불쾌할 수도 있는 상황을 좋게 보이도록 상징과 언어를 사용하고, 주변 사람들에게 동기를 부여하는 데 뛰어난 면모를 보였다. 그는 클레버그 의원의 보좌관 시절에 비서 2명을 두었는데 그중 한 사람이 진 라티머였다. 라티머는 약혼녀를 만나려고 워싱턴에 가고 싶어 했지만 존슨의 지시에 따른 업무 일정 때문에 데이트를 즐길 시간이 거의 없었다.

"라티머는 매주 일요일 오후 3시가 지나서야 약혼녀를 겨우 만날 수 있었다."[20]

심지어 존슨은 라티머에게 월급을 너무 짜게 지급했다. 마치 비서에게 나갈 돈을 자기가 챙길 수도 있다고 생각하는 것처럼 보였다. 그러나 라티머가 언젠가 이에 저항하려는 듯한 모습을 보였을 때 존슨은 상징적 표현을 동원하여 그를 달래는 방법을 잘 알고 있었다.

"그는 걱정스러운 표정으로 내 말을 듣고는 지금까지 내가 일을 훌륭하게 해왔던 것에 대하여 보상을 어떻게 할 것인가를 두고 계속 생각해왔다고 말했습니다. 마침내 그는 사무실 편지지에 비서관 직책으로 내 이름을 새겨 넣는 혜택을 베풀기로 했습니다. 존슨이 내가 이런 영광을 누릴 수 있도록 하겠다는 말을 하는 동안 내 이름이 새겨진 활자가 바로 눈앞에 튀어나오는 것 같더군요."[21]

조직의 구성원들이 조직 내 자신의 위치와 조직이 하는 일에 대하여 좋은 느낌을 갖도록 직함을 부여하거나 그 밖의 상징적인 보상을 제공하는 것은 상당히 흔한 일이다. 그리고 존슨이 실제로 평생 동안 자신을 위해 일했던 라티머에게 했던 것처럼 이는 성공 가능성이 상당히 높다.

정치적 언어는 어느 정도 "그들의 행동 방침을 주장하는 상황에서 그들의 이익 증진에 부합하는 것으로 보이는 측면에 대하여 공동의 이해관계를 가진 집단의 관심을 촉구함으로써 효과적으로 작동한다."[22] 그리고 정치적 언어가 많은 경우에 효과를 보이는 것은 사람들이 그들이 하고 있는 것에 대한 현실이 아닌 그들이 성취하고자 하는 것에 대한 의도와 상징에 의해 판단되어지기 때문이다. 이와 관련하여 조지 갤럽(George Gallup)은 이렇게 말했다.

"사람들은 어떤 사람이 가진 목표, 즉 그 사람이 이루고자 하는 것을 가지고 그 사람을 판단하는 경향이 있다. 반드시 그 사람이 무엇을 이루었는가 혹은 그 사람이 얼마나 성공했는가를 가지고 판단하는 것은 아니다."[23]

언어는 영향력을 행사하기 위한 강력한 도구이기 때문에 나는 사람들에게 자신의 조직이 사용하는 언어를 진단해보라는 조언을 자주 한다. 이런 조직의 언어가 그들에게 조직 그 자체와 조직의 행동을 생각하는 방식에 관해 많은 것을 말해줄 수 있다. 따라서 언어는 행동에 대한 유력한 예측 지표가 될 수 있다.

조직에서 주로 사용하는 대명사의 형태를 진단해보면 한 가지 흥미로운 사실을 알 수 있다. '나'라는 대명사를 자주 사용하는 조직이 있고, '우리'를 강조하는 조직이 있다. 또한 조직 내 다른 사람들이나 하위 조직을 '그들'이라고 지칭하는 조직도 있다. 이런 언어가 조직의 문화와 건전성에 대해 중요한 것을 말해줄 뿐만 아니라 그 언어 자체가 영향력을 행사하는 데 있어서 중요하게 작용할 수도 있다.

클리블랜드에 위치한 대형 로펌인 존스 데이 리비스 앤 포그(Jones, Day, Reavis and Pogue/JDR&P)에서 사람들 간의 불화가 생긴 사례를 살펴보기로 하자. 이 로펌의 경영 파트너 앨런 홈즈(Alan Holmes)가 엘든 크로웰(Eldon Crowell)과 그가 이끄는 정부 계약 그룹을 워싱턴 사무소에서 축출하려고 하면서 이 사무소의 상당 부분이 떨어져 나갔다. 크로웰이 경영 파트너 자리에서 물러나라는 통보를 받고 난 이후 벌어진 일들은 흥미로운 측면이 상당히 많지만 언어 사용에서 특히 배울 점이 많다.

홈즈파(클리블랜드파)와 크로웰파는 파트너 변호사들과 일반 변호사들에게 각자의 입장을 담은 문건을 배포하여 그들의 지지를 얻고 자기편으로 끌어들이려고 했다. 물론 파트너 변호사들은 JDR&P에 남거나 새로 설립된 로펌 크로웰 앤 모링(Crowell and Moring)에 합류할 수 있었다.

양쪽에서 작성한 문건의 복사본을 입수한 나는 언어 사용에 커다란 차이가 있다는 것을 확인했다. 여기서 이 사건은 전문 서비스를 판매하기 위해 존재하는 회사 내에서 교육 수준이 높은 전문가들로부터 충성과 지지를 얻기 위한 경쟁이라는 점을 명심하자.

홈즈파(클리블랜드파)가 작성한 문건이 '워싱턴의 파트너들에게' 전달되었는데 이것은 다음과 같이 시작됐다.

오늘 오전에 워싱턴 사무소 집행위원회 위원들에게 발송한 우리 측 입장문의 사본을 첨부합니다. 우리는 그날 워싱턴 사무소에 상당히 오랫동안 머물면서 우리의 전국적 로펌 프로그램에 대해 심도 있게 논의하고자 하는 사람이라면 어느 누구와도 기꺼이 대화를 나눌 것입니다.

그다음 페이지는 'JDR&P의 파트너들에게'라는 제목으로 시작되었는데 그 일부를 발췌하면 다음과 같다.

클리블랜드 본사에서 열린 파트너십 회의에서 나는 토론 결과를 보고했습니다. 그날 이후로 나는 부재중이었지만 나는 내가 자리에 없는 동안에도 제기된 문제의 모든 측면을 검토할 것을 요청했습니다. 이제 나는 그들이 어떤 생각을 하는지 알았고, 여러분에게 이 상황에 대한 나의 판단을 알리기 위한 적절한 때가 되었다고 생각합니다.

나는 우리 파트너들의 대다수가 법률 서비스에 대한 수요의 특성에서 나타나는 극적인 변화를 인식할 것으로 믿습니다. 내가 판단하기로는 전통적인 서비스를 제공하는 데만 치중하는 공동 로펌은 오늘날의 기업 관행에서 나타나는 변화를 맞이하여 성공적으로 살아남지 못할 것입니다. 미래에는 내가 거래 기반이라고 부르는 것에 대처할 능력을 갖춘 대형 로펌만이 번창할 것입니다.

첫 페이지에만 1인칭 대명사가 7번 나오고(첫 번째 문단에는 6번 나온다), 첫 페이지에서 그다음 페이지 윗부분으로 이어지는 문단이 끝날 때까지는 9번이 나온다. 당신은 이 로펌이 어떻게 관리되고 있는지 짐작할 수 있겠는가? 선출된 집행위원회 위원들에 의해서 관리되고 있을까? 아니면 대부분 최고경영자의 권력을 가진 강력한 경영 파트너에 의해서 관리되고 있을까? 답은 바로 언어 속에 있다. 어쩌면 더욱 중요하게는 당신이 아직 결정을 내리지 않은 워싱턴의 파트너라면 이런 언어를 접했을 때 어떤 기분을 느낄까? 당신에게 내민 손길을 느낄까? 아니면 변호사 업계에 관한 자신의 견해를 들려주는 가부장적인 인물에 대해 느낄까?

이와는 대조적으로 크로웰파가 보낸 문건은 'JDR&P의 우리 파트너들께'라는 제목으로 시작된다.

지난 3주 동안 워싱턴 집행위원회 위원들과 워싱턴에서 근무하는 대부분의 파트너들이 워싱턴 사무소와 우리 로펌의 나머지 사무소들과의 관계에 대하여 장시간 논의했습니다. 우리는 처음부터 끝까지 이번 논의의 초점을 기존 관계를 강화하고, 우리의 지지자들 그리고 파트너들과 함께 전진하며, 미국 최고의 로펌을 만들려는 우리의 공동 목표를 더욱 충실하게 달성하기 위해 우리가 취할 수 있는 조치들에 집중했습니다. 워싱턴에서 근무하는 우리 파트너들은 존스 데이와의 제휴에 커다란 자부심을 가지고 있습니다. 우리는 조찬회의에서 이러한 견해를 표명했습니다. 또한 우리는 이것이 앞으로 있을 여러 회의의 출발점이 될 것이라는 진심 어린 희망도 표명했습니다. 우리는 홈스 씨로부터 정부 계약 그룹은 그의 전국적 로펌 개념과 양립할 수 없다는 결정을 통보받고 실망을 금치 못했습니다.

홈즈파(클리블랜드파)가 작성한 문건에는 앨런 홈스부터 시작하여 변호사 5명의 이름이 적혀 있었다. 반면, 크로웰파가 작성한 문건에는 '워싱턴 집행위원회'라고만 서명되어 있었다. 크로웰파의 문건에는 '나'라는 표현이 나오지 않고, 가르치려는 분위기보다는 다가가려는 분위기가 훨씬 더 강했다. 크로웰과 그의 동료들이 파트너 변호사와 일반 변호사를 자기편으로 끌어들이는 작업을 성공적으로 수행한 데는 여러 가지 원인이 있었지만 언어의 사용과 이것에서 비치는 태도가 분명히 중요한 요소로 작용했을 것이다. 이 두 가지 문건은 권력과 지배 구조를 진단하는 데 언어가 어떻게 사용될 수 있는지, 권력과 영향력 행사에서 언어의 사용이 어떻게 중요한 전술이 되는지를 잘 보여주는 사례라고 할 수 있다.

의식은 지지 세력을 결집시킨다

의식은 반대 세력을 잠재우고 정치적 지지 세력을 결집하기 위한 기회를 제공한다. 또한 조직 구성원들이 자신이 해야 할 일을 즐거운 마음으로 하게 만드는 행사다.

의식은 조직 내에서 규모가 큰 정치 투쟁의 일환으로 사용될 수 있다. 조직 내에서 정기적으로 열리는 의식 또는 행사에는 연례 회의, 영업 회의, 교육 세션, 컨벤션에서부터 고위 관리자의 취임식, 퇴임식, 성과에 대한 축하 행사에 이르기까지 다양한 종류가 있다.

어떤 의식이든 쟁점은 그러한 의식이 어떤 효과를 갖는가에 있다. 의식이 특정 집단을 자기편으로 끌어들이기 위해 상징적 확신을 제공하는 것이든, 정치 투쟁의 일환으로 사용되는 것이든 우리는 이러한 의식이 반대 세력을 무장해제시키는 데 성공했는지의 여부를 확인할 필요가 있다.

앞서 살펴봤듯이 애플의 1984년 연례 회의는 정치적 언어를 성공적으로 사용한 사례가 됐다. 이것은 여러모로 의미 있는 행사였다. 애플은 캘리포니아 북부의 모든 근무지의 종업원들이 근무를 중단하고 이 행사에 참석할 수 있도록 교통편을 제공함으로써 이것이 중요한 행사라는 사실을 알렸다. 이 행사는 매킨토시를 기념함으로써 사내에 공동체 의식을 확립할 목적으로 기획됐다. 그러나 당시에는 매킨토시가 아직 출시되기 전이었고, 리사도 판매 부진에 시달리고 있었다. 애플 III가 시장에서 철수한 뒤 애플 II가 분명히 회사를 먹여 살리고 있었지만 행사장에서는 이러한 사실을 언급하지 않았다.

애플은 이 행사에서 매킨토시팀을 행사장 맨 앞에 배치하고, 이 팀에 관한 비디오를 상영하며, 특별 표창까지 수여하는 등 새로운 제품에만 집중함으로써 애플 II 사업부의 위상이 두 번째 순위로 격하되고, 조직 내에서 권력이 약화된 사실을 널리 알린 것이다.

때로는 행사가 조직 내 특정 집단에 그들의 역할이 중요하다는 확신을 주기 위해 열리기도 한다. 이 집단을 위한 행사를 개최하는 것 자체가 일정한 상징적 확신을 제공하지만 이 행사에서 어떤 일이 일어나는지 또한 중요하다.

로버트 포먼이 허튼증권을 이끌던 시절에 증권 중개 사업부 사람들은 회사 방침에 대한 불만이 점점 쌓여가고 있었다. 그들은 버려지고 무시당하고 있다는 느낌을 받았다. 몇 년 전 조지 볼이 임원자문위원회(Directors Advisory Council/DAC)를 설립했는데 "이 기구는 허튼에서 성공한 증권 중개인들이 모인 엘리트 집단으로 이론상으로는 DAC가 허튼 이사회에 증권 중개인들의 생각을 계속 알려야 했고, 그들을 대표하여 변화를 위한 영향력을 행사해야 했다."[24]

물론 이 모임이 갖는 진정한 목적은 증권 중개인들이 조직에서 중요한 역할을 하고 있고, 조직 지배 구조의 일원이라는 생각을 갖게 하는 것이었다. 포먼에게 불만을 품은 DAC는 회의를 소집한 뒤 포먼의 출석을 요구했다. 이 행사를 통해 증권 중개인들이 포먼과 조직에 대하여 좋은 느낌을 갖게 될 가능성도 있었다. 그러나 포먼은 이런 기회를 놓치고 말았다.

포먼이 DAC 회의를 통해 밀러를 현장 대표로 임명했더라면 그들의 불만을 잠재우고 자신이 현장의 목소리에 귀 기울인다는 것을 직접적으로 보여줄 수도 있었다. 그러나 포면은 그렇게 하지 않았다. 그는 등을 돌리고 회의장을 떠나버렸다. 그는 마치 천박한 증권 중개인들의 징징거리는 소리 따위에는 신경 쓰지 않는 사람처럼 보였다.[25]

컨벤션과 특별 회의는 (적절하게 활용할 수 있다면) 조직 내 이해관계자들을 자기편으로 끌어들이고 관련된 모든 사람에게 상대적 권력과 위상을 알리는 기회가 될 수 있다.

때로는 사내 교육 활동에서도 이와 비슷한 효과가 나타난다. 똑똑한 조직들은 고위 관리자들을 교육이나 야간 토론 혹은 비공식적인 사교 모임에 참석시킨다. 이러한 행사들은 여기에 참석한 일반 관리자들에게 그들이 조직에서 중요한 사람이라는 것을 알린다. 그들은 비록 그들이 조직의 하향식 의사결정 과정에서 중요한 역할을 하지는 않더라도 고위 관리자들과 접촉하고 주요 임원들이 참석하는 행사에 함께 있었다는 사실만으로도 기쁘게 생각한다.

이러한 행사에 어떤 부서의 어떤 임원이 실제로 참석했는가도 그 사람이 갖는 조직 내 권력과 위상을 상징적으로 알리는 데 도움이 된다. 품질이 중요한 쟁점이 되어 품질 관리자가 조직 내에서 두각을 나타낸다면 이런 사람이 교육 세션에서 단순한 참석자가 아닌 강사 또는 행사를 주관하는 임원으로 등장할 것이다. 재무부서가 힘을 발휘하는 회사라면 투자자들을 위한 회사 리셉션장에서 재무 현황에 관한 발표가 있거나 자본 시장 현황과 회사의 시장 가치에 관한 설명이 있을 것이다. 후자는 웨스팅하우스(Westinghouse)의 교육 세션에서 중요한 주제가 되었는데 이것은 이 회사의 복합 기업 구조와 재무를 중시하는 경향을 반영한다. 보험 회사처럼 대관 업무와 홍보가 중요한 회사에서는 홍보 담당자가 중요한 역할을 할 것이다. 간단히 말하자면, 교육 활동에 참가하는 것은 다양한 집단의 상대적 권력을 알릴 뿐만 아니라 이렇게 알리는 것을 통하여 경쟁 관계에 있는 하위 단위를 희생시키면서 이러한 권력을 확대하는 데 기여한다.

예산, 실적, 생산에 관한 평가 회의처럼 정기적으로 열리는 상황 점검 회의에서도 마찬가지로 의식과 비슷한 측면이 나타나는데 이런 자리에서 부서의 권력과 위계적 권력이 드러날 수 있다.

ITT의 해롤드 제닌은 사업부 관리자들이 참석하는 월례 평가 회의에서 악명을 떨친 것으로 유명하다. 그는 실적이 기대에 못 미치는 관리자들을 곤경에 처하게 만드는 방식으로 자기 권력을 유지했다. 그리고 관리자들은 동료들 앞에서 체면을 구기지 않으려고 적어도 ITT의 평가 시스템에 근거하여 더 나은 실적을 보여주기 위한 경쟁에 빠져들었다.

GM에서 열리는 회의에서는 위계적 권력과 상사에 대한 충성이 잘 드러난다. 드로리언에 따르면 고위 관리자들이 참석하는 위원회 회의가 가장 높은 자리에 있는 두세 사람들의 권력과 권위를 보여주기 위한 행사가 되곤 했다.

14층에서 열리는 회의에는 임원 14~15명 정도가 참석했지만 콜(Cole), 거스텐버그(Gerstenberg), 머피(Murphy)만이 실질적인 발언권을 가졌다. 나머지 사람들은 조용히 앉아 있기만 했다. 그들이 어떤 말이라도 할 때면 그 말은 이들 세 사람 중 한 사람이 이미 했던 말을 바꾸어서 말한 것에 불과했다.[26]

최고경영진이 정확한 사실을 파악하고는 이것을 회의 도중에 부하 직원들을 위협하는 데 사용함으로써 조직 내에서 자신의 권력을 다시 한 번 확인시켜 주는 경우도 많다. 이런 방식에 뛰어난 면모를 보인 사람은 바로 GM의 프레데릭 도너(Frederic Donner)였다.

언젠가 행정위원회 회의에서 그는 GM 상용차 사업부 본부장에게 이렇게 물었다.

"지난달에 버스를 몇 대나 생산했습니까?"

본부장은 이렇게 대답했다.

"대략 3000대 정도 됩니다."

도너는 짜증을 내면서 쏘아붙였다.

"지난달에 당신 사업부가 3000대 하고도 187대를 더 생산하지 않았소."

그가 말하는 숫자는 항상 정확했다. 도너가 주장하려는 것은 바로 이런 것이었다.

'내가 이 사업을 얼마나 잘 아는지 봐라! 내가 얼마나 똑똑한 사람인지 봐라!'[27]

회의가 의식과도 같은 행사라는 것을 이해하면 그 자리에 끝까지 앉아 있기 위한 인내심을 갖는데 도움이 되거나 심지어는 이런 경험에서 즐거움을 얻을 수도 있다. 또한 온갖 종류의 회의가 갖는 실질적인 내용뿐만 아니라 상징적인 내용에도 관심을 기울이면 조직 내 권력과 영향력을 진단하고, 다양한 배경에서 이것이 작용하는 방식을 파악하는 데도 도움이 된다.

고위 관리자의 교체도 또 다른 중요한 행사로 이어지는 경우가 많다. 불법 행위나 부적절한 행위를 하다가 적발된 기업의 경우에는 경영진을 교체하여 조직이 이런 행위를 용납하지 않고 앞으로 달라진 모습을 보여줄 것이라는 의지를 확인시켜 줄 수 있다.

1970년대 초반에 걸프오일(Gulf Oil)과 노스롭(Northrop)이 사업권을 얻기 위해 외국 정부에 선거 자금과 뇌물을 제공한 사실이 적발되자 두 회사의 최고경영자들이 모두 사퇴했다. 허튼증권이 부도 수표를 발행하여 이익을 취한 사실이 적발되자 고위 관리자 2명을 퇴출시켰지만 최고경영자는 건드리지 않았다. 누군가가 비리에 대한 책임을 져야 하고, 책임자로 지목된 사람은 조직을 떠나야 한다. 이것이 바로 '의식적 정화'의 한 가지 형태다.

기업 비리에 대한 책임을 한 사람 혹은 두서너 사람에게 물을 수 있는 경우는 극히 드물다. 기업은 문화와 표준 운영 절차를 공유하고 있고, 바로 이러한 사실 때문에 기업이 한두 사람을 퇴출시킨다고 해서 조직 내에 실질적인 변화가 일어나지는 않을 것이다. 실제로 (항공우주 회사와 같은) 일부 조직에서 의식적 해고가 한 차례 발생하더라도 비리가 또다시 적발될 경우 이런 해고는 계속 이어지게 된다. 고위 관리자, 특히 사장이나 최고경영자를 해고하면 기업이 앞으로는 좋아질 것이라는 신호를 세상에 전할 수 있다.

프로 스포츠 세계의 매니저들은 해고되기 위해 고용된다는 말이 있다. 이것은 구단주가 조직을 개편함으로써 성적 부진을 결코 용납하지 않는다는 사실을 팬들에게 약속하는 것이다. 기업이나 그 밖의 조직에서도 관리자들을 이와 비슷하게 취급한다. 실제로 최근 연구 결과에 따르면 실적이 부진한 중소기업에서 최고경영자를 외부 인사로 교체하면 기업의 주식 가격이 상대적으로 오른다고 한다.[28] 따라서 주식 시장에서는 이러한 교체가 기업이 생존하는 동안 필연적으로 발생하는 사건으로 본다.

승계도 실제로는 일종의 의식이다. 기업이 이러한 의식을 활용하려면 문제가 교체되는 사람의 잘못에서 비롯되었다는 것을 보여줄 만한 정보를 많이 내놓아야 한다. 또한 승계자를 선택하여 임명하는 데는 다양한 홍보와 과시가 동반되어야 한다. 승계자는 화려한 이력을 갖춘 사람이어야 하고, 따라서 밝은 미래를 약속할 만한 사람이어야 한다. 앞서 살펴봤듯이 아치 맥카델이 제록스의 재무 상황을 어렵게 해놓고 그곳을 떠났지만 인터내셔널 하베스터는 그를 영입하면서 20세기의 위대한 경영 천재가 온 것처럼 선전했다. 기업은 경영자를 뽑을 때 실패자를 뽑은 것을 결코 인정하지 않는다. 그러나 경영자를 해고할 때는 부족한 사람을 뽑은 것을 언제나 인정한다.

또한 승계는 조직 내 다양한 정치 분파들이 그들의 영향력을 과시하기 위한 행사이기도 하다. 새로 들어오는 경영자는 어떤 집단을 대표할 것인가? 조직의 리더를 선택하는 것은 상징적으로나 실질적으로 중요한 결정이기 때문에 이러한 결정이 때로는 상당히 정치적으로 진행되고 치열한 경쟁을 수반한다.[29]

허튼증권이 더 이상 증권 중개인을 최고경영자로 임명하지 않은 것은 사내에서 권력 중심이 증권 중개 부문에서 다른 곳으로 이동했다는 사실을 분명하게 입증하는 것이었다. 애플컴퓨터가 존 스컬리를 임명한 것은 애플이 성장했다는 사실과 함께 기술보다는 마케팅과 조직 관리를 더 중요하게 인식한다는 사실을 알리는 것이었다. 1970년대에 베들레헴 스틸(Bethlehem Steel)이 회계사 출신을 최고경영자로 임명한 것은 이제는 회사가 금융 자산의 집합체로 인식되고 있다는 사실을 알리는 것이었다. 다시 말하자면, 철강 부문에서 잔뼈가 굵은 사람을 임명하지 않은 것은 철강 부문이 미국 제조업계에서뿐만 아니라 바로 이 회사에서도 쇠퇴했다는 사실을 알리는 것이었다.

의식을 위한 다양한 행사들이 있고, 이런 행사들은 조직 내 권력과 영향력을 함축적으로 보여주며 조직의 다양한 구성원들에게 영향을 미치기 때문에 중요하다. 권력을 확립하고 행사하는 데 있어서 의식과 언어가 중요하기 때문에 나는 야심찬 관리자들에게 연극, 문학, 영어 과목을 수강할 것을 권한다. 동료 교수들 중 일부는 스탠퍼드 MBA 과정 학생들이 학점을 쉽게 따기 위해 연극 과목을 선택한다고 생각하지만 나는 때로 이런 과목들이 전통적인 경영학 과목보다 더 값어치가 있다고 생각한다.

배경은 권력의 분포를 진단한다

배경과 물리적 공간을 권력 분포를 진단하는 데 사용하는 방법에 관해서는 이미 논의한 적이 있다. 권력과 영향력에 대한 물리적 표현은 권력을 가진 사람이 그 자리를 유지하도록 돕고, 권력을 갖지 않은 사람의 권력을 향한 욕망을 가로막는 장애물을 형성하여 그 자체로 생명력을 지닐 수 있다. 그러나 이보다 훨씬 더 흥미로운 것은 물리적 공간을 권력과 영향력을 행사하기 위한 도구로 사용하는 방법이다.

GM은 예전이나 지금이나 상당히 위계적인 조직일 것이다. 권력은 고위층에 집중되고 하위 관리자들이 영향력을 행사하는 경우는 상대적으로 많지 않다. 권력이 이처럼 고위층에 집중되는 것은 본사 건물의 설계에서도 잘 드러난다.

GM에서 '14층'이라는 단어에는 경외감이 서려 있다. 경영진이 있는 층이라는 뜻이다. GM 직원들에게는 14층에 올라가는 것이 독립심과 근면으로 성공을 꿈꾸는 사람의 마지막 장면과도 같다. 14층의 분위기는 무시무시할 정도로 조용하다. 14층 전체에 흐르는 침묵은 엄청난 권력을 발산한다. 이토록 조용한 것은 GM의 강력한 경영진이 자기 사무실에서 일을 열심히 하고 있기 때문일 것이다. 문밖의 널따랗고 평범하게 생긴 대기실에서 근무하는 안내원이 책상 밑에 있는 스위치를 눌러야 사무실의 전자개폐식 문이 작동한다. GM 경영진은 대체로 14층에만 서는 전용 엘리베이터를 타고 사무실 출입을 한다.

그곳(경영진 사무실)은 역할의 중요도에 따라 배치된다. 임원들 사이에서는 자신의 사무실이 회장실과 사장실에서 얼마나 가까운가를 두

파워

고 엄청난 시기와 질투가 오간다. 사무실 장식을 본인 스스로 결정할 수 있는 몇몇 최고경영진을 제외하고는 모든 임원에게 파란색 카펫과 베이지색 벽지, 색이 바랜 참나무 패널, 고풍스러운 가구로 장식된 사무실을 일률적으로 제공한다.[30]

이와는 대조적으로 애플컴퓨터는 위계적 권위가 덜한 조직이고, 권력이 고위층에 집중되는 현상도 덜했다. 이러한 사실은 최고경영자인 존 스컬리의 사무실 배치에서도 잘 나타난다.

스컬리가 일하는 사무실은 새로 설치한 옷장에서 알 수 있듯이 소박하고 격식이 없었다. 핑크 팰리스의 뒤편 구석에 자리 잡은 작고 네모난 방이었는데 한쪽 편으로는 세차장이 보였고, 다른 쪽 편으로는 주차장이 보였다. 사무용 가구들은 애플 경영진에게 지급되는 표준 품목이었다. 스컬리의 비서가 앉아 있는 자리와 마주하는 벽은 온통 유리로 되어 있어서 열린 공간인 듯한 착각을 하게 만들었다.[31]

위계적 권력의 차이는 당장 상징적으로 나타나고 물리적 배경에 의해 조성된다. 애플컴퓨터와 GM의 사무실 환경을 생각해보라. 당신이 평범한 관리자라면 어느 곳에서 최고경영자와 대화를 나누고 싶겠는가? 어느 곳에서 의사결정에 관한 문제를 제기하고 싶겠는가? 어느 곳에서 최고경영진에게 친근감이나 동질감을 느끼겠는가? 위압적인 물리적 배경과 마주하면 그렇지 않을 때보다 자신이 무기력하고 영향력이 없는 존재라는 생각이 들 것이다. 물리적 공간은 이런 식으로 권력과 영향력을 반영할 뿐만 아니라 창출하기도 한다.

짐 라이트가 하원 의장으로 재직하던 시절에 하원 다수당인 민주당의 원내총무 토머스 폴리(Thomas Foley)도 스스로 자신의 역할을 바라보는 관점을 반영하여 사무실을 신중하게 꾸몄다.

사무실은 거실처럼 꾸며져 있었다. 어린 아이 침실에나 있을 것 같은 작은 책상이 창문 앞에 놓여 있었다. 폴리는 자신의 역할이 남의 이야기를 듣는 것이며, 권위를 나타내는 큰 책상은 듣는 사람과 찾아온 사람 사이에 놓여 있는 해자와도 같아서 자유로운 대화를 방해한다고 생각했다. 그는 위압적인 모습을 보이지 않았고 상대방이 하는 말을 경청했다.[32]

물리적 배경은 수평적 권력 투쟁의 양상도 드러낸다. 애플에서 매킨토시 사업부가 우세를 보이고 애플 II 사업부가 영향력을 잃어가고 있을 때 애플 II 사업부는 회사 건물들이 즐비하게 늘어선 밴들리 드라이브에서 쫓겨나 1마일이나 떨어진 임차 건물로 들어갔고, 매킨토시 사업부가 그들이 사용하던 공간을 차지했다. 또한 애플 II 사업부가 사용하던 시절에 200여 명을 수용하던 공간이 매킨토시 사업부의 약 절반에 해당하는 인원을 수용하기 위해 구조가 변경됐다.[33] 잡스가 이끄는 매킨토시 사업부의 권력이 커진 것이 이처럼 물리적으로도 분명하게 나타났다. 그리고 매킨토시 사업부의 쾌적한 물리적 배경, 특히 본사와의 접근성은 회사의 자원과 관심을 얻기 위한 투쟁에서 유리하게 작용했다.

물리적 공간은 대인 관계에서도 다시 한 번 권력을 행사하는 데 사용된다. 테이블의 상석과 같은 힘 있는 자의 자리는 그 자리를 차지한 사람의 권력을 상징한다. 널따란 사무실, 위압적인 책상과 의자, 당신과 방문자를 멀리 떼어놓는 사무실 배치는 모두가 당신의 권력을 교묘하게 확대하기 위한 방법이다.

언어와 의식과 마찬가지로 배경도 권력과 영향력을 행사하는 데 중요하게 작용한다. 이런 의미에서 배경은 신중하게 고려되고 전략적으로 사용되어야 한다. 공간이 비어 있거나, 편리한 곳에 위치하거나, 임대료가 저렴하다고 해서 그곳을 차지한 경우 좋지 않은 결과를 얻을 때가 많다. 물리적 배경은 상호작용의 네트워크에서의 위치에 영향을 미칠 뿐만 아니라 권력이 있는 사람 혹은 권력이 없는 사람이라는 인상을 주기 때문에 우리는 여기에 민감할 필요가 있다.

언어, 의식, 배경이 영향력 행사에서 이처럼 중요한 한 가지 이유는 때로는 우리가 이러한 것들이 자신에게 미치는 영향을 거의 인식하지 못하기 때문이다. 적절하게 선택된 언어, 잘 치러진 의식, 신중하게 설계된 배경이 갖는 영향력이 우리가 인식하는 관심 범위에서 벗어날 수 있다. 그리고 우리는 합리적이고도 분석적인 것에 집중하기 때문에 언어, 의식, 배경이 갖는 효력을 대단치 않게 생각할 가능성이 높다. 중요한 사안을 두고 벌어지는 토론에서 회의 장소의 변경 혹은 표현의 수정을 요청할 사람이 과연 몇이나 되겠는가? 그러나 우리가 언어, 의식, 배경에 민감하지 않으면 깨닫지 못하는 사이에 권력 투쟁에서 불리한 위치에 놓여 있는 자신을 발견하게 될 수도 있다.

권력의 역학, 어떻게 조직은 변화하는가

MANAGING WITH POWER

권력의 원천, 권력과 상황에 대한 진단, 권력 행사를 위한 전략과 전술에 대한 논의와 같은 미시적 수준의 설명에 열중하다보면 이 책이 정말로 전하고자 하는 내용, 즉 조직에서 일을 성취하는 방법에 대해 놓치기 쉽다. 우리는 우리 자신과 조직이 유능해지고 성공하기 위한 수단으로서 권력에 관심을 갖는다.

이 책의 마지막 4부는 '어떻게 하면 권력을 잃게 되는가'에 관하여 몇 가지 주의를 촉구할 만한 이야기를 가지고 시작한다. 권력과 권력 역학을 이해하기 위한 한 가지 방법은 권력이 어떻게 하여 서서히 쇠퇴하는가를 검토하는 것이다. 4부의 첫 번째 장에서는 절대 강자들조차도 피하지 못한 권력의 몰락에 대해 이야기하고, 권력과 영향력에 대한 우리의 개인적 관계를 생각하면서 이러한 사실이 우리에게 무엇을 의미하는지를 살펴볼 것이다.

17장에서는 권력 역학이 어떻게 조직에 생산적인지 혹은 비생산적인지를 자세히 살펴볼 것이다. 이 책에서는 권력 경영에 관한 내용뿐만 아니라 권력 관리에 관한 내용도 다루고 있다. 따라서 권력 역학이 조직에 어떠한 방식으로 영향을 미치는가를 살펴보는 것은 중요하다. 그러나 권력 역학을 생산적으로 관리하는 데 따르는 문제점과 그 가능성을 이해하는 것은 어쩌면 이보다 훨씬 더 중요하다.

마지막 18장에서는 권력이 학문적 관심 이상의 문제라는 사실을 상기시킬 것이다. 고속도로를 건설할 것인가 혹은 건설하지 않을 것인가, 감염된 혈액을 공급하고 있는가 혹은 그렇지 않은가, 제품을 출시할 것인가 혹은 기술을 낭비할 것인가는 일을 성취하기 위한 우리의 역량에 달려 있다. 그러나 여기에는 이러한 역량 이상의 것이 관련되어 있다. 그것은 정치적 역량뿐만 아니라 리처드 닉슨 대통령의 표현을 빌리자면, 우리를 둘러싼 세상에 영향을 미치는 데 중요한 것으로서 '경쟁의 장 속으로' 기꺼이 들어가려는 욕구 혹은 최소한의 의지, 즉 정치적 의지를 의미한다.

1장에서 나는 권력을 바라보는 우리의 이중적인 태도에 관하여 설명했다. 우리에게는 권력을 사악하거나 더러운 것, 피해야 하는 것으로 생각하는 경향이 있다. 이러한 이중적인 태도는 이 책에서처럼 권력, 권력의 원천 및 사용법을 세세하고도 분석적으로 진단하다 보면 더욱 강화될 것임이 틀림없다.

사람들을 확대경을 통해 바라보는 것에 비유해보자. 아무리 아름다운 사람이라도 그 사람을 확대경을 통해 자세히 들여다보면 모공과 함께 작은 결함들이 보이면서 매력적으로 보이지 않을 것이다. 이러한 결함들은 멀리서 바라보면 전체적인 형상의 한 부분에 불과한데도 말이다. 마찬가지로 우리가 권력과 영향력을 확립하고 행사하기 위한 다양한 방법들을 자세히 살펴보면 사회적 상호작용들이 추하게 보일 수도 있다.

4부 중에서도 특히 마지막 장은 지금과 같은 세상에서는 이 책에서 살펴본 다양한 이유로 일을 성취하는 데 있어서 권력과 영향력을 이해하고 활용하는 것이 요구된다는 사실을 일깨워 줄 것이다. 따라서 나는 어쩌면 우리 현실에는 오류를 범하거나 다른 사람들에게 영향력을 행사하는 것보다도 더 큰 죄가 있다는 사실을 지적하며 이 책을 끝맺으려 한다. 그것은 아무것도 하지 않는 죄, 위대한 도전과 기회 그리고 심지어는 커다란 문제에 직면하여 수동적인 자세를 취하는 죄를 말한다.

권력이 무엇이며, 어디에서 나오고, 어떻게, 왜 사용되는지 아는 것만으로는 충분치 않다. 이러한 지식이 권력을 확대하고 이러한 힘을 바탕으로 참여하려는 의지를 강화하는 것이 되도록 해야 한다. 주변을 살펴보라. 당신이 속한 조직의 문제들 혹은 당신이 살고 있는 도시의 문제들은 행동을 너무 많이, 그리고 너무 신속하게 해서라기보다는 행동을 하지 않아서, 혹은 조치를 취하지 않아서 발생했을 가능성이 크다.

개인적으로 유능한 사람이 되려면 적어도 다음 두 가지 조건을 충족시켜야 한다. 우선 일을 성취하기 위한 방법을 알아야 하고, 그다음에는 그 일을 하려는 의지가 있어야 한다.

16장

●

절대 강자도 몰락한다

조직의 변화는 (필연적이지는 않더라도) 때로 권력 분포의 변화를 수반한다. 애플컴퓨터가 법인 시장에서 두각을 나타내고 개인용 제품과 이에 적합한 시스템을 만들기 위해서는 권력이 반문화적인 컴퓨터광에게서 와튼 스쿨 MBA 출신에 펩시콜라에서 전통적 기업을 경영해본 경험이 있는 존 스컬리 같은 사람, 즉 미국 기업을 잘 이해하고 기업을 대의명분이나 임무보다는 하나의 사업으로 생각하는 사람에게로 넘어가는 과정이 반드시 필요했다.

제록스가 잃어버린 추진력을 되찾고 복사기와 사무용품 사업에서 품질 문제를 해결하기 위해서는 권력이 재무 전문가에게서 IBM 경영자 출신으로 고객 서비스의 중요성을 이해하고 기업에 문제가 있으면 반드시 해결하려는 의지가 있는 데이비드 컨즈(David Kearns)에게로 넘어가야 했다.

1980년대에 포드자동차가 큰 규모의 미국 자동차 회사 중 수익성이 가장 높은 기업이 되기 위해서는, 또한 조직에 변화의 바람을 불어넣기 위해서는 권력이 맥나마라 시절 이후로 회사를 장악하고 있던 재무 전문가에게서 전공과 성향에서 볼 때 엔지니어이자 생산 전문가 출신으로 일선 관리자의 입장에서 회사 발전을 위한 노력에 모든 종업원이 참여하게 만드는 것이 중요하다는 사실을 정확히 이해하는 도날드 피터슨(Donald Petersen)에게로 넘어가야 했다.

일부 조직에서는 권력과 관점의 변화가 순조롭게 진행되지만 또 다른 조직에서는 이러한 변화가 지체되거나 반대에 부딪히기도 한다.

그러나 어떤 경우에서든 권력 역학은 조직의 역학과 밀접하게 관련되어 있고, '어떻게 하면 권력을 잃게 되는가'를 이해하는 것은 '어떻게 하면 조직이 변화하는가'를 이해하는 데 반드시 필요하다.

규모가 큰 조직의 이해관계와 여기에 속한 개인의 이해관계의 차이는 권력을 상실하는 사례에서 가장 분명하게 드러날 것이다. 개인의 경우에는 권력과 지위의 상실이 고통스러울 수 있고 심지어는 비탄에 빠져들게 할 수 있다. 조직의 경우에는 권력 이동이 새로운 아이디어와 정보, 기술을 받아들이고 이전 체제에서 발생한 중대한 문제들을 해결하기 위한 처방이 되는 경우가 많다. 물론 권력 승계가 더 나은 시절이 오게 한다는 보장은 없다. 그러나 권력 이동이 거의 필연적으로 변화와 관련이 있고, 적어도 적응 능력과는 분명하게 관련이 있다.

권력은 사실상 이동하게 되어 있다. 그리고 권력을 얻고 나면 결국에는 그것을 잃게 될 가능성이 상당히 크다. 모든 것에서 주목받고 그

중심에 있게 되면 경쟁자가 생기기 마련이고, 적어도 자신과 자신의 행동에 대하여 대중의 관심을 끌게 된다. 짐 라이트의 전기를 쓴 작가는 이러한 점을 날카롭게 지적했다.

"그는 높은 자리에 오르면서 자신을 노출시키고, 상대방의 표적이 되고, 자신의 약점을 드러냈다. 이제는 이러한 약점들이 정치적 압박을 견뎌낼 수 있는지를 확인하기 위한 조사, 규명, 강조, 검증의 대상이 됐다."[1]

지금 미국의 선출직 공무원들이 받게 되는 금융 기록에 대한 조사가 당신의 금융 거래, 세금 신고에도 적용된다고 생각해보라. 권력의 자리에 오르는 것은 더욱 면밀한 감시를 받아야 하는 것을 의미하고, 이러한 감시는 실수를 거의 용납하지 않는다. 따라서 이번 장의 목표는 일단 획득한 권력을 유지하도록 돕는 것에 있지 않다(물론 이것이 한 가지 목표이기는 하다). 오히려 권력의 상실을 초래하는 거의 필연적인 역학을 이해하여 조직 내에서 발생하게 될 영향력의 변화를 미리 알고, 이것을 편한 마음으로 받아들이도록 하는 데 있다.

시대는 변하지만 사람은 변하지 않는다

1977년 12월 21일, 카터 대통령은 10월부터 댈러스 - 런던 항로를 팬아메리칸 항공에 준다는 민간항공위원회(Civil Aeronautics Board)의 결정을 뒤집고, 이것을 브래니프 항공에 넘기기로 했다. 팬아메리칸 항공 회장 윌리엄 시웰(William Seawell)은 이러한 결정이 텍사스 연방 의회 의원들이 대통령에게 정치적 압박을 가한 데서 나온 결과라고 생각하고 는 몹시 격분했다.

교통부 장관을 역임하고 팬아메리칸 항공 이사회 이사이기도 한 윌리엄 콜먼(William Coleman)은 그 시간 에버렐 헤리먼의 집에서 열린 파티에서 워싱턴 정가에서 활동하는 48세의 베를 베른하르트(Berl Bernhard) 변호사를 한쪽으로 불러 팬아메리칸 항공을 위한 변론을 맡을 생각이 있는지를 물었다. 이후로 논의가 계속 이어지다가 1978년 1월 1일에 팬아메리칸 항공은 "지금까지는 존스 데이 리비스 앤 포그 워싱턴 사무소의 고객이었지만 이제부터는 베르너 리퍼트 베른하르트 앤 맥퍼슨(Verner, Liipfert, Bernhard & McPherson)의 고객이 될 것이라고 공식 발표했다."[2]

이런 교체가 있을 당시 팬아메리칸 항공은 존스 데이 리비스 앤 포그 워싱턴 사무소의 가장 큰 고객이었고, 1977년을 기준으로 보면 이 사무소의 약 1000만 달러에 달하는 총매출액 중 96만 6275달러를 수임료로 지급한 것으로 나타났다.[3]

워싱턴 사무소의 대표 웰치 포그(Welch Pogue)는 팬아메리칸 항공을 잃게 되면서 이 로펌에서 가장 많은 수입을 창출하는 지위를 더 이상 누리지 못하게 됐다. 당시 포그는 70대여서 그의 후계자 선출에 관한 이야기도 자주 거론됐다. 포그는 한마디로 신사였는데 변호사 업무도 신사적으로 해야 한다고 믿는 사람이었다. 1940년대 초, 포그 앤 닐(Pogue & Neal)이라는 로펌을 창업하여 변호사 일을 시작하기 전까지 그는 민간항공위원회 위원장직을 역임했다. 1967년 이 로펌이 존스 데이의 규모가 작은 워싱턴 사무소와 합병한 뒤 규모가 커진 새로운 로펌이 설립됐다. 1978년 존스 데이는 클리블랜드에 본사를 두고 로스앤젤레스와 워싱턴에 사무소를 둔 미국에서 여섯 번째 규모의 대형 로펌으로 성장했다. 포그는 의회를 상대로 로비를 벌이지 않았다.

"그는 돈을 대가로 영향력을 팔려고 하지 않았다. 그런 짓(정치적 술수)은 사회에서 변호사에 대한 존경심을 사라지게 한다고 믿었기 때문이다."[4]

워싱턴 사무소에서 승계 문제를 둘러싸고 벌어진 갈등은 15장에서 살펴봤듯이 이 사무소가 분열 사태를 맞이하게 된 주요 원인이 됐다. 포그는 이번 분열 사태가 발생하기 몇 달 전 선출된 집행위원회에 의해 경영 파트너 자리에서 쫓겨났다. 그는 이 로펌에서 근무하는 변호사들로부터 진정으로 존경과 사랑을 한 몸에 받았지만 팬아메리칸 항공이라는 고객을 잃은 뒤 자신의 주요 권력 기반마저도 잃어버렸다.

그가 팬아메리칸 항공이라는 고객을 잃게 된 것은 이러한 기반 그 이상의 것을 반영한다. 그것은 워싱턴에서 변호사가 하는 일이 변했음에도 웰치 포그는 변하지 않았다는 것이다. 포그와 존스 데이의 클리블랜드 본사는 오로지 몇몇 대형 고객과의 장기적인 관계에 기반을 둔 사업에만 매달리고 있었다. 그러나 워싱턴에서의 상황은 이미 예전과는 많이 달랐다.

팬아메리칸 항공의 이해관계는 이 항공사의 주요 경쟁사가 주최하는 어느 파티에서 다루어지고 있었다. 이 파티의 주요 목적은 팬아메리칸 항공과 브래니프 항공을 비롯하여 그 밖의 여러 항공사에 관심을 가진 사람들이 정부 정책에 대한 지지를 결집시키는 것이었다. 그 자리에 모인 사람들이 서로 함께 사업을 추진하는 능력은 그 당시 그들이 사적 혹은 공적 이익집단과 맺고 있던 관계를 뛰어넘는 것이었다. 그들이 업무와 고객사를 변경한 이후로 오랜 시간이 지났다 하더라도 우호 관계를 계속 유지하는 것은 지극히 당연한 일이었다.[5]

워싱턴에서 변호사가 업무를 수행하는 방식이 변하고 있었지만 포그는 여전히 과거의 방식에만 집착하고 있었다. 바로 이것이 권력을 잃게 된 중요한 이유 중 하나였다. 환경과 문제가 변하면 새로운 접근 방식, 역량, 관계를 요구한다. 융통성이 있는 사람이 있고 분명히 어떤 사람은 다른 사람보다 더 융통성이 있지만, 그럼에도 사람들에게는 대체로 혁신에 저항하는 경향이 있다.

우리는 특정한 방식으로 일하는 법을 배우고, 우리의 선택과 행동에 점점 몰입하며, 특정한 형태의 전문성과 자기만의 인맥과 우호 관계의 네트워크 안에 갇힌다. 간단히 말하자면, 변화를 달성하는 것은 두말할 것도 없고, 이에 대한 필요성을 인식하는 능력조차도 제한되어 있다. 따라서 때로는 주변 환경이 우리 자신보다 더 잘 변하기 때문에 우리는 권력을 잃게 된다.

라구아디아는 뉴욕 시장직을 세 차례나 역임했다. 그는 재임 시절에 미국에서 가장 부패가 심한 도시를 정화시키고, 대규모 공공건물을 건설하고, 사회복지 프로그램을 시행하여 뉴욕시가 다른 도시들의 선망의 대상이 되도록 했다. 또한 그는 통치가 불가능할 것 같은 도시, 공공 서비스가 부족하여 질식할 것 같은 도시를 넘겨받아 도시 개혁의 모델로 만들었다. 그러나 1940년대 중반이 되면서 사람들은 더 이상 라구아디아 시장에게 갈채를 보내지 않았다. 그는 스스로 네 번째 임기에 출마할 뜻을 접었지만 여론 조사 결과에 따르면 다른 두 후보자와 비교하여 크게 뒤떨어지는 것으로 나타났다. 그가 출마를 하더라도 승리할 가능성은 별로 없었다. 도대체 그동안 무슨 일이 있었던 것일까? 시대가 변하면서 라구아디아 시장의 스타일이나 생각이 더 이상 당시의 시대와는 어울리지 않았던 것이다.

그의 통치 스타일이 다른 시대와 다른 감성에 고정되어 있었다. 그는 가난한 사람들에게 따뜻한 마음을 품었고, 대공황으로 일자리를 잃어버린 많은 사람에게 커다란 위안과 도움이 됐다. 그러나 그는 자수성가에 열중하던 전후 호황기의 미국인들을 위해 해줄 것이 별로 없었다. 그는 예전의 가치를 강조했지만 미국인들이 공황과 전쟁이 그들을 옭아매던 제약에서 벗어나기 시작하면서 가난하고 상처받은 사람들에 대한 관심을 촉구하던 그의 목소리가 이제는 설득력을 잃었다. 그런 사람들이 예전처럼 소수자가 되었던 것이다. 그는 임대료 통제에 찬성했지만 자유 기업가들은 공급이 부족한 주택 시장에서 임대료를 올려 받으려고 했다.[6]

린든 존슨이 권력을 잃게 된 것도 상당 부분은 주변 환경이 변했지만 자신의 접근 방식이나 스타일은 변하지 않았던 데 있었다. 그는 베트남 전쟁의 수렁에서 벗어나지 못한 채 1968년 봄, 그해 열리는 대통령 선거에 출마하지 않을 것이라고 발표했다. 그러나 그의 문제는 미국이 베트남 전쟁과 대외 정책의 관점에서 별로 의미 없는 일련의 몰입에서 헤어나지 못한 것에만 있지는 않았다. 존슨은 일반에게 알려지지 않은 은밀한 거래를 하고, 한쪽에는 이렇게 말하고 다른 한쪽에는 저렇게 말하는 식으로 비밀리에 일을 추진하며 자신의 경력을 쌓아왔다.

그러나 1960년대는 텔레비전 뉴스의 시대였다. 베트남 전쟁은 매일 밤마다 미국 텔레비전 뉴스에 등장했고, 더 이상 미국 국민들에게 전쟁의 실제 상황을 숨기기가 어렵게 됐다. 존슨은 '통킹만 결의안'을 의회에 제출하여 승인받음으로써 전쟁을 확전시킬 명분을 얻었다. 이런 명칭은 표면상으로는 베트남 근해 통킹만에서 북베트남 어뢰정이 미국 전함을 공격했다고 일컬어지는 사건에서 나온 것이다.

하지만 나중에 열린 의회 청문회에서 이 사건이 미국 의회가 존슨이 원하는 조치를 승인하도록 촉구하기 위해 조작된 것으로 드러났다. 애초에 존슨은 자신의 친구이자 아칸소주 상원의원인 윌리엄 풀브라이트(William Fulbright)를 설득하여 통킹만 결의안에 대한 청문회 개최를 저지하도록 했고, 상원에서 청문회 개최를 요구하는 표가 불과 2표에 그치게 만들었다. 그 이후로 풀브라이트는 자신이 속은 사실을 알고는 베트남 전쟁에 반대하는 주요 인사가 됐다.

지금까지 상원과 풀브라이트는 미국의 대외 정책에 대하여 문제를 진지하고도 단호하게 제기하지 않은 것으로 알려져왔지만 이제는 그런 시대가 통킹만 결의안과 함께 종말을 고했다. 새로운 시대가 밝아오고 있었고, 이런 시대를 맞이하여 미국 대외 정책의 주요 전제들은 모두 새로운 도전에 직면할 것이었다. 그리고 존슨에게 가장 우호적일 것 같았던 풀브라이트조차도 배신감을 느끼고 이제는 백악관에서 나오는 것이라면 무엇이든 믿지 않는 강경한 반대 세력의 지도자가 됐다. 구시대의 질서, 행정부가 내부 정보에 밝기 때문에 더 많이 알 것이고 그 결과로 미국 대통령이 신뢰를 얻을 것이라는 가정은 이제 쓸모없게 됐다.[7]

이 사건과 함께 다른 사건에서도 문제는 전쟁뿐만 아니라 존슨에 대한 믿음에 있었다. 밀실 정치와 은밀한 합의가 통하던 시대에 대단한 효력을 발휘하던 존슨의 정치 스타일이 미국 국민들에게 텔레비전이라는 매체를 통해 자신의 진정성과 신뢰성을 확인시켜주어야 하는 대목에서는 별로 도움이 되지 못했다.

그렇다면 존슨이 왜 이전과는 다르게 행동해야 했을까? 그는 텍사스주의 어느 시골 마을에서 지금 자신이 믿음, 동맹자, 권력을 잃게 만든 것과 정확하게 같은 행동과 접근 방식으로 대통령 자리에 올랐다. 그는 통킹만 결의안을 통과시키는 데 있어서도 승리했지만 이처럼 단기적인 승리는 장기적으로 엄청난 비용을 들여 사들인 셈이었다.

권력을 잃지 않으려면 때로는 환경에서 나타나는 미묘한 변화에 민감해야 하고, 특정한 스타일, 행동, 접근 방식이 어떻게 하여 효과가 있는지를 이해해야 한다. 실제로 이러한 것들은 특정한 시대의 관습과 관심사에 적합하기 때문이다.

또한 자신의 행동을 새로운 현실에 맞추기 위한 융통성이 필요하다. 이것이 몸에 밴 습관을 버리는 것을 의미하더라도 말이다. 권력을 가진 사람은 좀처럼 도전받지 않고, 나쁜 소식을 좀처럼 전해 듣지 않으며, 심지어는 도전받더라도 자기가 가진 정보와 모순되는 정보를 거부하는 경향이 있다.

일을 처리하거나 문제를 생각하는 어느 한 가지 방식에서 특별한 능력을 갖춘 사람은 그 대안이 되는 접근 방식에 있어서도 항상 능숙한 것은 아니다. 따라서 변화하는 환경이 때로는 어느 정도의 시차를 두고 권력을 가진 사람들로 하여금 권력을 잃게 하는 역학을 낳는 것은 어쩌면 당연한 일이다.

쉽게 들어오고 쉽게 나간다

권력자의 직위에 오른 사람이 그 자리에 오르기 위해 열심히 노력하지 않았거나 권력을 획득하고 유지해온 경험이 없으면 권력 역학에 대한 통찰이 부족하여 권력을 잃게 되는 경우가 많다. 권력을 얻기 위한 투쟁을 하지 않고 권력자의 직위에 오르는 것이 행운으로 보일 수도 있겠지만 이러한 행운은 그리 오래가지 못할 때가 많다.

당신은 어떤 직책을 맡기 위해 노력하는 과정에서 관계의 네트워크를 형성하고 외부인들이 모르는 구체적이고도 방대한 제도적 지식을 얻는다. 이러한 현상은 조직이 커가고 발전함에 따라 창업자들이 왜 권좌에서 밀려나는 경우가 많은지를 이해하는 데 도움이 된다. 창업자들은 조직의 출발과 함께 가장 높은 자리에서 출발하기 때문에 나중에 그들에게 위협으로 다가올 권력 관계의 미묘한 변화에 민감하지 못할 때가 많다.

1967년 가을에 GM의 비자동차 해외사업 부문을 맡았던 세몬 (번키) 크누센(Semon E. (Bunkie) Knudsen)이 에드워드 콜(Edward Cole)과의 사장 자리를 놓고 벌인 한판 경쟁에서 밀려나고 말았다. 비록 크누센이 최고경영진의 일원이자 재력가이기는 했지만 최고의 자리를 차지하지 못한 것에 크게 실망했고, 이런 감정을 굳이 숨기려고도 하지 않았다.

이런 크누센에게 헨리 포드 2세가 비밀리에 접근하여 포드자동차 사장 자리를 제안했고, 크누센이 이를 수락하여 1968년 2월에 포드자동차 사장이 됐다. 크누센의 부친은 1921년에 포드자동차에서 해고된 뒤 GM 쉐보레 사업부를 맡아 자동차 시장에서 포드자동차에 승리를 거두었고, GM에서 29년 넘게 일한 사람이었다. 따라서 크누센은 자동차 업계와 역사적으로나 개인적으로 얽혀 있는 인연 때문에 눈길을 끄는 고위 관리자로서 포드자동차의 입장에서는 여러 면에서 일종의 전리품과도 같은 존재였다.

이로부터 19개월이 지나 포드자동차는 공식적인 설명도 없이 크누센을 갑작스럽게 해고했다. 그러나 증거에 따르면 크누센에게는 두 가지 문제가 있었다.

1. 그는 회사를 강압적으로 경영하여 헨리 포드 2세와 최고경영진들에게 골칫거리가 됐다.
2. 그는 리 아이아코카를 비롯하여 자신에게 보고하는 경영진들과의 정치적 관계를 제대로 관리하지 못했다.

크누센은 외부인으로 조직에 들어왔고, 수하의 임원들이 빈틈없이

파워

비호하는 기존의 권력 중심, 즉 실질적인 지배 세력에 대하여 아는 것이 별로 없었다. 게다가 포드자동차의 임원들은 권력을 두고는 서로 경쟁 관계에 있었지만 그럼에도 오랜 유대와 업무 관계로 서로 결속되어 있었다. 따라서 크누센은 외부인이기에 그들에게 손쉬운 표적이 됐다.

GM은 여러 면에서 위계질서가 상당히 중요하고, 질서 있는 승계와 정돈된 기획의 전형으로 일컬어진다. 포드자동차는 이보다 훨씬 더 무질서하고, 예정되고도 질서 있는 경영진 승계가 잘 이루어지지 않으며, 훨씬 더 정치적인 조직이다.

사장이라는 직위를 가진 크누센은 공식적인 권위가 이러한 직위에서 비롯된다고 생각했다. 또한 그는 무스탕과 매버릭 모델을 담당하는 아이아코카와 자동차 스타일링을 두고 갈등을 빚으면서 자신이 이사회 이사라도 되는 것처럼, 그리고 갈등의 영역에 대해 자신이 더 많이 알기라도 하는 것처럼 행동했다.

우리는 이런 질문을 해볼 수도 있다. 애초에 포드자동차가 크누센을 고용한 이유는 무엇일까? GM을 골탕 먹이기 위해서일까? 포드자동차가 GM의 최고경영진 중 한 사람을 데려올 수 있다는 것을 보여주기 위해서일까? 과거에 포드자동차에서 해고된 뒤 GM의 발전에 이바지했던 사람의 아들을 GM으로부터 영입하여 과거의 역사적 과오를 바로잡기 위해서일까? 이러한 설명들이 어느 정도 정확하다면 포드자동차의 목적은 크누센을 고용한 것 자체로도 달성된 셈이다. 그다음에는 크누센이 자기 힘으로 회사의 지뢰밭을 헤쳐나가야 했다. 크누센이 이런 사실을 알았는지는 분명하지 않다. 그리고 그에게는 조직 내에서 자신의 직위를 뛰어넘어 실질적인 권력을 갖게 해줄 인맥이나 경험이 없는 상태였다.

　도대체 무엇 때문에 법무부에서 근무하는 31살짜리 변호사를 대통령 법률 고문으로 앞혀서 워터게이트 스캔들 은폐 공작을 실제로 수행하게 한 것을 포함하여 아주 민감한 쟁점들에 대하여 막중한 책임을 지게 했을까? 다시 말하자면, 무엇 때문에 닉슨 행정부가 존 딘을 그토록 매력적인 인물로 보았을까? 어쩌면 그가 경험이 부족하고 정치적 인맥이 없었기 때문인지도 모른다.

　딘은 그 자리를 얻는 과정에서 자신을 뽑아준 홀더먼과 에를리히먼에게 의지한 셈이고, 따라서 이 두 사람은 그에게서 복종과 충성을 기대할 수 있었다. 딘은 독립적인 권력 기반이 취약한 상태에서 닉슨과 백악관 참모진에게 대단한 경외심을 갖고 의지했기 때문에 자신이 각종 불법 행위에 연루되는 것을 거부하기 어려웠을 것이다. 결과적으로, 그는 형사상 유죄 판결을 받고 교도소에서 징역을 살아야했다. 그가 백악관 참모진, 심지어는 워싱턴 정가 사람들을 뚫고 높은 자리에 오른 것은 아니었다. 바로 이런 사실 때문에 그에게는 매우 정치적이고 힘든 근무 환경에 처한 자신을 보살펴 줄 동맹자나 지지자가 없었다.

　이전 장들에서 우리는 스티브 잡스가 자신이 애플의 창업자였기 때문에 이사회 이사 혹은 최고경영진과 동맹 관계를 형성해야 할 필요성을 느끼지 못했던 사실을 살펴보았다. 이러한 모습은 자신이 창업했던 기업이 발전하면서 그곳에서 밀려나는 창업자들, 특히 기술계의 스타들에게서 흔히 볼 수 있다. 이런 현상이 기업이 발전하면서 이전과는 다른 기능과 역량을 요구하기 때문에 나타난다고 보는 사람들도 있다. 그들의 주장은 창업 당시에는 소비자들이 기술적으로 획기적인 발전을 이룬 제품을 원하지만 이후로는 재무, 마케팅, 경영 관리 능력이 점점 더 중요해지기 때문이라는 것이다.

물론 조직이 발전하면서 요구되는 역량의 측면에서 확실히 변화가 발생하지만 내가 보기에는 창업자들이 갖는 진정한 문제는 조직 내에서 권력 기반을 확립하는 것이 얼마나 중요한지를 제대로 이해하지 못한 데 있다. 사업상 나타나는 쟁점의 변화가 아니라 바로 이러한 문제가 기업이 발전하면서 창업자 중 일부는 살아남지만 그렇지 못한 이들도 있는 이유를 설명해준다.

여기서 반드시 명심해야 할 교훈들이 있다.

첫째, 누군가가 당신에게 당신이 기대했던 것보다 권위 혹은 권력을 더 많이 부여하는 자리를 제안한다면 그들의 동기는 무엇이며, 그곳에 어떤 함정이 도사리고 있는지를 생각해야 한다는 것이다. 때로 우리는 관계에 입각한 권력 기반 혹은 조직만이 갖고 있는 지식 없이 어떤 정책에 이용되는 수단이 되어 누군가의 부름을 받을 수 있다. 우리는 그 정책이 무엇인지 반드시 알아야 할 것이다.

둘째, 창업자든 대통령이든 백악관 법률 고문이든 공식적인 직위만으로도 장기간에 걸쳐서 권력을 유지하는 것이 충분하다는 생각은 버려야 한다. 권력은 다양한 원천을 지니고 있고, 앞서 살펴봤듯이 직위는 그중 하나일 뿐이다. 장기적인 생존을 계획하려면 권력의 또 다른 원천을 확보하기 위해 자신의 직위를 영리하게 활용해야 하고, 이러한 직위 그 자체가 실제보다 더 많은 안정을 가져다줄 것이라고 믿어서는 안 된다.

자만, 특권, 인내

변화하는 환경이 이전의 역량 혹은 네트워크를 쓸모없게 만들고 사람들이 조직 내 권력 역학에 대한 충분한 지식 없이 높은 직위를 차지하기 때문에 권력을 상실하게 된다. 또한 권력자의 직위에 오르면 때로는 당장 그러한 직위가 주는 혜택을 누리고 싶은 유혹을 떨쳐버리지 못하기 때문에 권력을 상실하게 된다.

우리는 권력에서 비롯되는 권위가 항상 권력을 가진 자와 권력을 부여한 자의 관계에서 나온 결과라는 사실을 잊고 자만에 빠져들기도 한다. 자만, 특권 의식, 인내심의 결여가 결합하여 때로는 권력을 가진 자의 몰락을 초래한다.

1990년 래리 호너(Larry Horner)가 세계에서 규모가 가장 큰 회계법인 중 하나인 피트 마윅(KPMG Peat Marwick) 회장 자리에서 쫓겨났다. 그의 후임으로는 해외 사업 경험이 부족한 존 머도너(Jon C. Madonna)가 선출됐다. 그런데 피트 마윅에서 해외 사업은 영업에서 중요한 부분을 차지하고 미래 성장의 주요 원천으로 인식됐다.

그렇다면 호너는 왜 쫓겨났을까? 아마도 그의 자만심과 특권 추구가 중요한 원인으로 작용했을 것이다. 호너는 회장 자리에서 쫓겨나던 해에 120만 달러를 벌었는데 이것은 그해 피트 마윅에서 수입이 가장 낮은 집단에 속하는 파트너들의 수입과 비교하여 10배가 넘었고, 1989년 평균적인 파트너들의 수입과 비교했을 때도 거의 10배에 달하는 금액이었다.

피트 마윅은 호너에게 100만 달러를 최저 대출 금리에 1퍼센트를 더

한 금리로 대출해줌으로써 그가 1984년 회장직을 맡기 위해 캘리포니아에서 뉴욕으로 이사할 때 200만 달러짜리 아파트를 구매할 수 있도록 지원했다. 또한 그가 출장을 떠날 때마다 운전기사가 딸린 회색 캐딜락을 지원했다. 그리고 1987년에는 파트너들이 피트 마윅에서 퇴직하는 파트너에게 지급하는 퇴직금에 대하여 20만 달러에 해당하는 상한선을 없애고 연봉의 40퍼센트까지 지급할 수 있도록 규정을 변경하는 데 동의했다.[8]

이러한 특권이 많은 낭비를 초래했지만 문제가 여기에만 있지는 않았다. 피트 마윅에서는 회장을 쫓아낸 적이 여러 번 있었고, 사내에는 대중의 인기에 영합하려는 분위기가 강하게 흐르고 있었다. 호너가 이사회 부의장이 이미 9명이나 있는데도 3명을 더 선임하여 보수를 많이 받아가는 부의장이 12명이나 됐다. 호너의 후임 회장을 선출할 당시 피트 마윅에는 1850명의 파트너가 있었는데, 이들 중 751명이 지난 6년 동안에 파트너가 된 사람들이었다.[9] 이런 사실은 사내에서 대중의 인기에 영합하려는 분위기가 더욱 커지도록 했다. 사내에는 선임자들에게 존경을 나타내지 않는 사람들이 많아졌다. 그들 스스로도 그런 존경을 받지 않았기 때문이다.

호너는 자체 지배 구조를 연구하기 위한 대책 본부를 결성했지만 어떠한 변화도 제안하지 않을 사람들로 채워 넣었다. 그리고 회장 선거에서 결국에는 자기 후임이 된 머도너를 러닝메이트로 지명하지 않고 데인 부크셔(K. Dane Booksher)를 지명했다. 부크셔는 파트너들이 "장래성을 찾아볼 수 없고, 카리스마도 확실히 없다"라고 말하던 인물이었다.[10] 전국의 파트너들이 다른 러닝메이트를 뽑으라고 했지만 호너는 이를 완강히 거부했다. 그리고 마지막 순간에 가서는 자신이 회장에 당선되지 못할 것이 확실해지자 후보에서 물러났다.

호너는 회장을 선출하는 조직에서 유권자들의 마음을 얻기 위한 작업을 거의 하지 않았다. 그로서는 상당수가 젊은 사람으로 구성된 파트너들이 자신이 첫 번째로 꼽지 않는 사람을 러닝메이트로 선택하도록 압박하고, 자신이 동의하지 않는 조직 개편을 강요하도록 내버려두기가 어려웠을 것이다. 이해할 수 있는 일이었다. 그는 자신이 피트 마윅의 회장으로서 이 조직을 위해 대단한 실적을 거두었다고 생각했기 때문에 파트너들에게 의존하는 모습을 상징적으로 보여주는 조치를 취하는 것이 마음에 내키지 않았을 것이다. 이러한 자만심이 권력을 유지하려던 그에게 비싼 대가를 치르게 했다.

자만심에 가득 차 있다는 것은 자신이 항상 옳다고 생각하고 다른 사람의 요구를 따르려고 하지 않는 것을 말한다. 이것은 자신을 다른 사람보다 높은 곳에 그리고 그들과 멀리 떨어진 곳에 두게 되어 그 결과로 그들에게서 지지를 잃게 되는 것을 의미한다. 또한 이것은 로버트 모제스가 은퇴할 무렵에 깨달은 것처럼 자신을 다른 사람들의 공격으로부터 취약하게 만드는 행동 방식이다.

로버트 모제스의 몰락은 1956년 뉴욕시 센트럴 파크에 위치한 태번 온 더 그린(Tavern on the Green)이라는 레스토랑의 주차장 건설과 관련된 사건에서 시작됐다. 이 레스토랑의 주인은 아놀드 쉬라이퍼(Arnold Schleiffer)라는 사람이었는데 그는 총수입의 5퍼센트를 납부한다는 조건으로 뉴욕시로부터 이곳을 임차했다. 이 레스토랑은 음식 가격이 비쌌지만 좋은 자리에 위치했다. 게다가 쉬라이퍼와 뉴욕시의 계약 조건에 따르면 임차인이 이 레스토랑을 수리하거나 개조할 수 있었고, 그 비용을 임차료에서 차감할 수 있었다.

이 레스토랑은 4년 동안 178만 6000달러를 벌어들였지만 수리와 개조에 소요된 비용을 차감하고 총수입의 겨우 0.5퍼센트에 해당하는 9000달러만을 시청에 납부했다.[11] 이것은 모제스가 영업권 소유자들에게 혜택을 주기 위해 사용하는 전형적인 방식이었다. 그는 이런 방식을 통해 자본 개선이랍시고 성가시게 구는 시청의 예산 기구와 그 밖의 예산상의 제약을 피해갈 수 있었다. 영업권 소유자들은 자신들이 모제스 덕분에 수익을 올리고 있다는 것을 알았기 때문에 각종 향응을 기꺼이 제공했고, 대체로 모제스가 지시하는 대로 돈을 지출했다.

명성이 자자하고 부유한 어머니들이 포함된 어느 어머니회가 시청 공무원들이 점심을 먹기 위해 떠나면서 아무렇게나 놓아둔 설계도를 발견하고는 뉴욕시가 주차장을 건설할 계획이며, 이에 따라 작은 골짜기가 사라지게 될 것이라는 사실을 알게 됐다. 어머니회는 당장 시위를 벌였다. 이 시위가 예상과는 다른 결과를 낳았지만 공원에서 열리는 각종 시위와 이에 자기만의 방식으로 대처하는 것에 익숙했던 모제스는 상황을 다루는 데 무감각했을 뿐만 아니라 무분별하게 행동했다.

모제스에게 공원 '개선'에 대한 지역 주민들의 시위는 오래되고도 따분한 것이었다. 공원관리국장이 된 이후로 그는 '개선' 사업을 비밀에 부침으로써 이런 시위를 최소화했다. 그리하여 '개선' 사업이 이미 시작되고, 시위 따위는 없는 것처럼 무시하는 방식으로 일을 진행했다. 모제스가 대중의 진동을 기록하던 지진계에는 태븐 온 더 그린 시위가 기록되지 않았다. '겨우 어머니 23명이 모인다고?' 크로스 브롱크스 고속도로 중 그가 맡은 구역에서 한 구획이라도 옮겨 달라던 수백 명의 어머니들을 방금 몰아냈다! 바로 그 순간에도 그는 맨해튼에서 5000명을 몰아내고 있었고, 링컨 센터에서 4000명을 몰아내고 있었다.[12]

그러나 이번 시위는 달랐다. 시위에 참여하는 사람들은 부유하고 수준 높은 어머니들로 언론을 이용할 줄도 알았다. 1950년대는 1930년대와 1940년대와는 달랐다. 시대가 변했고, 이와 함께 공터를 뒤덮고 주민들을 살던 곳에서 떠나게 만드는 대규모 공공 건설 프로젝트를 바라보는 사람들의 태도도 변했다. 그리고 이 시위의 쟁점은 공공 주택 혹은 도로를 건설하는 데 있지 않고, 센트럴 파크에 고급 민간 레스토랑의 주차장을 건설하는 데 있었다. 모제스는 나무를 베어낼 예정이었다. 그리고 시위를 진행하는 데 능숙한 적들은 유모차를 끄는 어머니들을 부각시켜 언론의 조명을 받게 했다. 언론에서는 이 시위를 두고 '센트럴 파크 전투'라고 불렀다.

처음에는 모제스가 승리하는 듯했지만 그것도 잠시뿐이었다. 그는 한밤중에 울타리를 설치하여 4월 24일 공사를 시작할 때 어머니와 자녀들이 공사 현장에 접근할 수 없도록 했다. 그는 경찰, 건설 인부 등 자신에 의해 생사가 달려 있는 도급업체들을 손아귀에 쥐고 있었다. 그가 추진했던 다른 수많은 '개선' 사업들이 그랬듯이 어둠을 틈타 공사가 시작됐다. 그러나 이번에는 이것이 언론뿐만 아니라 자신을 지지하던 사람들까지도 분노하게 만들었다.

30년 전에는 로버트 모제스가 단번에 신문 1면을 장식했다. 그는 공원을 위해 싸우는 투사, 충실하고도 사심 없는 공복으로 묘사됐다. 그러나 이제는 그에게서 그런 이미지를 찾아볼 수 없었다. 1956년 4월 24일 화요일은 로버트 모제스가 센트럴 파크에 자신의 부대를 투입한 날로 그에게는 블랙 화요일이 됐다. 이로써 그는 자기가 가장 소중하게 여기는 자산, 즉 평판을 잃었다. 모제스 붐은 30년 동안 지속됐지만 그날 그렇게 종말을 고했다.[13]

로버트 모제스는 30년이 넘는 공직 생활을 하는 동안 수많은 적과의 수많은 전투에서 승리를 거두었다. 따라서 그는 자신에게 반대하는 사람들을 업신여기고 자신의 능력을 지나치게 믿었다. 논란이 커지고 있었지만 그는 부인과 함께 24일 동안 스페인으로 여행을 떠나버렸다. 물론 그 대가가 이번 전투에서 진 것에만 그치지 않았다. 결국 그는 자신의 뜻을 굽히고 주차장 대신 유원지를 건설했다. 하지만 무엇보다 그가 치른 큰 대가는 시민의 공복으로서의 명성과 함께 아무도 꺾을 수 없기에 섣불리 덤벼들어서는 안 되는 사람이라는 평판을 잃었다는 것이다.

지난날 그에게 가장 중요했고 30년 동안 지속되었던 불패의 신화는 마치 교황 무오류의 신화가 무너지듯 단 하루 만에 무너졌다.[14]

자만, 오만, 자신의 권력에 대한 믿음 때문에 자신에게 반대하던 사람들을 업신여긴 로버트 모제스는 그날 이후로 예전과는 다른 삶을 살아야 했다.

적들을 결코 과소평가해서는 안 된다. 물론 지나칠 정도로 신중하게 준비하고 예방 조치를 많이 취하다 보면 노력을 낭비할 수도 있다. 그러나 당신이 직면한 대상을 과소평가하면 패배할 수도 있다. 그리고 단 한 번의 패배라도 이것이 권력이 쇠퇴하는 계기가 되기도 한다.

인내심이 부족하여 권력을 잃을 수도 있다. 이것은 너무 많은 것을 너무 빨리 이루려고 하다 보면, 그리고 최근 승리에서 전리품을 챙기는 데 지나치게 탐욕을 부리다 보면 권력을 잃을 수도 있다는 뜻이다. 이런 모습은 루이스 글럭스먼에게서 찾아볼 수 있다.

글럭스먼은 1983년 7월 26일, 리먼 브라더스에서 피터 피터슨을 축출하고 이 회사를 완전히 장악했다. 그해 7월부터 그가 이끄는 운영위원회가 상여금과 회사의 주식 지분을 배분하기 위한 회의를 개최하기 시작했다. 예전부터 글럭스먼은 수익의 상당 부분이 리먼 브라더스의 투자은행 부문에 배당된 것에 대하여 몹시 분개해왔다. 영업과 트레이딩 부문 출신이던 그는 최근 이 부문이 투자은행 부문보다 회사에 더 많은 수익을 가져다준다고 생각했고, 따라서 수익에서 많은 부분을 차지해야 한다고 보았다. 최고경영자가 된 그는 신속하게 (아마도 너무나도 신속하게) 자기 사람들을 힘 있는 자리에 앉히고, 자기 자신과 함께 그들에게 많은 보수를 지급했다.

1983년 가을까지 글럭스먼은 이 회사의 12개 부서장 자리 대부분에 자기 사람을 앉혔다. 여기에는 상당히 이상하게 여겨지는 경영진 교체도 포함됐다. 고정수익증권 부서를 맡았던 리처드 풀드(Richard Fuld, Jr.)가 고정수익증권 부서와 보통주 부서를 모두 맡게 됐다. 37세의 나이에 불과했던 그는 반항적인 데다가 사회성이라고는 전혀 찾아볼 수 없었기에 대다수 파트너들에게는 생소한 인물이었다.[15]

글럭스먼은 경력 내내 영업과 트레이딩 부문에서 일했던 셀던 고든 (Sheldon Gordon)에게 투자은행 부문을 맡겼다. 비록 글럭스먼이 자신의 오른팔 격인 로버트 루빈(Robert Rubin)을 사장으로 승진시키기 위한 공식 절차를 미루고는 있었지만 7명으로 구성되고 회사의 일상 업무를 총괄 지휘하는 운영위원회의 위원으로 발령하여 가장 높은 경영진 자리에 앉힐 준비를 하고 있었다. 루빈 역시 다른 파트너들에게 널리 좋은 인상을 주지는 않았다. 똑똑하기는 했지만 다혈질인 데다가 사교적이지 않았기 때문이다.

글럭스먼은 외부에서 파트너 2명을 영입하여 이사회에 충분히 알리지 않고 동의도 구하지 않은 채, 그들에게 상당히 많은 양의 주식 지분을 제공했다. 그는 자신과 자기 사람들을 위해 상여금과 주식 지분을 챙기는 데 특히 욕심이 많았다. 글럭스먼이 최고경영자가 된 지 두 달이 채 안 된 9월 21일에 열린 이사회에서는 회사와 회사 수익에 대한 그의 계획이 분명하게 드러났다.

루이스 글럭스먼과 4명의 최고경영진이 상여금 총액에서 25퍼센트를 챙겨갔다. 1983년 9월에 글럭스먼이 받아간 상여금은 125만 달러에서 150만 달러로 인상됐다. 셀던 고든이 받아간 상여금은 40만 달러에서 100만 달러로 인상됐다. 글럭스먼이 보유한 회사 주식은 3500주에서 4500주로 증가했다. 로버트 루빈이 보유한 회사 주식은 2500주에서 2750주로 증가했고, 셀던 고든과 리처드 풀드가 보유한 주식도 각각 2500주에서 2750주로 증가했다. 투자은행 부문에 지나치게 많이 배분된 것으로 보이던 파이가 이제는 트레이딩 부문으로 재배분되고 있었다.[16]

이사회가 이에 동의했지만 파트너들은 분노했다. 파트너십에서는 신뢰가 가장 중요하다. 글럭스먼은 석 달도 채 안 되어 투자은행 부문의 신뢰를 저버렸고, 심지어는 자신의 동맹자까지도 실망시켰다. 그해 연말에 파트너 6명이 회사와 결별을 선언했고, 이와 함께 그들이 투자한 자본도 떠날 예정이었다. 1980년대에 경쟁이 점점 치열해지는 증권 시장에서 가장 절실하게 필요했던 자본이 말이다. 자본 도피에 대한 두려움, 즉 자본 문제는 결국 이 회사가 아메리칸 익스프레스(American Express)에 매각되는 계기가 됐다. 글럭스먼의 성급했던 행동 때문에 파트너십이 무너졌고, 최종적으로는 회사가 매각되었으며, 그 역시 회사를 떠나야 했다.

글럭스먼은 리먼 브라더스에서 최고의 자리에 오르기 위해 열심히 일했고, 공동 최고경영자 피터슨을 몰아내기 위해 분투했다. 그랬던 그가 권력을 차지하고는 승리의 열매를 따먹기 위해 성급하게 달려들었고, 그 결과 자신이 접수한 회사를 자신이 직접 매각해야 했다. 1984년 4월, 리먼 브라더스는 더 이상 민간 파트너십 기업이 아닌 시어슨/아메리칸 익스프레스의 한 부문이 됐다.

글럭스먼이 권력을 상실하는 과정에서 우리가 얻어야 할 교훈은 어느 전직 파트너가 했던 다음의 말에 잘 요약되어 있다.

"당신에게 마키아벨리 같은 정치 수완이 있었더라면 상여금과 주식을 적당히 챙겨갔을 것이다. 투자은행 부문에 대하여 당신이 갖고 있던 약점도 보완했을 것이다."[17]

조직에는 상호의존성이 있기 마련이다. 권력과 직위와는 무관하게 당신은 다른 사람에게 의존해야 한다. 누구라도 열심히 노력하여 권력을 얻게 되면 너무나도 기쁜 나머지 노력에 따른 보상을 받고 싶은 유혹이 생길 것이다. 그러나 처음부터 너무 많은 혜택을 누리려고 하면 당신의 권력 기반은 반드시 무너지고 만다.

시간은 흐르기 마련이다

전기 작가 샐리 베델 스미스(Sally Bedell Smith)가 CBS의 윌리엄 페일리를 다룬 전기에 따르면 페일리는 나이가 들어 몸이 허약해지면서도 이런 말을 했다고 한다.

"내가 왜 죽어야 합니까?"[18]

옥시덴탈석유회사(Occidental Petroleum)의 아먼드 해머(Armand Hammer)는 92세에 세상을 떠날 때까지 최고경영자 자리를 유지했고, 로버트 모제스도 넬슨 록펠러(Nelson Rockefeller) 주지사가 사퇴하라는 압박을 가할 때까지 자리에서 물러나지 않으려 했다. 당시 70대였던 모제스는 자신이 직접 록펠러 주지사를 찾아가 주법에서 정하는 정년퇴직제로부터 자신을 면제시켜줄 것을 요청해야 하는 상황을 무척 불쾌하게 받아들였다. 웰치 포그는 79세의 나이에도 여전히 존스 데이 워싱턴 사무소의 경영 파트너로 남아 있었다. 나이가 드는 것은 피할 수 없는 것이다. 따라서 나이가 일정한 한계에 다다르면 부, 명성, 총명함과는 관계없이 결국에는 권력을 잃게 된다. 지금은 여러 직위에서 법에 저촉되는 정년퇴직제 때문은 아니더라도 노환과 죽음 때문에 그렇게 된다.

자기가 손에 쥐고 있는 것을 내려놓을 때의 심리에 관한 논의는 이 책의 범위를 뛰어넘는다. 그러나 권력이 있는 자리와 그 자리가 주는 특권을 얻기 위해 열심히 노력했던 사람이 왜 그 자리에서 조용히 내려오지 않는지는 쉽게 알 수 있다.

하지만 몇몇 예외가 되는 인물이 있다. 포드자동차의 최고경영자와 스탠퍼드대학교 경영대학원 원장을 지낸 아제이 밀러(Arjay Miller)는 또 다른 전임 원장이면서 기업의 최고경영자 출신이던 어니 아버클(Ernie Arbuckle)이 주던 충고, 즉 어떤 자리에서 10년을 보내고 나면 이제는 떠날 때가 되었다는 취지의 말을 자주 인용했다. 아버클은 웰스 파고(Wells Fargo)의 최고경영진과 스탠퍼드대학교 학장을 거쳐 사거 푸즈(Saga Foods)의 최고경영자를 한동안 역임한 사람이었다. 우리가 그런 생각에 찬사를 보낼 수는 있지만 우리의 리더들에게 그런 생각을 기대하는 것은 현명하지 않다.

따라서 권력 상실을 다루기 위한 가장 바람직한 방법은 이러한 과정을 제도화하는 것이다. 재임 기간과 강제 교체를 규정하면, 즉 승계를 정기적으로 하면 권력 상실에 따른 오명을 없애고 이것을 정상적인 과정의 한 부분으로 만들 수 있다. 이렇게 하면 관련된 개인이나 조직 모두 상처를 덜 받게 된다.

존슨 데이에서 불화를 겪은 뒤 지금은 변호사 수가 150명이 넘는 크로웰 앤 모링을 설립한 정부 계약 전문 변호사 엘든 크로웰은 웰치 포그에게서 중요한 것을 배웠다. 이 신설 로펌은 선출된 집행위원회의 지배를 받게 되는데, 이 위원회의 위원은 정부 기관으로 최소한 1년 넘게 떠나 있지 않는다면 1년 임기를 세 번 넘게 연임할 수 없었다. 자신의 이름을 딴 로펌의 파트너이자 공동 창업자이기도 한 크로웰이 이 규정을 지켰을까? 물론 그렇다. 그리고 자기 자신에게 권력을 나누도록 강제하면서 조직이 한 사람에게만 의존하지 않도록 하여 조직을 더욱 건강하게 꾸려갔다. 그리하여 본인 스스로도 건강한 삶을 영위할 수 있었다.

우리는 조급하게 행동하여 권력을 상실하는 사태를 방지하는 방법과 자기 자리에서 우아하게 떠나는 방법을 배워야 한다. 조직을 작동시키고 지배하는 시스템에서 자신의 역할을 이해하는 것이야말로 이 두 가지 목표를 모두 달성하는 데 도움이 될 것이다.

17장

●

조직의 변화는 어디서 오는가

제록스의 복사기 시장 점유율이 반토막 나면서 변화에 대한 요구가 분명해졌다. 그런데도 1980년대 초반 데이비드 컨즈가 최고경영자로 부임했을 때 사내에는 회의주의와 저항이 만연했다.

1980년대에 GM 역시 시장 점유율의 3분의 1을 잃었지만 변화에 대한 저항이 만연했다. 도요타와의 조인트 벤처를 통해 배우려고 하지 않았고,[1] 새로운 유형의 관리자들에게 통제권을 넘기려고 하지 않았으며, 조직 문화를 개혁하려는 의지도 없었다.

존 스컬리를 영입하여 이전과는 다른 제품 전략을 구상하려던 애플 컴퓨터의 변화를 위한 시도 역시 차질이 생겼다. 회사의 발전 방향에서 문제가 발생한 증거가 뚜렷한데도 말이다. 보통은 내부에서 엄청난 정치 투쟁이 있고 나서야 비로소 변화와 적응이 뒤따르기 마련이다.

왜 변화가 이처럼 어려운가? 그리고 적응과 혁신이 권력과 정치 역학의 작동을 통해서만 발생한다면 이러한 사실이 권력의 역기능에 대하여, 정치 역학의 생산적 관리와 관련하여 상충 관계와 판단에 대하여 무엇을 말해주는가? 바로 이러한 질문들이 이번 장의 주제가 되겠다.

경력 시스템에 의존하면 변화할 수 없다

많은 사람이 조직에 들어가지만 이후로는 그들 중 일부만이 다른 사람보다 더 뛰어난 실적으로 승진하여 높은 자리에 오르고, 비공식적인 권력과 지위도 함께 갖는다.[2] 조직이 이런 사실을 인식하든 인식하지 않든, 특정한 활동을 하고 특정한 역량을 가진 사람들에게는 다른 사람들보다 보수를 더 많이 주고 격려하기 위한 경력 시스템을 운영한다. 예를 들어, 앞서 살펴봤듯이 1960년대와 1970년대에 미국 자동차 산업에서는 재무와 분석 능력을 존중했지만 실제로 자동차를 제작하고 판매하는 능력은 그다지 중요하지 않게 취급했다.

거의 비슷한 시기에 월스트리트에서는 허튼증권을 포함하여 많은 금융 기관이 소매 부문보다는 인수합병 시장을 쫓았고, 주로 기관을 상대로 판매하는 새롭고도 복잡한 금융상품을 개발했다. 때로는 보상이 주어지는 경력과 역량이 조직이 갖는 전략의 한 부분으로서 의식적으로 채택되기도 하고 채택되지 않기도 한다. 이것은 큰 문제가 되지 않는다. 그 이유는 모든 조직이 필연적으로 항상 특정한 활동과 역량에 대하여 보상을 더 많이 제공하는 경력 시스템을 갖추고 있기 때문이다. 따라서 영향력이 있는 자리에 올라 이러한 경력 시스템으로부터 혜택을 받은 사람들이 이런 시스템이 선호하는 특정한 역량을 가지고 특정한 활동에 관여하기 마련이다.

그렇다면 변화가 요구될 때, 즉 과거의 방식과 경력 시스템이 변화하는 상황에 대처하는 데 필요한 역량을 만들어내지 못할 때는 어떤 일이 발생하는가? 특정한 역량을 위한 특정한 경력 시스템에 의해 승진을 하고 보상을 받는 사람들이 그렇다고 해서 기존의 시스템을 거부하게 될 것 같지는 않다. 가장 높은 자리에 있는 사람을 제외하고는 이러한 사람들이 실제로는 조직의 사다리에서 여전히 올라가고 있는 중이기 때문이다. 규정을 바꾼다는 것은 그들의 성공 원천을 더 이상 신뢰하지 않고, 그들이 더 높이 올라갈 기회를 빼앗는 것이 된다. 가장 높은 자리에 있는 사람(앞으로 승진할 가능성의 측면에서 보면 잃을 것이 없는 사람)이 변화를 원하더라도 그 사람의 바로 밑에 있는 사람은 성공 기준을 바꾸는 데 있어서 얻을 것보다는 잃을 것이 훨씬 더 많다.

그리고 그들이 현재의 자리에 있게 해준 과거에 연연하지 않는다고 하더라도 어쨌든 그들에게는 변화를 일으킬 만한 역량이 없다. 교육과 경험이 우리의 이해를 풍부하고도 깊게 해주지만 시야를 좁게 만들 수도 있다. "교육은 점점 더 좁은 분야에 대해 점점 더 많이 알게 해준다"는 말이 있다. 조직 내의 경험에 있어서도 마찬가지다. 이것은 케네디 행정부와 이후의 존슨 행정부에서 로버트 맥나마라를 비롯하여 그 밖의 똑똑한 사람들이 베트남 전쟁에서 잘못된 판단을 한 것을 생각해 보면 마음속에 깊이 새겨야 할 교훈이다. 그들은 분석적인 통찰 능력을 개발했기 때문에 성공할 수 있었다. 그들은 분명 자신이 갖고 있지 않는 다른 능력에 우선순위를 두면서 이러한 통찰 능력을 불신하지는 않았을 것이고, 결국 자신이 갖고 있는 역량과 능력 때문에 또 다른 의사결정 방식의 가능성에 대해서는 관심을 갖지 않았던 것이다.

이것이 사실이라면 조직의 변화는 어디에서 오는 것일까? 지적으로 꽉 막혀 있고 기득권층에 해당하는 내부인으로부터는 나오지 않는다. 오히려 혁신, 적응, 변화는 거의 항상 적어도 어느 정도는 주류에서 벗어난 사람에게서 나온다. 때로는 애플의 존 스컬리, 내비스코의 로스 존슨과 같은 진정한 외부인에게서 나올 것이다. 스탠더드 브랜즈와 내비스코가 합병되고 나서 로스 존슨이 합병된 회사의 사장 겸 최고운영책임자로 부임했는데, 그는 당장 회사의 문화와 운영 방식을 바꾸기 시작했다. 당시 내비스코는 과거의 성공으로 현재의 생명을 유지하고 있던 회사였다.

> 1970년대에 내비스코의 온건하고 여유로운 경영진이 과거의 영광을 숭상하는 문화를 조성했다. 모두 좋은 사람이었지만 변화를 이끌어갈 사람은 없었다. 내비스코는 정체되어 있었다. 아무도 해고되지 않았고, 오후 5시가 지나면 아무도 일하지 않았다. 또한 아무도 목소리를 높이지 않았다. 이때 로스 존슨이 등장했다.[3]

존슨과 그가 이끄는 스탠더드 브랜즈 출신 사람들은 회의가 열릴 때마다 발표 내용에 문제를 제기했고, 사람들이 시간을 어떻게 보내고 있는지, 무엇에 관심을 기울이고 있는지를 질문하면서 변화의 바람을 일으켰다.

내비스코 임원들은 이 회사의 빽빽하고도 정교하게 작성된 기획 절차, 다년간 예측, 운영 전망에 자부심을 가지고 있었다. 존슨은 이 모든 것을 한꺼번에 팽개쳤다. 그는 임원들에게 이렇게 말했다. "여보세요. 기획이란 당신이 내년에 무엇을 할 것인지, 그것이 올해에 했던 것과는 어떻게 다른 것인지를 말합니다."[4]

때로는 변화를 이끌어가는 사람이 포드자동차의 도날드 피터슨, 제록스의 데이비드 컨즈, 최근에 GM에서 최고경영자를 역임한 로버트 스템펄(Robert Stempel)처럼 권력의 핵심 구조에서 조금은 벗어난 사람이 될 수도 있다. 예를 들어, 스템펄에 대해서는 이런 이야기가 나돈다.

스템펄에게는 관습에 얽매이지 않으려고 했던 이력이 있다. 그는 비판적이라는 인상을 주지 않으면서 반론을 제기하는 데 비범한 능력이 있었고, 직원들이 하는 말에 진정으로 귀를 기울이는 상사로 알려져 있다.[5]

물론 때로는 아웃사이더들이 조직의 주류에서 너무 멀리 떨어져 있는 탓에 자신의 생각을 실현할 수 있는 유일한 방법이 조직을 떠나는 것일 수도 있다. 회사를 창업하거나 자기 생각을 인정해주는 다른 조직에 들어가는 식으로 말이다.

예를 들어, 렌 자피로포울로스(Renn Zaphiropoulos)는 배리언(Varian)에서 근무하는 동안 컴퓨터 테이프의 정보를 그래픽 형태로 전환하여 종이에 찍어내는 정전식 인쇄기 개발에 대한 아이디어를 갖고 있었다.

회사가 자신의 아이디어에 관심을 갖지 않자 그는 직접 버사텍(Versatec)이란 회사를 창업했는데 1970년대 후반에 제록스가 이 회사를 매입했다. 내가 최근에 확인한 바에 따르면 버사텍이 창업자가 근무하던 배리언보다 더 커졌다고 한다. 실리콘밸리를 비롯하여 다른 여러 곳에 위치한 신생 기업의 대부분은 부자가 되려는 창업자의 욕망 때문이 아니라 자신의 아이디어를 실현하기 위한 다른 방법을 찾을 수 없었기 때문에 설립되었다고 한다.

그렇다면 문제는 조직 내 권력 분포에 변화를 가져오는 새로운 관점과 아이디어를 조직을 무너뜨리는 엄청난 정신적 상처와 혼란 없이 어떻게 실현할 것인가에 있다. 권력 역학은 조직의 적응과 변화에 상당히 중요하다. 정치 과정을 억누르지 않고 그렇게 하여 적응을 위한 능력을 파괴하지 않으면서, 또 한편으로는 갈등을 통제하지 못해 조직의 자멸을 초래하는 일을 만들지 않으면서 권력 역학을 잘 관리하여 변화를 일으킬 수 있도록 하는 것이 이상적이다. 균형이 요구되는 대부분의 경우처럼 여기에 적용할 만한 일반 원칙이 없다는 것은 두말할 필요도 없다. 물론 우리는 쟁점과 상충 관계에 대해 생각해볼 수 있지만 이러한 아이디어를 적용하는 것은 주로 구체적인 상황에 달려 있다.

권력 역학을 생산적으로 관리하라

위계질서와 공동의 비전이 일을 성취하는 방법들과 연관되기 어려운 것처럼 권력과 영향력도 마찬가지다. 우리가 권력이 적응의 원천으로서 얼마나 중요한가, 정치 과정을 억누를 때 어떠한 상충 관계가 발생하는가에 대하여 더욱 충실하게 이해하기 위해서는 조직 내 권력 역학과 관련하여 잠재되어 있는 어려운 문제들을 살펴봐야 한다.

권력 역학과 관련된 첫 번째 문제는 조직 내에서 영향력을 확보하려는 시도에 관여하려면 시간, 에너지, 노력이 필요하다는 것이다. 그리고 어떤 사람들은 이러한 노력을 조직의 자원을 낭비하는 것으로 본다. 예를 들어, 2명의 경제학자가 다음과 같은 글을 썼다.

> 영향력을 행사하기 위한(그리고 영향력을 다루기 위한) 활동에 소요되는 시간과 노력은 다른 곳에 사용할 수 있는 소중한 자원이다. 그럼에도 영향력을 행사하기 위한 활동의 목표가 조직 내 구성원 사이에서 의사결정에 따른 순이익의 배분을 바꾸려고 하는 데 있다면 이러한 활동이 조직에 이와 관련된 손실을 상쇄할 만한 효율성 개선을 가져다주지는 않는다.[6]

이들이 강조했던 것은 조직의 의사결정에서 나타나는 이른바 대리인 문제(Agency Problem)였다. 어떤 사람들은 의사결정권을 부여받지만 그렇게 하기 위해서는 때로는 조직 내 다른 사람들이 제공하는 정보에 의존해야 한다. 이러한 다른 사람들은 의사결정에 의해 영향을 받을 수도 있고, 결과적으로 그들이 제공하는 정보를 자신의 이해관계에 유리하도록 왜곡할 수도 있다. 의사결정에 의해 영향을 받는 당사자들이 이러한 정치 행위에 관여하려는 비슷한 동기를 갖기 때문에 엄청난 에너지가 생산적인 것들을 전혀 얻지 못한 채 정치 공작에 소모되고 만다.

이 문제를 개선하기 위한 한 가지 방법은 정치 행위에 관여하려는 동기 혹은 필요성을 줄이는 것이다. 조직은 보상을 더욱 균등하게 배분하는 식으로 이 목적을 달성할 수 있다. 어떤 경우라도 모든 사람이 거의 비슷한 대우를 받기 때문에 영향력을 확보하려는 시도를 통하여 얻을 것이 별로 없다면 이러한 시도는 점점 사라질 것이다.

예를 들어, 조직 구성원들이 받는 임금에서 그 격차를 줄이는 것도 효과적이다. 이것은 승진이나 임금과 같은 경력 성과에 영향을 미치기 위한 시도를 덜하게 만들 것이다. 대체로 (자본 예산과 인력 배분 등과 같은) 조직의 자원을 더욱 평등하게 배분하는 것이 영향력을 행사하기 위한 활동과 여기에 소요되는 시간과 노력을 줄이기 위한 효과적인 방법이 될 수 있다.

영향력을 행사하기 위한 활동이 시간과 에너지를 낭비한다는 데는 의심의 여지가 없다. 리먼 브라더스에서 통제권을 얻기 위한 싸움은 일련의 파트너 회의, 피터슨과의 금전적 합의를 위한 협상, 이사회 회의로 이어졌다. 파트너들이 복도에서 쑥덕거리는 동안 일이 제대로 진행되지 않았다. 글럭스먼이 최고경영자가 된 이후로는 회사 주식과 이익의 배당을 두고 정치 공작이 활발하게 전개됐고, 이에 따라 회의와 비공식적 토론회도 더욱 자주 열렸다. 글럭스먼이 과거의 관행을 없애고 보상을 강화할 것이라는 사실 때문에 이러한 보상을 둘러싼 싸움이 격렬하게 전개됐다. 여기에 걸려 있는 이해관계는 엄청났다. 허튼증권의 경우도 마찬가지였다.

외부 컨설턴트인 닐 엘드리지(Neal Eldridge)는 이렇게 기억한다.

"허튼증권의 보상 체계는 미인 선발대회와 줄다리기 시합을 한데 모아놓은 것과 같았다. 그것은 마치 삐걱거리는 바퀴 같았다."[7]

삐걱거리는 바퀴 시스템이 갖는 문제는 회사에 더 많은 이익이 될 수 있는 활동을 위한 노력이 삐걱거림을 일으키는 곳으로 전용된다는 것이다. 실제로 포먼 시절에는 모든 직급에서 승계를 위한 정치 공작이 너무나도 만연하여 허튼증권의 경영 시스템이 조직에 해로운 결과를 낳으면서 사실상 작동이 멈추게 됐다.

영향력 확보 투쟁을 최소화하기 위한 수단으로서 더욱 평등하게 배분하는 데는 어려움이 따르는데 이것은 조건부 할당 시스템의 활용 가능성을 배제한다. 모든 부서에 걸쳐서 자본 예산을 평등하게 배분하면 가장 생산적인 활용을 위해 자산을 재할당하는 것이 어려워질 것이다. 임금을 평등하게 배분하면 그렇지 않았을 경우 임금을 적게 받아야 할 사람은 만족할 테지만 실적이 뛰어난 사람, 즉 그렇지 않았을 경우 임금을 많이 받아야 할 사람은 그 결과에 만족하지 못할 것이고, 따라서 조직을 떠날 수도 있다.

그러나 쉽게 이해할 수 있고 명백하게 적용이 가능하여 조직에 이익이 되는, 이보다는 덜 극단적인 규정의 사례가 있을 것이다. 조직 구성원들이 조직의 목표와 이러한 목표를 달성하기 위해 어느 정도로 전진했는가를 측정하는 데 동의한다면 영향력을 행사하기 위한 활동은 줄어들 것이다. 물론 이러한 동의가 없다면 영향력을 확보하기 위한 투쟁에 따르는 비용은 일종의 거래 비용, 즉 불확실성과 이질성의 조건 하에서 의사결정을 할 때 발생하는 일종의 관리 비용이 될 수 있다.

건전한 조직에서 갈등이 얼마나 많이 존재하는가를 살펴보면서 우리는 모든 갈등이 반드시 해로운 것만은 아니라는 사실을 명심해야 한다. 의견 차이는 이용 가능한 모든 정보와 관점을 고려하여 판단을 내리는 데 유용하고도 중요하다.

알프레드 슬론(Alfred Sloan)은 1920년대와 1930년대에 GM의 최고경영자로 재직하는 동안 회의에서 누군가가 제안한 의견에 반론을 강력하게 제기하는 사람이 아무도 없으면 의사결정을 거부했다. 그는 결정해야 할 사항에 반대하는 사람이 아무도 없다면 이것은 사람들이 심의 중인 문제에 대하여 장시간에 걸쳐서 충분히 검토하지 않았기 때문이라고 생각했다. 슬론은 조직에서 모든 중요한 쟁점은 다양한 차원을 가지고 있다는 것을 알았고, 어떤 결정을 내리기 전에 문제의 모든 측면을 철저하게 검토했는지를 확인하려고 했다.

그러나 때로는 갈등이 개인적인 감정 대립의 양상으로 번지면서 더이상 쟁점이나 문제의 본질을 논하지 않고, 싸움에서 승리하거나 다른 사람 혹은 집단에 상처를 입히는 방향으로 흘러가기도 한다. 갈등이 점점 격렬해지고 인신공격에만 집중하게 되면 문제에 대한 이해를 돕기는커녕 비생산적으로 변질될 수 있다. 권력 투쟁이 파괴적인 갈등을 낳게 된다면 조직은 커다란 피해를 입게 될 것이다.

메릴린치 출신의 로버트 리터라이저(Robert P. Rittereiser)가 허튼증권의 사장으로 부임하고 포먼의 유력한 후계자로 떠오르면서 그는 자기 사람들을 데려와 주요 요직에 앉혔다. 그러나 그가 이러한 사람들을 살로몬 브라더스에서 아메리칸 익스프레스, 시티코프(Citicorp), 8대 회계법인인 딜로이트 하스킨즈 앤 셀즈(Deloitte Haskins & Sells)에 이르기까지 여러 조직에서 데려온 것이 문제가 됐다. 리터라이저는 강력한 리더가 아니었고, 그가 데려온 다양한 사람들에게는 공동의 이력, 관점, 회사를 위한 비전이 없었다. 따라서 자리싸움이 치열하게 전개됐다.

권력을 얻기 위한 열병이 퍼져 있었다. 리터라이저의 집행위원회 위원들은 모두 이러한 열병에 시달렸다. 그들은 지위, 직책, 세력을 얻기 위해 서로 싸우느라 회사를 돌볼 시간이 없었다.[8]

제록스에서는 팔로알토연구소 연구원들이 제록스가 컴퓨터 산업으로 진출하기 위해 인수했던 사이언티픽 데이터 시스템즈(Scientific Data System/SDS) 출신 사람들과 경쟁 관계에 있었다.

SDS는 팔로알토연구소가 제안한 아이디어를 과소평가했고, 그들에게는 발명을 상품화할 능력이 부족하다고 생각했다. 팔로알토연구소의 컴퓨터과학자들은 SDS 사람들의 능력을 무시했다. 팔로알토연구소와 SDS는 처음부터 적대적 관계에 있었다.[9]

팔로알토연구소 연구원들이 경쟁자의 컴퓨터를 사용하여 시분할 시스템(하나의 컴퓨터 시스템을 복수의 사용자가 동시에 대화식으로 사용하는 이용 형태 - 옮긴이)을 개발하자 SDS 사람들은 격분했고 적대감은 더욱 커져만 갔다. 당연히 이러한 적대감은 부서 간 협력, 컴퓨터 산업에서 살아남을 수 있는 제품의 개발에 도움이 되지 않았다.

부서 간 갈등은 상호의존성과 생각의 다양성이 존재하더라도 피할 수 없는 것은 아니다. 애플에서의 부서 간 갈등은 스티브 잡스가 다른 부서들을 바라보는 태도 때문에 조장됐다.[10] 리먼 브라더스에서는 피터슨이 외부 관계에만 몰두하고 파트너들과의 관계를 소홀히 하여 글럭스먼이 적대감을 갖도록 자극했고, 회사가 상호 파괴적인 갈등 상황에 쉽게 빠져들게 했다. 존스 데이의 워싱턴 사무소와 클리블랜드 본사와의 갈등은 어느 정도는 두 사무소의 운영 방식이 결코 맞물려서 돌아갈 수 없었기 때문에 발생했다. 워싱턴 사무소가 합병을 통해 이 로펌으로 들어왔는데 처음에는 다른 이름을 썼고, 법률 서비스를 제공하는 방식도 달랐을 뿐만 아니라 보상 체계와 경영 구조도 달랐다. 그런데도 이러한 차이를 메우기 위한 노력은 거의 없었다.

어떤 경우에는 부서 간 갈등이 경영진의 개인적 성향에서 비롯되기도 한다. 이러한 갈등은 이것을 건설적으로 관리하고 공동의 비전을 바탕으로 외부의 위험에 대처하기 위해 조직을 통합하려는 노력을 기울이지 않을 때 더욱 악화된다. 이러한 관점에서 보자면 애플컴퓨터, 리먼 브라더스, 제록스 그리고 심지어는 존스 데이 모두 다음의 두 가지 특징, 즉 강력하고도 통합적인 리더십의 결여와 조직의 구성원들이 단결하도록 동기를 부여할 만한 위협이 없는 풍요로운 경제 여건을 공유하고 있었다는 사실이 전혀 놀랍지 않다.

권력 역학을 성공적으로 관리하지 않을 때 나타날 수 있는 두 번째 문제는 지연이 발생한다는 것이다. 권력과 영향력을 행사하는 과정은 시간이 걸리고, 이것이 의사결정과 행동에 지연을 초래할 수 있다.

나는 규모가 큰 어느 식료품 체인업체에서 경영자 교육을 위한 강의를 한 적이 있다. 당시 그 조직은 내부적으로 의견 대립이 심했다. 어느 한 집단은 전통적인 방식으로 식료품점을 관리하고 운영하던 사람들로 이루어져 있었는데, 그들은 성공을 위해서는 매장에서의 경험이 중요하며 회사가 매장 운영에 더욱 집중해야 한다고 생각했다.

이에 반대하는 집단은 바로 재무 전문가들이었다. 그들은 식료품 사업이 안정적이고 현금을 창출하는 괜찮은 분야지만 마진이 적고, 경쟁이 심하며, 성장 전망이 어둡다는 것이 자신들의 공통된 생각이라고 주장했다. 그들은 회사가 식료품 사업에만 집중한다면 어떤 식으로든 적대적 인수합병의 먹잇감이 되는 시기가 다가올 것이라고 생각했다(추후에 이 업계에서 차입금에 의한 인수와 적대적 인수합병이 발생한 것을 감안할 때 이러한 예측은 상당한 예지력이 있는 것으로 드러났다). 재무 전문가들은 전략적 분석을 충분히 하고, 이 회사의 식료품점이 위치한 상가에 입점할 수 있는 약국이나 보육원 사업 등을 포함하여 기타 소매업뿐만 아니라 식품과 유제품 제조업으로도 진출하여 사업을 다각화하길 원했다.

이 회사는 지리적으로도 나뉘어져 있었다. 캘리포니아 주에서 존재감이 강했지만 미국의 다른 지역과 해외에서도 영업을 하고 있었다. 여러 사업부들이 자금 지원을 얻기 위해 경쟁을 해온 것이다. 캘리포니아 사업부는 자기들이 다른 부문에서 발생한 손실과 자본적 지출(capital expenditure, 자산적 지출이라고도 한다. 고정 자산의 내용 연수를 연장시키거나 자산의 가치를 증가시키는 지출을 의미한다 – 옮긴이)을 지원하고 있다고 주장하면서 수익에서 더 많은 부분을 챙기려고 했다. 다른 지역 사업부들은 경쟁이 치열하지 않은 환경에서 영업하면서 회사에 성장 기회를 제공하고 있다고 주장했다.

이 회사는 막강한 법무부서를 보유하고 있었는데 이 부서는 독점금지법과 노동법에 영향을 미칠 만한 모든 가능한 조치들을 평가했다. 그리고 부동산 사업부는 회사가 경쟁에서 성공한 것이 실제로는 탁월한 부동산 입지 선정에서 비롯되었다고 주장했다. 이 사업부는 회사의 이러한 강점을 감안하여 조직이 보유한 부동산 전문성을 활용하기 위해 쇼핑센터와 매장 개발 부문에서 더 많은 활동이 있어야 한다고 생각했다.

각각의 주장 모두 나름대로 의미가 있었고, 이를 강력하게 지지하는 회사의 고위층도 있었다. 문제는 무엇을 할 것인가에 대한 논의가 계속 진행될수록 하위 관리자들이 어떠한 조치가 되었든 이를 실행에 옮기는 것을 두려워했다는 것이다. "고래 싸움에 새우등 터진다"라는 속담이 바로 이 회사를 두고 하는 말이었다. 실제로 새우들은 피해 다니기에 바빴고 뒤로 미룰 수 있는 것이라면 아무것도 하지 않으려 했다. 매장 리모델링에 대한 결정도 연기됐고, 매장 확장에 대한 결정도 오랜 시간이 지나서야 이뤄졌다. 매장을 확장할 것인가, 확장을 한다면 어느 곳에서 할 것인가에 대한 결정을 할 수 없었기 때문에 유력한 부지를 놓치기도 했다. 다양한 이해관계자들 간의 갈등 때문에 조직이 마비되고 말았던 것이다.

이런 설명을 들으면 누구든 짐작할 수 있듯이 당시 이 조직에는 강력한 최고경영자가 없었다. 회장은 젊었고, 따라서 경험이 부족했다. 그리고 그가 회장 자리에 오른 데는 가족들이 회사 주식을 많이 보유했다는 사실이 어느 정도 작용했다. 이러한 이유 때문에 그 아래에 있는 사람들의 자리싸움이 훨씬 더 심해졌다. 이 조직은 무엇을 할 것인가에 대한 감각이 없었고, 분명한 비전이나 전략적 목표가 없었기 때문에 이런 싸움이 계속되면서 수익뿐만 아니라 사업 개발을 위한 기회마저도 놓쳐버렸다.

권력 역학에서 발생할 수 있는 세 번째 문제는 불완전한 분석에 있다. 나는 분석이 모든 사업 결정 혹은 조직상의 의사결정 문제를 해결할 수 있을 것이라고는 생각하지 않는다. 한편으로는 무엇을 할 것인가에 대하여 정보에 입각한 현명한 의사결정을 할 때 데이터와 정보가 유용하게 쓰인다. 13장에서 살펴봤듯이 때로는 조직에서 권력과 영향력이 정보를 무시하거나 정보를 전략적, 집중적 방식으로 찾게 하여 이 과정에서 타당한 데이터를 생산하지 못하는 일종의 병리 현상이 발생하기도 한다.

정치 행위와 영향력이 분석을 대체할 때 발생하는 문제점을 가장 분명하게 보여주는 사례로 미군 군수 물자의 구매와 배치를 들 수 있다. 닉 코츠(Nick Kotz)는 군수 물자의 조달 시스템 전반, 그중에서도 특히 B-1 폭격기의 조달 시스템에 대해 예리하게 분석했다.[11]

미국 공군은 미시간 주 출신의 의회의원들에게 B-1 폭격기에 대한 지지를 얻기 위해 미시간 주 북부에 위치한 워트스미스 공군 기지를 폐쇄할 수도 있을 것이라고 위협했다. 미시간 주 오스코다상공회의소에서 열린 오찬 회의에서 공군 군수사령부 부지휘관 얼 오로린(Earl O'Loughlin) 중장은 다음과 같이 경고했다.

"미시간 주에는 B-1 프로그램을 지지하지 않는 의원들이 더러 있습니다. B-1 프로그램에 반대하는 주가 제일 먼저 제외될 것입니다"
오로린 중장은 상공회의소가 B-1 프로그램에 반대하는 레빈(Levin)

과 리글(Riegle) 상원의원에게 항의 편지 보내기 운동을 벌여야 한다고 주장했다.[12]

이런 압박은 확실히 효과가 있었다.

레빈 상원의원은 기자 간담회와 위원회 청문회에서 자신의 지역구에 메시지를 보냈다.

"지금까지 제가 B-1 프로그램에 반대했는지는 잘 모르겠지만 B-1 폭격기가 앞으로 제작될 예정이고, B-1 폭격기를 배치하기에 가장 적합한 곳은 바로 워트스미스 공군 기지입니다."

이러한 정치 과정에서 무엇이 국가안보를 위해 최선인가에 대한 진지한 논의는 전혀 찾아볼 수 없었다.[13]

B-1 폭격기는 결국 텍사스 주 다이스 공군 기지에 배치됐다. 이것은 존 타워(John Tower) 의원이 개입하여 공군을 후원한 것에 대한 보답이었다. 로버트 돌(Robert Dole) 상원의원이 개입하여 영향력을 발휘한 덕분에 캔자스 주 위치타 부근의 맥코넬 공군 기지에도 B-1 폭격기가 배치됐다. 그리고 미국의 다른 두 곳에 위치한 공군 기지들도 군사적으로 타당성을 인정받았다.

텍사스 공군 기지의 경우 폭격기가 소련에 도달하려면 복잡한 재급유 과정이 요구됐다. 캔자스 공군 기지도 전략적으로 좋은 위치가 아니었다. 주변에 인구 밀집 지역이 있을 뿐만 아니라 보잉항공사가 쉴새 없이 사용하는 활주로가 있었기 때문이다. 또한 맥코넬 공군 기지에 B-1 폭격기를 배치하려면 핵무기 저장 시설이 없기 때문에 4000만 달러가 추가적으로 소요됐다. 그러나 돌 의원이 군수 물자의 조달과 레이건 대통령의 조세 개혁에 대한 지지를 철회할 수도 있다는 점을 분명히 한 이후로 B-1 폭격기가 맥코넬 기지로 날아오게 됐다.

B-1 폭격기의 전체 역사는 전략적 요구, 비용, 대안들에 대한 분석을 완전히 배제하지는 않더라도 이보다 더 우선하는 정치 과정의 역사를 보여준다. 폭격기는 그 필요성에 대한 전략적 분석에 근거하지 않고 이를 무시하고 제작됐다. B-1 프로그램의 역사는 다양한 이해관계자들의 권력에 기초한 의사결정을 강행하기 위해 분석을 못하게 하거나 하지 않으려는 의지를 여러 차례에 걸쳐서 보여주었다. 군수 물자의 조달 영역에서 나타나는 다양한 사례들은 분석이 행해지지 않거나 무시될 때 발생할 수 있는 문제들을 훌륭하게 보여준다.

그렇지만 이러한 상황들에서도 상충 관계가 나타난다. 폭격기 기지 선정과 관련된 전략적, 군사적 결과는 결국 국가가 군사 무기 시스템을 구축하기 위해 어디에 얼마를 지출하는가의 문제에서 발생하는 일련의 결과들 중 하나에 불과하다. 폭격기 제작과 군수 물자의 조달은 일부 소규모 지역 사회에 경제적 혜택을 제공하고, 이러한 혜택이 지역 사회에 실제로 생명력을 불어넣는다. 폭격기 기지 선정이 군사적 억지력이라는 혜택과 지역 사회의 경제적 혜택을 동시에 얻기 위한 비용이 가장 적게 드는 방법일 수도 있다.

여기서 중요한 점은 대부분의 의사결정이 다양한 측면들과 관련되어 있고, 우리가 적절하지 않다고 여기는 측면들을 포함하여 의사결정이 이루어질 때 때로는 우리가 이런 의사결정이 근본적으로 잘못되었다고 주장한다는 것이다. 이런 의사결정이 잘못된 것은 아니다. 이런 의사결정은 단지 한 가지 측면만을 최적화한 분석이 정답이라고 제시하는 것과 다를 뿐이다.

앞서 살펴봤듯이 수치는 거의 모든 것을 나타내기 위해 동원될 수 있다. 당신이 이러한 수치를 회의적으로 바라보더라도 수치를 확보하는 것은 필수적이다. 타협을 위한 거래는 반드시 필요하다. 중요한 것은 여기서 어떤 대가를 치러야 하는지를 아는 것이다.

이해관계와 관점을 둘러싼 경쟁은 정치 역학을 생산적으로 관리해야 하는 문제를 낳는다. 또한 이러한 경쟁은 우리가 살펴본 애초에 권력과 영향력을 창출하는 바로 그 상황에서 나온다. 조직의 보상 배분을 균등하게 하고, 관점을 동일하게 하며, 의견 차이를 덮어버리는 식으로 권력의 역할을 제거하려면 그 대가를 치러야 한다. 조직에서의 권력 관리는 타협 능력을 요구한다.

이제 정치 역학의 관리에 관하여 마지막 남은 문제를 설명할 차례다. 경영컨설팅 기업인 스트래티직 디시젼스 그룹(Strategic Decisions Group)에서 일하는 내 친구는 조직 관리에서 한 가지 어려운 문제로 조직이 어느 단계에 있는지, 어느 단계에 있어야 하는지에 대해 가끔은 혼란스럽다는 점을 지적했다. 회사는 의사결정을 해야 하는 때가 있고, 변화가 필요한 때가 있으며, 실행이 요구되는 때가 있다. 무엇인가를 실행하는 데 요구되는 능력은 방향과 정책의 변화를 추진하는 데 요구되는 능력과는 다르다. 그리고 이 두 가지 상황 모두 '우선 무엇을 해야 하는가'를 판단하는 데 요구되는 능력과는 다른 능력을 요구한다.

그렇다면 권력 역학을 생산적으로 관리하는 데 있어서 중요한 첫 번째 과제는 특정한 의사결정과 요구되는 행동 방식에서 조직은 어떠한 단계에 진입해야 하는가, 어떻게 하면 조직을 효과적으로 운영할 수 있는가를 판단하는 것이다. 두 번째 과제는 조직을 어느 한 단계에서 다른 단계로 이동시키는 것이다.

어떤 조직은 실행 단계에 갇혀서 그들이 무엇을 실행하고 있는지 재평가하지 않는다. 이러한 모습은 로버트 모제스가 공원위원회 위원장으로 있던 시절에 나타난 문제점이었다. 어떤 조직은 기술적으로 뛰어난 통찰력과 분석력을 갖추고도 실행에 어려움을 겪는다. 1970년대의 제록스가 이에 해당한다. 어떤 조직은 훌륭한 정보를 활용하여 의사결정을 하는 데 뛰어나고, 이것을 실행에 옮기는 능력도 갖추고 있지만 상황 변화를 인식하여 근본적인 변화를 이루어내는 데 어려움을 겪는다. 많은 조직이 이에 해당되지만 특히 GM이 전형적인 사례를 제공한다.

정치 역학과 여기서 발생하는 잠재적인 문제와 기능 장애는 다양한 단계와 과정에 걸쳐서 다르게 나타난다는 점을 인식하는 것이 중요하다. 변화를 이루어내는 데 필요한 영향력 기법의 유형은 뛰어난 분석을 자극하거나 기본적으로 합의했던 것을 실행하는 데 필요한 기법과는 조금 다르다. 권력과 영향력에서 비롯되는 잠재적인 문제를 민감하게 다루고, 다양한 상충 관계를 고려하며, 조직이 의사결정을 해야하는 단계를 인식하는 것은 우리가 정치 역학을 생산적으로 관리하기 위해 필요한 통찰력을 갖추는 데 도움이 되지만 이를 반드시 보장하는 것은 아니다.

권력이 조직의 효율성과 성과에 도움이 될까?

조직 내 정치 과정에서 비롯되는 잠재적인 문제들 때문에 권력과 영향력 행사의 과정과 성과의 관계를 평가하는 것이 중요해진다. 권력과 영향력을 덜 행사하는 조직이 더 나은 성과를 실현하는가? 아니면 권력과 성과의 관계가 더욱 복잡하고도 불확실하게 나타나는가?

나는 여기서 가장 흔한 가설이 '조직에서 권력과 영향력 행사의 과정이 성과에 해롭게 작용한다'는 것이라는 점을 미리 말해두고 싶다. 톰 피터스가 한번은 내가 예전에 썼던 권력에 관한 책을 빌려간 적이 있다.[14] 비록 그가 자제하려고 노력한 것은 분명하지만 내가 그 책을 돌려받았을 때는 책의 여백에 '효과적인 조직에서는 그렇지 않음'이라고 적어놓은 곳이 자주 눈에 띄었다. 그는 훌륭한 조직에서는 이 책에서 설명하는 갈등과 정치 행위가 분명하게 드러나지 않는다고 보았다. 그의 생각이 아마 옳을 것이다. 바로 이런 이유로 이러한 조직들 중 대다수가 불과 몇 년 만에 더 이상 그전처럼 훌륭한 조직으로 인식되지 않았으니까 말이다.[15]

파스칼이 지적했듯이 패러독스가 있다. 한편으로는 조직 체계, 인력 구성, 구조, 전략 등에서 조화를 이루기 위한 처방이 있다. 다른 한편으로는 조직의 모든 구성 요소에서 조화와 상호보완성이 지나치면 조직이 새로운 환경에 맞게 변화하거나 적응할 수가 없다.[16] 이러한 딜레마가 파스칼로 하여금 포드자동차, 혼다, GE와 같은 대기업의 사례를 자세히 살펴보고 '조직은 어떻게 변화하는가' 혹은 '스스로 혁신을 꾀하는가'를 이해하도록 자극했다.

파스칼은 계획된 노력에 초점을 맞춰 분석을 진행했다. 이러한 노력이 항상 포괄적으로 계획되지는 않았지만 말이다. 사람들이 문제를 인식하고, 이를 해결하기 위해 무엇을 해야 할 것인가를 알아내려고 한다는 것은 맞는 말이다. 때로는 성공과 실패를 결정하는 것이 운이라는 것도 맞는 말이다. 그러나 파스칼의 이처럼 훌륭했을 수도 있는 분석에서 등장하지 않는 것은 개인과 집단의 동기 혹은 이해관계로서 이것은 무엇을 계획할 것인가, 최종적으로 무엇을 실행할 것인가를 결정하는 데 확실히 영향을 미친다.

전략, 기술, 시장 접근 방식, 인력 관리에서의 변화를 포함하여 근본적인 변화가 요구되지 않는다면 즉, 조직의 기존 경영 방식과 문화가 지금까지 성공적이었고 앞으로도 예측 가능한 미래를 위해 성공적으로 지속된다면 권력과 영향력을 행사하는 과정은 당장 불필요하고 비효율적인 것이다. 이것이 바로 경제학자들과 여러 학자들이 대리인 이론의 관점에서 권력과 정치 행위에 접근하면서 암묵적으로 가정하는 상황이다.

이러한 가정에는 조직을 대표하여 의사결정을 하는 지적이고 좋은 동기를 가진 위임자가 존재한다. 이 위임자는 정보와 분석 능력이 부족하므로 대리인에게 의존해야 한다. 이 대리인이 자신의 이익 혹은 그들 하위 조직의 이익을 위해 정보를 전략적으로 제공할 수도 있다. 그러나 대리인 이론에서는 위임자 자신이 경제적 효율성, 조직의 번영에 관심이 있는 것으로 가정한다. 여기서 문제는 현실 세계에서는 누가 위임자이고, 누가 대리인인지가 분명하지 않다는 것이다. 그리고 최고경영자조차도 때로는 조직의 이해관계가 아닌 자신의 이해관계에 근거하여 자신의 권력 혹은 통제력을 유지하고, 자신의 유산이 될 만한 조직 혹은 구조물을 건설하기 위해 행동한다.

일부 조직 모델에서 등장하는 감정에 좌우되지 않고 효율성을 극대화하는 경영자가 실제 조직에도 있는지는 분명하지 않다. 의사결정자의 동기 혹은 이해관계를 신뢰할 수 있다는 의미에서 의사결정에 문제가 없다면, 그리고 이러한 여건이 안정적이라면 정치 투쟁은 시간과 노력을 낭비하는 결과를 낳을 것이다.

캐슬린 아이젠하르트(Kathleen Eisenhardt)와 제이 부르주아(Jay Bourgeois)는 마이크로컴퓨터 산업에서 규모가 작은 첨단기술 기업 여덟 곳을 연구한 적이 있다.[17] 이들 중 규모가 가장 큰 기업은 종업원 수가 500명이었고, 규모가 가장 작은 기업은 종업원 수가 50명이었다. 이 둘은 전략 방향과 제품 개발에 관한 구체적이고도 중요한 의사결정을 연구했는데, 의사결정이 권위적인 최고경영자에게 집중될수록 정치 행위가 더 많아진다는 사실을 확인했다. 또한 최고경영자의 권력이 강해질수록 나머지 경영진에게서 그들의 권력을 공고히 하고, 동맹을 형성하며, 반란을 꾀하려는 경향이 더욱 두드러진다는 점을 지적했다.[18] 그들은 정치 행위와 성과의 관계를 살펴보고는 효율적인 기업의 최고경영진은 정치 행위를 기피하지만 그렇지 못한 기업의 최고경영진은 정치 행위를 활용하려는 경향이 있다는 것도 확인했다.[19] 그 이유는 다음과 같았다.

1. 정치 행위는 시간을 소모하고 경영진의 에너지를 낭비한다.
2. 정치 행위는 정보의 흐름을 제한한다.

3. 정치 행위를 활발하게 하는 최고경영진들은 다른 사람의 의견을 왜곡된 시선으로 바라본다.

아이젠하르트와 부르주아가 주의 깊게 진행했던 연구는 조직에서 정치 행위와 성과의 관계를 경험적으로 살펴본 몇 안 되는 연구 중 하나다. 따라서 그 결과를 주의 깊게 살펴보아야 한다.

첫째, 그들이 지적했듯이 정치 행위가 좋지 않은 실적을 초래했을 뿐만 아니라 좋지 않은 실적이 정치 행위를 초래할 수도 있다. 실적이 좋지 않으면 경영자들이 자기 자리에 대하여 불안감을 느끼게 되는데 (아마도 당연히 그럴 것이다) 이것이 자리를 둘러싼 싸움을 일으키고 비난을 회피하려는 핑곗거리를 찾게 만든다.

둘째, 이 연구에서는 정치 행위와 권위주의적 경영이 거의 완벽한 상관관계를 갖는 것으로 나타났다. 권위주의적 경영은 급격하게 변화하고 기술적으로 복잡한 환경에서는 효과적이지 않을 것이다. 연구 대상 기업들은 규모가 작은 기업들로 시장에서 확고한 지위가 없었고, 직원들이 다른 기업으로 옮겨가기 쉬운 영역에서 영업을 하고 있었다. 권위주의적 경영 방식은 높은 이직률을 낳고, 중요한 기술을 보유한 직원들이 좋은 실적을 보여줄 동기를 잃어버리게 만들 가능성이 높다. 그렇다면 좋지 않은 실적과 정치 행위의 관계가 직접적인 것인지, 아니면 이러한 관계가 이번 표본 기업들에서처럼 정치 행위와 좋지 않은 실적의 진정한 원인이라 할 권위주의적 경영과의 상관관계로부터 간접적으로 나온 것인지 분간할 수 없다.

그러나 중요한 것은 이러한 기업들이 경제학 모델에서 가정하는 상황과 가장 가까운 상황을 제공한다는 것이다. 이러한 기업들은 규모가 작은 조직들로 위임자가 상당한 소유권을 쥐고 있는 최고경영자일 가능성이 높다. 이러한 최고경영자들에게는 우리가 허튼증권이나 제록스에서 본 것처럼 자신의 이익을 챙기기 위해 권력을 유지해야 할 동기가 별로 없다. 오히려 치열한 경쟁 환경과 강력한 지분권이 그들로 하여금 조직에 가장 이익이 되는 조치를 취하게 만들 가능성이 높다. 이런 상황에서는 정치 행위와 정보 왜곡이 최선의 의사결정을 하는 데 불리하게 작용한다. 이처럼 경쟁이 심하고 급변하는 환경에서는 결과가 상당히 신속하게 나타나기 마련이다.

이것과 대비하여 폴라리스(Polaris) 시스템과 같은 국방 무기 시스템의 개발 사례를 살펴보자. 폴라리스 프로그램은 미국이 추진한 가장 성공적이고도 효과적인 무기 개발 프로그램 중 하나로 인정받아왔다. 비판하는 사람도 별로 없었고, 훌륭한 경영 실천 모델로 인식되었으며, 미국의 핵 억지력 강화에 중요한 무기 시스템이 됐다. 무기 시스템의 개발은 마이크로컴퓨터 회사의 경우처럼 성공과 유효성의 측면에서 쉽게 평가할 수 있는 대상은 아니다.

폴라리스 프로그램에 대한 사례 연구를 훌륭하게 수행한 사폴스키(Sapolsky)는 이렇게 말했다.

"비판하는 사람이 없다는 것은 성공의 지표가 될 수 있다. 이런 사실 자체가 특정 프로그램 혹은 조직을 운영하는 것이 자신의 이해관계나 목표에 해롭게 작용한다고 보는 사람이 아무도 없고, 심지어는 자신에게 이익이 된다고 보는 사람도 더러 있다는 것을 의미하기 때문이다."[20]

폴라리스 프로그램의 성공은 이 프로그램을 시작할 때부터 미리 예정되어 있는 것은 아니었다. 육해공군이 전략적 공격 미사일에서의 역할을 두고 치열한 경쟁을 벌였고, 따라서 이 프로그램은 '관할권 경쟁과 기관 간 협조'라는 문제에 직면했다.[21] 여기서 '정치 행위가 폴라리스 프로그램의 성공에 어떤 역할을 했는가?'라는 질문을 던질 수 있다. 정치 행위가 아이젠하르트와 부르주아가 관찰했던 조직에서처럼 프로그램의 효과에 해롭게 작용했는가? 또한 폴라리스 프로그램이 성공하게 된 것은 권력과 영향력을 얻기 위한 투쟁이 없었기 때문인가?

사폴스키의 대답은 '아니요'였다. 그는 폴라리스 프로그램의 성공은 후원자와 관리자의 관료 정치적 역량이 중요하게 작용했다는 결론을 내렸다. 그들은 우선 입법부와 행정부의 지지를 얻었고, 육해공군의 경쟁 관계를 조정했으며, 프로그램에 필요한 과학기술 인력을 소집했고, 기관 간 네트워크와 조직 간 계약 관계를 성공적으로 관리했다.

> 폴라리스 프로그램의 성공은 이것을 진척시키고 지켜내려는 제안자들의 역량에 달려 있었다. 그들은 경쟁자를 물리쳤고, 검토 기관을 상대하여 전략에서 승리했으며, 의회의원과 해군 장성, 언론인과 학자들을 아군으로 포섭했다. 정치 행위는 일종의 시스템상의 요건이었다. 정부 프로그램이 갖는 특징은 일부는 정치 행위를 하고 나머지는 정치 행위를 하지 않는다는 데 있지 않았다. 오히려 일부가 나머지보다 정치 행위를 더 잘한다는 데 있었다.[22]

사폴스키는 PERT(Program Evaluation and Review Technique, 프로그램 평가 및

검토 기법으로 최종적인 목적 달성을 위해 수행해야 할 모든 개별적인 활동이나 작업을 전체 프로젝트와 관련시켜 광범위하게 분석한다 – 옮긴이) 차트와 주 경로 분석(Critical Path Analysis/CPA, 사업 관리를 위해 일정하게 관리 중인 네트워크상의 주 경로에 초점을 두고, 일정 계획상의 순서와 영향을 식별 및 평가하는 분석 기법이다 – 옮긴이)처럼 이 프로그램을 위해 개발되고 널리 알려진 경영 관리 기법들조차도 주로 외관을 갖추고 지지를 결집하는 데 사용된 점을 지적했다. 이러한 분석 기법들은 이 프로그램을 평가하거나 관리하는 데 실질적으로 반드시 중요한 것은 아니었다.

> 내가 입증하려고 했던 것처럼 이러한 프로그램 경영 관리 기법들의 혁신은 기술적으로는 그 효과가 기우제 때 추던 춤에 불과했지만 그럼에도 정치적으로는 상당한 효과가 있었다. 특수공작국(Special Projects Office)은 경영 효율성에 대한 평판 때문에 아무도 이번 개발 계획에 대해 반론을 제기하지 못했다는 것을 금방 알아차렸다.[23]

이와는 다른 환경에서도 정치적 역량이 성공을 위한 필수 요건이라는 것을 보여준다. 그리고 이와 비슷한 결과가 어느 병원에서의 조직 개발에 관한 핀 보럼(Finn Borum)의 연구에서도 나온다.[24] 보럼의 연구는 조직 개발을 중재하기 위한 일환으로 진행됐다. 보럼과 그의 동료 연구자들은 공동의 목표와 합의를 가정하고, 조직의 고위층을 연구 대상으로 하는 전통적인 조직 개발 접근 방식을 배제한 채 외과부서 직원들을 연구 대상으로 하여 무엇보다도 하급 직원들의 권력을 강화함으로써 이 부서의 효율성 증대를 도모했다. 이러한 중재 전략은 현재의 체제에서 고통받는 사람들이 변화를 밀어붙일 만큼 충분한 권력을 갖기 전에는 아무것도 변하지 않는다는 가정에서 출발했다. 보럼은 다음과 같이 지적했다.

"이 전략에는 갈등 상황에서 약한 자들이 강한 적을 상대하여 자신의 권력 입지를 강화하는 단계가 들어 있다. 이것은 약한 자들의 권력 기반을 강화하거나 강한 자들의 권력 기반을 약화하는 방식으로 성취할 수 있다."[25]

외과부서는 다음과 같은 문제를 가지고 있었다.

1. 업무 부담의 변동이 인력 충원 방식의 변동과 잘 부합하지 않았다.
2. 주로 여성으로 구성된 지원 인력과 남성으로 구성된 외과 의사 간의 관계가 좋지 않았다.
3. 스트레스와 불만이 가득하여 조직 분위기가 좋지 않았다.

컨설턴트들은 외과부서에서의 권력 형성에 노력을 집중하고는 작업 배정 방식을 변화시키기 위해 특히 외과 의사들과의 협상에 들어갔다. 이러한 중재는 성공적이었다. 결과적으로 외과부서 직원들은 만족해했고, 외과 의사들도 마찬가지였다. 그리고 여러모로 볼 때 외과부서는 효율적으로 돌아갔다.

보럼의 연구를 통해 성과와 효율성의 문제는 권력과 정치 행위의 문제라는 것을 확인할 수 있었다. 권력 불균형, 권력의 부재, 자신의 아이디어나 제안을 진지하게 받아들이게 하는 능력의 부재가 문제라는 것이다. 물론 이러한 문제들은 병원처럼 성과를 조직 전체의 수준에서 평가하기 어렵고, 마이크로컴퓨터 회사와는 다르게 경쟁 압박이 심하지 않으며, 단기적 성과도 그처럼 강조하지 않는 조직에서 나타날 가능성이 높다.

정치 행위와 성과의 관계는 상황에 따라 다르다. 권력 역학에서 비롯되는 문제가 효율성에 분명히 해롭게 작용하고, 이러한 문제를 해소하기 위한 조치를 취해야만 성과가 향상될 것이다. 그러나 이와는 별개로 통제권이 중앙에 집중되고 권력이 제도화된 규모가 큰 조직에서는 권력과 영향력을 발휘하는 능력이 변화를 달성하는 데 중요하게 작용하는 경우도 있다. 소유권자와 경영권자가 일치하고, 성과를 명확하게 측정할 수 있으며, 피드백 주기가 짧은 규모가 작은 조직에서는 권력과 영향력이 성과에 해롭게 작용할 수 있다. 중요한 쟁점은 '정치 행위가 없는 상태에서 조직이 주변 환경을 제대로 인식하고 여기에 대처할 수 있는가' '정치 행위가 조직 변화의 과정에서 반드시 필요한 요소인가'에 있다.

안타깝게도 보장된 것은 아무것도 없다. 규모가 큰 조직에서도 권력과 영향력을 획득하고 행사하는 과정이 조직을 효율적으로 움직이게 할 것이라는 보장은 없다. 지난 수십 년 동안 투자자 소유의 전기 회사들은 모두 엄청난 변화의 환경에 직면했고, 이들 모두에서 법무부서와 재무부서의 권력이 확대되는 현상이 나타났다.

그러나 앞서 살펴본 것처럼 법무부서와 재무부서의 권력이 PG&E만큼 확대된 조직은 거의 없었다. PG&E는 기업 목표를 변경했고, 새로운 재무 기획과 통제 시스템을 실시했으며, 변호사 출신이 운영 부서들의 부서장이 됐다. 이러한 변화가 과연 PG&E가 새로운 환경에 효율적으로 대처하는 데 도움이 되었을까?

사례 연구의 결과가 반드시 결정적이지는 않지만 데이터는 PG&E가 훨씬 더 효율적인 기업이 된 모습을 보여주지 않는다. PG&E와 서던 캘리포니아 에디슨을 비교해보자. 서던 캘리포니아 에디슨은 같은 주의 규제 환경에서 영업을 했고, PG&E와 함께 우호적인 경제 추세와 여건에서 혜택을 누렸지만 변호사 출신이 PG&E와 같은 수준으로 회사를 지배하지는 않았다.

1977년 서던 캘리포니아 에디슨의 매출은 20억 6000만 달러였고, 주당순이익은 1달러 90센트였다. 1985년에는 매출이 51억 7000만 달러로 증가했고, 주당순이익은 71.6퍼센트 증가한 3달러 26센트였다. 1977년 PG&E의 매출은 35억 달러였고, 주당순이익은 3달러 15센트였다. 같은 기간에 PG&E의 매출이 급격히 증가하여 1985년에는 84억 달러를 기록했다. 그러나 주당순이익은 오히려 감소하여 2달러 65센트가 됐다. 내가 이 기간을 선택한 것은 1979년부터 1984년까지가 PG&E에서 변호사 출신이 실질적인 통제권을 장악하던 시기이기 때문이다. 즉 이 시기가 전환기에 해당되고, 이러한 전환기에 나타나는 결과를 살펴보는 것은 흥미로운 일이다.

이런 비교가 공정하지 않다고 말하는 이들도 있을 것이고, 그런 주장도 나름의 타당한 측면이 있다. PG&E의 재무 성과가 좋지 않았던 한 가지 원인은 원자력 발전소와 관련된 문제에 있었다. 예를 들어, 1983년에 PG&E는 훔볼트 베이 원자력 발전소 3호기의 가동을 중단하기로 결정했다. 캘리포니아 주 규제위원회에서 PG&E가 이 발전소에 소요된 비용을 모두 회수하는 것을 허용하지 않으면서 3700만 달러의 회계

손실이 발생했기 때문이다.

또한 디아블로 캐니언 원자력 발전소의 문제도 전설에 남을 만했다. 이 발전소가 운영 허가를 받기까지 심한 반대가 있었고, 가동에 이르기까지 수없이 지연되어 초과 비용이 엄청나게 많이 발생했다. 물론 문제가 많은 원자력 기술에 지나치게 몰입한 데서 비롯된 총체적 난국을 변호사와 재무 전문가 체제 탓으로 돌릴 수는 없다. 사실, 원자력 발전에 대한 결정은 그들이 전면에 등장하기 전에 이루어졌다.

그러나 그들이 비난으로부터 완전히 자유로운 것은 아니라는 사실은 분명하다. 전력, 특히 원자력은 정치적으로 상당히 민감한 쟁점이다. 변호사들이 당연히 가질 수 있는 장점 중 하나가 바로 정치적으로 부과된 규제 환경에서 회사를 효율적으로 운영할 수 있는 능력이다. 1980년대 중반 캘리포니아 공공전력위원회 위원들은 공기업 규제에 대한 새로운 견해가 대두되고 있음을 지적했다.

새로운 견해는 자본 투자와 운영 절차의 공학기술적, 경제적 타당성을 강조하고, 기술과 경제, 환경 문제를 논의하기 위해 공기업 경영진과의 교류를 강화해야 한다는 것이었다. 공공전력위원회 위원들은 거의 예외 없이 PG&E의 접근 방식에 불만을 표시하고는 자신들은 서던 캘리포니아 에디슨과 관계 맺기를 선호한다면서 공공연히 떠들고 다녔다. 이 두 공기업에 대한 인식의 차이가 재무 문제의 차이를 완전히 설명할 수 있을까? 나는 그렇지 않다고 본다. 그러나 이것이 이러한 차이가 없었더라면 상당히 비슷하게 여겨졌을 두 공기업의 상대적인 수익성에는 상당한 영향을 미쳤을 것이다.

이 사례는 규모가 큰 조직에서 나타나는 변화가 때로는 권력 역학이 중요한 역할을 하는 정치 과정의 결과라는 것을 보여준다. 그러나 이러한 변화가 조직에 바람직한 결과를 보장하지는 않는다. 권력과 정치 행위가 환경적 우연성에 맞춰 조직을 정비하는 데 유용하고 필요할 수는 있지만 그 과정이 반드시 좋은 결과로 이어진다는 보장은 없다. 많은 것이 정치적 역량의 분포와 다양한 참여자들의 이해관계에 달려 있다. 따라서 우리는 권력 역학이 때로는 조직의 적응에 유용하다고 말할 수는 있지만 권력 역학에서 비롯되는 변화가 조직의 효율성과 성과에 도움이 될 것이라고 자신 있게 말하기는 어렵다.

파워

18장

●

권력의 경영

권력을 이해하는 것, 즉 권력을 어떻게 진단할 것인가, 권력의 원천은 무엇인가, 권력을 활용하기 위한 전략과 전술은 무엇인가, 어떻게 하여 권력을 상실하는가를 이해하는 것은 중요하다. 그러나 이것과 현실 세계에서 이러한 지식을 활용하는 것은 별개의 문제다. 그리고 권력과 영향력에 대한 지식을 실행에 옮기는 것 즉, 권력을 경영하는 것은 일을 성취하려는 사람에게 가장 중요한 것이다.

웨스트의 하드웨어 부문 참모라고 할 수 있는 에드 라살라(Ed Rasala)는 다음과 같이 말했다.

"데이터제너럴에서 잠시라도 일한 사람이라면 배운 것이 한 가지 있죠. 그것은 밀어붙이지 않으면 아무 일도 일어나지 않는다는 것입니다."[1]

변화를 추구하는 사람들이 권력을 효과적으로 확립하고 행사하는 방법을 배우지 않았더라면 컴퓨터를 만들거나, 도시를 재건하거나, 질병과 맞서 싸우는 일은 일어나지 않았을 것이다. 1980년대 초반, 우리는 혈액은행들이 에이즈가 수혈을 통해 전염되는가에 대한 실험을 거부하고, 심지어는 감염된 혈액의 공급이 공중보건에 심각한 위험이 된다는 사실 자체도 인정하지 않는 모습을 보았다. 에이즈 관련 압력단체의 정치적 역량이 커지면서 이제는 그들의 전술이 다른 곳에서도 활용되고 있다.

유방암에 걸린 여성들은 에이즈와 관련된 압력단체에서 교훈을 얻고, 이것을 연방 정부와 주 정부가 유방암에 더 많은 관심을 갖도록 촉구하기 위한 정치 행위에 활용하고 있다.
"그들은 우리가 정부를 이해시키려면 어떻게 해야 하는지를 보여주었습니다. 그들은 우리가 조용히 죽어가는 동안 낡은 시스템을 바꾸어 놓았습니다."[2]

여성의 건강 문제에 대해서는 전체 인구에서 여성이 차지하는 비율을 감안하면 예산이 턱없이 부족하게 배정됐다. 이런 상황은 권력과 영향력을 행사해야만 바뀔 수 있다. 그리고 더욱 중요하게는 의학 연구에 자금을 지원하고, 의약품과 의료 산업을 규제하는 기관의 '내부'에서 이러한 권력과 영향력을 행사해야 한다.

파워

기업, 공공기관, 대학, 정부에서의 문제는 일을 어떻게 성취할 것인가, 일을 어떻게 진척시킬 것인가, 온갖 종류의 크고 작은 조직이 직면한 다양한 문제들을 어떻게 해결할 것인가에 있다. 권력을 확립하고 행사하는 것은 의지와 역량을 요구한다. 때로는 놓치기 쉬운 것이 바로 의지다. 권력과 영향력은 부정적인 의미를 내포한다. 우리는 정치인들에게 자리에서 내려오라고 다그치고, 일을 다르게 혹은 더 낫게 하려는 기관이나 사람들을 추락시키려고 애를 쓴다.

1940년대에 젊은 헨리 포드 2세는 자신의 이름이 들어 있는 회사가 어려움에 처했을 때 대단한 배짱과 용기를 갖고 행동했다. 나는 우리 중에 그만한 배짱과 용기를 가진 사람이 과연 몇이나 될까 궁금하다.

포드자동차는 헨리 포드 2세의 조부가 설립했다. 비록 그의 조부는 엔지니어링 방면에 뛰어난 천재였고, 모델 T가 미국 전역을 바꾸어 놓게 했지만 말년에는 경직되고 융통성 없는 독재자가 되어 새로운 기술과 스타일링을 도입하지 않은 채 회사를 거의 파산 직전까지 몰고 갔다. 포드는 모델 T에 대한 비판을 자신에 대한 비난으로 여겼고, 따라서 경쟁업체인 쉐보레의 위협에 가격 할인으로 대처했다. 그는 1920년부터 1924년까지 가격을 여덟 차례 인하했고, 1926년에는 두 차례 더 인하했다.[3]

1927년에 모델 A가 출시되고 나서도 포드자동차는 계속 내리막길을 걸었다. 주변에 늘 뛰어난 엔지니어와 혁신적인 관리자들로 둘러싸여 있던 헨리 포드는 어느새 경호원과 힘이 센 사람들에게 둘러싸여 있었다. 그들 중에는 악명이 자자했던 해리 베넷(Harry Bennett)도 포함돼 있었는데 그는 항상 총을 차고 다녔고, 방문객들과 대화를 하면서도 사격 연습을 했던 것으로 전해진다.

모델 A가 잠시나마 성공을 거두었지만 그렇다고 해서 회사가 침체에
서 벗어난 것은 아니었다. 헨리 포드는 과거에 갇혀 있는 사람이었
다. 그는 점점 이상해졌고, 나중에는 망령이 들었다. 말년에는 2차대
전이 애초에 일어나지 않았고, 그런 이야기는 군수품 업계를 돕기
위해 언론이 꾸며낸 것이라고 믿었다. 이것은 미국 대기업의 역사에
서 다시는 볼 수 없는 엄청난 자멸 행위였다.[4]

2차대전이 일어나면서 연방 정부는 실제로 포드자동차를 인수할 것
인가를 두고 고민했다. 이처럼 절망적인 경영과 재정 상태에 처해 있
는 회사는 곧 파산할 것처럼 보였고, 정부로서는 포드자동차의 전시 생
산 능력이 절실하게 필요했기 때문이다.

1943년 해군장관 프랭크 녹스(Frank Knox)는 26살이던 헨리 포드 2세
를 해군에서 제대시켰다. 이 청년에게는 포드자동차를 맡아서 되살려
야 하는 더 크고 중요한 임무가 부여됐다. 그의 아버지인 에드셀 포드
(Edsel Ford)는 그해 49세의 나이에 위암으로 세상을 떠났다. 에드셀 포
드는 친절하고 똑똑한 사람으로 알려져 있었지만 전적으로 자신의 아
버지로부터 지배를 받았고, 회사에서 중요한 역할을 맡아본 적이 없
었다. 회사에는 이미 포드 가문의 두 번째 세대를 파멸시키고, 세 번
째 세대에도 똑같은 짓을 하는 데 즐거움을 느끼는 사람들이 있었다.

포드가 나이가 들고 망령이 깊어지면서 회사에 대한 실질적인 통제
권은 무시무시한 포드 서비스 부서의 부서장인 해리 베넷의 손에 넘어

갔다. 이 부서는 실제로 폭력배, 갱단 조직원, 전직 경찰관으로 이루어진 비밀경찰과도 같았고, 이들은 물리적인 힘을 동원하여 통제권을 행사했다. 전하는 이야기에 따르면 어느 종업원이 회사의 금연 규정을 어기자 베넷이 직접 그의 입에 물린 담배를 총으로 쐈다고 한다. 에드셀이 세상을 떠나고, 헨리 포드가 기력을 잃으면서 포드자동차에서 베넷을 통제할 수 있는 사람은 헨리 포드 2세가 유일했다.

헨리 포드 2세가 부회장 직함을 달고 회사에 있는데도 베넷은 (그의 아버지 에드셀에게도 그랬듯이) 계속 그를 무시하기만 했다. 게다가 그의 조부는 유언에 새로운 내용을 추가하여 자신의 사후에 회사 경영권을 10명으로 구성된 이사회에 넘기고, 10년간 헨리 포드 2세를 이사회 구성원에 포함시키지 않는다는 조항을 넣었다. 헨리 포드 2세는 이에 격분하여 유언을 변경하지 않으면 자신은 사퇴할 것이라고 위협했다. 또한 그는 회사 딜러들에게 회사의 불미스러운 상황을 알릴 것이라고도 경고했다. 헨리 포드 2세의 어머니(세상을 떠난 에드셀의 부인)이자 허드슨백화점 가문의 친척이기도 한 엘리너 클레이 포드(Eleanor Clay Ford)도 아들에게 경영권이 넘어오지 않으면 자기 주식을 모두 팔아치울 것이라고 위협했다. 헨리 포드 2세의 조모(헨리 포드의 부인) 클라라 브라이언트 포드(Clara Bryant Ford)도 엘리너의 편이 돼 주었다. 이렇게 하여 1945년 9월 20일에 헨리 포드 2세가 포드자동차 회장이 되었고, 그다음 날 이사회가 이를 승인했다.

헨리 포드 2세는 당장 베넷을 해고했다. 포드자동차에 29년 동안 재직하면서 그중 대부분의 세월을 회사의 실질적인 회장 노릇을 하면서 보낸 베넷이 쫓겨난 것이다. 헨리 포드 2세가 물려받은 회사는 재무 통제력도 없고, 경영도 무질서하게 이루어지고 있었으며, 매달 1000만 달러씩 적자를 내고 있었다. 그는 아제이 밀러를 포함한 재무 전문가들을 영입하여 회사의 회계장부와 문서 관리에 체계를 세웠고, 벤딕스 출신의 어니 브리치(Ernie Breech)를 영입하여 경영을 지원하도록 했다.

헨리 포드 2세는 경영권을 쥐고 나서 처음 몇 개월 동안 1000명이 넘는 관리자들을 해고했는데 이들 중에는 베넷의 부하들이 상당수를 차지했다. 1949년에는 전미자동차노동조합과 협력하여 자동차업계 최초로 연금 제도를 마련했고, 완전히 새로운 모델의 자동차를 시장에 내놓았다. 1950년 포드자동차는 2억 6500만 달러의 순이익을 기록했다. 헨리 포드 2세와 그가 영입한 경영진이 회사를 반전시킨 것은 사실이지만 그러기 위해서는 조직 내에서 그 일을 추진할 매우 강인한 사람들을 영입하려는 용기와 의지가 있어야 했다. 헨리 포드 2세는 권력 경영을 한 것이다.

그렇다면 권력 경영이란 무엇을 의미하는가?

첫째, 권력 경영은 거의 모든 조직에 다양한 이해관계자가 있다는 사실을 인식하는 것을 의미한다. 이것은 우리가 가장 먼저 해야 할 일들 중 하나가 정치 지형을 진단하고, 이와 관련하여 어떠한 이해관계자들이 있는지, 조직을 규정짓는 주요 정치 분파들이 어느 집단인지 파악하는 것을 말한다. 모든 사람이 반드시 우리의 친구이거나, 우리 생각에 동의하거나, 심지어 그들의 선호가 일률적으로 분포한다고 추측해서는 안 된다. 조직 내에는 다양한 이해관계자들이 소규모로 모여 있고, 우리는 이들이 어디에 존재하며 누구를 중심으로 모여 있는지 알아야 한다.

둘째, 권력 경영은 이처럼 다양한 개인과 하위 조직들이 우리의 관심사에 대하여 어떠한 관점을 갖고 있는지 파악하는 것을 의미한다. 또한 이것은 그들이 왜 그러한 관점을 갖게 되었는지 이해하는 것을 의미하기도 한다. 우리는 우리와 다른 관점을 가진 사람들이 우리만큼 똑똑하지 않고, 정보에 밝지 않으며, 통찰력이 떨어진다고 추정하기 쉽다. 그렇게 생각할 때 다음과 같은 몇 가지 잘못을 저지르기 쉬운데 이러한 것들은 모두 비참한 결과를 낳는다.

먼저 우리는 자기 생각에 동의하지 않는 사람들을 업신여길지도 모른다. 그들이 우리만큼 유능하지 않고, 통찰력도 없다면 무엇 때문에 그들의 존재를 진지하게 생각하겠는가? 우리와 성격이나 생각이 비슷한 사람과 함께 잘 지내기란 어렵지 않다. 조직 내에서 성공하는 진정한 비결은 우리와 다른 사람들, 우리 마음에 들지 않는 사람들로 하여금 그들이 해야 할 일들을 하게 만드는 능력이다.

또한 우리는 사람들이 잘못된 정보를 갖고 있다고 생각하여 '제대로 된 정보'를 주려고 하거나 사실과 분석으로 쉽게 설득하려 한다. 이렇게 하는 것이 효과가 있을 때도 있지만 그렇지 않은 경우도 많다. 그들이 우리와 다른 생각을 갖고 있는 것이 정보 부족에 근거한 것이 아닐 수도 있기 때문이다. 그보다는 가지고 있는 정보가 무엇을 의미하는지에 대해 서로 다르게 생각하는 데서 비롯될 수 있다. 이해관계자 집단의 관점과 그들의 입장에 대한 근거를 진단하는 것은 그들과 협상을 하고 다양한 조치에 대한 그들의 반응을 예측하는 데 도움이 된다.

셋째, 권력 경영은 일을 성취하려면 당신이 극복해야 할 상대방보다 더 많은 권력을 가져야 한다는 사실을 이해하는 것을 의미한다. 따라서 권력이 어디에서 나오고, 권력의 이러한 원천을 어떻게 개발할 수 있는지 이해하는 자세가 반드시 요구된다. 때로는 우리가 권력을 획득하고 행사하는 것에 대해 생각하는 것을 상당히 의도적으로, 혹은 전략적으로 꺼린다.

우리는 최선을 다해 열심히 일하고 다른 사람들에게 친절하게 행동하면 최선의 결과가 나온다고 믿는 경향이 있다. 물론 이 말이 최선을 다하지도, 훌륭한 의사결정을 위해 노력하지도, 친절하지도 말라는 뜻은 아니다. 그러나 이런 말과 이와 비슷한 상투적인 표현이 우리가 조직 내에서 일을 성취하는 데 큰 도움이 되지 않는 경우가 더러 있다. 우리는 권력을 이해해야 하고, 권력을 얻기 위해 노력해야 한다. 또한 권력의 원천을 확보하기 위해 필요한 것들을 하려는 의지가 있어야 한다. 그렇지 않으면 우리가 원하는 만큼의 능력을 발휘하지 못할 것이다.

넷째, 권력 경영은 타이밍의 중요성, 조직 구조의 활용, 몰입의 사회 심리학, 대인 영향력의 여러 형태를 포함하여 조직 내에서 권력을 확립하고 행사하기 위한 전략과 전술을 이해하는 것을 의미한다. 적어도 이러한 이해는 우리가 다른 사람의 행동에 대하여 예리한 관찰자가 되도록 해줄 것이다. 우리가 권력과 권력의 표출에 대해 더욱 깊이 이해할수록 우리의 분석 능력 또한 더 좋아진다.

더욱 근본적으로는 우리가 사용이 가능한 접근 방식의 범위를 감안하여 효과가 있을 것으로 여겨지는 것을 사용할 수 있도록 권력을 행사하기 위한 전략과 전술을 이해할 필요가 있다. 다시 한 번 말하지만, 권력의 원천을 확보할 때와 마찬가지로 우리는 때로 이러한 것들을 생각하지 않으려 하고, 권력을 전략적 혹은 의도적으로 행사하는 것을

파워

꺼린다. 그러나 이것은 잘못됐다. 비록 우리는 여러모로 꺼림칙한 기분이 들겠지만 그렇지 않은 사람도 있을 것이다. 권력이 따르지 않는 지식은 쓸모가 없다. 그리고 권력을 효과적으로 행사하기 위한 역량이 따르지 않는 권력 또한 쓸모가 없게 될 것이다.

권력 경영이란 이 책에서 설명하는 개념을 단지 아는 것, 그 이상의 것을 의미한다. 그것은 헨리 포드 2세와 마찬가지로 이러한 지식을 바탕으로 무언가를 하고자 하는 의지를 갖는 것을 의미한다. 권력 경영은 일을 성취하기 위한 정치적 감각과 쟁점 사안을 밀어붙이는 의지를 요구한다.

미국에서는 오랜 세월에 걸쳐서 고용, 주거, 공공시설의 사용에 있어 소수자들에 대한 광범위한 차별을 종식시키기 위한 시위, 저항, 법원 판결, 입법 제안 등이 있었다. 케네디 대통령은 시민권 법안의 통과를 자신의 임기 중 해야 할 최우선 과제로 여겼지만 그의 카리스마에도 불구하고 법안 통과를 위한 정치적 전술에 대한 지식이 부족했고, 한편으로는 더욱 강력한 전술을 사용하려는 의지가 부족했는지도 모른다. 시민권 법안이 권력과 영향력에 대해 훤히 꿰고 있는 사람의 손에 쥐어졌더라면 남부 상원의원과 하원의원의 반대에도 불구하고 신속하게 통과되었을 것이다.

1965년 3월, 미국 남부에서 시민권 법안 통과를 요구하는 사람들의 시위 도중 유혈 사태가 발생하여 미국 사회가 떠들썩했다. 인종차별주의자들이 시위대를 공격하면서 여러 사람이 죽거나 다쳤는데 지역의 법집행 당국은 거의 또는 전혀 개입하지 않았다. 린든 존슨 대통령이 양원 합동 회의장에서 연설을 하기 위해 떠났을 때 백악관 맞은편에서는 철야 시위가 벌어졌다. 린든 존슨은 1948년에 연방 린치 금지 법안에 반대하면서 이 법안은 주 의회에 맡겨둘 사안이라고 주장했던 사람이었다. 그는 젊은 시절에 의회의원 보좌관으로, 그 후로는 의회 의원을 지내면서 보수주의자에게는 보수적으로, 진보주의자에게는 진보적으로 말하다가 많은 사람으로부터 "도대체 당신은 누구 편이냐?"는 소리를 들었다.

또한 그는 하원의원을 8년씩이나 하면서도 의미 있는 법안 하나 제안하지 않았고, 국가적으로 중요한 쟁점에 대해서는 거의 아무 말도 하지 않았다. 하원의원 시절에 연방통신위원회(Federal Communications Commission) 위원들에게 영향력을 행사하여 텍사스 주 오스틴에 위치한 라디오 방송국의 운영권을 얻은 뒤 엄청난 수익을 올림으로써 자신의 부를 챙기는데 힘썼다. 1968년에는 미국을 잘못된 길로 안내하여 베트남 전쟁에 개입하게 했고, 미국 국민 대다수로부터 신임을 얻지 못해 재선에 출마하지 않기로 했던 사람이었다.

그랬던 린든 존슨이 바로 그날 밤에는 자신의 권력과 정치 수완을 총동원하여 시민권 운동을 지원할 마음을 먹고 있었다.

연설 첫 마디에서부터 청중들은 린든 존슨이 시민권 운동의 대의를 이전보다 훨씬 더 많이 받아들이려고 한다는 것을 알 수 있었다. 그는 새로운 시민권 법안을 제출할 예정이었다. 그리고 이 법안은 이전 것보다 훨씬 더 강력할 법안이 될 것이었다. 린든 존슨은 이렇게 말했다.

"그들의 대의가 곧 우리의 대의이기도 합니다. 편견과 불의로 가득

찬 절름발이 유산을 극복해야 할 사람은 흑인들이 아니라 실제로
는 우리 모두이기 때문입니다. 그리고 우리는 극복할 것입니다."[5]

존슨이 연설을 마치고 의사당을 떠나면서 하원 법사위원회 위원장
인 76세의 이매뉴얼 셀러(Emmanuel Celler)를 찾았다.

"매니(Manny, 이매뉴얼의 별칭), 오늘밤에 공청회를 열었으면 합니다."
셀러가 이의를 제기했다.
"각하, 법사위원회를 제 마음대로 밀어붙일 수는 없고, 그렇게 하
려 해도 감당이 안 될 것입니다. 공청회는 다음 주에 열겠습니다."
존슨은 눈살을 찌푸리며 굳은 표정을 지었다. 그의 오른손은 여전
히 셀러와 악수를 하고 있었지만 왼손을 치켜들어 손가락으로 셀러
의 옆구리를 쿡 찔렀다.
"이번 주에 시작하세요. 매니, 밤에도 회의를 열고요."[6]

일을 성취하는 데는 권력이 요구된다. 문제는 우리가 세상을 대단한
도덕이 작동하는 곳으로 보려 한다는 것이다. 좋은 사람과 나쁜 사람
을 쉽게 구분할 수 있는 곳으로 말이다. 권력을 얻는 것이 항상 매력적
인 과정은 아니며, 권력을 행사하는 것도 마찬가지다. 그리고 린든 존
슨처럼 어떤 면에서는 내가 가르치는 학생들의 표현을 빌리자면, 천박
한 사람이 거의 혼자의 힘으로 더욱 강력한 시민권 법안을 미국 역사
상 어느 누구보다도 짧은 시일 내에, 더욱 커다란 영향력을 발휘하여
통과시킨 사람이라는 사실이 우리의 대칭감각(사지의 한쪽에 가해진 자극이

반대편의 팔이나 다리에서 느껴지는 일 - 옮긴이)을 뒤흔든다.

　우리는 목적과 수단이라는 쟁점 때문에 어려움을 겪는다. 또한 우리는 '나쁜' 사람들이 때로는 위대하고도 멋진 일을 하고, '좋은' 사람들이 때로는 나쁜 일을 하거나 아무것도 하지 못한다는 사실 때문에 당혹스러워한다. 공공 기관과 민간 기업의 관리자들은 일을 성취하기 위해 거의 매일같이 권력을 확립하고 행사한다. 돌이켜보면 이러한 일들중 일부가 과오로 여겨질 수도 있다. 물론 이런 판단이 당신의 관점에 따라 크게 달라질 수도 있지만 말이다. 항상 모든 사람을 즐겁게 하는 옳은 일만 하는 독자가 있다면 즉시 나에게 연락하길 바란다. 그런 사람과 함께라면 우리는 모두 부유해질 것이다. 과오와 반발은 필연적인 것이다. 필연적이지 않은 것은 일을 시도하지 않고, 성취하려고도 하지 않는 수동적인 태도다.

　다양한 활동 영역에서 우리는 어느 누구에게도 폐 끼치지 않고, 과오를 저지르지 않는 것에 집착한 나머지 아무것도 하지 않으려 한다. 샌프란시스코의 고속도로를 재건하려다가 잘못된 장소나 심지어는 잘못된 방식으로 재건하는 것이 두려워 결국 아무것도 하지 못하면서 결과적으로 도시는 교통이 원활하지 못해 경제적으로 침체되고 말았다. PC와 같은 신제품 도입이 잘못되는 것이 두려운 나머지 계속 연구하고 분석하다가 시장 기회를 놓치기도 한다. 분석과 전망은 당연히 바람직한 것이다. 바람직하지 못한 것은 변화에 필연적으로 동반되는 반발을 극복하는 능력이 부족하고, 이러한 극복에 대한 관심이 부족하여 나타나는 마비 상태와 부작위다.

　1910년 시어도어 루스벨트(Theodore Roosevelt) 대통령이 소로본대학교에서 했던 연설은 이러한 문제를 아마도 가장 잘 말하고 있을 것이다.

지적을 일삼는 사람은 중요하지 않습니다. 강한 사람이 어떻게 하여 실수를 저질렀다고 지적하거나, 실천하는 사람이 어느 부분에서는 아쉬운 점이 많았다고 지적하는 사람은 중요하지 않습니다. 우리는 실제로 경기장에 있으면서 얼굴이 땀과 먼지와 피로 뒤범벅된 사람, 용감하게 싸우는 사람, 실수를 저지르는 사람, 계속 곤경에 처하는 사람에게 공을 돌려야 합니다. 노력에는 실수와 결점이 따를 수밖에 없기 때문입니다. 그럼에도 위업을 달성하기 위해 노력하는 사람, 위대한 열정과 위대한 헌신을 아는 사람, 가치 있는 대의를 위해 자신을 바치는 사람, 마지막에 가서야 비로소 승리의 기쁨을 알게 되는 사람, 최악의 경우에 실패하더라도 최소한 과감하게 도전하다가 실패하는 사람에게 공을 돌려야 합니다. 그런 사람은 승리가 무엇인지 패배가 무엇인지도 모르는 냉담하고 소심한 영혼을 가진 사람들과 결코 같은 위치에 있지 않습니다.[7]

"저는 무엇을 어떻게 해야 할지 모르겠습니다. 저에게는 그 일을 추진할 만한 권한이 없습니다. 게다가 저는 그 일과 관련된 권력 투쟁을 감당할 수 없습니다"라고 말하면서 무력감에 빠져드는 것이 어쩌면 쉽고 편할지도 모른다. 조직의 과오에 직면하여 "그것은 제 책임이 아닙니다. 어쨌든 저는 그 일과 관련하여 할 수 있는 것이 아무것도 없고, 회사가 그렇게 하길 원했다면 그것은 윗사람들이 책임져야 합니다. 그들이 연봉을 많이 받는 이유도 이런 데 있는 것 아닙니까"라고 말하는 것이 쉽고도 이제는 매우 흔한 일이 됐다.

하지만 이런 반응은 우리가 무엇인가를 하기 위해 노력하지 않은 것에 대한 핑계에 해당한다. 반발을 극복하기 위한 노력을 하지 않는다면 적을 덜 만들고, 당혹스러운 상황을 덜 맞이할 것이다. 그러나 이것은 조직과 개인의 실패에 대한 처방전에 불과하다. 바로 이런 이유로 권력과 영향력은 조직의 가장 바람직하지 않은 지저분한 비밀이 아닌 '개인과 조직 모두를 위한 성공 비결'이 된다.

어떠한 영역에서든 혁신과 변화는 권력을 확립하기 위한 수완, 일을 성취하기 위해 권력을 행사하려는 의지를 요구한다. 어느 지역 라디오 방송국의 뉴스 진행자가 했던 말처럼 "당신이 뉴스를 싫어한다면, 당신이 나가서 직접 뉴스를 만드십시오."

미주

1장. 의사결정을 실행하는 힘

1. Randy Shilts, And the Band Played On: Politics, People, and the AIDS Epidemic (New York: St. Martin's Press, 1987).
2. Ibid., 207.
3. Ibid., 220.
4. Ibid., 308.
5. Ibid., 411.
6. Ibid., 599.
7. Douglas K. Smith and Robert C. Alexander, Fumbling the Future: How Xerox Invented, Then Ignored, the First Personal Computer (New York: William Morrow, 1988).
8. Richard M. Nixon, Leaders (New York: Warner Books, 1982), 5.
9. Norton E. Long, "The Administrative Organization as a Political System," Concepts and Issues in Administrative Behavior, eds. S. Mailick and E.H. Van Ness (Englewood Cliffs, NJ: Prentice – Hall, 1962), 110.
10. Nixon, Leaders, 330.
11. John W. Gardner, On Leadership (New York: Free Press, 1990).
12. Michael T. Hannan and John Freeman, Organizational Ecology (Cambridge, MA: Harvard University Press, 1989).
13. Gardner, On Leadership, 55–57.
14. Warren Bennis and Burt Nanus, Leaders: The Strategies for Taking Charge (New York: Harper and Row, 1985), 6.
15. Ibid., 15–17.
16. Nixon, Leaders, 324.
17. Rosabeth Moss Kanter, "Power Failure in Management Circuits," Harvard Business Review 57 (July – August 1979): 65.
18. Jeffrey Gandz and Victor V. Murray, "The Experience of Workplace Politics," Academy of Management Journal 23 (1980): 237–251.

19. Tim Reiterman with John Jacobs, Raven: The Untold Story of the Rev. Jim Jones and His People (New York: E.P. Dutton, 1982), 305–307.

20. Nixon, Leaders, 326.

21. Abraham Zaleznik and Manfred F.R. Kets de Vries, Power and the Corporate Mind (Boston: Houghton Mifflin, 1975), 109.

22. Henry Kissinger, The White House Years (Boston: Little, Brown, 1979), 39.

23. Elliot Aronson, The Social Animal (San Francisco: W.H. Freeman, 1972), chapter 4; Barry M. Staw, "Rationality and Justification in Organizational Life," Research in Organizational Behavior, eds. B.M. Staw and L.L. Cummings (Greenwich, CT: JAI Press, 1980), vol. 2, 45–80; Gerald R. Salancik, "Commitment and the Control of Organizational Behavior and Belief," New Directions in Organizational Behavior, eds. Barry M. Staw and Gerald R, Salancik (Chicago: St. Clair Press, 1977), 1–54.

24. Leon Festinger, A Theory of Cognitive Dissonance (Stanford: Stanford University Press, 1957).

25. Nixon, Leaders, 329.

26. Alok K. Chakrabarti, "Organizational Factors in Post–Acquisition Performance," IEEE Transactions on Engineering Management 37 (1990): 259–268.

27. Ibid., 259.

28. Ibid., 266.

29. D. Purkayastha, "Note on the Motorcycle Industry–1975," #578–210. Boston: Harvard Business School, 1981.

30. Richard T. Pascale, "Perspectives on Strategy: The Real Story Behind Honda's Success," California Management Review 26 (1984): 51.

31. Ibid., 54.

32. Ibid., 55.

33. William A. Pasmore, Designing Effective Organizations: The Sociotechnical Systems Perspective (New York: John Wiley, 1988); David L. Bradford and Allan R. Cohen, Managing for Excellence (New York: John Wiley, 1984).

34. Mark Stevens, Sudden Death: The Rise and Fall of E.F. Hutton (New York: Penguin, 1989), 98.

35. Ibid., 121.

36. Thomas J. Peters and Robert H. Waterman, Jr., In Search of Excellence (New York: Harper and Row, 1982); Terrence Deal and Allan A. Kennedy, Corporate Cultures (Reading, MA: Addison–Wesley, 1982); Stanley Davis, Managing Corporate Culture (Cambridge, MA: Ballinger, 1984).

37. Richard T. Pascale, "The Paradox of Corporate Culture' Reconciling Ourselves to Socialization," California Management Review 26 (1985): 26–41; Charles O'Reilly, "Corporations, Culture, and Commitment: Motivation and Social Control in Organizations," California Management Review 31 (1989): 9–25.

38. Sanford M. Dornbusch, "The Military Academy as an Assimilating Institution," Social Forces 33 (1955): 316–321.

39. Richard Harvey Brown, "Bureaucracy as Praxis: Toward a Political Phenomenology of Formal Organizations," Administrative Science Quarterly 23 (1978): 365–382.

40. Janice Lodahl and Gerald Gordon, "The Structure of Scientific Fields and the Functioning of University Graduate Departments," American Sociological Review 37 (1972): 57–72.

41. Thomas S. Kuhn, The Structure of Scientific Revolutions, 2d ed. (Chicago: University of Chicago Press, 1970).

42. Irving L. Janis, Victims of Groupthink (Boston: Houghton Mifflin, 1972).

43. Frank Rose, West of Eden: The End of Innocence at Apple Computer (New York: Viking Penguin, 1989), 81.

44. Ibid., 85.

45. Ibid., 97.

46. Thomas J. Peters, "Symbols, Patterns, and Settings: An Optimistic Case for Getting Things Done," Organizational Dynamics 7 (1978): 3–23.

47. Jeffrey Pfeffer, Power in Organizations (Marshfield, MA: Pitman Publishing, 1981); Kanter, "Power Failure in Management Circuits"; Richard M. Emerson, "Power–Dependence Relations," American Sociological Review 27 (1962): 31–41.

1. John P. Kotter, "Power, Success, and Organizational Effectiveness," Organizational Dynamics 6, no. 3 (1978): 27–40; and Power and Influence: Beyond Formal Authority (New York: Free Press, 1985).

2. Martin Patchen, "The Locus and Basis of Influence in Organizational Decisions,"Organizational Behavior and Human Performance 11 (1974): 195–221.

3. Jeffrey Gandz and Victor V. Murray, "The Experience of Workplace Politics," Academy of Management Journal 23 (1980): 237–251.

4. Dan L. Madison et al., "Organizational Politics: An Exploration of Managers' Perceptions," Human Relations 33 (1980): 79–100.

5. Jeffrey Pfeffer and Gerald R. Salancik, The External Control of Organizations: A Resource Dependence Perspective (New York: Harper and Row, 1978), 40.

6. Douglas K. Smith and Robert C. Alexander, Fumbling the Future: How Xerox Invented, Then Ignored, the First Personal Computer (New York: William Morrow, 1988), 14.

7. Ibid., 148.

8. M. Ann Welsh and E. Allen Slusher, "Organizational Design as a Context for Political Activity," Administrative Science Quarterly 31 (1986): 389–402.

9. Rosabeth M. Kanter, Men and Women of the Corporation (New York: Basic Books, 1977).

10. Gerald R. Salancik and Jeffrey Pfeffer, "The Bases and Use of Power in Organizational Decision Making: The Case of a University," Administrative Science Quarterly 19 (1974): 453–473.

11. Frederick S. Hills and Thomas A. Mahoney, "University Budgets and Organizational Decision Making," Administrative Science Quarterly 23 (1978): 454–465.

12. Jeffrey Pfeffer and William L. Moore, "Power in University Budgeting: A Replication and Extension," Administrative Science Quarterly 25 (1980); 637–653.

13. Ibid., 650–651.

14. James D. Thompson and Arthur Tuden, "Strategies, Structures and Processes of Organizational Decision," Comparative Studies in Administration, eds. J.D. Thompson et al. (Pittsburgh: University of Pittsburgh Press, 1959): 195-216.

15. David Halberstam, The Reckoning (New York: William Morrow, 1986).

16. J. Patrick Wright, On a Clear Day You Can See General Motors (Grosse Point, MI: Wright Enterprises, 1979), 33.

17. Salancik and Pfeffer, "Bases and Use of Power." 18 Chris Argyris, Behind the Front Page (San Francisco: Jossey - Bass, 1974).

18. Chris Argyris, Behind the Front Page (San Francisco: Jossey—Bass, 1974).

19. Diana Tillinghast, "The Los Angeles Times: Weakening of Territorial Imperative," Newspaper Research Journal 1 (1980): 18-26.

20. Herbert E. Meyer, "Shootout at the Johns—Mansville Corral," Fortune (October 1976): 146-154.

21. Ibid., 154.

22. Hugh D. Menzies, "The Boardroom Battle at Bendix," Fortune (January 11, 1982): 54-64.

23. John P. Kotter, The General Managers (New York: Free Press, 1982), "Power, Success, and Organizational Effectiveness," and Power and Influence.

3장. 권력에 의존하는 이유

1. Andrew M. Pettigrew, Politics of Organizational Decision—Making (London: Tavistock, 1973), 240.

2. David Krackhardt, "Assessing the Political Landscape: Structure, Cognition and Power in Organizations," Administrative Science Quarterly 35 (1990): 342-369.

3. Jeffrey Pfeffer and Gerald R. Salancik, "Administrator Effectiveness: The Effects of Advocacy and Information on Resource Allocations," Human Relations 30 (1977): 641-656.

4. Mark Stevens, Sudden Death: The Rise and Fall of E.F. Hutton (New York: Penguin, 1989), 52-53.

5. Ibid., 51-52.

6. Ibid., 215.

7. Henri Tajfel and Joseph P. Forgas, "Social Categorization: Cognitions, Values and Groups," Social Cognition: Perspectives on Everyday Understanding, ed. Joseph P. Forgas (New York: Academic Press, 1981), 113−140.

8. Marilynn B. Brewer and Roderick M. Kramer, "The Psychology of Intergroup Attitudes and Behavior," Annual Review of Psychology 36 (1985): 219−243.

9. Charles Perrow, "Departmental Power and Perspectives in Industrial Firms," Power in Organizations, ed. Mayer N. Zald (Nashville, TN: Vanderbilt University Press, 1970), 59−89.

10. C.R. Hinings et al., "Structural Conditions of Intraorganizational Power," Administative Science Quarterly 19 (1974): 22−44.

11. Jeffrey Pfeffer and Gerald R. Salancik, "Organizational Decision Making as a Political Process: The Case of a University Budget," Administrative Science Quarterly 19 (1974): 135−151; Jeffrey Pfeffer and William L. Moore, "Power in University Budgeting: A Replication and Extension," Administrative Science Quarterly 25 (1980): 637−653.

12. Martin Patchen, "The Locus and Basis of Influence in Organizational Decisions," Organizational Behavior and Human Performance 11 (1974): 195−221.

13. Nelson W. Polsby, "How to Study Community Power: The Pluralist Alternative," Journal of Politics 22 (1960): 474−484.

14. Pfeffer and Salancik, "Organizational Decision Making"; Pfeffer and Moore, "Power in University Budgeting."

15. Stevens, Sudden Death, 160.

16. T.L. Whisler et al., "Centralization of Organizational Control: An Empirical Study of Its Meaning and Measurement," Journal of Business 40 (1967): 10−26.

17. Michael Lewis, Liar's Poker: Rising through the Wreckage on Wall Street (New York: Penguin, 1990), 59.

18. John R.P. French, Jr., and Bertram Raven, "The Bases of Social Power," Group Dynamics, eds. Dorwin Cartwright and Alvin Zander, 3rd ed. (New York: Harper and Row, 1968), 259−269; Patchen, "Locus and Basis of Influence," 210.

19. Stevens, Sudden Death.

1. Michael L. Tushman, William H. Newman, and Elaine Romanelli, "Convergence and Upheaval: Managing the Unsteady Pace of Organizational Evolution," California Management Review 29 (1986): 29–44.

2. R.E. Nisbett and L. Ross, Human Inferences: Strategies and Shortcomings of Social Judgment (Englewood Cliffs, NJ: Prentice–Hall, 1980).

3. Linda E. Ginzel, "The Impact of Biased Feedback Strategies on Performance Judgments," Research Paper #1102 (Palo Alto, CA: Graduate School of Business, Stanford University, 1990).

4. Ibid., 26.

5. Robert W. Allen et al., "Organizational Politics: Tactics and Characteristics of Its Actors," California Management Review 22 (1979): 77–83.

6. David G. Winter, "Leader Appeal, Leader Performance, and the Motive Profiles of Leaders and Followers: A Study of American Presidents and Elections," Journal of Personality and Social Psychology 52 (1987): 196–202.

7. Ibid., 200.

8. Christopher H. Achen, The Statistical Analysis of Quasi–Experiments (Berkeley: University of California Press, 1986).

9. Andrew M. Pettigrew, Politics of Organizational Decision–Making (London: Tavistock, 1973), 17.

10. Ibid., 31.

11. D.J. Hickson et al., "A Strategic Contingencies' Theory of Intraorganizational Power," Administrative Science Quarterly 16 (1971): 216–229.

12. Martin Patchen, "The Locus and Basis of Influence in Organizational Decisions," Organizational Behavior and Human Performance 11 (1974): 209.

13. Ibid., 213.

14. George Strauss, "Tactics of Lateral Relationship: The Purchasing Agent," Administrative Science Quarterly 7 (1962): 161–186.

15. Michael L. Tushman and Elaine Romanelli, "Uncertainty, Social Loca tion and Influence in Decision Making: A Sociometric Analysis," Management Science 29 (1983): 12–23.

16. Gerald R. Salancik, Jeffrey Pfeffer, and J. Patrick Kelly, "A Contingency Model of Influence in Organizational Decision Making," Pacific Sociologi cal Review 21 (1978): 239–256.

17. Ibid., 253

18. Bernard M. Bass, "Evolving Perspectives on Charismatic Leadership," Charismatic Leadership, eds. Jay A. Conger, Rabindra N. Kanungo and Associates (San Francisco: Jossey–Bass, 1988), 40–77.

19. Robert J. House, William D. Spangler, and James Woycke, "Personality and Charisma in the U.S. Presidency: A Psychological Theory of Leadership Effectiveness," unpublished, Wharton School, University of Pennsylvania, 1989.

20. Ibid., Robert J. House, "A 1976 Theory of Charismatic Leadership," Leadership: The Cutting Edge, eds. J.G. Hunt and L.L. Larson (Carbondale: Southern Illinois University Press, 1977).

21. House, Spangler, and Woycke, "Personality and Charisma."

22. Nancy C. Roberts and Raymond Trevor Bradley, "Limits of Charisma," Charismatic Leadership, eds. Jay A. Conger, Rabindra N. Kanungo and Associates (San Francisco: Jossey–Bass, 1988), 253–275.

23. Ibid., 254.

24. Ibid., 260.

25. Ibid., 263.

26. Ibid.

27. Ibid., 264.

28. Ibid., 269.

29. Ibid.

30. Ibid., 268.

5장. 새로운 황금률의 진실, 자원과 동맹자

1. Robert A. Caro, The Power Broker: Robert Moses and the Fall of New York (New York: Random House, 1974).

2. Robert A. Caro, The Path to Power: The Years of Lyndon Johnson (New York: Alfred A. Knopf, 1982), 261.

3. Ibid., 263.

4. Ibid., 264-265.

5. David Halberstam, The Reckoning (New York: William Morrow, 1986); Maryann Keller, Rude Awakening: The Rise, Fall, and Struggle for Recouery of General Motors (New York: William Morrow, 1989).

6. Douglas K. Smith and Robert C. Alexander, Fumbling the Future: How Xerox Invented, Then Ignored, the First Personal Computer (New York: William Morrow, 1988).

7. Max Holland, When the Machine Stopped (Boston: Harvard Business School Press, 1989).

8. Jeffrey Pfeffer and Gerald R. Salancik, The External Control of Organizations: A Resource Dependence Perspective (New York: Harper and Row, 1978), 48-49.

9. Richard C. Edwards, Contested Terrain: The Transformation of the Workplace in the Twentieth Century (New York: Basic Books, 1979).

10. Sanford M. Jacoby, Employing Bureaucracy: Managers, Unions, and the Transformation of Work in American Industry, 1900-1945 (New York: Columbia University Press, 1985).

11. John M. Barry, The Ambition and the Power (New York: Viking, 1989).

12. Ibid., 68.

13. Ibid., 69.

14. Ibid., 70.

15. Ibid.

16. Richard M. Emerson, "Power-Dependence Relations," American Sociological Review 27 (1962): 31-41; Peter M. Blau, Exchange and Power in Social Life (New York: John Wiley, 1964).

17. Otto A. Davis, M.A.H. Dempster, and Aaron Wildavsky, "A Theory of the Budgeting Process," American Political Science Review 60 (1966): 529-547; Jeffrey Pfeffer and Gerald R. Salancik, "Organizational Decision Making as a Political Process: The Case of a University Budget," Administrative Science Quarterly 19 (1974): 135-151; Jeffrey Pfeffer and William L. Moore, "Power

in University Budgeting: A Replication and Extension," Administrative Science Quarterly 25 (1980): 637–653.

18. Daniel Kahneman and Amos Tversky, "Choices, Values, and Frames," American Psychologist 39 (1984): 341–350.

19. Gerald R. Salancik and Jeffrey Pfeffer, "The Bases and Use of Power in Organizational Decision Making: The Case of a University," Administra tive Science Quarterly 19 (1974): 135–151; Pfeffer and Moore, "Power in University Budgeting."

20. Janice Lodahl and Gerald Gordon, "Funding the Sciences in University Departments,"Educational Record 54 (1973): 74–82.

21. Paul J. DiMaggio and Walter W. Powell, "The Iron Cage Revisited: Institutional Isomorphism and Collective Rationality in Organizational Fields," American Sociological Review 48 (1983): 147–160.

22. Robert P. Gandossy, Bad Business: The OPM Scandal and the Seduction of the Establishment (New York: Basic Books, 1985), 5.

23. Ibid., 11.

24. Ibid., 38–39.

25. Ibid., 39.

26. Ibid., 41.

27. Ibid., 44.

28. Ibid., 52.

29. Ibid., 53.

30. Ibid., 215.

31. Jeffrey Pfeffer and Alison Konrad, "The Effects of Individual Power on Earnings," Work and Occupations (in press, 1991).

32. Halberstam, The Reckoning.

33. Ibid., 136.

34. Ibid., 141.

35. Ibid., 148.

36. Ibid., 156.

37. Ibid., 183

38. Barry, The Ambition and the Power, 18.

39. Bryan Burrough and John Helyar, Barbarians at the Gate: The Fall of RJR Nabisco (New York: Harper and Row, 1990), 35.

40. Barry, The Ambition and the Power, 71.

41. Ibid., 6.

42. Ibid., 84.

43. J. Patrick Wright, On a Clear Day You Can See General Motors (Grosse Point, MI: Wright Enterprises, 1979), 41.

44. Donald L. Helmich and Warren B. Brown, "Successor Type and Organizational Change in the Corporate Enterprise," Administrative Science Quarterly 17 (1972): 371–381.

45. Alvin W. Gouldner, "The Norm of Reciprocity: A Preliminary Statement," American Sociological Review 25 (1960): 161–178.

46. Caro, The Power Broker.

47. Burrough and Helyar, Barbarians at the Gate, 33.

48. Ibid., 37.

49 Hugh D. Menzies, "The Boardroom Battle at Bendix," Fortune (January 11, 1982): 62.

50. Burrough and Helyar, Barbarians at the Gate, 63.

51. Ibid., 64.

52. Frank Rose, West of Eden: The End of Innocence at Apple Computer (New York: Viking Penguin, 1989), 132.

53. Ken Auletta, "Power, Greed and Glory on Wall Street: The Fall of Lehman Brothers," New York Times Magazine (February 17, 1985): 34.

6장. 의사소통 네트워크에서의 위치가 중요하다

1. Linton C. Freeman, "Centrality in Social Networks: Conceptual Clarifi cations," Social Networks 1 (1979): 215–239; Daniel J. Brass, "Being in the Right Place: A Structural Analysis of Individual Influence in an Organization," Administrative Science Quarterly 29 (1984): 518–539.

2. Freeman, "Centrality in Social Networks."

3. Alex Bavelas, "Communication Patterns in Task Oriented Groups," Journal of Acoustical Society of America 22 (1950): 725–730; Harold J. Leavitt, "Effects of Certain Communication Patterns on Group Performance," Journal of Abnormal and Social Psychology 46 (1951): 38–50.

4. Kenneth D. Mackenzie, A Theory of Group Structures (London: Gordon and Breach, 1975).

5. Jay R. Galbraith, Designing Complex Organizations (Reading, MA: Addison–Wesley, 1973).

6. Ibid.

7. Hickson et al., "A Strategic Contingencies' Theory of Intraorganizational Power," Administrative Science Quarterly 16 (1971): 216–229.

8. Andrew M. Pettigrew, "Information Control as a Power Resource," Sociology 6 (1972): 190–191.

9. Brass, "Being in the Right Place," 519.

10. Ibid., 525.

11. Ibid., 532.

12. David Krackhardt, "Assessing the Political Landscape: Structure, Cognition and Power in Organizations," Administrative Science Quarterly 35 (1990): 342–369.

13. Jeffrey Pfeffer and Alison Konrad, "The Effects of Individual Power on Earnings," Work and Occupations (in press, 1991).

14. Frank Rose, West of Eden: The End of Innocence at Apple Computer (New York: Viking Penguin, 1989), 244–245.

15. Ibid., 298.

16. Robert A. Caro, The Path to Power: The Years of Lyndon Johnson (New York: Alfred A. Knopf, 1982), 266.

17. Mark Stevens, Sudden Death: The Rise and Fall of E.F. Hutton (New York: Penguin, 1989), 161.

18. Henry Kissinger, The White House Years (Boston: Little, Brown, 1979), 47.

19. David Halberstam, The Reckoning (New York: William Morrow, 1986); Neil Fligstein, "The Intraorganizational Power Struggle: Rise of Finance Personnel to Top Leadership in Large Corporations, 1919–1979," American Sociological Review 52 (1987): 44–58.

20. Maryann Keller, Rude Awakening: The Rise, Fall, and Struggle for Re covery of General Motors (New York: William Morrow, 1989), 58.

21. Ibid., 60-61.

22. L. Festinger, S. Schacter, and K. Back, Social Pressures in Informal Groups (Stanford, CA: Stanford University Press, 1950).

23. John P. Kotter, "Power, Success, and Organizational Effectiveness," Or ganizational Dynamics 6, no. 3 (1978): 27-40.

24. Christopher Byron, The Fanciest Dive (New York: W.W. Norton, 1986).

25. J. Patrick Wright, On a Clear Day You Can See General Motors (Grosse Point, MI: Wright Enterprises, 1979).

26. Rosabeth M. Kanter, Men and Women of the Corporation (New York: Basic Books, 1977).

7장. 공식적인 지위에서 나오는 권력

1. New York Times (July 15, 1978): 23.

2. Sally Bedell Smith, In All His Glory: The Life of William S. Paley (New York: Simon and Schuster, 1990), 397.

3. David Mechanic, "Sources of Power of Lower Participants in Complex Organizations," Administrative Science Quarterly 7 (1962): 349-364.

4. John W. Gardner, On Leadership (New York: Free Press, 1990), 24.

5. Stanley Milgram, Obedience to Authority (New York: Harper and Row, 1974).

6. Max Weber, The Theory of Social and Economic Organization (New York: Free Press, 1947).

7. Steven Bach, Final Cut: Dreams and Disaster in the Making of Heaven's Gate (New York: William Morrow, 1985), 54.

8. Lynne G. Zucker, "The Role of Institutionalization in Cultural Persistence," American Sociological Review 42 (1977): 726-743.

9. R.C. Jacobs and D.T. Campbell, "The Perpetuation of an Arbitrary Tradition Through Successive Generations of a Laboratory Microculture," Journal of Abnormal and Social Psychology 62 (1961): 649-658.

10. Zucker, "The Role of Institutionalization," 732.

11. Ibid., 732—733.

12. J. Sterling Livingston, "Pygmalion in Management," Harvard Business Review 47 (July—August 1969): 81—89; W. Peter Archibald, "Alternative Explanations for Self—Fulfilling Prophecy," Psychological Bulletin 81 (1974): 74—84.

13. Mark Snyder, "Self—fulfilling Stereotypes," Psychology Today 16 (July 1982): 60—68.

14. Lloyd H. Strickland, "Surveillance and Trust," Journal of Personality 26 (1958): 200—215.

15. Rosabeth M. Kanter, Men and Women of the Corporation (New York: Basic Books, 1977).

16. David E. Berlew and Douglas T. Hall, "The Socialization of Managers: Effects of Expectations on Performance," Administrative Science Quarterly 11 (1966): 207—223.

17. Maryann Keller, Rude Awakening: The Rise, Fall, and Struggle for Recovery of General Motors (New York: William Morrow, 1989), 66—67.

18. Ibid., 67.

19. Smith, In All His Glory, 150.

20. Ibid., 152.

21. Ibid., 153.

22. Ibid., 156.

23. Henry Kissinger, The White House Years (Boston: Little, Brown, 1979), 45.

24. Ibid., 47.

25. David Halberstam, The Best and the Brightest (New York: Random House, 1972), 79.

26 Ibid., 80.

27. M.J. Lerner and C.H. Simmons, "Observer's Reaction to the 'Innocent Victim': Compassion or Rejection?" Journal of Personality and Social Psychology 4 (1966): 203—210.

28. John M. Barry, The Ambition and the Power (New York: Viking, 1989), 154.

29. Joseph W. Harder, Play for Pay: Salary Determination and the Effects of Over— and Under—Reward on Individual Performance in Professional Sports (Stanford,

CA: Stanford University, unpublished doctoral dissertation, 1989).

30. Robert A. Caro, The Power Broker: Robert Moses and the Fall of New York (New York: Random House, 1974), 463.

31. James G. March and John P. Olsen, Ambiguity and Choice in Organizations (Bergen, Norway: Universitetsforlaget, 1976).

32. Gardner, On Leadership, 8.

33. Martha S. Feldman and James G. March, "Information in Organizations as Signal and Symbol," Administrative Science Quarterly 26 (1981): 171–186.

8장. 적합한 부서에 소속되는 것이 중요하다

1. Michael Lewis, Liar's Poker: Rising through the Wreckage on Wall Street (New York: Penguin, 1990), 61.

2. William L. Moore and Jeffrey Pfeffer, "The Relationship Between Departmental Power and Faculty Careers on Two Campuses: The Case for Structural Effects on Faculty Salaries," Research in Higher Education 13 (1980): 291–306.

3. Jeffrey Pfeffer and Alison Davis–Blake, "Understanding Organizational Wage Structures: A Resource Dependence Approach," Academy of Management Journal 30 (1987): 437–455.

4. John E. Sheridan et al., "Effects of Corporate Sponsorship and Depart mental Power on Career Tournaments," Academy of Management Journal 33 (1990): 578–602.

5. John M. Barry, The Ambition and the Power (New York: Viking, 1989), 29.

6. Janice Lodahl and Gerald Gordon, "The Structure of Scientific Fields and the Functioning of University Graduate Departments," American Sociological Review 37 (1972): 57–72.

7. Janice Lodahl and Gerald Gordon, "Funding the Sciences in University Departments," Educational Record 54 (1973): 74–82.

8. Jeffrey Pfeffer and William L. Moore, "Power in University Budgeting: A Replication and Extension," Administrative Science Quarterly 25 (1980): 637–653.

9. Rosabeth M. Kanter, Men and Women of the Corporation (New York: Basic Books, 1977).

10. Gerald R. Salancik, Barry M. Staw, and Louis R. Pondy, "Administrative Turnover as a Response to Unmanaged Organizational Interdependence," Academy of Management Journal 23 (1980): 422–437; Jeffrey Pfeffer and William L. Moore, "Average Tenure of Academic Department Heads: The Effects of Paradigm, Size, and Departmental Demography," Administrative Science Quarterly 25 (1980): 387–406.

11. Alison M. Konrad and Jeffrey Pfeffer, "Do You Get What You Deserve? Factors Affecting the Relationship Between Productivity and Pay," Administrative Science Quarterly 35 (1990): 258–285.

12. Janice M. Beyer and Thomas M. Lodahl, "A Comparative Study of Patterns of Influence in United States and English Universities," Administrative Science Quarterly 21 (1976): 104–129.

13. Pfeffer and Moore, "Average Tenure of Academic Department Heads"; Salancik, Staw, and Pondy, "Administrative Turnover."

14. D.J. Hickson et al., "A Strategic Contingencies' Theory of Intraorganizational Power," Administrative Science Quarterly 16 (1971): 216–229.

15. Setsuo Miyazawa, "Legal Departments of Japanese Corporations in the United States: A Study on Organizational Adaptation to Multiple Environ ments," Kobe University Law Review 20 (1986): 97–162.

16. Ibid., 135.

17. Ibid., 126.

18. John Dean, Blind Ambition (New York: Simon and Schuster, 1976), 30.

19. Ibid., 38.

20. Ibid., 40.

21. Richard M. Emerson, "Power–Dependence Relations," American Sociological Review 27 (1962): 31–41; Peter M. Blau, Exchange and Power in Social Life (New York: John Wiley, 1964).

22. Michel Crozier, The Bureaucratic Phenomenon (Chicago: University of Chicago Press, 1964).

23. Robert A. Caro, The Power Broker: Robert Moses and the Fall of New York (New

York: Random House, 1974), 464.

24. Ibid., 464-465.

25. Hickson et al., "A Strategic Contingencies' Theory"; C.R. Hinings et al., "Structural Conditions of Intraorganizational Power," Administrative Science Quarterly 19 (1974): 216-229.

9장. 개인적 기질, 권력의 또 다른 원천

1. John P. Kotter, The General Managers (New York: Free Press, 1982).

2. Hedrick Smith, The Power Game: How Washington Works (New York: Ballantine, 1988), 61-62.

3. Robert Caro, The Path to Power: The Years of Lyndon Johnson (New York: Alfred A. Knopf, 1982), 218.

4. Ibid., 226.

5. Ibid., 235.

6. Robert Caro, The Power Broker: Robert Moses and the Fall of New York (New York: Random House, 1974), 227.

7. Sally Bedell Smith, In All His Glory: The Life of William S. Paley (New York: Simon and Schuster, 1990), 394.

8. John W. Gardner, On Leadership (New York: Free Press, 1990), 48.

9. Robert Caro, Means of Ascent: The Years of Lyndon Johnson (New York: Alfred A. Knopf, 1990).

10. Caro, The Path to Power.

11. Caro, The Power Broker, 229.

12. Kotter, The General Managers.

13. Smith, In All His Glory, 395.

14. John M. Barry, The Ambition and the Power (New York: Viking, 1989), 20.

15. Douglas K. Smith and Robert C. Alexander, Fumbling the Future: How Xerox Invented, Then Ignored, the First Personal Computer (New York: William Morrow, 1988), 50.

16. Ibid., 131-132.

17. Gardner, On Leadership, 1.

18. Jeanne M. Brett, Stephen B. Goldberg, and William L. Ury, "Designing Systems for Resolving Disputes in Organizations," American Psychologist 45 (1990): 162–170; Roger Fisher and William Ury, Getting to Yes: Negotiating Agreements Without Giving In (Boston: Houghton Mifflin, 1981).

19. Max H. Bazerman and Margaret A. Neale, "Heuristics in Negotiation: Limitations to Dispute Resolution Effectiveness," Negotiating in Organizations, eds. M.H. Bazerman and R.J. Lewicki (Beverly Hills, CA: Sage, 1983), 51–67.

20. Gardner, On Leadership, 50–51.

21. Barry, The Ambition and the Power, 12.

22. Paul Clancy and Shirley Elder, TIP: A Biography of Thomas P. O'Neill Speaker of the House (New York: Macmillan, 1980), 4.

23. Smith, In All His Glory, 391.

24. Ibid.

25. Ibid., 404.

26. Caro, "My Search for Coke Stevenson," The New York Times Book Review (February 3, 1991), 28.

27. Gardner, On Leadership, 53.

28. Aaron Bernstein, Grounded: Frank Lorenzo and the Destruction of East ern Airlines (New York: Simon and Schuster, 1990), 167.

29. Richard Christie and Florence L. Geis, Studies in Machiavellianism (New York: Academic Press, 1970), 312.

30. Gerald R. Salancik and Jeffrey Pfeffer, "Who Gets Power–and How They Hold on to It: A Strategic–Contingency Model of Power," Organizational Dynamics 5 (1977): 3–21.

31. James D. Thompson and Arthur Tuden, "Strategies, Structures and Processes of Organizational Decision," Comparative Studies in Administration, eds. J.D. Thompson et al. (Pittsburgh: University of Pittsburgh Press, 1959), 195–216.

32. Robert L. Khan et al., Organizational Stress: Studies in Role Conflict and Ambiguity (New York: John Wiley, 1964).

33. Thomas C. Schelling, The Strategy of Conflict (New York: Oxford University Press, 1963,), 13.

34. Hedrick Smith, The Power Game: How Washington Works (New York: Ballantine, 1988), 61.

35. David Halberstam, The Best and the Brightest (New York: Random House, 1972), 30.

36. Caro, The Power Broker, 448.

37. Ibid., 449.

38. Ibid., 448.

39. Bryan Burrough and John Helyar, Barbarians at the Gate: The Fall of RJR Nabisco (New York: Harper and Row, 1990), 19.

40. Ibid., 21.

41. Ibid., 34.

42. Ken Auletta, "Power, Greed and Glory on Wall Street: The Fall of Lehman Brothers," The New York Times Magazine (February 17, 1985).

43. Ibid., 36.

44. Smith, In All His Glory, 408.

45. Laton McCartney, Friends in High Places: The Bechtel Story (New York: Simon and Schuster, 1988), 170.

46. Ibid.

47. Ibid., 172.

48. Ibid., 179.

49. Ibid.

50. Ibid., 180.

10장. 프레임을 설정하라

1. Robert B. Cialdini, Influence: Science and Practice, 2d ed. (Glenview, IL: Scott, Foresman, 1988).

2. Ibid.

3. Douglas K. Smith and Robert C. Alexander, Fumbling the Future: How Xerox Invented, Then Ignored, the First Personal Computer (New York: William Morrow, 1988).

4. Gerald R. Salancik, "Commitment and Control of Organizational Behavior and Belief," New Directions in Organizational Behavior, eds. Barry M. Staw and Gerald R. Salancik (Chicago: St. Clair Press, 1977).

5. Daryl J. Bem, "Self-Perception Theory," Advances in Experimental Social Psychology, ed. Leonard Berkowitz, vol. 6 (New York: Academic Press, 1972), 1–62.

6. E. Aronson and J. Mills, "The Effect of Severity of Initiation on Liking for a Group," Journal of Abnormal and Social Psychology 59 (1959): 177.

7. John W. Gardner, On Leadership (New York: Free Press, 1990).

8. Barry M. Staw and Jerry Ross, "Commitment in an Experimenting Society: An Experiment on the Attribution of Leadership from Administrative Scenarios," Journal of Applied Psychology 65 (1980): 249–260.

9. Steven Bach, Final Cut: Dreams and Disaster in the Making of Heaven's Gate (New York: William Morrow, 1985), 181.

10. Ibid., 187.

11. Ibid., 189.

12. Ibid., 191.

13. Ibid., 192.

14. Ibid., 196.

15. Tracy Kidder, Soul of a New Machine (Boston: Atlantic-Little, Brown, 1981), 65–66.

16. Christopher Matthews, Hardball: How Politics Is Played-Told By One Who Knows The Game (New York: Summit Books, 1988), 60.

17. Ibid., 62–63.

18. Aaron Bernstein, Grounded: Frank Lorenzo and the Destruction of Eastern Airlines (New York: Simon and Schuster, 1990), 133.

19. Ibid., 134.

20. Ibid., 136.

21. Ibid., 137.

22. Jack W. Brehm, A Theory of Psychological Reactance (New York: Academic Press, 1966).

23. Cialdini, Influence: Science and Practice, 232.

파워

24. Ibid.

25. Frank Rose, West of Eden: The End of Innocence at Apple Computer (New York: Viking Penguin, 1989), 78.

26. David Halberstam, The Best and the Brightest (New York: Random House, 1972), 78.

27. Ibid., 410.

28. Ibid., 245.

11장. 대인 영향력을 이해하고 활용하라

1. Leon Festinger, "A Theory of Social Comparison Processes," Human Relations 7 (1954): 117–140.

2. Ellen Berscheid and Elaine Hatfield Walster, Interpersonal Attraction (Reading, MA: Addison–Wesley, 1969); D, Byrne, "Attitudes and Attraction," Advances in Experimental Social Psychology, ed. Leonard Berkowitz, vol. 4 (New York: Academic Press, 1969), 35–89.

3. Robert B. Cialdini, Influence: Science and Practice, 2d ed. (Glenview, IL: Scott, Foresman, 1988), 112.

4. Ibid., 123.

5. Bibb Latane and John M. Darley, "Group Inhibition of Bystander Intervention in Emergencies," Journal of Personality and Social Psychology 10 (1968): 215–221.

6. Joseph B. White and Gregory A. Patterson, "GM Begins Quest to Win Back Consumer Confidence," The Wall Street Journal (May 4, 1990): B1.

7. Robert P. Gandossy, Bad Business: The OPM Scandal and the Seduction of the Establishment (New York: Basic Books, 1985), 11.

8. Ibid., 12–13.

9. Steven Bach, Final Cut: Dreams and Disaster in the Making of Heaven's Gate (New York: William Morrow, 1985).

10. Ibid., 76–77.

11. Christopher Byron, The Fanciest Dive (New York: W.W. Norton, 1986).

12. Seymour M. Hersh, The Price of Power: Kissinger in the Nixon White House (New York: Summit Books, 1983).

13. Ibid., 24.

14. Cialdini, Influence: Science and Practice, 157.

15. Frank Rose, West of Eden: The End of Innocence at Apple Computer (New York: Viking Penguin, 1989), 274.

16. Ibid., 276.

17. Jerry Ross and Kenneth R. Ferris, "Interpersonal Attraction and Organizational Outcomes: A Field Examination," Administrative Science Quarterly 26 (1981): 617–632.

18. M.G. Efran and E.W.J. Patterson, "The Politics of Appearance," University of Toronto, 1976.

19. Cialdini, Influence: Science and Practice, 162. Cialdini also cites P.L. Benson, S.A. Karabenic, and R.M. Lerner, "Pretty Pleases: The Effects of Physical Attractiveness on Race, Sex, and Receiving Help," Journal of Experimental Social Psychology 12 (1976): 409–415; and S. Chaiken, "Communicator Physical Attractiveness and Persuasion," Journal of Personality and Social Psychology 37 (1979): 1387–1397.

20. Cialdini, Influence: Science and Practice.

21. Bryan Burrough and John Helyar, Barbarians at the Gate: The Fall of RJR Nabisco (New York: Harper and Row, 1990), 69.

22. Camille B. Wortman and Joan A. Linsenmeier, "Interpersonal Attraction and Techniques of Ingratiation in Organizational Settings, New Directions in Organizational Behavior, eds. Barry M. Staw and Gerald R. Salancik (Chicago: St. Clair Press, 1977), 133–178.

23. Robert A. Caro, The Power Broker: Robert Moses and the Fall of New York (New York: Random House, 1974), 454.

24. Ibid., 455.

25. Ibid., 457.

26. Ibid., 458.

27. Gandossy, Bad Business, 19.

28. Ibid., 26.

29. Laton McCartney, Friends in High Places: The Bechtel Story (New York: Simon and Schuster, 1988), 156.

30. Mark Stevens, Sudden Death: The Rise and Fall of E.F. Hutton (New York: Penguin, 1989), 81.

31. Ibid., 82–83.

32. Ibid., 84.

33. M. Sherif et al., Intergroup Conflict and Cooperation: The Robbers' Cave Experiment (Norman: University of Oklahoma Institute of Intergroup Relations, 1961).

34. Cialdini, Influence: Science and Practice, 171.

35. Ibid., 172.

36. Fritz Heider, The Psychology of Interpersonal Relations (New York: John Wiley, 1958).

37. Arlie Hochschild, The Managed Heart (Berkeley: University of California Press, 1983).

38. Ibid., 96–97.

39. Anat Rafaeli and Robert I. Sutton, "The Expression of Emotion in Organizational Life," Research in Organizational Behavior, ed. Barry M. Staw, vol. 11 (Greenwich, CT: JAI Press, 1989), 15–16.

40. Robert I. Sutton and Anat Rafaeli, "Untangling the Relationship Between Displayed Emotions and Organizational Sales: The Case of Convenience Stores," Academy of Management Journal 31 (1988): 465.

41. Anat Rafaeli and Robert I. Sutton, "Expression of Emotion as part of the Work Role," Academy of Management Review 12 (1987): 23–37.

42. R.O. Arther and R.R. Caputo, Interrogation for Investigators (New York: William C. Copp and Associates, 1959), 75–76.

43. K.L. Tidd and J.S. Lockard, "Monetary Significance of the Affiliative Smile," Bulletin of the Psychonomic Society 11 (1978): 344–346.

44. Robert I. Sutton, "Maintaining Organizational Norms About Expressed Emotions: The Case of Bill Collectors," Administrative Science Quarterly 36 (1991): 245–268.

45. Anat Rafaeli and Robert I. Sutton, "Emotional Contrast Strategies as Means

of Social Influence: Lessons from Criminal Interrogators and Bill Collectors," Academy of Management Journal (in press).

46. Rafaeli and Sutton, "Expression of Emotion," 31.

12장. 타이밍이 중요하다

1. Thomas C. Schelling, The Strategy of Conflict (New York: Oxford University Press, 1963).

2. Peter W. Bernstein, "Upheaval at Bendix," Fortune (November 1, 1980): 48–56.

3. Ibid., 52–53.

4. Hugh D. Menzies, "The Boardroom Battle at Bendix," Fortune (January 11, 1982): 56.

5. Ibid., 60.

6. Ibid., 62.

7. Ibid.

8. M. Horwitch, "Managing the U.S. Supersonic Transport Program (A)," 678–049. Boston: Harvard Business School, 1977.

9. Robert A. Caro, The Power Broker: Robert Moses and the Fall of New York (New York: Random House, 1974), 203.

10. Aaron Bernstein, Grounded: Frank Lorenzo and the Destruction of Eastern Airlines (New York: Simon and Schuster, 1990), 84–85.

11. Barry Schwartz, "Waiting, Exchange, and Power: The Distribution of Time in Social Systems," American Journal of Sociology 79 (1974): 843–844.

12. Ibid., 844.

13. Ibid., 857.

14. Ibid., 859.

15. Bryan Burrough and John Helyar, Barbarians at the Gate: The Fall of RJR Nabisco (New York: Harper and Row, 1990), 24.

16. Chicago Daily News (December 27, 1972): 4.

17. Seymour M. Hersh, The Price of Power: Kissinger in the Nixon White House

(New York: Summit Books, 1983), 44.

18. Journal of the House, Alabama State Legislature (1977): 2698.

19. Bernstein, Grounded, 42.

20. Gerald R. Salancik, "Commitment and the Control of Organizational Behavior and Belief," New Directions in Organizational Behavior, eds. Barry M. Staw and Gerald R. Salancik (Chicago: St. Clair Press, 1977), 1–54.

21. Peter Bachrach and Morton S. Baratz, "Two Faces of Power," American Political Science Review 56 (1962): 947–952.

22. Neil Fligstein, "The Intraorganizational Power Struggle: Rise of Finance Personnel to Top Leadership in Large Corporations, 1919 – 1979," American Sociological Review 52 (1987): 44–58.

23. David Halberstam, The Best and the Brightest (New York: Random House, 1972), 435–436.

24. Ibid., 437.

13장. 정보는 권력의 중요한 정치적 전략이다

1. David Halberstam, The Best and the Brightest (New York: Random House, 1972), 285.

2. Ibid., 53.

3. John W. Meyer and Brian Rowan, "Institutional Organizations: Formal Structure as Myth and Ceremony," American Journal of Sociology 83 (1977): 340–363; John W. Meyer and W. Richard Scott, Organizational Environments: Ritual and Rationality (Beverly Hills, CA: Sage, 1983).

4. Martha S. Feldman and James G. March, "Information in Organizations as Signal and Symbol," Administrative Science Quarterly 26 (1981): 171–186.

5. Fred A. Kramer, "Policy Analysis as Ideology," Public Administrative Review 35 (1975): 509.

6. Richard M. Cyert, Herbert A. Simon, and Donald B. Trow, "Observation of a Business Decision," Journal of Business 29 (1956): 237–248.

7. Donald Frey, "The Techies' Challenge to the Bean Counters," The Wall Street

Journal (July 16, 1990): A12.

8. Maryann Keller, Rude Awakening: The Rise, Fall, and Struggle for Recovery of General Motors (New York: William Morrow, 1989), 216.

9. Ibid., 105.

10. Mark Stevens, Sudden Death: The Rise and Fall of E.F. Hutton (New York: Penguin, 1989), 277.

11. Halberstam, The Best and the Brightest, 304-305.

12. Ibid., 562-563.

13. Douglas K. Smith and Robert C. Alexander, Fumbling the Future: How Xerox Invented, Then Ignored, the First Personal Computer (New York: William Morrow, 1988).

14. Ibid., 134.

15. Ibid., 218.

16. H. Thomas Johnson and Robert S, Kaplan, Relevance Lost: The Rise and Fall of Management Accounting (Boston: Harvard Business School Press, 1987).

17. Christopher Byron, The Fanciest Dive (New York: W.W. Norton, 1986), 56-57.

18. Jeffrey Pfeffer and Gerald R. Salancik, The External Control of Organizations: A Resource Dependence Perspective (New York: Harper and Row, 1978).

19. Gerald R. Salancik and Jeffrey Pfeffer, "The Bases and Use of Power in Organizational Decision Making: The Case of a University," Administrative Science Quarterly 19 (1974): 462-463.

20. Rosabeth M. Kanter, Men and Women of the Corporation (New York: Basic Books, 1977).

21. David Halberstam, The Reckoning (New York: William Morrow, 1986); Max Holland, When the Machine Stopped (Boston: Harvard Business School Press, 1989).

22. Jeffrey Pfeffer and Gerald R. Salancik, "Administrator Effectiveness: The Effects of Advocacy and Information on Resource Allocations," Human Relations 30 (1977): 641-656.

23. N. Dixon, On the Psychology of Military Incompetence (New York: Basic Books, 1976), 147.

파워

24. Smith and Alexander, Fumbling the Future.

25. Meyer and Rowan, "Institutional Organizations."

26. Smith and Alexander, Fumbling the Future, 190.

27. Byron, The Fanciest Dive, 274–275.

28. Ibid., 277

14장. 권력을 강화하기 위한 조직 구조의 변화

1. Maryann Keller, Rude Awakening: The Rise, Fall, and Struggle for Recovery of General Motors (New York: William Morrow, 1989), 50.

2. John M. Barry, The Ambition and the Power (New York: Viking, 1989), 67.

3. Ibid., 99.

4. David Halberstam, The Best and the Brightest (New York: Random House, 1972), 105.

5. Barry, The Ambition and the Power, 78.

6. Ibid., 81.

7. Ibid., 82.

8. Ibid., 83.

9. Ibid.

10. Philip Selznick, TVA and the Grass Roots (Berkeley: University of California Press, 1949).

11. Seymour M. Hersh, The Price of Power: Kissinger in the Nixon White House (New York: Summit Books, 1983), 29.

12. Henry Kissinger, The White House Years (Boston: Little, Brown, 1979), 42.

13. Hersh, The Price of Power, 35.

15장. 감정을 움직이는 상징

1. Richard M. Nixon, Leaders (New York: Warner Books, 1982), 4.

2. Jeffrey Pfeffer, Power in Organizations (Marshfield, MA: Pitman Publishing,

1981).

3. Murray Edelman, The Symbolic Uses of Politics (Urbana: University of Illinois Press, 1964), 39.

4. Ibid., 124.

5. David Halberstam, The Best and the Brightest (New York: Random House, 1972), 217.

6. Edelman, The Symbolic Uses of Politics, 12.

7. Herbert Stein, "Confessions of a Tax Addict," The Wall Street Journal (October 2, 1989): A 14.

8. Ibid.

9. C.W. Morris, Signs, Language and Behavior (New York: Prentice-Hall, 1949), 214.

10. Merriam-Webster, Inc., Webster's Third New International Dictionary (Springfield, MA: Merriam-Webster, Inc., 1981), 2619-2620.

11. Karl E. Weick, "Cognitive Processes in Organizations," Research in Organizational Behavior, ed. Barry M. Staw, vol. 1 (Greenwich, CT: JAI Press, 1979), 42.

12. Thomas J. Peters, "Symbols, Patterns, and Settings: An Optimistic Case for Getting Things Done," Organizational Dynamics 7 (1978): 10.

13. Nixon, Leaders, 4.

14. Louis R. Pondy, "Leadership Is a Language Game," Leadership: Where Else Can We Go?, eds. Morgan W. McCall, Jr., and Michael M. Lombardo (Durham, NC: Duke University Press, 1978), 94-95.

15. Christopher Byron, The Fanciest Dive (New York: W.W. Norton, 1986), 63.

16. Ibid., 64-65.

17. Frank Rose, West of Eden: The End of Innocence at Apple Computer (New York: Viking Penguin, 1989), 124.

18. Ibid., 130.

19. Ibid., 131.

20. Robert A. Caro, The Path to Power: The Years of Lyndon Johnson (New York: Alfred A. Knopf, 1982), 235.

21. Ibid., 236.

22. Edelman, The Symbolic Uses of Politics, 123.

23. Ibid., 78.

24. Mark Stevens, Sudden Death: The Rise and Fall of E.F. Hutton (New York: Penguin, 1989), 191.

25. Ibid., 194.

26. J. Patrick Wright, On A Clear Day You Can See General Motors (Grosse Point, MI: Wright Enterprises, 1979), 39.

27. Ibid., 44.

28. Marc R. Reinganum, "The Effect of Executive Succession on Share holder Wealth," Administrative Science Quarterly 30 (1985): 46-60; Stewart D. Friedman and Harbir Singh, "CEO Succession and Stockholder Reaction: The Influence of Organizational Context and Event Content," Academy of Management Journal 32 (1989): 718-744.

29. Mayer N. Zald, "Who Shall Rule? A Political Analysis of Succession in a Large Welfare Organization," Pacific Sociological Review 8 (1965): 52-60.

30. Wright, On a Clear Day, 16-18.

31. Rose, West of Eden, 139.

32. John M. Barry, The Ambition and the Power (New York: Viking, 1989), 77.

33. Rose, West of Eden, 98.

16장. 절대 강자도 몰락한다

1. John M. Barry, The Ambition and the Power (New York: Viking, 1989), 5.

2. Nicholas Lemann, "The Split: A True Story of Washington Lawyers, Washington Post Magazine (March 23, 1980): 20.

3. Ibid., 19.

4. Ibid.

5. Ibid., 20.

6. Thomas Kessner, Fiorello H. La Guardia and the Making of Modern New York (New York: McGraw-Hill, 1989), 570.

7. David Halberstam, The Best and the Brightest (New York: Random House,

1972), 511.

8. Alison Leigh Cowan, "The Partners Revolt at Peat Marwick," New York Times (November 18, 1990).

9. Ibid., 10.

10. Ibid.

11. Robert A. Caro, The Power Broker: Robert Moses and the Fall of New York (New York: Random House, 1974), 998.

12. Ibid., 986.

13. Ibid., 996.

14. Ibid., 1003.

15. Ken Auletta, "The Fall of Lehman Brothers: The Men, The Money, The Merger," New York Times Magazine (February 24, 1985): 37.

16. Ibid., 40.

17. Ibid.

18. Sally Bedell Smith, In All His Glory: The Life of William S. Paley (New York: Simon and Schuster, 1990).

17장. 조직의 변화는 어디서 오는가

1. Richard T. Pascale, Managing on the Edge (New York: Simon and Schuster, 1990).

2. Robert A. Burgelman, "Intraorganizational Ecology of Strategy – Making and Organizational Adaptation: Theory and Field Research," Organization Science (in press).

3. Bryon Burrough and John Helyar, Barbarians at the Gate: The Fall of RIR Nabisco (New York: Harper and Row, 1990), 32.

4. Ibid., 33.

5. Maryann Keller, Rude Awakening: The Rise, Fall, and Struggle for Recovery of General Motors (New York: William Morrow, 1989), 228.

6. Paul Milgrom and John Roberts, "An Economic Approach to Influence Activities in Organizations," American Journal of Sociology 94 (supplement, 1988):

S156–S157.

7. Mark Stevens, Sudden Death: The Rise and Fall of E.F. Hutton (New York: Penguin, 1989), 160.

8. Ibid., 219.

9. Douglas K. Smith and Robert C. Alexander, Fumbling the Future: How Xerox Invented, Then Ignored, the First Personal Computer (New York: William Morrow, 1988), 144.

10. Frank Rose, West of Eden: The End of Innocence at Apple Computer (New York: Viking Penguin, 1989), 92.

11. Nick Kotz, Wild Blue Yonder: Money, Politics, and the B-1 Bomber (New York: Pantheon Books, 1988).

12. Ibid., 11.

13. Ibid., 14.

14. Jeffrey Pfeffer, Power in Organizations (Marshfield, MA: Pitman Pub lishing, 1981).

15. Pascale, Managing on the Edge, 16.

16. Ibid.

17. Kathleen M. Eisenhardt and L.J. Bourgeois, "Politics of Strategic Decision Making in High-Velocity Environments: Toward a Midrange Theory," Academy of Management Journal 31 (1988): 737–770.

18. Ibid., 742–743.

19. Ibid., 760.

20. Harvey M. Sapolsky, The Polaris System Development (Cambridge, MA: Harvard University Press, 1972), 232.

21. Ibid., 242.

22. Ibid., 244.

23. Ibid., 246.

24. Finn Borum, "A Power-Strategy Alternative to Organization Development," Organization Studies 1 (1980): 123–146.

25. Ibid., 129

1. Tracy Kidder, Soul of a New Machine (Boston: Atlantic-Little, Brown, 1981), 111.

2. Jane Gross, "Turning Disease Into a Cause: Breast Cancer Follows AIDS," New York Times (January 7, 1991): A1.

3. David Halberstam, The Reckoning (New York: William Morrow, 1986), 90.

4. Ibid., 91.

5. Robert A. Caro, Means of Ascent: The Years of Lyndon Johnson (New York: Alfred A. Knopf, 1990), xix-xx.

6. Ibid., xxi.

7. Richard M. Nixon, Leaders (New York: Warner Books, 1982), 345.

파워

파워

MANAGING
WITH
POWER

감사의 글

내가 이 책을 쓰게 된 것은 스탠퍼드대학교 동료 교수인 진 웹(Gene Webb)과 할 레빗(Hal Leavitt) 덕분이다.

레빗 교수는 지난 수년 동안 줄곧 학생과 관리자들에게 내가 쓴 다른 책보다 더 쉽게 다가갈 수 있는 책을 써보라고 권했고, 오랫동안 나는 이런 충고를 무시해왔다. 웹 교수는 부학장 자리에서 물러나면서 원래 내가 개설하여 가르쳤던 〈조직 내 권력과 정치학(Power and Politics in Organizations)〉이라는 과정에서 일부 섹션들을 가르치기 시작했다. 그는 이 과정에 새로운 문헌과 아이디어를 도입하더니, 어느 해에 가서는 내가 몇 년 전에 집필하여 이 과정에서 계속 교재로 사용해온《조직 내 권력(Power in Organizations)》을 더 이상 교과서로 사용하지 않았다.

웹 교수는 1970년대 초 내가 스탠퍼드대학교 박사과정 학생이던 시

파워

절에 내가 제출한 박사학위 논문의 심사위원이었다. 나는 그를 오랜 스승으로 여겼다. 나의 스승이 내가 쓴 책을 사용하지 않는다는 것은 내가 이제는 무엇인가를 해야 할 때가 되었다는 것을 의미했다.

나는 수년에 걸쳐서 조직 내 권력에 대하여 새로운 아이디어와 통찰을 개발해왔다. 기업 경영진 교육 프로그램을 통해 가르치면서 중요한 쟁점이 무엇인지, 관리자들이 다양한 아이디어와 교육 자료에 어떻게 반응하는지도 살펴보았다. 스탠퍼드대학교에서 선택 과목을 수년 동안 가르치면서 학생들에게 수많은 일화와 다양한 피드백을 얻었다.

여러 해 동안 나는 컬럼비아대학교의 마이클 투시먼(Michael Tushman)과 캘리포니아대학교 버클리캠퍼스의 찰스 오레일리(Charles O'Reilly)와 함께 미국뿐 아니라 해외의 다양한 기업을 대상으로 〈전략적 혁신과 변화 경영(Managing Strategic Innovation and Change)〉이라는 일주일 과정의 교육 프로그램에서 강의를 맡았다. 나는 마이클과 찰스에게서 혁신과 변화의 정치 역학, 그리고 이 과정에서 권력과 정치 행위의 역할에 관해 많은 것을 배웠다.

웹과 레빗 교수뿐만 아니라 내가 가르치는 학생들도 내가 새로운 책을 써야 한다고 강조했다. 이렇게 나를 들볶던 모든 사람이 그 대가를 톡톡히 치러야 했다. 내게 〈조직 내 권력과 정치학〉 강의를 듣던 학생들은 이 책의 초고를 교재로 사용해야 했다. 특히 이전에 내가 가르쳤던 학생인 프랜 콘리(Fran Conley)는 원고를 꼼꼼하게 읽어주었다. 이 책을 써보라고 강력하게 권하던 동료 교수들이 이제는 원고를 읽고서 의견을 제시하는 과제를 떠맡아야 했다. 나는 칩 히스(Chip Heath), 댄 줄리어스(Dan Julius), 로더릭 크래머(Roderick Kramer), 고타로 구와다(Kotaro Kuwada), 찰스 오레일리, 도날드 팔머(Donald Palmer), 마이클 투시먼을 포함하여 특히 웹 교수에게 많은 도움을 받았다.

당시 나와 함께 연구하던 박사과정 학생들도 피드백과 지원을 아끼지 않았다. 베스 벤자민(Beth Benjamin)은 자신의 박사 논문을 써야 하는데도 불구하고 많은 사례와 함께 의견을 제시했다. 나를 도와준 학생과 동료 교수들에게 많은 빚을 진 셈이다. 그들의 피드백과 통찰로부터 엄청난 혜택을 입었기 때문이다.

또한 이번 프로젝트에서 많은 도움을 주었던 학과 행정직원들, 특히 낸시 뱅크스(Nancy Banks)와 카트리나 재기어스(Katrina Jaggears)에게 신세를 많이 졌다. 스탠퍼드대학교 경영대학원에서 일하는 사람이라면 누구든 교수들에게 다양한 방식으로 엄청나게 많은 지원을 제공하는데, 교수들은 이에 감사한 마음을 가져야 한다. 나를 교수로 임용해 다양한 형태로 지원을 아끼지 않은 학교 측에도 진심으로 감사의 마음을 전하고 싶다.

1985년 1월에 나는 캐슬린 파울러(Kathleen Fowler)를 만났다. 이전까지 교수와 데이트를 한 번도 해본 적 없던 캐슬린은 내가 하고 있는 일이 궁금하다고 했다. 그녀에게 나는 책을 쓴다고 알려주었고 그녀는 "당신이 쓴 책을 보고 싶어요"라고 말했다. 그래서 나는 《조직 내 권력》에 서명을 하여 그녀에게 주었다. 그녀는 밤새도록 그 책을 읽었다고 했다. 하지만 캐슬린마저도 "사람들이 읽을 만한 책을 쓸 수는 없나요?"라고 말했다.

우리는 1986년 7월에 결혼했다. 그녀는 결혼 선물로 내게 시계를 주었다. 이 책은 조금 늦었지만 내가 아내에게 주는 결혼 선물이다. 요즘은 이 책 덕분에 사는 것이 훨씬 더 즐거워졌다.

리더십의 위기를 타개하고
기업을 혁신하는 가장 강력한 에너지

파워

초판 1쇄 인쇄 | 2020년 6월 5일
초판 1쇄 발행 | 2020년 6월 12일

지은이 | 제프리 페퍼
옮긴이 | 안세민
펴낸이 | 전준석
펴낸곳 | 시크릿하우스
주소 | 서울특별시 마포구 독막로3길 51, 402호
대표전화 | 02-6339-0117
팩스 | 02-304-9122
이메일 | secret@jstone.biz
블로그 | blog.naver.com/jstone2018
페이스북 | @secrethouse2018
인스타그램 | @secrethouse_book
출판등록 | 2018년 10월 1일 제2019-000001호

ISBN 979-11-90259-24-8 03320